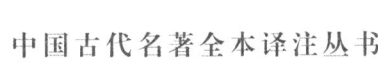

中国古代名著全本译注丛书

管子译注

下

谢浩范 朱迎平 译注

白心第三十八

【题解】

白心,是战国时期道家学派的一个重要概念。按《庄子·天下》,它的内容应包括:不为世俗所累,不矫饰外物,不苛求人,不违众,希望天下安宁,而生活只要满足就够了。本篇所论述的也以道家学说为本,开篇就提出"以靖为宗","上之随天,其次随人",一切顺应自然。这与《心术》的观点一致,但本篇以论述无为为重点,主张"静身以待""无事",不追求功名,"不以天下为忧";坚持无为,就"可以为天下王"。最后归结到要坚持无为之道在于加强自身的修养。

建当立有,[1]以靖为宗,[2]以时为宝,以政为仪,[3]和则能久。[4]非吾仪,虽利不为;非吾当,虽利不行;非吾道,虽利不取。上之随天,其次随人。人不倡不和,天不始不随。故其言也不废,其事也不随。[5]

【注释】

〔1〕当立有:何如璋云:当为"常无有",以形近而误。《庄子》"建之以常无有"是其证。下文"非吾当",王念孙云:"当"当为"常"。郭沫若云:"'建常无有'谓建此以说道也。道者亘古永在,似无实用,故曰'常无有'。"译文从之。 〔2〕靖:同"静",虚静。 〔3〕政:同"正"。端正,不偏不倚。仪:法度,准则。 〔4〕和:和谐,协调。 〔5〕随:猪饲彦博云:当作"堕"。堕,通"隳(huī灰)",毁坏。

【译文】

建立常无有的学说,以虚静为宗旨,以合时宜为宝贵,以端正为准则,和谐就能长久。不合我的准则,即使有利也不做;不合我的常规,即使有利也不实行;不合我的本道,即使有利也不采取。首先是随顺着天,其次是随顺着人。人不倡导就不去应和,天不始行就不去跟随。所以他的理论不会被废弃,他的事业就不会被毁坏。

原始计实,[1]本其所生。[2]知其象,则索其形;缘其理,则知其情;索其端,则知其名。故苞物众者,[3]莫大于天地;化物多者,莫多于日月;[4]民之所急,莫急于水火。[5]然而天不为一物枉其时,明君圣人亦不为一人枉其法。天行其所行,而万物被其利;圣人亦行其所行,而百姓被其利。是故万物均,既夸众矣。[6]是以圣人之治也,静身以待之,物至而名自治之,[7]正名自治之,奇身名废。[8]名正法备,则圣人无事。不可常居也,不可废舍也。随变断事也,知时以为度。[9]大者宽,小者局,物有所余,有所不足。

【注释】

〔1〕计:推求,察究。 〔2〕本其所生:尹知章注:"寻本其所生。"本,根本。 〔3〕苞:通"包",包藏。 〔4〕尹知章注:"日,阳也;月,阴也。物皆禀阴阳之气然后化之也。"化,化生。 〔5〕尹知章注:"一日无水火,则生理或有不全。" 〔6〕既夸众矣:张佩纶云:"当作'百姓平'。"辗转成误。译文从之。 〔7〕陶鸿庆云:"'物至而名自治之'本作'物至而名之'。"译文从之。名,命名。 〔8〕奇身名废:王念孙云:"当作'奇名自废'","《枢言篇》曰'名正则治,名倚则乱',是其证矣"。奇,尹知章注:"谓邪,不正也。"译文从之。 〔9〕郭沫若云:此二句应为"随变以断事也,知时以为度也"。译文从之。

【译文】

考察原始,根据事实,去寻求事物能生长的根本。了解事物的现象,就能探索事物的形体;根据事物的规律,就能知道事物的实情;探索事物的端绪,就能知道事物的名称。能包容事物最多的,没有什么比天地更大的了;能化生事物最多的,没有什么比日月更多的了;百姓最急需的,没有什么比水火更急的了。然而上天不会为了一个物种的需要而错行了时令,明君圣人也不会为了一个人的需要而错行了法令。上天按照时令运行,万物就受到它的利益;圣人也按照法令运行,百姓就受到他的利益。这就万物均匀,百姓平安。因此圣人对世事的治理,用宁静的态度来对待,事物来到才命名它,正确地运用名称天下自然治理好了,错误地运用名称自己就会被废弃。名称正确法令完备,圣人就没有事再需要做。不可顽固死守名称法令,不可任意废弃名称法令。要随着发展变化来论断世事,要懂得合乎时宜来另作考虑。大了就宽泛,小了就局促,事物总是时有多余,时有不足。

兵之出,出于人;其人入,入于身。兵之胜,从于适;德之来,从于身。[1]故曰:祥于鬼者义于人,[2]兵不义不可。[3]强而骄者损其强,弱而骄者亟死亡;强而卑义信其强,弱而卑义免于罪。[4]是故骄之余卑,卑之余骄。

【注释】

[1]以上八句,注家纷纭,莫衷一是,译文姑从尹知章注。
[2]"祥于"句:尹知章注:"义于人者,则鬼佑之以福祥也。"
[3]"兵不"句:《吕览·禁塞》:"兵不义,攻伐不可,救守不可。"
[4]"强而"二句:丁士涵云:以上二句中的"两'义'字当作'者',与上文两'者'字一例,'信'古'伸'字"。译文从之。

【译文】

兵士出来,来自百姓;兵士回到百姓中去,回去又是百姓。军队的胜利,在于内部的团结;道德的建立,在于自身的修养。所以说,受到鬼神保佑的人一定是对人行义的人，军队不行义就不可用来攻伐防守。强大而骄傲就会损害自己的强大，虚弱而骄傲就会迅速死亡；强大而谦卑就能增加自己的强大，虚弱而谦卑就能免除罪过。因此骄傲的后果是由弱而卑下，谦卑的结果是由强而骄傲。

道者，一人用之，不闻有余；天下行之，不闻不足，此谓道矣。小取焉则小得福，大取焉则大得福，尽行之而天下服，殊无取焉则民反，[1]其身不免于贼。左者，出者也；右者，入者也。[2]出者而不伤人，入者自伤也。不日不月，而事以从；不卜不筮，而谨知吉凶。是谓宽乎形，徒居而致名。去善之言，为善之事，事成而顾反无名。[3]能者无名，从事无事。审量出入，而观物所载。[4]

【注释】

〔1〕殊：安井衡云："殊，绝也。绝无取于道则民反之，终不免于贼杀也。" 〔2〕"左者"四句：尹知章注："左为阳，阳主生，故为出也。""右为阴，阴主死，故为入也。"又注下二句云："出者既主生，则不当伤人，违而伤人，是还自伤。"俞樾以为这二句应为"出者而不伤人，伤人者自伤也"。译文从之。 〔3〕顾：犹"还"，回。 〔4〕"审量"二句：尹知章注："谓凡出命令，当观物载之所堪，然后当量而出之也。"

【译文】

道，一个人使用它，不听说有多余；天下人实行它，不听说有不足，这就叫做道了。稍稍取用道就能小得福，大取用道就能大得福，全都实行道天下人就顺服，完全不取用道百姓就造反，他自身也不免被叛贼所杀害。左方，是主生方；右方，是主死方。主生方不该伤人，伤了人也必定害了自己。只要随着道，不挑选吉日良辰，事业却也能相随而成；只要随着道，不用占卜，事业却也能逢凶化吉。这就是说，放松生活，空闲无为也能有名声。弃去不实的善言,去做实在的善事,事成又返回到默默无闻的境地。能干的人不需要名声,干事的人却像不干事。审议法令的颁行和修改,要考察百姓的承受能力。

孰能法无法乎？始无始乎？终无终乎？弱无弱乎？故曰美哉弟弟！[1]故曰有中有中,[2]孰能得夫中之衷乎！[3]故曰功成者隳,名成者亏。故曰孰能弃名与功,而还与众人同？孰能弃功与名,而还反无成？无成有贵其成也,有成贵其无成了。日极则仄,月满则亏。极之徒仄,满之徒亏,巨之徒灭。孰能已无已乎,[4]效夫天地之纪！

【注释】
〔1〕弟：尹知章注："兴起貌。" 〔2〕有中有中：俞樾云："本作'不中有中'。故尹《注》曰'举事虽得其中,而不为中,乃是有中也'。" 〔3〕衷：正中不偏。 〔4〕"孰能"句：何如璋云："'已无已'者,周而复始,往而复来,故可以法夫天地之纪也。"郭沫若云："言举事当求恒进不息,天地万物均恒在未济状态中也。"

【译文】
谁能做到有法令如同没有法令？有开始如同没有开始？有终结如同没有终结？柔弱如同不柔弱？所以说,兴旺起来的事业多么美好！所以说,不是为了正中而已达到了正中的效果,谁能达到那中间的正中呢！所以说,功业已成的就要走向毁坏,名声已成的就要走向亏损。所以说,谁能弃去名声与功业,返回到与众人相同的默默无闻的境地？谁能弃去功业与名声,返回到没有成就功名时默默无闻的境地？返回无成就时的境地是注重新的成就,有成就时要注重返回到无成就的境地。太阳运行到正中就要偏斜,月亮运行到满圆就要缺亏。到了正中就要走向偏斜,到了圆满就要走向缺亏,到了巨大就要走向毁灭。谁能做到终止却永远没有终止,能仿效天地的规律呢！

人言善亦勿听，人言恶亦勿听。持而待之，空然勿两之，[1]淑然自清。[2]无以旁言为事成，察而征之，无听辩，万物归之，美恶乃自见。

【注释】
〔1〕勿两之：郭沫若云："'两'者谓与之对抗，'勿两'即不与之对抗，听其自然也。"〔2〕淑：李哲明云：疑为"俶"字，即"寂"字。"读者多见淑，少见俶，因改'淑'耳。"译文从之。

【译文】
人说善也不听，人说恶也不听。坚持平静的态度对待人们不同的说法，虚心地听其自然地发展，悄悄地等待善恶自然清楚。不要把旁人的评论看作事业的成就，冷静地考察验证，不要去听人们的论辩，万民都来归顺，美恶就自然显现。

天或维之，地或载之。天莫之维，则天以坠矣；[1]地莫之载，则地以沉矣。夫天不坠，地不沉，夫或维而载之也夫！又况于人？人有治之，辟之若夫靁鼓之动也。[2]夫不能自摇者，夫或搚之。[3]夫或者何？若然者也：视则不见，听则不闻，洒乎天下满，不见其塞。集于颜色，知于肌肤，责其往来，莫知其时。薄乎其方也，韕乎其圜也，[4]韕韕乎莫得其门。故口为声也，耳为听也，目有视也，手有指也，足有履也，事物有所比也。[5]

【注释】
〔1〕以：已。〔2〕辟：同"譬"。靁鼓：靁，雷的本字。雷鼓，郑玄注《周礼·地官·鼓人》云："八面鼓也。"〔3〕搚：王念孙云：

"古'摇'字也。"〔4〕䐜：音未详。本书《枢言》："沌沌乎博而圜，豚豚乎莫得其门。"似䐜、沌、豚首相近，安井衡云："音当同'敦'。"又云："声同则义通，犹《庄子》所谓'浑沌'也。"䐜乎其圜，尹知章注："䐜，复貌，谓遇圆则为圆也。"圜同"圆"。〔5〕比：庇护。

【译文】
　　天或许被什么维系着，地或许被什么装载着。天如果没被什么维系着，天就已坠落；地如果没被什么装载着，地就已沉陷。天不坠落，地不沉陷，那或许有什么维系着和装载着吧！又何况于人？人要支持，就譬如八面鼓需要敲击才能有声响一样。不能自己摇动的事物，或许有什么在摇动它们。或许在摇动事物的是什么样的呢？是像这样的：眼不能看见，耳不能听到，却飘飘洒洒地已满天下，但又看不到它有什么堵塞。聚集在人的脸色上，感知在人的肌肤上，要问它的往来，又不能知道它的时间。它迫近方就成方形，遇到圆就成圆形，浑浑沌沌地游转着寻找不到它的门。所以口能发声，耳能听闻，目可看视，手可指划，足可行走，事物都是有所依靠的。

　　当生者生，当死者死，言有西有东，各死其乡。[1]置常立仪，能守贞乎？常事通道，能官人乎？故书其恶者，言其薄者。上圣之人，口无虚习也，手无虚指也，物至而命之耳。发于名声，凝于体色，此其可谕者也。不发于名声，不凝于体色，此其不可谕者也。及至于至者，教存可也，教亡可也。故曰：济于舟者，和于水矣；义于人者，祥其神矣。

【注释】
　　〔1〕死：通"尸"。主持，主守。乡：通"向"，方向。

【译文】
　　应当生存的生存，应当死亡的死亡。这是说有的处于东有的处于西，各自遵循自己的方向发展。置常法立准则，人们就能坚守它们吗？能合理地处理日常事务，就能成为百姓的官吏吗？所以书是人所厌恶的，理论是人所鄙薄的，高尚的圣人，口无虚空的讲习，手无虚空的指点，事物来到才命名它罢了。有的可从名声里发现，可用脸色来体现，这是可以明白地告诉人的。有的不能从名声里体现，不能用脸色来体现，这是不可以明白地告诉人的。至于最好的办法，是让它存在也可，让它消亡也可。所以说，用船摆渡的人，一定能利用水性；对人行义的人，一定能受到神的保佑。

事有适，而无适，若有适，[1]觹解，[2]不可解而后解。故善举事者，国人莫知其解。为善乎，毋提提；[3]为不善乎，将陷于刑。善不善，取信而止矣。若左若右，正中而已矣，县乎日月无已也。[4]愕愕者不以天下为忧，刺刺者不以万物为笑，[5]孰能弃刺刺而为愕愕乎？

【注释】

　　[1]若：《小尔雅·广言》："若，乃也。" [2]觹(xī希)：古代解结的用具，用象牙制成，形如锥。 [3]提提：显著的样子，这里是指因做善事而有很大的名声。 [4]县：同"悬"。 [5]郭沫若云：原文"明示'愕愕者'与'刺刺者'相反。'愕愕'殆假为'落落'。'刺刺'同'烈烈'。'笑'，俞樾读为慊，甚是。是则磊磊落落者、无为而心忘天下，而烈烈桓桓者、有为而气吞八荒"。

【译文】

　　事情有适宜的办法，却总是在办法不适宜时才想到的，于是才有适宜的办法，正如觹可解结，有不可解开的结才用觹来解开。所以善于举事的人，国人都不知道他是怎样解决疑难的。做善事呢，不要有显赫的名声；做不善的事呢，将要陷于刑罚。善与不善，只要取信于人就可以了。好像在左又好像在右，处在正中而已，这就如同悬在空中的日月那样永远长存。豁达开朗的人不为天下事务而忧虑，忧心烈烈的人不因万物具备而高兴，谁能弃去忧心烈烈而做豁达开朗的人呢？

难言宪术，须同而出。[1]无益言，无损言，近可以免。故曰：知何知乎？谋何谋乎？审而出者，彼自来。自知曰稽，知人曰济。知苟适，可为天下周。[2]内固之一，可为长久，论而用之，可以为天下王。

【注释】
〔1〕尹知章注："凡为法术必重难，须同众心然后出之矣。"
〔2〕周：俞樾云："'君'古文与'周'相似而误。"译文从"君"。

【译文】
　　制订法律政策十分困难，必须合乎百姓的心愿才能出台。不要增加一个字，不要减少一个字，只要同百姓的心愿相近就可以免除差错。所以说，自作聪明哪里说得上聪明呢？自作多谋哪里说得上多谋呢？审察百姓的心愿而出令，百姓自然来归顺。自作聪明叫作失误，了解百姓叫做成功。对百姓的了解如果适当，就可做天下的君主。内心能牢记它而又专一，就可制定长久的计策，斟酌使用，就可作天下的王了。

　　天之视而精，四璧而知请，[1]壤土而与生。能若夫风与波乎，唯其所欲适。故子而代其父，曰义也；臣而代其君，曰篡也。篡何能歌？武王是也。故曰：孰能去辩与巧，而还与众人同道？故曰：思索精者明益衰，德行修者王道狭，卧名利者写生危，[2]知周于六合之内者，吾知生之有为阻也。持而满之，乃其殆也。名满于天下，不若其已也。名进而身退，天之道也。满盛之国，不可以仕任；满盛之家，不可以嫁子；骄倨傲暴之人，不可与交。

【注释】

〔1〕丁士涵云：精，明也；璧当作"辟"，开也，通也；请，"情"之借字。　〔2〕写：马瑞辰云："当训忧，谓寝息于名利必多危险，故忧生危。"

【译文】

观察天象要清楚，四方开通而又了解情况，包括土壤以及生长的作物。能像风与水波那样，只求适合需要罢了。作儿子的代替父亲的王位叫做义，做臣子的代替君王就叫做篡位了。篡位怎么能歌颂？周武王就是这样的。所以说，谁能废去诡辩与巧诈，而恢复到与众人同一个道？所以说，思索过精智力就要衰弱，越讲究德行王道就更难行，醉心于名利就该担心生命的危险，智力遍及天地四方，我就知道他的生命有了阻碍。矜持而自满，就一定危险了。名声满天下，不如赶快停手。因为激流勇退，才是天道。全盛的国家，不可去那里做官；全盛的家族，不可同他通婚；骄傲暴躁的人，不可与他交友。

道之大如天，其广如地，其重如石，其轻如羽。民之所以，知者寡。故曰：何道之近而莫之与能服也。[1]弃近而就远，何以费力也！故曰：欲爱吾身，先知吾情。君亲六合，[2]以考内身。以此知象，乃知行情。既知行情，乃知养生。左右前后，周而复所。执仪服象，敬迎来者。今夫来者，必道其道。无迁无衍，命乃长久。和以反中，形性相葆。一以无贰，是谓知道。将欲服之，必一其端，而固其所守。责其往来，莫知其时；索之于天，与之为期。不失其期，乃能得之。故曰：吾语若大明之极，大明之明，非爱人不予也。同则相从，反则相距也。吾察反相距，吾以故知古从之同也。[3]

【注释】

〔1〕安井衡云："古本无'与'字。"服：尹知章注：行也。〔2〕俞樾云："此'君'字乃'周'字之误，与上文可互证。""惟'亲'字无义"，"或'视'字之误。"译文从"周视"。〔3〕古从之同：丁士涵云："当作'古之从同'，今本误倒，尹《注》云'知古之从者，以其同也'，可证。"

【译文】

道大得像天一样，广阔得像地一样，沉重得像石一样，又轻飘得像羽毛。百姓在不自觉地使用道，而懂得道的人很少。所以说，道离人是多么得近却没有人能自觉地实行它。人们往往弃近而就远，为何要多费力气！所以说，想爱惜我自己的健康，先了解我自己的情况。遍视天地四方，用来一一地验证自身的内部。用此来了解道的现象，于是就懂得道的运行情况。懂得道的运行情况以后，就懂得了保养自己的生命。道就在人的左右前后，周行而复始。举行仪式穿上礼服，恭敬地迎接来者。这个来者，必定按照道的规律运行，不迁移不延误，生命就能长久。平和地返回正中，形体与性命相互保全。专一而不分为二心，这就是懂得道。想去行道，必须专心于开端，并且顽强地坚持。询问道的来去，不能知道时间；求索于上天，与上天相约为期。只要不失约期，就能得到它了。所以说，我的话就像日月高悬于天，日月的光明，不爱惜人是不会给予的。志同就相从，志反就相离。我考察相反相离的关系，我因此知道了古代相同相从的关系。

水地第三十九

【题解】

本篇论水。因水与地有关系,所以以"水地"为题,以地开篇,认为水是"地之血气,如筋脉之通流者也"。但主要篇幅是论述水的性质和功用。在论述中盛赞水的品性,水不仅是"万物莫不以生",是"万物的本源","诸生之宗室",而且水是"具材"(材美具备),是"神",要取法于水。最后指出水质对人性有巨大的影响,具体地论述了各地的水质与人性的情况。郭沫若指出,战国诸子对宋人常有微词,而"此篇独赞楚而美宋"。这也是值得注意的。

地者,万物之本原,诸生之根菀也,[1]美恶、贤不肖、愚俊之所生也。水者,地之血气,如筋脉之通流者也。故曰:水,具材也。[2]何以知其然也?曰:夫水淖弱以清,[3]而好洒人之恶,仁也。视之黑而白,精也。[4]量之不可使概,[5]至满而止,正也。唯无不流,至平而止,义也。[6]人皆赴高,已独赴下,卑也。[7]卑也者,道之室,王者之器也,而水以为都居。[8]

【注释】

〔1〕根菀:王引之云:"'根菀'当为'根荄'","本原、根荄、宗室,皆谓根本也。" 〔2〕具材:尹知章注:"言水材美具备。" 〔3〕淖弱:柔弱。 〔4〕精:通"情"。这里用来赞美水之品性,有不夸饰、诚

实的意思。 〔5〕概：古代量米麦时刮平斗斛的器具。 〔6〕"至满"五句：尹知章注："方圆邪曲，无所不流，平则止，不可增高，如此者，义也。"义，思想行为符合一定的标准。《礼记·中庸》："义者宜也。" 〔7〕卑：谦卑。 〔8〕都：尹知章注："都，聚也。水聚居于下卑也。"

【译文】

地，是万物的本原，是各种生命的根蒂，美与丑、贤良与不肖、愚蠢与俊杰都在地上产生。水，是地的血气，像人身上的筋脉那样在地上流通。所以说，水是既具备材又具备美的。怎样知道水是这样的呢？回答说：水柔软而清澈，又能洗去人们身上的污秽，这是水的仁德。水看起来黑色却其实是白色的，这是水的诚实。量水不必用刮平斗斛的器具，流满了就不再增高，这是水的端正。没有地方不流进去，流到平衡就停止，这是水的道义。人都去向高，水独流向低，这是水的谦卑。谦卑是道寄寓的地方，是王天下者的器量，而水就聚集在低下的地方。

准也者，五量之宗也。[1]素也者，五色之质也。[2]淡也者，五味之中也。[3]是以水者，万物之准也，诸生之淡也，[4]违非得失之质也。[5]是以无不满，无不居也。集于天地而藏于万物，产于金石，集于诸生，故曰水神。集于草木，根得其度，华得其数，实得其量。鸟兽得之，形体肥大，羽毛丰茂，文理明著。万物莫不尽其几，[6]反其常者，水之内度适也。

【注释】

〔1〕准：水准器。《汉书·律历志上》："准者，所以揆平取正也。"五量：说法不一。本书《揆度》有"权、衡、规、矩、准"之说，《孔子家语·五帝德》注以"权衡、升斗、尺丈、里步、十百"为五量，《汉书·律历志上》又有"龠、合、升、斗、斛"之说，还说：量者，"以井水准其概"。 〔2〕"素也"二句：尹知章注："无色谓之素，水虽无色，五色不得不成，故为五色质也。"质，质地，基础。 〔3〕"淡

也"二句：尹知章注："无味谓之淡，水虽无味，五味不得不平也，故为五味中也。"五味，酸、咸、辛、苦、甘。〔4〕"是以"三句：郭嵩焘云："淡者水之本原也，故曰天一生水，五味之始，以淡为本"，"诸生资水气以生，其始皆淡也"。〔5〕违：丁士涵云："'违'当为'韪'。"韪(wěi伟)非，是非。〔6〕几：通"机"，生机。

【译文】

如果说，准器是五量的准则，素色是五色的基础，淡味是五味的根本。那么水便是万物的准则，便是生命的根本，便是是非得失产生的基础。因此水没有什么东西不能被充满，没有什么地方不能留居。水可聚集在天空地上，可藏在万物的内部，可存在金石之中，可聚集在各种生命之内，所以说水如神。水聚集在草木之内，根就能得到充分的生长，花就能开得相当的繁茂，果子就能结到相当的数量。飞鸟走兽得到水的滋养，形体就能长得肥大，羽毛就能长得丰茂，纹理就能长得鲜亮。万物之所以获得生机，充分发展了它们的本性，是因为水在万物内部充足适宜。

夫玉之所贵者，九德出焉。夫玉温润以泽，仁也。邻以理者，知也。[1]坚而不蹙，[2]义也。廉而不刿，[3]行也。鲜而不垢，洁也。折而不挠，勇也。瑕适皆见，精也。[4]茂华光泽，并通而不相陵，容也。叩之，其音清搏彻远，[5]纯而不杀，辞也。[6]是以人主贵之，藏以为宝，剖以为符瑞，九德出焉。

【注释】

〔1〕邻以理者：何如璋云："'邻'当作'粼'，粼，清澈也。""理，条理也。言玉之质清澈而有条理，似其知也。"译文从之。〔2〕蹙(cù促)：皱。尹知章注："蹙，屈聚也。"〔3〕刿(guì贵)：刺伤。〔4〕尹知章注："瑕适，玉病也。"精：通"情"，诚实。〔5〕搏：猪饲彦博云："'搏'当作'扬'。《荀子》作'清扬而远闻'。"译文从之。〔6〕许维遹云："'杀'当作'郄'。"《说文》："郄，相杂错也。"意为

混乱。辞：郭沫若云：治也，理也，谓条理也。

【译文】
　　玉之所以珍贵，是因为玉体现出九种德性。温和而润泽，是玉的仁。清澈而有纹理，是玉的智。坚硬而不可屈挠，是玉的义。清正而不伤人，是玉的品行。鲜明而没有污垢，是玉的纯洁。可折而不可曲挠，是玉的勇敢。瑕疵都显现，是玉的诚实。华美又有光泽，相互渗透而不相侵凌，是玉的宽容。扣击它，它的声音清扬远闻，纯正而不乱，是玉的有条理。因此君主才把玉看得很贵重，收藏着它当作宝贝，剖成两半而做成符瑞，使玉的九德体现出来。

　　人，水也。男女精气合，而水流形。[1]三月如咀，[2]咀者何？曰五味。五味者何？曰五藏。[3]酸主脾，咸主肺，辛主肾，苦主肝，甘主心。五藏已具，而后生肉。[4]脾生隔，肺生骨，肾生脑，肝生革，[5]心生肉。五肉已具，而后发为九窍。脾发为鼻，肝发为目，肾发为耳，肺发为窍。[6]五月而成，十月而生。生而目视，耳听，心虑。目之所以视，[7]非特山陵之见也，察于荒忽。耳之所听，非特雷鼓之闻也，察于淑湫。[8]心之所虑，非特知于粗粗也，察于微妙。故修要之精。[9]是以水集于玉而九德出焉，凝蹇而为人，而九窍五虑出焉。[10]此乃其精也，[11]精粗浊蹇能存而不能亡者也。

【注释】
　　[1]"男女"二句：尹知章注："阴阳交感，流布成形也。"　[2]三月如咀：俞樾云："'如'当作'而'，与下文'五月而成''十月而生'句法一例。三月而咀者，以其五藏已具也。"译文从之。咀(jǔ举)：含味。　[3]古有五味生五脏之说，《内经·阴阳应象大论》也有类似说法："木生酸，酸生肝。火生苦，苦生肺。土生甘，甘生心。金

生辛，辛生脾。水生咸，咸生肾。"〔4〕生肉：丁士涵云：应为"生五内"。下文"五肉已具"也应为"五内已具"。译文从丁说。〔5〕肝生：郭沫若云："此云'肝生革'当有误，'革'非内也。疑当从《御览》所引作'肝生骨'。其上云'肺生骨'当是'肺生胃'之误……"译文从郭说。〔6〕"贤发"二句：王念孙云："《五行大义》三引作'肺发为口，心发为下窍'，是也。"译文从王说。〔7〕"目之"句：安井衡云："目之所以视当为'目之所视'"，"古本无'以'字"。〔8〕淑湫：俞樾云：淑湫当作"俶啾"。"《说文·口部》'俶，叹也。'啾，小儿声也。"俶啾，微小的声音。〔9〕张佩纶云："此五字衍文。"译文从张说，删去。〔10〕五虑：指五官的功能，即耳听、目明、鼻嗅、口言、心思。上句的"塞"，何如璋云：强也。〔11〕此乃其精也：王引之云：此乃其精也，"其精也"三字为后人所加，"此乃"应连下文而为一句。译从。

【译文】
　　人也是水化生成的。男女的精气相合，由水流布成胎形。三个月后胎儿已能含味，含味是什么？就是分辨五味。五味是什么？五味是生成五脏的。酸主生脾，咸主生肺，辛主生肾，苦主生肝，甘主生心。五脏都已具备，而后就生长人的内部。脾生长隔，肺生长胃，肾生长脑，肝生长骨，心生长肉。五内都已具备，而后生发成九窍。脾生发成鼻，肝生发成目，肾生发成耳，肺生发成口，心生发成下窍。满五个月后形体生成，满十个月后婴儿就出生了。出生后目就能看视，耳就能听闻，心就能思虑。目所能看到的，不只是能看到大山丘陵，而且还能看清楚恍恍惚惚的东西。耳所能听到的，不只是能听到八面鼓的声响，而且还能听清楚小孩微弱的叹声。心所能思虑到的，不只是能知晓粗大明显的事物，而且还能知晓精微奥妙的事理。因此水聚集在玉中而生出九种品德，凝聚强大起来就成为人，生出九窍和五官的功能。这是水的精粗浊塞能生存而不会消亡的事例。

　　伏暗能存而能亡者，蓍龟与龙是也，[1]龟生于水，发之于火，于是为万物先，为祸福正。[2]龙生于水，被五色而游，故神。欲小则化如蚕蠋，欲大则藏于天下，[3]欲尚则凌于云气，[4]欲下则入乎深泉，变化无日，上下无时，谓之神。龟与龙，伏暗能存而能亡者也。

【注释】
〔1〕蓍：何如璋云："'蓍龟'当作'耆龟'，张衡《西京赋》'搏耆龟'，薛综《注》'耆，老也，'龟之老者'。" 〔2〕"龟生"四句：尹知章注："谓龟得水火之灵，故先知于万物，识祸福之正也。"正同"征"，征兆、征验。 〔3〕欲大则藏于天下：据《太平御览》九百二十九应为"欲大则函天地"。译文从之。 〔4〕尚：上。

【译文】
也有潜伏在幽暗处能生存又能消亡的事例，老龟与老龙便是。龟生在水中，在火上烤灼占卜，于是就能成为万物的先知，能成为祸福的征兆。龙生在水中，能披着五色而出游，所以是神。它想要变成小就能变化成如同蚕蠋，它想变成大就能包容天地，它想要往上就能升到云气之中，它想要往下就能潜入到深水里去，它变化没有一定的日子，它上下没有一定的时间，这才说它是神。龟与龙，是潜伏在幽暗处能存在又能消亡的事例。

或世见，或世不见者，生蟡与庆忌。[1]故涸泽数百岁，[2]谷之不徙，水之不绝者，生庆忌。庆忌者，其状若人，其长四寸，衣黄衣，冠黄冠，戴黄盖，乘小马，好疾驰，以其名呼之，可使千里外一日反报，此涸泽之精也。涸川之精者，生于蟡。蟡者，一头而两身，其形若蛇，其长八尺，以其名呼之，可以取鱼鳖。[3]此涸水之精也。

【注释】
〔1〕蟡（guǐ 诡）：《类编》："涸水之精曰蟡。"蟡与庆忌下文有叙述。

〔2〕涸泽：与下文之"涸川"中的"涸"，读如冱（hù 互），冻结的意思。 〔3〕可以：王念孙云：《北山经注》引此"可以"作"可使"。译文从王说。

【译文】

　　有的时代出现，有的时代不出现，产生蟡与庆忌就是这样的。不能流动的湖泽生成数百年，只要四周的山谷没有变迁，水源不断绝，就会产生庆忌。庆忌，它的形状像人，身长四寸，穿着黄衣服，戴着黄帽子，打着黄色的华盖，骑着小马，喜欢极快的奔驰，用它的名字呼叫它，就可差使它去千里之外而它能一日回报，这是不能流动的湖泽里的精灵。不能流动的江河里的精灵，就是蟡。蟡，一头而两身，它的形状像蛇，身长八尺，用它的名字叫它，可叫它去捉鱼鳖。这是不能流动的水中的精灵。

　　是以水之精粗浊蹇，能存而不能亡者，生人与玉。伏暗能存而亡者，[1]蓍龟与龙。或世见，或不见者，蟡与庆忌。故人皆服之，而管子则之；人皆有之，而管子以之。

【注释】

　　〔1〕能存而亡：王念孙云："'能存而亡'，当依朱本及上文，作'能存而能亡'。"

【译文】

　　因此，水之精粗浊蹇，能生存而不能消亡的，有人与玉。潜伏在幽暗处能生存又能消亡的，有老龟与龙。有的时代出现，有的时代不出现的，有蟡与庆忌。所以人们都把水看成平常事，而管子却知水法则；人们都拥有水，而管子却能利用水。

　　是故具者何也？水是也。万物莫不以生，唯知其托者能为之正。具者，水是也。故曰水者何也？万物之本原也，诸生之宗室也，美恶、贤不肖、愚俊之所产也。何以知其然也？夫齐之水道躁而复，[1]故其民贪粗而好勇。楚之水淖弱而清，故其民轻果而贼。[2]越之水浊重而洎，故其民愚疾而垢。[3]秦之水泔最而稽，[4]淤滞而杂，故其民贪戾罔而好事齐。[5]晋之水枯旱而运，[6]淤滞而杂，故其民谄谀葆诈，巧佞而好利。燕之水萃下而弱，[7]沉滞而杂，故其民愚戆而好贞，轻疾而易死。宋之水轻劲而清，故其民间易而好正。[8]是以圣人之化世也，其解在水。故水一则人心正，水清则民心易。一则欲不污，[9]民心易则行无邪。是以圣人之治于世也，不人告也，不户说也，其枢在水。

【注释】

〔1〕道：猪饲彦博云："'道'疑作'遒'，劲也。"译文从"遒"。〔2〕果而贼：郭沫若云：果而贼乃"果敢"之误。译文从郭说。〔3〕洎（jì技）：尹知章注："洎，浸也。"疾通"嫉"。〔4〕泔（gān干）：米汁，淘米水。这里是指水含泥而混浊。最：明刻赵本作"冣"。冣（jù聚），积聚。稽：稽留，停留。俞樾云：此上下二句，盖谓泔汁会聚而停留，淤泥沉滞而混杂也。〔5〕齐：王念孙云："此'齐'字涉上文而衍。"当删。〔6〕枯旱：张佩纶云："枯，苦。旱，悍。"枯旱，犹言苦涩。运：俞樾云：当为"浑"之假字。〔7〕萃：聚集。〔8〕间易：古本作"简易"。〔9〕一则欲不污：王念孙云："一则欲不污"本作"民心正则欲不污"，与下句对文。"正"误作"一"，又脱"民心"二字。译文从之。

【译文】

因此什么是具备一切的呢？水就是具备一切的。万物没有一个不是依靠水而生存的，只要知道万物是依靠水的都能为此作证。具备一切的，水才是具备一切的。所以说水是什么呢？水是万物的本原，是各种生命的根蒂，是产生美与丑、贤良与不肖、愚蠢与俊杰的基础。怎么知道它是这样的呢？齐国的水湍急而又回旋，所以齐国的百姓就贪婪、粗暴而好勇。楚国的水柔弱而清流，所以楚国的百姓就轻快、果断而敢为。越国的水浊重而浸润，所以越国的百姓就愚蠢、嫉妒而污秽。秦国的水浓厚而流缓，淤泥沉滞而混杂，所以秦国的百姓就贪婪、暴戾、虚狂而好生事。晋国的水苦涩而浑浊，淤泥沉滞而混杂，所以晋国的百姓就谄谀而心怀欺诈，奸佞而贪财利。燕国的水深聚而柔弱，沉滞而混杂，所以燕国的百姓就愚蠢、痴呆而喜好忠贞，轻视急难而不怕死。宋国的水轻快有力又清澈，所以宋国的百姓就纯朴、平易而又喜好公正。因此圣人要改变世风，一定要了解水。水纯洁人心就公正，水清澈民心就平易。民心公正欲望就不会污染，民心平易行为就不会邪恶。因此圣人治理世风，不逐个告诫人、不逐户劝说的关键在于利用水性。

四时第四十

【题解】

　　四时,犹言四季。本篇论述君主施政行令要顺应四季的特点和发展,"合于时则生福,诡(违)则生祸"。本篇大致可分为三个大层次。开篇即提出"令有时",如果"不知四时",乃是"失国之基",国家就会陷入困境。强调阴阳、四时、刑德的一致、相适应。接着论述春夏秋冬的季节特点,以及君主根据季节特点应该做的政事和应该发布的政令。这是本篇的主体,按春夏秋冬设专章详尽论述。最后补充归结:君主在发现政令失时时,要及时施行补救,调整政令,配合天地的运行,避免天地更大的惩罚,使君主的刑德之政令不违背四时的方向,使得国家久长。本篇出自战国时代阴阳家之手,从对自然发展规律的认识出发,来议论政治,反映了当时的自然科学的研究情况。

　　管子曰:令有时。无时则必视顺天之所以来。五漫漫,六惛惛,〔1〕孰知之哉?唯圣人知四时。不知四时,乃失国之基。不知五谷之故,〔2〕国家乃路。〔3〕故天曰信明,地曰信圣,四时曰正。〔4〕其王信明圣,其臣乃正,何以知其王之信明信圣也?曰:慎使能而善听信之。使能之谓明,听信之谓圣。信明圣者,皆受天赏。使不能为惛,惛而忘也者,〔5〕皆受天祸。是故上见成事而贵功,则民事接劳而不谋;〔6〕上见功而贱,则为人下者直,〔7〕为人上者骄。是故阴阳者天地之大理也,四时者阴阳之大经也,刑德者四时之合也。刑德合于时则生福,诡则生祸。[8]然则春夏秋冬将何行?

【注释】

〔1〕五漫漫,六惛惛:郭沫若云:"犹今言乱七八糟耳。" 〔2〕故:此指生长的经历、规律。 〔3〕路:通"露",败坏。 〔4〕郭沫若云:以上三句的"曰"字与"爰"同意,《尔雅·释诂》:"爰,曰也。""爰"古又通作"焉"。故以上三句即为:"天焉信明,地焉信圣,四时焉(爰)正。"言圣人对于天道诚然明晰,对于地道诚然详审,则历数即得其正。译文从之。 〔5〕忘:郭沫若云:"忘"字当为"妄"。译文从"妄"。 〔6〕章炳麟云:"接"当借为"嗸"。嗸,音杂,烦苛的意思。借,当借为"悔"。悔,恨的意思。 〔7〕直:张佩纶云:"直"当作"堕"。堕,通"惰",怠惰。 〔8〕诡:违反。《吕氏春秋·淫辞》:"言行相诡,不祥莫大焉。"

【译文】

管子说:政令必须有季节性。如果政令没有季节性,百姓必须自己去观察和适应天时发展的情况。这样漫无天际的,糊里糊涂的,谁能知道它呢?只有圣人才能知道四季。不知道四季,就会失掉国家的根基。不知道五谷的生成规律,国家就会败坏。所以圣人对天道是真正明察的,对地道是真正圣智的,对四季的规律也认识正确的君主真正明察圣智,臣下也就正确了。从哪里能知道君主是真正的明察和圣智的呢?答道:君主能谨慎地使用有才能的人,并能善于听信他们的意见。能使用有才能的人就叫做明察,能听信有才能的人的意见就叫做圣智。能真正明察和圣智的君主,就能受到天的赏赐。使用无能的人是糊涂,糊涂而狂妄的君主都会受到灾祸。因此君主看见事业的成就就重视百姓的功劳,那么百姓即使事务繁重也不悔恨。君主轻视百姓的功劳,那么作为在下的百姓就怠惰,而在上的君主就骄傲。因此阴阳是天地间的根本道理,四季是阴阳变化的根本规则,刑罚和德政是配合四季的运行的。刑罚德政配合时令就产生福利,违背就产生祸害。那么春夏秋冬将施行些什么呢?

东方曰星,其时曰春,其气曰风,风生木与骨。[1]

其德喜嬴,[2]而发出节时。[3]其事：号令修除神位，谨祷樊梗,[4]宗正阳，治堤防，耕芸树艺，正津梁，修沟渎，甓屋行水,[5]解怨赦罪，通四方。然则柔风甘雨乃至，百姓乃寿，百虫乃蕃，此谓星德。星者掌发，为风。[6]是故春行冬政则雕,[7]行秋政则霜，行夏政则欲。[8]是故春三月以甲乙之日发五政。一政曰：论幼孤，舍有罪。二政曰：赋爵列，授禄位。三政曰：冻解修沟渎，复亡人。[9]四政曰：端险阻,[10]修封疆，正千伯。[11]五政曰：无杀麑夭,[12]毋蹇华绝芋。[13]五政苟时,[14]春雨乃来。

【注释】

〔1〕骨：根。许维遹云："《周礼·疡医》郑《注》：'木根立地中似骨。'故木与骨并举。"　〔2〕其德喜嬴：尹知章注："言春德喜悦长嬴。"嬴，通"赢"，充满。　〔3〕发出节时：王念孙云："谓以时节发出万物也。"出，生。　〔4〕樊梗：樊，通"币"。梗，祭祷。樊梗，祭祷时用的币帛。　〔5〕甓屋：用砖瓦修治屋上瓦沟。甓，修治。孔颖达疏引《子夏传》曰："甓，亦治也。"　〔6〕星者掌发，为风：戴望云：以下文"日掌赏，赏为暑"等文例，这二句应为："星掌发，发为风。"掌，主也。　〔7〕雕："凋"之借字。　〔8〕欲：郭嵩焘云：疑为"溽(rù 褥)"。声相近而误。《说文》："溽，湿暑也。"《儒行》"其饮食不溽"，郑注："溽之言欲也。"溽、欲通。　〔9〕复亡人：埋葬死人。张佩纶云：亡人即死人。　〔10〕端险阻：修通道路。尹知章注："路有险阻，理之使端平也。"　〔11〕千伯：即"阡陌"，田间的小路。　〔12〕麑夭：许维遹云：即"麑麛"，幼鹿。　〔13〕蹇：安井衡云：读为"搴(qiān 牵)"，拔也。芋：王绍兰云：即蕚之坏字。　〔14〕苟时：孙星衍云："苟时"，《太平御览》作"循时"。徇与循同义，徇时谓循其时序。

【译文】

东方是星，它的时节是春，它的气象是风，风生发树与根。它的德性喜欢生长,万物按时发生。春天的事务有:号召修整神位,虔诚地用帛币向神祈祷,以正阳为宗主,修筑堤防,耕耘土地和修剪果园,修整桥梁,修通沟渠,修好屋顶的瓦沟以便走水,排解仇怨和赦免罪犯,交通四方。这样,和风甘雨就会来到,百姓就会长寿,六畜就会兴旺,这就称作星德。星主管生发,生发表现为风。因此春季如果施行冬季的政令,就会出现凋零的气象;如果施行秋季的政令,就会出现霜杀的气象;如果施行夏季的政令,就会出现湿热的气象。因此春季的三个月要在属木的甲、乙之日来发布五项政令。第一项政令是:照顾幼小和孤儿,赦免有罪的人。第二项政令是:颁布官爵的等级,授予不同的禄位。第三项政令是:土地解冻就修筑沟渠,深埋死人。第四项政令是:修通难行的道路,修整田地的边界,修理田间的小路。第五项政令是:不准捕杀幼鹿,不准掐摘花萼。五项政令如能按时颁行,春雨就会来到。

南方曰日,其时曰夏,其气曰阳,阳生火与气。其德施舍修乐。[1]其事:号令赏赐赋爵,受禄顺乡,[2]谨修神祀,量功赏贤,以动阳气,[3]九暑乃至,[4]时雨乃降,五谷百果乃登,此谓日德。中央曰土,[5]土德实辅四时入出,以风雨节,土益力。[6]土生皮肌肤,其德和平用均,[7]中正无私。实辅四时,春嬴育,夏养长,秋聚收,冬闭藏。大寒乃极,[8]国家乃昌,四方乃服。此谓岁德。日掌赏,赏为暑。岁掌和,和为雨。[9]夏行春政则风,行秋政则水,行冬政则落。是故夏三月以丙丁之日发五政。一政曰:求有功发劳力者而举之。[10]二政曰:开久坟,[11]发故屋,辟故窌以假贷。[12]三政曰:令禁扇去笠,[13]毋扱免,[14]除急漏田庐。[15]四政曰:求有德赐布施于民者而赏之。五政曰:令禁罝设禽兽,[16]毋杀飞鸟。五政苟时,夏雨乃至也。

【注释】

〔1〕施舍：布施恩德。　〔2〕受：安井衡云："当为'授'。"译文从"授"。顺乡：巡视乡地。许维遹云：读为"巡乡"。意在勉励农民劳作。〔3〕动：王念孙云："当为'助'，字之误也。"译文从之。　〔4〕九：王引之云："当为'大'，字之误也。"译文从之。　〔5〕中央曰土：张文虎云："中央曰土"至"此谓岁德"共六十六字，当移至夏末秋前，即"夏雨乃至也"的后面。译文从之。　〔6〕土益力：谓土地增加生植的能力。尹知章注："土德雨遍，益其生植之力。"　〔7〕"土生"二句：尹知章注："土无不载、无不生，故和平而用均也。"　〔8〕丁士涵云："大寒乃极"以下三句共十二字，是《北方》一节文，误衍在此。录以备考。　〔9〕岁掌和，和为雨：应移至"此谓岁德"的后面。则"日掌赏，赏为暑"接在前文的"此谓日德"的后面。以上的调整，根据许维遹等说。　〔10〕发：古通"伐"，功伐，功绩。　〔11〕坟：刘师培云："疑'积'讹。"译文从"积"。　〔12〕窌(jiào 叫)：地窖。《荀子·富国》："垣窌仓廪者，财之末也。"杨倞注："窌，窖，掘地藏谷也。"〔13〕禁扇去笠：何如璋云："恐人以暑热不慎管钥也。"《广雅·释室》："扇，扉也。笠，户牡也。"户牡，门闩。张佩纶以为"禁扇去笠"，即《月令·仲夏》"门闾毋闭"意，与何说相左。译文从何说。　〔14〕扱免：扱衽、免冠。扱，通"插"。　〔15〕急漏：张佩纶云："急当作'隐'，字之误也。""隐漏"，即《周礼》的井匽，指水井和地沟。〔16〕罝：捕兽的网。《诗经·周南·兔罝》："肃肃兔罝，施于中林。"

【译文】

南方是日，它的时节是夏，它的气象是阳，阳生发火与气。它的德性是布施恩惠与作乐。夏天的事务有：号召赏赐与颁布爵位，授予俸禄和巡视乡里，虔诚地做好神的祭祀，考核功绩赏赐有才能的人，以便帮助阳气的发扬，大暑于是就会来到，时雨于是就会下降，五谷百果于是就会丰收，这就称作日德。日主管赏赐，赏赐表现为暑。夏季如果施行春季的政令就会出现风灾，施行秋季的政令就会出现水灾，施行冬季的政令就会出现凋落。因此夏季的三个月要在属火的丙、丁之日来发布五项政令。第一项政令是：寻求有功和为国出力的人，把他们推举出来。第二项政令是：启用贮藏很久的物资，动用旧房，挖开老窖，把粮食拿出来借给百姓。第三项政令是：下令禁止门户不关，不准挽袖免冠失掉仪态，清理井沟田舍。第四项政令是：寻求曾有恩惠布施给百姓的人，给予他们赏赐。第五项政令是:下令禁止设网捕捉野兽,不准杀害飞鸟。五项政令如能按时颁行,夏雨就会来到。中央是土,土的德性是切实辅助四季的运转,风雨适宜,泥土就增加地力。土生皮肤肌肉,它的德性是平和均匀,中正无私。切实辅助四季:春季生发孕育,夏季供养生长,秋季聚集收获,冬季封闭贮藏。大寒于是来到,国家于是昌盛,四方于是顺服,这就称作岁德。岁主管和调,和调就表现为雨。

西方曰辰,其时曰秋,其气曰阴,阴生金与甲。[1]其德忧哀、静正、严顺,居不敢淫佚。其事:号令毋使民淫暴,顺旅聚收,[2]量民资以畜聚。赏彼群干,[3]聚彼群材,百物乃收,使民毋怠。所恶其察,[4]所欲必得,我信则克,[5]此谓辰德。辰掌收,收为阴。秋行春政则荣,行夏政则水,行冬政则耗。[6]是故秋三月以庚辛之日发五政。一政曰:禁博塞,[7]圉小辩,斗译跽。[8]二政曰:毋见五兵之刃。[9]三政曰:慎旅农,趣聚收。四政曰:补缺塞坼。[10]五政曰:修墙垣,周门闾。[11]五政苟时,五谷皆入。

【注释】

〔1〕阴生金与甲:尹知章注:"阴气凝结坚实,故生金为爪甲也。"金,指五行中的金。 〔2〕顺,洪颐煊云:读为"慎"。旅:指旅居于田野的农民。 〔3〕赏:刘师培云:疑为"賨"之错字,"'賨'与'陨'同。陨犹落也。此与'落实取材'略同"。译文从之。 〔4〕其察:俞樾云:当为"必察",与下句对文。译文从之。 〔5〕我:吴志忠云:我,"义"之坏字。译文从"义"。 〔6〕耗:损耗。尹知章注:"冬,肃杀损耗也。" 〔7〕博塞:即赌博。塞,古通"赛"。 〔8〕斗译跽:据俞樾、郭沫若校作:"释忌斗",谓因小忌而至于斗者,排解之。 〔9〕"毋见"句:姚永概云:"此因秋收之时,恐妨农功,不出师。" 〔10〕坼(chè 彻):裂开。 〔8〕周:许维遹云:当为"谨",乃涉下文而误。译文从之。

【译文】

西方是辰，它的时节是秋，它的气象是阴，阴生发金与甲。它的德性是忧患哀伤、静穆端正、庄严谨慎，日常生活不敢淫佚过度。秋天的事务有：号召不要让百姓淫乐或残暴，要住宿在田野的农民谨慎地收获，计算百姓的物资来进行储蓄。落实采伐，聚集木材，百物都要收获上来，使百姓不怠惰。人们厌恶的必须考察清楚，人们想要的必须让他得到，要让正义和诚信战胜一切，这就称作德。辰主管收敛，收敛表现为阴。秋季如果施行春季的政令，就会出现草木开花的反常景象；如果施行夏季的政令，就会发生水灾；如果施行冬季的政令，就会受到损耗。因此秋季的三个月要在属于金的庚、辛之日来发布五项政令。第一项政令是：禁赌博，防止小是小非的争辩，排解民间的争斗。第二项政令是：不要出现战争。第三项政令是：谨慎地保护住宿在田野的农民，督促他们赶快收获。第四项政令是：修补残缺的仓库，填塞裂缝。第五项政令是：修理墙垣，小心门户。五项政令如能按时颁行，五谷就能入库。

北方曰月，其时曰冬，其气曰寒，寒生水与血。其德淳越、温怒、周密。[1]其事：号令修禁徙民，令静止，[2]地乃不泄。断刑致罚，无赦有罪，以符阴气。[3]大寒乃至，甲兵乃强，五谷乃熟，国家乃昌，四方乃备，[4]此谓月德。月掌罚，罚为寒。冬行春政则泄，行夏政则雹，[5]行秋政则旱。是故冬三月以壬癸之日发五政。一政曰：论孤独，恤长老。二政曰：善顺阴，修神祀；赋爵禄，授备位。三政曰：效会计，[6]毋发山川之藏。四政曰：捕奸遁，得盗贼者有赏。五政曰：禁迁徙，止流民，圉分异。[7]五政苟时，冬事不过，所求必得，所恶必伏。[8]

【注释】

〔1〕怒：依古本作"恕"。 〔2〕修禁徙民，令静止：刘师培校作

"禁休徒,令民静止"。尹知章注:"时方休息,故禁人私徙,令为静止也。" 〔3〕"断刑"三句:尹知章注:"阴气主杀,故断刑致罪以符之。"符:符合,适应。 〔4〕备:安井衡云:"当为'犕',字之误也。'犕',古服字。" 〔5〕靁:"雷"的本字。 〔6〕效:考核。《广雅·释言》:"效,考也。" 〔7〕圉分异:许维遹云:圉"与'御'通。《广雅·释言》:'御,禁也。''异'与'廙'通。《说文》'廙,行屋也',引申为居。'圉分异',犹言禁分居也"。 〔8〕伏:通"服",制服。

【译文】

　　北方是月,它的时节是冬,它的气象是寒,寒生发水与血。它的德性是淳朴清越、温和宽恕、周全保密。冬天的事有:号召禁止迁移,命令百姓安静休息,地气才不泄漏。判刑定罪不能赦免罪犯,为了适应阴气。大寒于是就会到来,军队于是就会强大,五谷于是就会丰熟,国家于是就会昌盛,四方于是就会服从,这就称作月德。月主管刑罚,刑罚表现为寒。冬季如果施行春季的政令,就会泄漏地气;如果施行夏季的政令,就会出现雷响;如果施行秋季的政令,就会出现干旱。因此冬季的三个月要在属于水的壬、癸之日来发布五项政令。第一项政令是:照顾没有依靠的孤儿和老人,抚恤年老的长辈。第二项政令是:要善于适应阴气,虔诚地祭祀好神;颁布爵禄,配备授予官位。第三项政令是:考核会计工作,不得开发山水的资源。第四项政令是:追捕逃犯,捉得盗贼的人有奖赏。第五项政令是:禁止迁移,安置流民,不准分居。五项政令如能按时颁行,冬季的事务不犯过错,那么,所追求的一定能够得到,所厌恶的一定能够制服。

　　是故春凋,秋荣,冬雷,夏有霜雪,此皆气之贼也。〔1〕刑德易节失次,则贼气遫至。〔2〕贼气遫至,则国多灾殃。是故圣王务时而寄政焉,作教而寄武,作祀而寄德焉。此三者圣王所以合于天地之行也。日掌阳,月掌阴,星掌和。〔3〕阳为德,阴为刑,和为事。是故日食,则失德之国恶之;月食,则失刑之国恶之;彗星见,则失和之国恶之;风与日争明,〔4〕则失生之国恶之。〔5〕是故圣王日食则修德，月食则修刑，彗星见则修和，风与日争明则修生。此四者，圣王所以免于天地之诛也。信能行之，五谷蕃息，六畜殖，而甲兵强。治积则昌，暴虐积则亡。

【注释】

〔1〕"此皆"句：尹知章注："气反时，则为贼害也。" 〔2〕遬：同"速"。〔3〕星掌和：郭沫若云："此'星掌和'当为'岁掌和'之误。"译文从郭说。〔4〕明：尊敬。《礼记·祭义篇》："明命鬼神。"郑《注》："明，犹尊也。"尊与长同义，故"争明"犹言争长。〔5〕生：许维遹云：当作"正"，读为"政"。下文"风与日争明则修生"同。

【译文】

因此春季凋零，秋季草木开花，冬季响雷，夏季有霜雪，这都是气象的灾害。刑罚和德政变换了季节，失掉了次序，那么灾害的气象就会迅速到来。灾害的气象迅速到来，国家就多灾殃。所以圣王总是按时节来施行政令，作教令来习武事，设祭祀来显示德行。这三项工作就是圣王用来配合天地的运行的。日主管阳，月主管阴，岁主管和。阳表现为德政，阴表现为刑罚，和表现为政事。所以出现日食，失德政的国家厌恶它；出现月食，失去刑罚的国家厌恶它，出现彗星，失去和调的国家厌恶它。出现风与日争长，失去政事的国家厌恶它。所以圣王在日食出现时就加强德政，在月食出现时就加强刑罚，在彗星出现时就加强和调，在风与日争长出现时就加强政事。这四项工作，是圣王用来避免天地的诛罚的。如果能真正施行这四项工作，五谷就会繁多，六畜就会兴旺，军队也就会强大。治理国家的业绩积累多了，国家就会昌盛；暴虐的事情积累多了，国家就会灭亡。

道生天地，德出贤人。道生德，德生正，[1]正生事。是以圣王治天下，穷则反，终则始。德始于春，长于夏；刑始于秋，流于冬。刑德不失，四时如一。刑德离乡,[2]时乃逆行,作事不成,必有大殃。月有三政,[3]王事必理,以为久长。不中者死,[4]失理者亡。国有四时,固执王事,四守有所,[5]三政执辅。

【注释】
〔1〕正：王念孙云：与"政"同。下"正"字同。 〔2〕乡：同"向",方向。 〔3〕月有三政：郭沫若云：三政当指上节的"三者",即"务时而寄政,作教而寄武,作祀而寄德"言,月皆有之,故曰"月有三政"。 〔4〕不中者死：尹知章注："中,犹合也。不合三政者则死,违失其理必败亡。" 〔5〕四守：郭沫若云：当指上节的"四节",即修德、修刑、修和、修政。

【译文】
道产生天地,德生出贤人。道产生德,德产生政令,政令产生事绩。因此圣王治理天下,走到极端要再返回来,做完了事要再重新开始。德政始于春季,成长在夏季；刑罚始于秋季,延续到冬季。刑罚和德政只要不失时节,四季就会始终如一地正常运行。刑罚和德政如果离开了正常的方向,时节就会倒行,做事便不会成功,国家必定会有大的灾殃。每月坚持三政,王事一定得到治理,国家因此而久长。不合三政者身死,违反三政者国亡。国家有四季的政令,要坚决执行圣王的政事,四项守则要据有重要的位子,三项政策要执行作为辅助。

五行第四十一

【题解】

　　五行，指木、火、土、金、水。我国古代思想家曾想用这五种常见物质来说明世界万物的起源和统一。本篇论述天子要按照五行的属性施政。大致可分为三个部分：第一部分论述人事与天地阴阳的关系，以为天子要通天地而总一统、通阴阳而用于人事，就需立五行。黄帝能做到这样，所以"神明至"。黄帝能立五行以正天时，立五官以正人位，使"人与天调"，使"天地之美生"。第二部分是本篇的主体，详尽具体地论述五行天时与天子的施政。把一年三百六十日分为五个时段，每个时段为七十二天，然后与五行相配，要求天子的施政必须与五行的属性相配合。最后一节为结尾部分，指出如若天子施政不与五行的属性相配合，则五个时段内就会灾祸横生。

　　一者本也，[1] 二者器也，[2] 三者充也，[3] 治者四也，教者五也，守者六也，[4] 立者七也，[5] 前者八也，[6] 终者九也，十者然后具五官于六府也，[7] 五声于六律也。[8]

【注释】

　　[1] 本：指农业。尹知章注："本，农桑也。"　[2] 器：器具。尹知章注："器，所以理农桑之具也。"　[3] 充：充足，此指有足够的劳力来从事农业生产。尹知章注："充，谓人力能称本与器也。"　[4] 守：掌管。尹知章注："人既奉法从教，则设官以守之。"　[5] 立：立事。尹知章注："既设官以守之，则能立事。"　[6] 前：齐全。　[7] 尹知章注："立五行之官分掌六府也。"《礼记·曲礼》："天子之五

官,曰司徒、司马、司空、司士、司寇,典司五众。"《礼记·曲礼》:"天子之六府,曰司土、司木、司水、司草、司器、司货,典司六职。"郑玄注:"府,主藏六物之税者。此亦殷时制也。"〔8〕五声:即五音,指宫、商、角、徵、羽。六律:即黄钟、太簇、姑洗、蕤宾、夷则、无射。律用来正音,《孟子》:"不以六律不能正五音。"

【译文】

第一是农本,第二是农具,第三是从事农业的劳力,治理是第四,教化是第五,专职掌管是第六,立事是第七,齐全是第八,终止是第九,第十就是要建立五官来分管六府,就像用六律来定五音。

六月日至,〔1〕是故人有六多,〔2〕六多所以街天地也。〔3〕天道以九制,地理以八制,人道以六制。以天为父,以地为母,以开乎万物,〔4〕以总一统。通乎九制、六府、三充,〔5〕而为明天子。修概水上,〔6〕以待乎天堇;〔7〕反五藏,〔8〕以视不亲;〔9〕治祀之下,以观地位;〔10〕货曋神庐,〔11〕合于精气。已合而有常,有常而有经。审合其声,修十二钟,〔12〕以律人情。〔13〕人情已得,万物有极,〔14〕然后有德。故通乎阳气,所以事天也,经纬日月,〔15〕用之于民;通乎阴气,所以事地也,经纬星历,以视其离。〔16〕通若道然后有行,〔17〕然则神筮不灵,〔18〕神龟不卜,黄帝泽参,〔19〕治之至也。

【注释】

〔1〕至:指夏至、冬至。尹知章注:"阳生至六为夏至,阴生至六为冬至。"〔2〕六多:张佩纶云:为"六爻"之误。爻(yáo 摇),是构成《易》卦的基本符号。"—"是阳爻,"——"是阴爻,每三爻合成一卦,重卦称为六爻。〔3〕街:《玉篇》:"通道也。"此作动词用。〔4〕丁士涵云:"'乎'字衍,'以开万物'与下文'以总一统'对文。"译文

从之。〔5〕九制、六府、三充：李哲明云，"充"疑当为"事"，形近而讹。"九制"疑当为"九功"，涉上"九制"而误。《尚书·大禹谟》以水、火、金、木、土、谷为六府，以正德、利用、厚生为三事。合而为九功。译文从之。〔6〕王念孙云："'上'当为'土'。'概'，平也，谓修平水土也。"译文从之。〔7〕以待乎天堇：郭沫若云，当为"以待天馑"。"乎"字为下句错入。馑（jǐn 仅），饥馑、灾荒。《尔雅·释天》："谷不熟为饥，蔬不熟为馑。"译文从之。〔8〕反五藏：郭沫若云，为"平发五藏"。"平"字误为"乎"，错入上句，"发"字误为"反"。平发，谓平粜也；五藏，谓五谷之仓廪。译文从之。〔9〕亲：郭沫若云："赈误为亲。"译从。〔10〕地位：郭沫若云："'地位'当为'地利'。"译文从之。〔11〕郭沫若云：货暉当读为"化潭"。"神庐指心言，《内业篇》所谓'精舍'也。""'货暉神庐'者谓心受教养而深厚，即所谓'定心'，故能'合于精气'也。"〔12〕钟：古代乐器，青铜制成。西周中期开始有十几个大小相次成组的编钟，本篇曰"十二钟"。〔13〕律：约束。〔14〕万物有极：丁士涵云："当作'万物已极'，与'人情已得'对文，此涉下文'有德'而误。"物，事。极，准则。〔15〕经纬：常道，规律。此指掌握规律。〔16〕离：读为"列"。《管子·侈靡》篇："昭穆之离"，尹知章注："离谓位次之列也。"〔17〕若：犹此也。〔18〕筮（shì 誓）：用蓍草占卜。《诗经·卫风·氓》："尔卜尔筮"，《传》："龟曰卜，蓍曰筮。"〔19〕泽：通"释"，舍弃。参：指参与占卜的人。黄帝泽参，注家多以为本句是衍文。

【译文】

　　每经六个月是夏至或冬至，因此人的卦象有六爻，六爻是用来沟通天地的。天道以九为制，地道以八为制，人道以六为制，天子以天为父，以地为母，以此来开倡万事，以此来总括统一。能通晓九功、六府、三事，就能成为圣明的天子。修平水土，来对待天年的饥荒；平价出售库粮，来对待穷困的百姓；在祭祀土地的时候，来观察物产的丰歉。加强心灵的修养，使它合乎精气的要求。如果已合精气的要求，就要能保持经常，能保持经常就有了规范。要审查声乐，制作十二钟，用来规范百姓的感情。百姓的感情已经规范，万事也就有了准则，这样，就能成为有德的天子。所以通晓阳气，是为了用来侍奉上天，掌握日月运行的规律，使有利于百姓；通晓阴气，是为了用来侍奉大地，掌握星宿时节的运行规律,来看清它们的排列次序。能通晓这些规律然后去行事,这样,就不必用蓍草来显灵,不必用龟甲来占卜,黄帝也就可不用占卜的人了,这是最好的治国方法。

昔者黄帝得蚩尤而明于天道,得大常而察于地利,[1]得奢龙而辩于东方,[2]得祝融而辩于南方,得大封而辩于西方,得后土而辩于北方。黄帝得六相而天地治,神明至。[3]蚩尤明乎天道,故使为当时;[4]大常察乎地利,故使为廪者;[5]奢龙辩乎东方,故使为土师;[6]祝融辩乎南方,故使为司徒;大封辩于西方,故使为司马;后土辩乎北方,故使为李。[7]是故春者土师也,[8]夏者司徒也,秋者司马也,冬者李也。昔黄帝以其缓急作五声,[9]以政五钟,[10]令其五钟,[11]一曰青钟大音,二曰赤钟重心,三曰黄钟洒光,四曰景钟昧其明,[12]五曰黑钟隐其常。五声既调,然后作立五行以正天时,五官以正人位。人与天调,然后天地之美生。[13]

【注释】

〔1〕地利:当为"地理"。下同。 〔2〕奢龙:当作"青龙"。古本作"青龙"。辩:通"辨",辨明。 〔3〕天地治,神明至:孙星衍云:《书钞》四十九、《御览》七十九,引作"天下治,神明之至也"。译文从之。 〔4〕当时:许维遹云:"当"读为"掌"。掌时,六相之一,掌天时之官。 〔5〕廪者:掌开仓救济的官。尹知章注:"廪,给也。谓开廪以给人也。" 〔6〕土师:古本作"工师",即《周官》中的司空,司空与司工同。空,工之假字。下同。 〔7〕李:通"理",古时法官的名称。尹知章注:"李,狱官也。" 〔8〕因春夏秋冬分属东南西北,所以说"春者土(工)师也,夏者司徒也"。 〔9〕作五声:王念孙云:应为"作立五声"。《书钞》引"作"下有"立"字。作,始也。 〔10〕政:同"正",规正。 〔11〕令:命名。 〔12〕景:刘师培云:景"乃

'颢'字之总，颢即白也"。与上下文的青、赤、黄、黑并文，均主方色言。〔13〕天地之美：指天地间的美好事物。尹知章注："美，谓甘露、醴泉之类也。"

【译文】

从前黄帝得蚩尤任为相而明察天道，得大常任为相而明察地理，得青龙任为相而明辨东方，得祝融任为相而明辨南方，得大封任为相而明辨西方，得后土任为相而明辨北方。黄帝得六相而天下安定，真是神明极了。蚩尤明察天道，所以命他为掌管天时的官；大常明察地理，所以命他为掌管粮仓的官；青龙明辨东方，所以命他为司空的官；祝融明辨南方，所以命他为司徒的官；大封明辨西方，所以命他为司马的官；后土明辨北方，所以命他为治狱的官。因此春是司空，夏是司徒，秋是司马，冬是狱官。从前黄帝按政事的缓急来立五声，用五声来规正五钟，命名五钟为：一是青钟大音，二是赤钟重心，三是黄钟洒光，四是白钟昧其明，五是黑钟隐其常。五声调正以后，这就开始确立五行来规正天时，开始确立五官来规正人位。使人事与天道协调，然后，天地就能产生美好的事物。

  日至睹甲子木行御。[1] 天子出令，命左右士师内御，[2] 总别列爵，论贤不肖士吏。赋秘，[3] 赐赏于四境之内；发故粟以田数。[4] 出国，[5] 衡顺山林，[6] 禁民斩木，所以爱草木也。然则冰解而冻释，草木区萌。[7] 赎蛰虫卵菱，[8] 春辟勿时，[9] 苗足本，[10] 不疠雏鷇，[11] 不夭麑麋。[12] 毋傅速，[13] 亡伤襁褓。[14] 时则不凋，[15] 七十二日而毕。[16]

【注释】

  〔1〕"日至"句：尹知章注："谓春日既至，睹甲子，用木行御时也。"睹，见，遇见。木行，五行之一，春属木。御，治理。 〔2〕"命左"句：尹知章注："谓内侍之官也。" 〔3〕赋秘：王引之云："'赋'，

布也,布散其所秘藏之物也。"〔4〕"发故"句:尹知章注:"故粟,陈(粟)也。以田数多少用陈粟给人,使得务农。"〔5〕国:指国都。〔6〕衡:古代掌管山林的官。《周礼·地官》有"林衡",其职为"掌巡林麓之禁令而平其守"。顺:当读为"巡",古顺、巡通用。〔7〕区(gōu勾)萌:植物嫩芽。区,同"勾"。《礼记·乐记》:"草木茂,区萌达。"〔8〕赎蛰虫:尹知章注:"赎,犹去也。"去,除去。蛰虫,多为害虫,故须除去之。卵:郭沫若云:古本作"卯",读为"萌",意为萌芽。〔9〕春辟勿时:郭沫若云:时"当为'待',涉《注》而误"。尹《注》云:"春当耕辟,无得不及时也。"正释"春辟勿待"。〔10〕尹知章注:"足,犹拥也。春生之苗,当以土拥其本。"〔11〕疠(lì厉):杀。雏縠:幼小待哺食的鸟。〔12〕麛麇:幼小的麋鹿。《国语·鲁语上》:"兽长麛麇。"韦昭注:"鹿子曰麛,麇子曰麇。"〔13〕毋傅速:郭沫若云:"傅读为缚,速谓紧束也。春气已和,不可缚之过紧,免伤褓褓。"〔14〕亡:无。〔15〕尹知章注:"若能行上事,春则繁茂而不凋枯也。"〔16〕"七十"句:刘绩云:"自甲子起,周一甲子六十日,又零十二日得丙子,故曰'七十二日而毕'。下皆仿此。"本篇分一年为五,每一为七十二日,计三百六十日。

【译文】

　　冬至日过后,遇到甲子日起,要按木行的要求行事。天子发出政令,命左右士师内侍官员在朝内理事,要汇总区别各种官爵,评定贤良与不肖的官吏。分发秘藏的财物,赏赐给全国的官吏。发放仓中的陈粮,按田亩的数量贷给农户。掌管山林的官吏要走出国都,去巡视山林,禁止百姓砍伐树木,这是为了爱护草木。这样,在冰化土松的春天,草木才能开始萌发。要早除害虫,使菱萌芽,春耕不能等待,禾苗的根部要培土充足,不杀害雏鸟,不使幼小的麋鹿早死。不要把褓褓缚得过紧,免得伤害婴儿。能按时做到这些,春天就会繁荣不凋落,这样要坚持七十二日才能完毕。

　　睹丙子火行御。天子出令,命行人内御。[1]令掘沟浍,[2]津旧涂。发臧,[3]任君赐赏。[4]君子修游驰,[5]以发地气。出皮币,命行人修春秋之礼于天下,[6]诸侯通,天下遇者兼和。[7]然则天无疾风，草木发奋，郁气息，[8]民不疾而荣华蕃。[9]七十二日而毕。

【注释】
〔1〕行人：官名。使者。尹知章注："行人，行使之官也。"〔2〕浍（kuài 会）：田间水沟。《荀子·解蔽》："醉者越百步之沟，以为蹞步之浍也。"〔3〕旧涂：尹知章注："旧涂，谓先时济水处，当设其津梁也。"津梁，桥。臧：通"藏"。积贮，库藏。〔4〕尹知章注："任，委也。藏中委积物，当发用之，即以充君之赏赐也。"〔5〕游驰：郊游。尹知章注："游驰，谓游戏驰马也。"〔6〕春秋之礼：国家在春秋二季互相聘问。尹知章注："春秋二时聘问之礼。"〔7〕兼：张佩纶云：当作"谦"。译文从之。《说文》："谦，敬也。"〔8〕郁气息：尹知章注："谓郁蒸之气止息也。"〔9〕荣华：本指草开花，引申为昌盛显达。《淮南子·说林训》："有荣华者，必有憔悴。"蕃：繁多，繁殖。《汉书·郊祀志下》："子孙蕃滋。"

【译文】
遇到丙子日起，要按火行的要求行事。天子发出政令，命使者在朝内行事。下令百姓在田间挖掘排水沟，在旧的摆渡口修筑桥梁。发放库藏，充当君主的赐赏品。君子游乐驰马在郊野，以便开发地气。拿出皮币，命使者行春秋之礼到天下各国，与诸侯通好，使诸侯各国间互相敬慕和睦。如果能这样，天就没有暴风，草木就能繁荣生长，郁蒸之气就能停息，百姓就无疾患，昌盛健康而众多。这样要坚持七十二日才能完毕。

睹戊子土行御。天子出令，命左右司徒内御。不诛不贞，[1]农事为敬。大扬惠言，[2]宽刑死，缓罪人。出国，司徒令命顺民之功力，[3]以养五谷。君子之静居，[4]而农夫修其功力极。然则天为粤宛，[5]草木养长，五谷蕃实秀大，六畜牺牲具，民足财，国富，上下亲，诸侯和。七十二日而毕。

【注释】

〔1〕贞：俞樾云："'贞，乃'赏'字之误。"译文从之。〔2〕陶鸿庆云："'言'字不当有，盖即涉《注》文而衍者。"译文从陶说。〔3〕功力：指从事农业生产。〔4〕张佩纶云："'之'字衍。"〔5〕安井衡云："'粤'当为'奥'。奥，深也。'宛'当读为苑。深邃之苑无物不有也。"译文从之。

【译文】

遇到戊子日起，要按土行的要求行事。天子发出政令，命左右司徒到朝内行事。不诛罚不赏赐，唯农事为重。大力宣扬仁惠的事，宽大处理已判刑处死的人，暂缓拘捕已犯罪的人。司徒走出国都，命地方官吏巡视百姓从事农业生产的情况，以利培养五谷。君子静居，而农夫从事农业生产要十分用力。这样，天地就像深邃的园圃，草木就能得到培养生长，五谷就能花开得大，谷粒结得多，六畜和祭祀用的牺牲物就能具备，百姓就有充足的财物，国家就能富裕，上下相亲，诸侯和睦。这样要坚持七十二日才能完毕。

睹庚子金行御。天子出令，命祝宗选禽兽之禁，[1]五谷之先熟者，而荐之祖庙与五祀，[2]鬼神飨其气焉，君子食其味焉。然则凉风至，白露下。天子出令，命左右司马衍组甲厉兵，[3]合什为伍，[4]以修于四境之内，諝然告民有事，[5]所以待天地之杀敛也。[6]然则昼炙阳，夕下露，地竞环，[7]五谷邻熟，[8]草木茂实，岁农丰年大茂。[9]七十二日而毕。

【注释】

〔1〕祝宗：祭祀时司祝祷的人。禁：禁苑。尹知章注："禁，谓牢圈

囿所养，拟供祭祀也。"　〔2〕五祀：古代天子祭祀的五种神祇。尹知章注："五祀，谓门、行、户、灶、中霤。"中霤，指土神。　〔3〕张佩纶云："衍"字即"内御"二字之坏。合上下文体例，故译文从之。组甲：尹知章注："谓以组贯甲也。"组，以丝织成的阔带子。甲，盔甲。厉：同"砺"，磨砺。　〔4〕合什为伍：张佩纶云："当作'合为什伍'。"什伍，军队的编制，五人为一伍，十人为一什。　〔5〕安井衡云："'诶'读为俞，俞然，容貌和恭也。"　〔6〕待：准备。杀敛：杀伐收敛。〔7〕尹知章注："环，炙实貌。方秋之时，昼则暴炙，夕则下寒露而润之，阴阳更生，故地气交竞而炙实。"　〔8〕邻：接连。《释名·释州国》："邻，连也。"　〔9〕岁农丰：指农业丰收，承"五谷邻熟"言。年大茂：指畜牧、林木等丰收，承"草木茂实"言。

【译文】
　　遇到庚子日起，要按金行的要求行事。天子发出政令，命祝宗挑选禁苑中的禽兽，以及首先成熟的五谷，敬献到祖庙和五祀之前，让鬼神享受它们的香气，让君子尝到它们的滋味。这样，凉风就会来到，白露就会下降。天子再次发出政令，命左右司马在朝内行事，准备盔甲，磨砺兵器，组织军队，在全国各地进行备战，以十分认真的态度告诉百姓将要发生战事，用来准备天地在秋季的杀伐收敛。这样，白天秋阳如火炙，晚上降下白露，大地冷热交相循环，五谷接连成熟，草木丰茂充足，农业丰收，年成大好。这样要坚持七十二日才能完毕。

　　睹壬子水行御。天子出令，命左右使人内御，〔1〕御其气足则发而止，其气不足则发捆渎盗贼。〔2〕数剥竹箭，〔3〕伐檀柘，〔4〕令民出猎，禽兽不释巨少而杀之，〔5〕所以贵天地之所闭藏也。然则羽卵者不段，〔6〕毛胎者不牍，〔7〕䐈妇不销弃，〔8〕草木根本美。七十二日而毕。

【注释】
　　〔1〕使：张佩纶云："'使'当作'李'，篆文相近。"李人，即法官。　〔2〕王念孙云："下'御'字衍，据尹《注》云：'其闭藏之气

足，则发令休止也'，则其上无'御'字。"气：冬季的闭藏之气。发：郭沫若云："即开发之发，可训为搜捕。"郭沫若又云："'捆'，殆'涧'之误。"涧渎，山沟和江河。〔3〕尹知章注："言数剡削竹箭以为矢也。"剡，《集韵》："音揪，绝也。"〔4〕尹知章注："伐檀柘所以为弓也。"檀柘，两种树木名。〔5〕释：通"择"，选择。〔6〕段：洪颐煊云：即"㲉"字之省。《说文》："㲉，卵不孚也。"《淮南子·原道训》："兽胎不殰，鸟卵不㲉。"〔7〕殰（dú 读）：流产。尹知章注："殰，谓胎败溃也。"〔8〕"腪妇"句：尹知章注：腪，古"孕"字。销弃，谓散坏也。

【译文】

遇到壬子日起，按水行的要求行事。天子发出政令，命左右法官到朝内行事，冬气足，搜捕盗贼的工作就可停止；冬气不足，就要在山沟和江河中搜捕盗贼。要多截削竹、箭为矢，多伐檀、柘为弓，下令百姓出去打猎，不管禽兽的大小全都捕杀，这正是为了重视天地的闭藏之气。这样，鸟卵就不会孵化不成，兽胎就不会造成流产，孕妇的胎儿也不会夭亡，草木的根也能保全完好。这样要坚持七十二日才能完毕。

睹甲子木行御。天子不赋不赐赏，而大斩伐伤，[1]君危。不杀，[2]太子危，家人夫人死。不然，则长子死。七十二日而毕。睹丙子火行御，天子敬行急政，[3]旱札苗死民厉。[4]七十二日而毕。睹戊子土行御，天子修宫室，筑台榭，君危；外筑城郭臣死。七十二日而毕。睹庚子金行御，天子攻山击石，[5]有兵作战而败，[6]士死，丧执政。七十二日而毕。睹壬子水行御，天子决塞，动大水，王后夫人薨。[7]不然则羽卵者段，毛胎者殰，腪妇销弃，草木根本不美。七十二日而毕也。

【注释】

〔1〕尹知章注:"此已下言逆时政所致灾祸也。" 〔2〕不杀:孙诒让云:"'不杀'当作'不然'。"译文从之。 〔3〕敬:王念孙云:"当作'亟'。"亟,屡次、多次。 〔4〕札:瘟疫。《周礼·春官·大宗伯》:"以荒礼哀凶札。"郑玄注:"札读为截,谓疫厉。"厉:通"疠",染疫病。尹知章注:"厉,疫死。" 〔5〕攻山击石:疑指开发山中的矿藏。 〔6〕有兵:郭沫若云:"当为'祠兵'之误。鲁庄八年《公羊传》'出曰祠兵,入曰振旅……'"祠兵,即出兵。而:犹"则"。 〔7〕薨(hōng 烘):古代诸侯死称薨。《礼·曲礼下》:"天子死曰崩,诸侯死曰薨。"此指王后夫人死。

【译文】

遇到甲子日起,应按木行的要求行事,天子如不分发秘藏的财物,不赏赐官员,却大肆砍伐山林,就会使君主危险。不然,就是使太子危险,或者使家人、夫人死亡。再不然,就是使长子死亡。灾祸将持续七十二日才结束。遇到丙子日起,应按火行的要求行事,天子如果多次施行急政,旱灾和瘟疫就会同时发生,禾苗枯死,百姓染上瘟病。灾祸将持续七十二日才结束。遇到戊子日起,应按土行的要求行事,天子如果营造宫室,修筑台榭,君主就会危险;如果在外修筑城墙,大臣就会死亡。灾祸将持续七十二日才结束。遇到庚子日起,应按金行的要求行事,如果天子开发山中矿藏,出兵作战就会失败,军士死亡,丧失执政的人。灾祸将持续七十二日才结束。遇到壬子日起,应按水行的要求行事,如果天子决开或堵塞河道,造成大水,王后夫人就会死亡。不然,禽卵就会孵化不成,兽胎就会流产,孕妇的胎儿就会夭亡,草木的根子就不能保全完好。灾祸将持续七十二日才结束。

势第四十二

【题解】

势,形势。本篇论述征战攻伐取守要善于利用形势才能成功,违背形势就不能成功。形势未成熟时,就要作准备,静心等待;形势成熟时,就要积极行动;成功以后又要适可而止,适应新的形势。本篇重在论述军事,而又富有哲理性。

战而惧水,此谓澹灭。^[1]小事不从,大事不吉。战而惧险,此谓迷中。^[2]分其师众,^[3]人既迷芒,^[4]必其将亡之道。

【注释】

〔1〕水:水祸,水险。尹知章注:"方战之时,惧致水祸。"澹灭:张佩纶云:"澹当为'胆',字之误也"。灭,绝也。 〔2〕迷:迷惑。中:心中。 〔3〕分:郭沫若案:"假为'纷',乱也。" 〔4〕迷芒:迷茫。

【译文】

战争中害怕渡水,这叫做丧失胆量。这种人做小事就不顺利,做大事就不吉祥。战争中害怕经历危险,这叫做心中迷惑。这种人会使他的军队混乱,人人都陷入迷茫,军队必然走上灭亡的道路。

动静者比于死,[1]动作者比于丑,[2]动信者比于距,[3]动诎者比于避。[4]夫静与作,时以为主人,时以为客,贵得度。知静之修,[5]居而自利;知作之从,每动有功,故曰无为者帝,其此之谓矣。

【注释】

〔1〕俞樾云:此句以下的"四'动'字皆作重"。重,该的意思。死:死尸。 〔2〕丑:张佩纶云:"当为'鬼',均字之误也。"译从。〔3〕信:通"伸",展开。距:鸡距,雄鸡跖后面突出像脚趾的部分。《汉书·五行志中之上》颜师古注:"距,鸡附足骨,斗时所用刺之。"〔4〕诎:通"屈"。屈曲,收缩。避:郭沫若云,应读为"躄"。因为避与辟通,辟又与躄通。躄(bì 壁)亦作"躃",瘸腿。 〔5〕修:张佩纶云:"当作'备。'"准备。静止是为动作做准备,而动作是紧随着静止之后,故下文云"知作之从"。

【译文】

军队该要静止埋伏时就要像死尸一样纹丝不动,军队该要行动出击时就要像鬼神一样出没无常,军队该要扩展地盘时就要像鸡距一样直刺敌人,军队该要退避时就要像瘸腿一样屈曲退缩。静止或者动作,有时作为主要,有时作为次要,贵在运用合度。懂得静止埋伏是为行动出击作必要的准备,那么居留自然会有好处;懂得行动出击是紧随着静止埋伏之后,那么每一个行动出击就会有功效。所以说,顺应自然无为而治就能成就帝业,大概就是这种情况吧。

逆节萌生,[1]天地未形,先为之政,其事乃不成,缪受其刑。天因人,圣人因天。天时不作勿为客,[2]人事不起勿为始。慕和其众,以修天地之从。[3]人先生之,天地刑之,[4]圣人成之,则与天同极。正静不争,动作不贰,[5]素质不留,[6]与地同极。未得天极,则隐于德;[7]已得天极，则致其力。既成其功，顺守其从，[8]人不能代。

【注释】

〔1〕"逆节萌生"以下五句：《国语·越语》："又一年，王召范蠡而问焉，曰：'吾与子谋吴，子曰未可也。今申胥骤谏其主，王怒而杀之，其可乎？'范蠡对曰：'逆节萌生，天地未形，而先为之征，其事是以不成，杂受其刑，王姑待之。'"安井衡据此云："《越语》'政'作'征'，古者正、政、征三字通用，此'政'当读为征。敌国逆事萌生，天地未形可征之兆，而先为之征伐，其事乃不成，误受其刑也。"〔2〕"天时"句：金廷桂云："《越绝书》'天道未作，不先为客'。《礼·月令注》'为客不利'，《疏》'起兵伐人者谓之客'。言敌国无可伐之机，不容轻犯之也。" 〔3〕"以修"句：郭沫若云："'修'当为'备'，'从'即随之从。谓先求人和以待天时地利也。"译文从之。〔4〕刑：古本作"形"。孙星衍云，当作"形"。译文从"形"。〔5〕贰：王念孙云："当为'贪'。"贪同"忒"(tè 特)，差误。〔6〕留：郭沫若云："'留'假为'镏(刘)'，杀。不刘，不杀伐。下文'中静不留'的'留'，同此。" 〔7〕"未得"二句：尹知章注："未得与天同极，则隐而修德也。" 〔8〕顺：王引之云："当为'则'。"译文从之。尹知章注："从，顺也。功成矣，则以顺理守之。"

【译文】

敌方违理荒唐的事刚发生，天地还没有征兆，就先去征讨，那事情就不成功，反而冤枉地受到它的惩罚。天是根据人事而出现征兆的，圣人是根据天的征兆而采取行动的。天时的灾祸还没有在敌国出现就不要去攻伐，人事的祸乱还没有在敌国起来就不要开始进攻。团结自己的良众，准备着等待天时地利的到来。人事的祸乱先已发生，天地的征兆接着出现，于是圣人再去成就事业，那么就与天道相一致。如若端正宁静而不事争夺，行动没有差错，本无杀伐之心，那么就与地道相一致。如果还不能与天道相一致，那就应该隐退修德；如果已与天道相一致，那就应该努力去实现。功成以后，就应该顺理守住功业，就没有人能替代他。

成功之道，嬴缩为宝。[1]毋亡天极，[2]究数而止。事若未成，毋改其形，[3]毋失其始；静民观时，待令而起。[4]故曰：修阴阳之从，[5]而道天地之常。[6]嬴嬴缩缩，因而为当；死死生生，[7]因天地之形。天地之形，[8]圣人成之，小取者小利，大取者大利，尽行之者有天下。

【注释】
〔1〕嬴缩：尹知章注："嬴缩，犹行藏也。" 〔2〕亡：通"忘"。〔3〕形：尹知章注："形，谓常形也。守常修始，事终有成也。"〔4〕"静民"二句：尹知章注："言事未成之时，但安静其人，谨候其时，待天命令，然后起而应也。" 〔5〕修：郭沫若云："'修'亦当为'备'。"译文从之。 〔6〕道：跟随。 〔7〕尹知章注："死生，犹隐显也。圣人隐显必因天地之形。" 〔8〕天地之形：王念孙云："'天地之形'，当依上文作'天地形之'。"译文从王说。

【译文】
　　成功的办法，能屈能伸是宝。不要忘记天道，尽到天数就应该停止。事业如若尚未成功，不要改变常态，不要放弃初衷，休养民力观察时机，等待天令起事。所以说，准备遵循阴阳的变化，跟随天地的常规。伸伸缩缩，要根据时机运用恰当；隐隐现现，要根据天地的征兆。天地出现征兆，圣人完成事业。遵照天道做小事就有小利，做大事就有大利，尽行天道就能据有天下。

　　故贤者诚信以仁之，慈惠以爱之，端政象不敢以先人。[1]中静不留，裕德无求，形于女色，[2]其所处者，柔安静乐，行德而不争，以待天下之溃作也。[3]故贤者安徐正静，柔节先定，行于不敢，而立于不能，守弱节而坚处之。故不犯天时，不乱民功，秉时养人，先德后刑。顺于天，微度人。

【注释】

〔1〕"端政"句：张佩纶云："《周礼·大司马职》：'正月之吉，始和，布政于帮国都鄙，乃县政象之法于象魏，使万民观政象，夹日而敛之。'"依此，端政象，犹如今日的公布法制的草案，广泛听取百姓的意见。 〔2〕形于女色：形容安闲无求的样子如同女子。《韩非子·外储说左上传》："有术而御之，身坐于庙堂之上，有处女子之色，无害于治，无术而御之，身虽瘁臞，犹未有益。" 〔3〕溃：尹知章注："溃，动乱也。"

【译文】

贤者总以诚实的态度爱百姓，总以慈惠的政策爱百姓，制定政令总是广泛听取百姓的意见不敢先自为定。心中宁静无杀伐之意，道德饶裕并无企求，安闲如同女子的姿态。他平常的生活，柔和安定，宁静快乐，行动而不争功，用这种态度来等待天下动乱的到来。所以贤者安稳宁静，先定下谦和的节操，行动不敢冒失，立功自以为不能，奉守谦和的节操而且坚持自处，所以不冒犯天时，不扰乱民功，用四季之政休养百姓，先用恩德后用刑杀。顺应四时，妙合人意。

善周者，明不能见也；〔1〕善明者，周不能蔽也。大明胜大周，则民无大周也；大周胜大明，则民无大明也。大周之先，可以奋信；〔2〕大明之祖，可以代天。下索而不得，求之招摇之下。〔3〕

【注释】

〔1〕周：周密。《汉书·黄霸传》："属令周密。"注："周密，不泄漏也。"故可引申为机密。明：明察。 〔2〕奋信：尹知章注："奋信，振起貌。" 〔3〕招摇：星名。郭沫若案："'下索而不得，求之招摇之下'，谓下求之不得，求之于上也。"

【译文】

善于保密的，明察也不能发现；善于明察的，保密也不能隐蔽。高度的明察胜过高度的保密，那么人就没有高度的保密可言；高度的保密胜过高度的明察，那么人就设有高度的明察可言。先采用高度的保密，就可以迅速起事；先采用高度的明察，就可以代替天的征兆。在下面求索不到征兆，就求索于上天。

兽厌走，而有伏网罟。一偃一侧，不然不得。[1]大文三曾，[2]而贵义与德；大武三曾，而偃武与力。[3]

【注释】

〔1〕"兽厌"四句：郭沫若案："言兽极走而不备，则有陷入网罟之虞。故为政者须一反一侧，有进有退，然后得其当。" 〔2〕曾：章炳麟云："曾"读为"载"。三曾，三载，即三年。 〔3〕偃(yǎn 掩)：停止，停息。

【译文】

野兽极力奔跑，前面可能有暗设的罗网。为政者也必须一张一弛，有进有退，否则便不恰当。大规模实行文治三年，天下便崇尚道义与德行；大规模实行武攻三年，天下便平息武斗与暴力。

正第四十三

【题解】

正,使之正,即匡正。本篇论述要用刑、政、法、德、道来匡正百姓的思想和行为。要正确运用刑、政、法、德、道,统治者必须要正自身,做到正纪、行理、守慎正名,举人无私和"后其身"。所以本篇论正,涉及正人正己两个方面。

制断五刑,[1]各当其名,罪人不怨,善人不惊,曰刑。正之,服之,胜之,饰之,[2]必严其令,而民则之,曰政。如四时之不贰,[3]如星辰之不变,如宵如昼,如阴如阳,如日月之明,曰法。爱之,生之,养之,成之,利民不德,天下亲之,曰德。无德无怨,无好无恶,万物崇一,[4]阴阳同度,曰道。刑以弊之,[5]政以命之,法以遏之,德以养之,道以明之。刑以弊之,毋失民命;令之以终其欲,明之毋径;[6]遏之以绝其志意,毋使民幸;[7]养之以化其恶,必自身始;明之以察其生,[8]必修其理。[9]致刑,其良庸心以蔽;[10]致政,其民服信以听;致德,其民和平以静;致道,其民付而不争。[11]罪人当名曰刑,出令时当曰政,[12]当故不改曰法,[13]爱民无私曰德,会民所聚曰道。[14]立常行政,能服信乎？中和慎敬，能日新乎？正衡一静，[15]能守慎乎？废私立公，能举人乎？临政官民，能后其身乎？能服信政，[16]此谓正纪。能服日新，[17]此谓行理。守慎正名，伪诈自止。举人无私，臣德咸道。能后其身，上佐天子。

【注释】

〔1〕五刑：古代以墨、劓、剕、宫、大辟为五刑。 〔2〕饬：安井衡云："'饬'读为饬。饬，整饬也。" 〔3〕贰：通"忒"，差误。 〔4〕万物崇一：俞樾云：崇，古通"宗"。《广雅·释诂》："宗，本也。""万物宗一"，言万物本于一。《老子》："一生二，二生三，三生万物。" 〔5〕弊：裁断。《周礼·天官·大宰》："以弊邦治。" 〔6〕明之毋径：刘绩云："'明之毋径'，当作'毋使民径'。"《广雅》："径，邪也。" 〔7〕遏之二句：尹知章注："用法正人之志意，不使人有非分之幸也。"幸，侥幸。 〔8〕生：通"性"，性情。 〔9〕修：王念孙云："'修'当作'循'。"译文从王说。 〔10〕庸：通"用"。蔽：俞樾云：盖"敬"字之误。译文从"敬"。 〔11〕付：通"附"，亲附。 〔12〕时当：据古本等应为"当时"。丁士涵云："宜作'当时'，与上文句例同。" 〔13〕当故：合乎常规。 〔14〕聚：尹知章注："聚，谓众所宜也。能令众宜，道之谓也。" 〔15〕正衡一静：尹知章注："衡，平也。言但能守慎，则政平而静一。"据此，正通"政"，政治。一静，应为"静一"，安定统一。 〔16〕能服信政：据丁士涵校：应为"能服信"，承上文"能服信乎"删政字，服信，犹言信服。 〔17〕能服日新：据丁士涵校：应为"能日新"，承上文"能日新乎"删服字。

【译文】

专断五刑，各与罪名相当，犯罪的人就不会怨恨，善良的人就不会惊恐，这叫做刑。匡正百姓，折服百姓，强制百姓，整饬百姓，必定要命令严格，叫百姓遵守，这叫做政。像四季的转换那样不会发生差误，像星辰那样不会发生变化，像昼夜，像阴阳，像日月那样分明，这叫做法。爱护百姓，增多百姓，供养百姓，成全百姓，有利于百姓而不让百姓感恩戴德，天下的百姓都来亲附，这叫做德。无恩德无仇怨，无所好无所恶，万物都发生于一，阴阳的变化都有共同的规律，这叫做道。刑罚用来裁断百姓，政令用来命令百姓，法制用来遏制百姓，恩德用来养育百姓，大道用来启发百姓。用刑罚来裁断百姓，是为了不要错丧人命；命令百姓是为了终结他们的私欲，不要使百姓走上邪路；遏制百姓是为了杜绝他们的非分之想，不要使百姓有侥幸的心理；养育百姓改变他们的恶行，必从自身开始；启发百姓了解自己的性情，必定按照道的原理。施用刑罚，百姓就会用心敬畏；施用政令，百姓就会诚实听从；施用恩德，百姓就会平和安静；施用大道，百姓就会亲附不争。判罪与罪名相当叫做刑，出令与季节相当叫做政，合乎已有的成规而不改变叫做法，爱护百姓而无私心叫做德，合乎全民所需的叫做道。立常法行政令，能使百姓信服吗？心中平和谨慎敬肃，能日新其德吗？政治平稳安定统一。能坚持谨慎小心吗？废私立公，能推举人才吗？执政治理百姓时，能先人后己吗？能使百姓信服，这叫做纲纪端正。能日新其德，这叫做按理行事。坚持谨慎小心辨正名称，虚伪和奸诈自然禁止，推举人才能废私立公，他的为臣之德值得大家都来称道。能做到先人后己，就可辅佐天子。

九变第四十四

【题解】

　　九变,据郭沫若说,"变"是"娈"之误。《说文》:"娈,慕也。"娈字亦作"恋"。恋,思也。所以九变即"九娈",九种思慕。本篇提出一个百姓或守或战至死,并能不以功自居,是与九种思慕有关系的。这种观点源于《墨子·备城门》。本篇论述的是军事建设上的一个重要问题,即一支军队、一个战士必须具有明确的作战信念,才能勇敢善战,至死不屈,否则便是"不信之人""不守之民""不战之卒",是不能用来战斗的。

　　凡民之所以守战至死而不德其上者,有数以至焉。[1]曰:大者亲戚坟墓之所在也,[2]田宅富厚足居也。不然,则州县乡党与宗族足怀乐也。不然,则上之教训习俗慈爱之于民也厚,无所往而得之。不然,则山林泽谷之利足生也。不然,则地形险阻,易守而难攻也。不然,则罚严而可畏也。不然,则赏明而足劝也。不然,则有深怨于敌人也。不然,则有厚功于上也。[3]此民之所以守战至死而不德其上者也。今恃不信之人,而求以智;用不守之民,而欲以固;将不战之卒,而幸以胜,此兵之三暗也。

【注释】

〔1〕"凡民"二句：尹知章注："或守或战，虽复至死，不敢恃之以德于上，则有数存焉于其间，故能至死也。"不德其上：不以为对君主有恩德。数：自然之理。 〔2〕亲戚：指父母。 〔3〕"则有"句：尹知章注："功厚则禄多，故亦自为战而不德于君。"

【译文】

大凡百姓之所以守战到死而不对君主自居有功德，这是有一定的原因所致的。这原因是：最大的是父母的坟墓在此地，而且田地住宅富足足以安居乐业。否则，就是州县乡党与宗族的乡土足以使他留恋和自豪。否则，就是君主对百姓的教化训导习惯风俗仁慈亲爱十分注意，没有别的地方百姓能得到这样的恩情。否则，就是此地的山林泽谷里的财利足以维持生活。否则，就是此地的地形险阻，自己容易守住而敌人难以进攻。否则，就是君主的刑罚严厉使人感到可怕。否则，就是君主的赏赐明确足以勉励人。否则，就是与敌人有深仇大恨。否则，就是对君主向来有重大功劳。这就是百姓之所以守战到死而不对君主自居有功的原因。如今君主依靠不可信的人，而希求了解敌情；使用不能守的百姓，而想要巩固阵地；带领着不能战的士卒，而想侥幸打胜仗，这是用兵者的三种昏庸糊涂的想法。

区　言

任法第四十五

【题解】

　　任法，依靠法制。本篇论述法制的作用，认为治国全靠法制。开篇就提出依靠法制治国就能"身佚而天下治"；不依靠法制治国就"上劳烦，百姓迷惑，而国家不治"。所以进一步提出要"明法"，"置法不变"，法度是第一位的，仁义礼乐都由法制产生，最后明确提出君臣上下贵贱都要依法制而行，做到"上令而下应，主行而臣从"，这是治国之道。全篇运用依靠法制则治、不依靠法制则乱的对比来论述主旨。

　　圣君任法而不任智，任数而不任说，[1]任公而不任私，任大道而不任小物，然后身佚而天下治。失君则不然，舍法而任智，故民舍事而好誉；舍数而任说，故民舍实而好言；舍公而好私，故民离法而妄行；舍大道而任小物，故上劳烦，百姓迷惑，而国家不治。圣君则不然，守道要，处佚乐，驰骋弋猎，[2]钟鼓竽瑟，宫中之乐，无禁圉也。[3]不思不虑，不忧不图，利身体，便形躯，养寿命，垂拱而天下治。[4]是故人主有能用其道者，不事心，不劳意，不动力，而土地自辟，困仓自实，蓄积自多，甲兵自强，群臣无诈伪，百官无奸邪，奇术技艺之人，莫敢高言孟行以过其情，[5]以遇其主矣。[6]

【注释】

〔1〕数：方术，此指国家规定的政策、办法。说：民间的空头议论，故下文说："舍数而任说，故民舍实而好言。" 〔2〕弋（yì益）：古时用绳系矢而射。弋猎，打猎。 〔3〕圉（yǔ语）：通"御"。阻止，禁止。 〔4〕垂拱：形容太平无事，无为而治。 〔5〕高言孟行：犹言狂言妄行。孟，通"猛"。 〔6〕遇：俞樾云："读为愚。"愚，愚弄、欺骗。

【译文】

圣明的君主依靠法制而不依靠才智，依靠政策而不依靠空说，依靠公法而不依靠私情，依靠大的原则而不依靠小的事例，这样就能自身安逸而天下安定。失职的君主却不是这样，舍弃法制而依靠才智，所以百姓就不讲事实而好求名誉；舍弃政策而依靠空说，所以百姓就不讲实际而好说空话；舍弃公法而喜好私情，所以百姓就背离法制而胡作非为；舍弃大的原则而依靠小的事例，所以君主就劳累烦杂，百姓就迷惑不解，国家就不安定。圣明的君主却不是这样，坚守道的纲要，处身于安逸快乐的生活之中，跑马打猎，钟鼓竽瑟的声乐，宫中的快乐，都是不禁止的。无思无虑，无忧无谋，有利身体，适宜形躯，保养寿命，垂衣拱手而天下安定。因此君主能使用法的作用的，就不必费心，不必劳神，不必用力，而土地自然开辟出来，谷仓自然充实，蓄积自然丰多，兵力自然强大，群臣不敢欺诈作伪，百官不敢作奸犯科，有特殊技艺的人也不敢超过他们的实际而吹牛妄行来欺骗他们的君主了。

昔者尧之治天下也，犹埴之在埏也，[1]唯陶之所以为；犹金之在垆，恣冶之所以铸。其民引之而来，推之而往，使之而成，禁之而止。故尧之治也，善明法禁之令而已矣。[2]黄帝之治天下也，其民不引而来，不推而往，不使而成，不禁而止。故黄帝之治也，置法而不变，使民安其法者也。

【注释】

〔1〕"犹埴"句：许维遹案："赵本作'犹埴之在埏也'。"埴（zhí

直),粘土。埏,本谓揉粘土,引申为制陶器的模型。〔2〕"善明"句:孙星衍云:"《艺文类聚》五十四引作'善明法察令而已','之'字衍。"

【译文】

从前尧治理天下,就好像粘土被放进模具,任凭陶工随意制作一样;又好像金属被熔化在炼炉里,任凭冶金工恣意铸造一样。他的百姓招手就来,挥手就去,差使他们就能成功,禁令他们就能停止。所以尧的治理方法只是善于明确法制和禁令罢了。黄帝治理天下,他的百姓不用招手就来,不用挥手就去,不用差使就能成功,不用禁令就能停止。所以黄帝的治理方法,是设置法令不变更,使百姓安分守法的方法。

所谓仁义礼乐者,皆出于法,此先圣之所以一民者也。《周书》曰:"国法法不一,〔1〕则有国者不祥;民不道法,〔2〕则不祥;国更立法以典民,则祥;〔3〕群臣不用礼义教训,则不祥;百官服事者离法而治,则不祥。"故曰:法者不可恒也,〔4〕存亡治乱之所从出,圣君所以为天下大仪也。君臣上下贵贱皆发焉,〔5〕故曰法。

【注释】

〔1〕现《尚书·周书》中无此引文。郭沫若云:"国法法"中的"下'法'字读为废。法废则政出多门,故有国者不祥"。译文从郭说。〔2〕民不道法:民不守法。尹知章注:"道,从。" 〔3〕丁士涵云:"上下文四言'不祥',此亦当言'不祥','祥'上脱'不'字,当补。'国更立法',即上文所谓'法不一'也。"译文从丁说。〔4〕不可恒:张佩纶云:"'不可恒'当作'不可不恒'。"译文从之。〔5〕发:通"法"。此指行法。

【译文】

所谓仁义礼法,都是由法产生的,这是先代的圣主用来统一百姓的法。《周书》上说："国法废弛不统一，国君就不吉祥；百姓不守法，国君就不吉祥；国家随意变更已立的法制来管理百姓，国君就不吉祥；群臣不用礼义来教训百姓，国君就不吉祥；百官办事人员背离法制理事，国君就不吉祥。"所以说，法制能不能持久，是存亡治乱发生的根由，是圣明的君主用来作为治理天下的最重大的标准。无论君臣上下贵贱都要依此行事，所以称作法制。

古之法也，世无请谒任举之人，[1] 无闲识博学辩说之士，[2] 无伟服，无奇行，[3] 皆囊于法以事其主。故明王之所恒者二：一曰明法而固守之，二曰禁民私而收使之；此二者主之所恒也。夫法者，上之所以一民使下也。私者，下之所以侵法乱主也。故圣君置仪设法而固守之，然故谌杵习士闻识博学之人不可乱也，[4] 众强富贵私勇者不能侵也，信近亲爱者不能离也，珍怪奇物不能惑也，万物百事非在法之中者不能动也。故法者，天下之至道也，圣君之实用也。[5] 今天下则不然，皆有善法而不能守也。然故谌杵习士闻识博学之士能以其智乱法惑上，众强富贵私勇者能以其威犯法侵陵，[6] 邻国诸侯能以其权置子立相，[7] 大臣能以其私附百姓，[8] 蒉公财以禄私士。凡如是而求法之行、国之治，不可得也。

【注释】

〔1〕"古之"二句：尹知章注："任，保也。以法取人，则无请谒之保举。" 〔2〕闲：通"娴"。《荀子·修身篇》："多见曰闲。"下文"闻识博学"当为"闲识博学"。 〔3〕尹知章注："伟服、奇行，皆过越法制者。今止息者，畏法故也。"伟服、奇行，指服饰、行为超过法制的规定。 〔4〕谌杵：孙诒让云："当为'堪材'，皆形之误也。"堪材谓材力强，能胜事。堪（kān 刊），胜任。习士：尹知章注："习士，谓习法

之士。"〔5〕实用：安井衡云：应为"宝用"，"转写之讹耳"。译文从之。〔6〕侵陵：尹知章注："谓侵陵于君也。"侵陵，侵害欺凌。〔7〕"邻国"句：尹知章注："邻国持权，能废君之子，援立国相。"〔8〕"大臣"句：尹知章注："谓用私恩诱百姓使附也。"下句注云："谓蠲公财以禄私士。此皆以君不守法故也。"

【译文】
　　古代依法行事，世上没有请求接见推举的人，没有多见博学善辩这种人，没有超常的奇伟服饰，没有超常的怪异行为，一切都囊括在法制的规定之内来侍奉君主。所以圣明的国君长期要坚持的有两条：一是明确法制并坚决地维护它，二是禁止百姓徇私而使他们收心听从使令，这两条是君主要长期坚持的。法制，是君主用来统一百姓的行为和差使臣下的。徇私，是臣下用来侵害法制扰乱君主的。所以圣明的君主设置法制并坚决地维护它，这样那些聪明能干懂得法制多见博学的人就不能扰乱法制了，那些人多势强有钱有地位徇私好勇的人就不能侵扰法制了，君主的亲信近臣亲属和所宠爱的那些人就不能背离法制了，那些珍贵怪异奇特的宝货就不能迷惑人们执行法制了，万物百事不在法制允许的范围之中的就不能擅自采取行动了。所以法是天下最大的原则，是圣明君主用来治国的法宝。如今的天下却不是这样，都有完善的法制而不能坚持，这样那些聪明能干懂得法制多见博学的人就能凭借他们的才智来扰乱法制迷惑君主了，那些人多势强有钱有地位徇私好勇的人就能凭借他们的威力来侵犯法制欺凌君主了，邻国的诸侯也能凭借他们的权势来废立太子任命国相了，国内的大臣也能凭借他们的私下恩惠来使百姓归附，侵吞国家的财物来供养门客。大凡像这样而希求法制的推行、国家的安定，是不可能的。

　　圣君则不然，卿相不得蠲其私，[1]群臣不得辟其所亲爱，[2]圣君亦明其法而固守之，群臣修通辐凑以事其主，[3]百姓辑睦听令道法以从其事。[4]故曰：有生法，有守法，有法于法。夫生法者，君也；守法者，臣也；法于法者，民也。君臣上下贵贱皆从法，此谓为大治。

【注释】

〔1〕蔫其私:郭沫若云:"当是'卿相不得蔫公以禄其私',夺去'公以禄'三字。"译文从之。 〔2〕张佩纶云:"'所'字衍,'辟其亲爱',即禄私士也。"译文从张说。 〔3〕"群臣"句:尹知章注:"谓各得自通于君,如辐之凑也。"辐凑:车辐凑集于毂上,即车轮上的各车条向中心轴聚集,常用来形容人或物集聚一处。 〔4〕辑睦:和睦。道法:顺法,从法。丁士涵云:"'道',顺也,从也。"

【译文】

圣明的君主就不是这样,卿相不得侵吞国家的财物来供养门客,群臣不得任用自己亲爱的人,圣明的君主明确自己的法制并且坚决地维护它,群臣就以法制为中心通力合作来侍奉君主,百姓也和睦听令依法来做他们的事。所以说,有始订法制的,有维护法制的,有遵照法制行事的。始订法制的是君主,维护法制的是群臣,遵照法制行事的是百姓。君臣上下贵贱都服从法制,这就叫做大治。

故主有三术:夫爱人不私赏也,恶人不私罚也,置仪设法以度量断者,上主也。爱人而私赏之,恶人而私罚之,倍大臣,[1]离左右,专以其心断者,中主也。臣有所爱而私赏之,有所恶而为私罚之,倍其公法,损其正心,专听其大臣者,危主也。故为人主者,不重爱人,不重恶人。重爱曰失德,重恶曰失威。威德皆失,则主危也。

【注释】

〔1〕倍:背。

【译文】

所以君主有三种做法:对所喜爱的人不私自行赏,对所厌恶的人不私自惩罚,设置法制标准根据事实论断赏罚,这是上等的君主。对所喜爱的人私自赏赐他，对所厌恶的人私自惩罚他，背着大臣，脱离左右，独自以他的心来论断赏罚的，是中等的君主。对大臣所喜爱的人就私自赏赐他，大臣厌恶的人就私自惩罚他，背离国家的法制，损害公正的君心，只凭大臣的喜恶来论断赏罚的，是危亡的君主。所以做君主的，不擅自重赏所喜爱的人，不擅自重罚所厌恶的人。擅自重赏所喜爱的人叫做失去恩德，擅自重罚所厌恶的人叫做失去刑威。刑威和恩德都失去，君主就危险了。

故明王之所操者六：生之，杀之，富之，贫之，贵之，贱之。此六柄者，主之所操也。主之所处者四：一曰文，二曰武，三曰威，四曰德。此四位者，主之所处也。藉人以其所操，命曰夺柄；藉人以其所处，命曰失位。夺柄失位，而求令之行，不可得也。法不平，令不全，是亦夺柄失位之道也。故有为枉法，有为毁令，此圣君之所以自禁也。故贵不能威，富不能禄，[1]贱不能事，近不能亲，美不能淫也。植固而不动，奇邪乃恐，[2]奇革而邪化，令往而民移。故圣君失度量，[3]置仪法，如天地之坚，如列星之固，如日月之明，如四时之信，然故令往而民从之。而失君则不然，法立而还废之，令出而后反之，枉法而从私，毁令而不全。是贵能威之，富能禄之，贱能事之，近能亲之，美能淫之也。此五者不禁于身，是以群臣百姓人挟其私而幸其主。彼幸而得之，则主日侵；彼幸而不得，则怨日产。夫日侵而产怨，此失君之所慎也。[4]

【注释】
〔1〕禄：郭沫若谓与"赂"同意。　〔2〕奇邪：指行为怪异、不正。

尹知章注："所立坚则不可动，若奇邪则败亡旋及，故恐。"〔3〕失度量：洪颐煊云："《艺文类聚》五十二、《太平御览》六百二十四，引俱作'设度量'，'失'即'没'字之坏。"〔4〕慎：安井衡云："慎、顺古通用，此当为'顺'，顺，循也。"译文从之。

【译文】

所以圣明的国主所操纵着的权力有六种：使人活，使人死，使人富，使人贫，使人贵，使人贱。这六种权柄，是君主所操纵着的。君主所处的地位有四种：一是文治，二是武功，三是刑威，四是恩德。这四种地位，是君主所处的。把自己操纵着的权力借给人，叫做失权；把自己所处的地位借给人，叫做失位。失权失位以后，而希求法令的推行，是不可能的。法制不公平，政令不完备，这也是失权失位的原因。所以有时会做出歪曲法制的事，有时会做出毁弃政令的事，这是圣明的君主自己都禁止这样做的缘故。所以贵臣不能威胁他，富人不能贿赂他，贱人不能奉承他，近臣不能亲爱他，美人不能诱惑他。植立法制的决心坚决而不动摇，一有奇行邪念就恐惧，就能革除奇行化除邪念，这样政令一颁发百姓就能依法行动。所以圣明的君主设立标准，制定法制，就像天地一样地坚实，就像列星一样地牢固，就像日月一样地明亮，就像四季一样地真实，这样政令颁行百姓就会听从它。而失职的君主却不是这样，法制确立以后又废弃，政令发出以后又收回，歪曲法制去徇私情，毁坏政令使之不完备。这样贵臣就能威胁他，富人就能贿赂他，贱人就能奉承他，近臣就能亲爱他，美人就能诱惑他。这五者失职的君主自己不能禁止，因此群臣百姓就各人挟带着自己的私利来亲近君主。他们因亲近君主而获得了私利，那么君主的权位就日日受到侵害；他们虽亲近君主却没有获得私利，那么他们对君主的怨恨就日日增生。君主的权位日日受到侵害而群臣百姓的怨恨又日日增生，这是失职的君主所遵循的发展趋向。

凡为主而不得用其法，不适其意，〔1〕顾臣而行，离法而听贵臣，此所谓贵而威之也。富人用金玉事主而来焉，〔2〕主离法而听之，此所谓富而禄之也。贱人以服约卑敬悲色告愬其主，主因离法而听之，所谓贱而事之也。近者以逼近亲爱有求其主，主因离法而听之，此谓近而亲之也。美者以巧言令色请其主，主因离法而听之，此所谓美而淫之也。治世则不然，不知亲疏远近贵贱美恶，以度量断之。其杀戮人者不怨也，其赏赐人者不德也。以法制行之，如天地之无私也。是以官无私论，士无私议，民无私说，皆虚其匈以听于上。〔3〕上以公正论，以法制断，故任天下而不重也。今乱君则不然，有私视也，故有不见也；有私听也，故有不闻也；有私虑也，故有不知也。夫私者，壅蔽失位之道也。上舍公法而听私说，故群臣百姓皆设私立方以教于国，群党比周以立其私，请谒任举以乱公法，人用其心以幸于上。上无度量以禁止，是以私说日益，而公法日损，国之不治，从此产矣。

【注释】

〔1〕不适其意：当为"不能适其意"。许维遹云："脱'能'字。"〔2〕来：王念孙云："'来'当为'求'。"译文从之。〔3〕虚其匈：即虚心。尹知章注："匈，恐惧貌。"匈为"胸"之假字。

【译文】

　　大凡身为君主却不能运用法制，不能达到自己的意向，要看着贵臣的脸色行事，离开法制而听从贵臣，这就叫做贵臣能够威胁他。富人用金玉侍奉君主来相求，君主背离法制而听从他，这就叫做富人能够贿赂他。贱人用屈服隐约低三下四的一副可怜相来向君主报告诉说，君主因而背离法制而听从他，这叫做贱人能够奉承他。近臣凭借相近亲爱而向君主有所要求，君主因而背离法制而听从他，这叫做近臣能够亲爱他。美人凭借花言巧语和媚人的颜色向君主提出请求，君主因而背离法制而听从她，这叫做美人能够诱惑他。圣君的时代却不是这样，不论亲疏远近贵贱美恶，都以法制的标准来论断他们。他依法杀人，人不怨恨；他按功赏赐人，人也不用感恩戴德。按法制行事，如同天地一样地无私。因此百官没有私自的议论，士人没有私自的建议，百姓没有私自的评说，都虚心地听从君主。君主以公正的态度论事，按法制的标准断事，所以他虽担任着治理天下的任务却不感到繁重。如今的昏君却不是这样，因为有私情，所以有视而不见的情况；因为有私恩，所以有听而不闻的情况；因为有私心，所以有思而不知的情况。那私心，正是受蒙蔽失权位的原因。君主舍弃国家的公法而听私自的议论，于是群臣百姓都私自在国内办学校用自己创立的治国之道来进行教化，各种党派互相勾结来建立私人的权势，用请求接见推举的办法来扰乱国家的公法，人人都用尽心机来骗取君主的宠幸。君主没有准则来禁止这种混乱，因此私人的学说一天天的增多，而国家的公法一天天的减弱，国家的不安定，从此产生了。

夫君臣者，天地之位也；民者众物之象也，各立其所职以待君令，群臣百姓安得各用其心而立私乎？故遵主令而行之，虽有伤败，无罚；[1]非主令而行之，虽有功利，罪死。[2]然故下之事上也，如响之应声也；臣之事主也，如影之从形也。故上令而下应，主行而臣从，此治之道也。夫非主令而行，有功利，因赏之，是教妄举也；遵主令而行之，有伤败而罚之，是使民虑利害而离法也。群臣百姓人虑利害，而以其私心举措，则法制毁而令不行矣。

【注释】
〔1〕"故遵"三句：尹知章注："遵令而行，败非己致，故无罚也。"伤败：受挫，失败。 〔2〕"非主"三句：尹知章注："失令有功，法所不赦，故罪死。"

【译文】

　　君臣的地位，如同天地的差别一样；百姓，是地上众物的象征。必须各自在他们的职位上来等待国君的政令，群臣百姓怎么能各用心机来创立私人的治国之道呢？所以遵照君主的政令行事，即使受挫失败，也不责罚；不遵照君主的政令行事，即使成功有利，也要处死罪。这样下侍奉上，就像反响顺应声音一样；臣子侍奉君主，就像影子跟随形体一样。所以上发令而下响应，君行法而臣服从，这是治国之道。如果不遵照君主的政令行事，有成功有利益，因而就赏赐，这就是教他违令妄动；如果遵照君主的政令行事，有了受挫失败，因而就责罚，这就是叫百姓可以考虑利害关系而背离法制。群臣百姓人人都考虑利害关系，而用他们的私意行事，那么法制就被毁弃而政令就不能推行了。

明法第四十六

【题解】

　　明法，使法显明，要强调法的意思。本篇论述要以法治国，"动无非法"，君主的一切治国行为都要按照法来进行，这样，才能把国家治理好。否则，便是丧权失势的乱国之君。为了以法治国，本篇强调君主集权，"威不两错，政不二门"，君主要牢牢地掌握执法和出令的权柄才能实现法治。所以本篇以论述主道即君道开篇，运用法保障"尊君卑臣"，然后才围绕君道的得失论述到法治的各个方面。最后仍归结到要"明别"君臣，"守法"治国。

　　所谓治国者，主道明也；[1]所谓乱国者，臣术胜也。[2]夫尊君卑臣，非计亲也，[3]以执胜也。[4]百官识，[5]非惠也，刑罚必也。故君臣共道则乱，[6]专授则失。[7]夫国有四亡：令求不出谓之灭，[8]出而道留谓之拥，[9]下情求不上通谓之塞，下情上而道止谓之侵。[10]故夫灭、侵、塞、拥之所生，从法之不立也。是故先王之治国也，不淫意于法之外，[11]不为惠于法之内也。动无非法者，所以禁过而外私也。[12]威不两错，[13]政不二门，以法治国则举错而已。是故有法度之制者，不可巧以诈伪；[14]有权衡之称者，不可欺以轻重；有寻丈之数者，[15]不可差以长短。今主释法以誉进能，则臣离上而下比周矣；[16]以党举官，则民务交而不求用矣。[17]是故官之失其治也，[18]是主以誉为赏，以毁为罚也。然则喜赏恶罚之人，离公道而行私术矣。比周以相为匿，[19]是忘主死交，[20]以进其誉。[21]故交众者誉多，外内朋党，虽有大奸，其蔽主多矣。是以忠臣死于非罪，而邪臣起于非功。所死者非罪，所起者非功也，然则为人臣者重私而轻公矣。十至私人之门，不一至于庭；百虑其家，不一图国。属数虽众，非以尊君也；[22]百官虽具，非以任国也，[23]此之谓国无人。国无人者，非朝臣之衰也，[24]家与家务于相益，[25]不务尊君也；大臣务相贵，而不任国；小臣持禄养交，不以官为事，故官失其能。是故先王之治国也，使法择人，不自举也；使法量功，不自度也。故能匿而不可蔽，[26]败而不可饰也；誉者不能进，而诽者不能退也。然则君臣之间明别，明别则易治也。主虽不身下为，而守法为之可也。

【注释】
　　〔1〕主道：即君道，指君主的行法治国之道。　〔2〕臣术：臣之私术。本书《明法解》："私术者，下之所以侵上乱主也。"尹知章注："臣术胜，则私事立，故国乱。"　〔3〕非计亲也：应为"非亲也"。丁士涵云："'计'字衍，'非亲也'与'非惠也'句同义。"　〔4〕执：当依《管子·明法解》作"势"。势，权势、威势。　〔5〕百官识：当依《管子·明法解》作"百官论职"。论职，奉法供职。　〔6〕君臣共道：谓君道臣道相混淆。尹知章注："臣行君事，故曰共道。"　〔7〕专授则失：《明法解》："故人主专以其威势予人，则必有劫杀之患；专以其法制予人，则必有乱亡之祸。"　〔8〕求：王念孙云："求"当为"本"。俞樾云："下情求不上通"之"求"也为"本"字。译文从"本"。　〔9〕拥：通"壅"，壅蔽。尹知章注："中道而留止，故曰拥。"

〔10〕侵：侵夺君道。尹知章注："下情虽欲上通，中道为左右所止，此则臣侵上事也。" 〔11〕"是故"二句：尹知章注："淫，游也。"《明法解》："明主虽心之所爱而无功者不赏也，虽心之所憎而无罪者不罚也。案法式而验得失，非法度不留意焉。" 〔12〕外：除去。《淮南子·俶真训》："达则嗜欲之心外矣。"高诱注："外，弃也。" 〔13〕威不两错：尹知章注："臣行君威为两置。"威，《说苑·君道篇》作"权"。错，同"措"。下句"政不二门"，尹知章注："臣出政，是为二门也。" 〔14〕巧：安井衡云："'巧'犹欺也。《韩非》作'欺'。" 〔15〕寻：古代长度量词，八尺为一寻。 〔16〕比周：比，与坏人勾结；周，与人团结。比周，义同"比"，指结党营私。《荀子·臣道》："朋党比周，以环主图私为务。" 〔17〕用：谓功用，即有用、无用之用。尹知章在此句下注："交合则自进，官何须求用？" 〔18〕治：刘师培云：当作"能"。译文从之。 〔19〕慝：同"慝"。慝（tè 忒），邪恶，恶念。"比周以相为慝"，王念孙云："犹言朋比为奸也。" 〔20〕刘绩云：《解》作"是故忘主死交以进其誉"，"此乃误脱'故'字于下。'死'乃'私'，声误"。译文从刘说。 〔21〕许维遹案："'誉'字皆与'与'同，《韩非子·有度篇》正作'与'，旧《注》云：与，谓党与也。"译文从孙说。 〔22〕尹知章注："所属之数虽曰众多，无不党私，故非尊君也。"属，部属，指臣子、百官。 〔23〕尹知章注："各务私，故不任国事。"任，担任、承担。 〔24〕衰：减。 〔25〕务于相益：应为"务相益"，据《明法解》删"于"字。许维遹案，此"于"字应在"十至私人之门"句的"至"字下。 〔26〕王念孙云："能"下本无"匿"字。译文从王说。《明法解》作"能不可蔽而败不可饰"。

【译文】

所谓安定的国家，是因为君道显明；所谓动乱的国家，是因为臣子的擅自主张代替了君道。臣子以君主为高贵而自以为卑下，并非臣子对君主亲善，而是君主的权势压倒了臣子。百官奉法供职，并非是因为君主对臣子有恩惠，而是施行刑罚的结果。所以君道和臣道混淆国家就会发生混乱，君主把权力授给臣子就有亡国丧身之祸。国家的危亡有四种表现：政令在朝廷里发不出去叫做灭，政令发出而在中途滞留叫做拥，下情不能向上反映叫做塞，下情向上反映而在中途受阻叫做侵。灭、侵、塞、拥这类情况的发生，是由于法制没有确立的缘故。因此先王治理国家，在法度之外不再多考虑，在法度之内不另行私惠。大凡行动无非就是执行法，正是用来禁止过错和排除私术的。君权不能授予两个人，政令不能出自两个门，以法治国只是运用法而已。因此有了法度的规定，就不能用诈伪来行骗；有了权衡的称量，就不能用轻重来相欺；有了寻丈的计数，就不会有长短的差错。如今君主如果放弃法度而用空头名声进用人，那么臣子们就背离君主而在下面结党营私了；君主如果听信朋党的话举用官吏，那么人们就专务结交朋党而不追求治理的实绩了。因此官吏失去治理的权力，这正是君主按空名行赏，依毁谤惩罚的结果。这样喜得赏赐而厌恶受罚的人，就背离公法而行徇私的办法了。人们结党营私而作奸，这就忘了君主专务私交，进用同党。所以私交多的人同党也就多，朝廷内外都是他的朋党，即使有大恶的行为，为他蒙蔽君主的人也就多了。因此忠臣常常无罪而被杀，奸臣常常无功而起家。被杀的人无罪，起家的人无功，这样做人臣的也就重视私交而轻视公法了。他们可以十次奔走于私家的豪门，而一次也不到朝廷上来；他们百般地谋虑自己的家庭，却一点不为国家图谋。君主的属臣数量虽然众多，却都不是用来敬奉君主的；百官虽然具备，却都不是为了承担国事的，这叫做国家无人。国家无人，并非朝臣大减，而是私家间相互求得发展，却不敬奉君主；大臣们相互求得器重，却不承担国事；小臣们拿着俸禄培养私交，却也不把官职当作大事，所以官职就丧失了它的职能。因此先王治理国家，使用法度选择人才，不私自推举；使用法度衡量功绩，不私自度量。所以智能之士不埋没，不肖之徒也不能伪饰；有空头名誉的人不能进用，而遭诽谤的人也不能废退。这样君主臣子的权势就有了明显的区别，有了明显的区别国家就容易治理了。君主虽不亲自到下面办事，坚持法度办事就可以了。

正世第四十七

【题解】

正世，匡正世道，补救世风，即治世之意。本篇提出要建立适当的法制来治乱正世。而要建立适当的法制必须首先要考察世乱的社会原因，所以以"观国政，料事务，察民俗，本治乱之所生，知得失之所在，然后从事"开篇。一定要分清世乱的根源在君主的倒行逆施，还是在下面的百姓作奸犯科。本篇以治下为论述重点，提出了要加强君主的权势，保证"法立令行"，使国家迅速走上正轨。本篇强调法令的建立要随时而变，因俗而动，以达到除害利民为目的，所以说"事行不必同，所务一也"。除害不能手软，"有爱人之心，而实合于伤民"，"不可不察"。本篇要求君主"事莫急于当务，治莫贵于当齐"，一定要根据社会实际做最急需的事，行最适当的政策，以利民为准则。治乱正世以君主为中心，所以本篇以加强君道作结尾。

古之欲正世调天下者，[1]必先观国政，料事务，[2]察民俗，本治乱之所生，[3]知得失之所在，然后从事，故法可立而治可行。

【注释】

〔1〕调：调节，协调。《诗经·小雅·车攻》："弓矢既调。"《笺》："调谓弓强弱与矢轻重相得。" 〔2〕料：计数，核计。《国语·周语上》："乃料民于太原。"韦昭注："料，数也。" 〔3〕本：探寻事物的根源。

【译文】

　　古代想匡正世道治理天下的人,必定先观察国家的政治,清理国家的事务,考察民间的风俗,探求国家安定或动乱的根源,了解得失的所在,然后才从事治理,因此法度可确立而治理可施行。

　　夫万民不和,国家不安,失非在上,则过在下。[1]今使人君行逆不修道,诛杀不以理,重赋敛,竭民财,急使令,罢民力,[2]财竭则不能毋侵夺,力罢则不能毋堕倪。[3]民已侵夺堕倪,因以法随而诛之,则是诛罚重而乱愈起。夫民劳苦困不足,则简禁而轻罪,[4]如此则失在上。失在上而上不变,则万民无所托其命。今人主轻刑政、宽百姓、薄赋敛、缓使令,然民淫躁行私而不从制,饰智任诈,负力而争,则是过在下。过在下,人君不廉而变,[5]则暴人不胜,邪乱不止。暴人不胜,邪乱不止,则君人者势伤而威日衰矣。

【注释】

　　〔1〕王念孙云:"失非在上,当作'非失在上','非'与'则'对文,'失在上'与'过在下'对文。"　〔2〕罢:通"疲",疲乏。〔3〕俞樾云:"尹《注》曰'倪,傲也',则'堕'当读为'惰',惰与傲义相近。《轻重戊篇》'归市亦惰倪',是其证。"　〔4〕简:简慢,怠慢。　〔5〕廉:考察。尹知章注:"廉,察也。"

【译文】

　　万民不和睦,国家不安定,不是由于君主有失误,就是由于百姓有过错。如今假使君主倒行逆施不讲道理,惩罚杀戮不根据事实,重征赋税,枯竭百姓的财源,急征徭役,耗尽民间的劳力,财源枯竭百姓就不得不去做抢夺的事,劳力耗尽百姓就不得不表现出怠傲的态度。民间已发生抢夺和怠傲的情况,因而随即用法去惩罚,这样惩罚愈重动乱愈起。

百姓劳苦困乏供给不足，就无视禁令看轻犯罪，这样是君主有失误。君主有失误而不改变，万民就没有地方可以寄托他们的命运了。如今假使君主减轻刑罚政令，宽待百姓，薄征赋税，缓征徭役，然而百姓放纵行私而不服从管理，卖弄聪明行骗，依恃暴力相争，这样是下民有过错。下民有过错，君主不明察改变，暴乱的人就不能镇压，动乱就不能制止。暴乱的人不能镇压，动乱不能制止，君主的权力受到伤害而威望一天天地衰落了。

故为人君者，莫贵于胜。所谓胜者，法立令行之谓胜。法立令行，故群臣奉法守职，百官有常，法不繁匿，[1]万民敦悫，[2]反本而俭力，[3]故赏必足以使，[4]威必足以胜，[5]然后下从。

【注释】

〔1〕匿：通"慝"。奸慝（tè忒），邪恶。 〔2〕敦：敦厚。《孟子·万章下》："故闻柳下惠之风者，鄙夫宽，薄夫敦。"悫（què确）：诚笃，忠厚。《史记·孝文本纪》："法正则民悫。" 〔3〕反：通"返"。本：本业。此指农业。俭力：节俭勤劳。尹知章注："谓廉啬而勤力也。"〔4〕"故赏"句：尹知章注："谓使人从善也。" 〔5〕"威必"句：尹知章注："谓胜人奸邪也。"

【译文】

所以作为君主，没有比制止住暴乱更重要的了。所谓制止住暴乱，就是要做到法度立而政令行，这就叫做制止住暴乱。法度立而政令行，群臣就奉行法令而坚守自己的职分，百官也就有常规可依，法制不允许邪恶蔓延，万民就敦厚诚实，返回务农而节俭勤劳，所以赏赐必定要足以能使人从善，威势必定要足以能镇压住邪恶，然后下民才会听从。

故古之所谓明君者，非一君也。其设赏有薄有厚，其立禁有轻有重，迹行不必同，非故相反也，皆随时而变,因俗而动。夫民躁而行僻,则赏不可以不厚,禁不可以不重。故圣人设厚赏,非侈也;立重禁,非戾也。[1]赏薄则民不利,禁轻则邪人不畏。设人之所不利,欲以使,则民不尽力;立人之所不畏,欲以禁,则邪人不止,是故陈法出令而民不从。故赏不足劝,则士民不为用;刑罚不足畏,则暴人轻犯禁。民者,服于威杀然后从,见利然后用,被治然后正,得所安然后静者也。夫盗贼不胜,邪乱不止,强劫弱,众暴寡,此天下之所忧,万民之所患也。忧患不除,则民不安其居;民不安其居,则民望绝于上矣。

【注释】

〔1〕戾(lì利):暴戾,乖张。《荀子·荣辱》:"猛贪而戾。"

【译文】

古代的所谓圣明君主,并非只有一位。他们设置的赏赐有薄有厚,他们确立的禁令有轻有重,做法不必相同,并非故意相反,都是随着时代的发展而变化,根据民间的风俗而更动。百姓扰动而行为怪僻,赏赐就不能不丰厚,禁令就不能不严重。所以圣人设置丰厚的赏赐,并非是奢侈;确立严重的禁令,并非是暴戾。赏薄百姓就不感到有什么好处,禁令过轻恶人就不会感到有什么可怕。设置的赏赐百姓得不到好处,想以此来使令人,百姓就不肯尽力行善;确立的禁令恶人不感到有什么可怕,想以此来禁止人,恶人就不会停止作恶,因此君主颁发法令而百姓不听从。所以赏赐不足以给人勉励,士民就不肯效力;刑罚不足以使人畏惧,暴乱的人就轻视禁令。百姓为威势和刑杀所镇服然后才会听从,看到好处然后才肯效力,受到治理然后才能行为端正,得到了安全的保证然后才会平静下来。盗贼不能镇压,动乱不能平息,以强凌弱,以众欺寡,这是天下人的忧虑、万民的祸患。忧虑祸患不能清除,百姓就不能安居;百姓不能安居,百姓就对君主绝望了。

夫利莫大于治，害莫大于乱。夫五帝三王所以成功立名，显于后世者，以为天下致利除害也。事行不必同，所务一也。夫民贪行躁，而诛罚轻，罪过不发，[1]则是长淫乱而便邪僻也。有爱人之心，而实合于伤民。[2]此二者不可不察也。[3]

【注释】
〔1〕"罪过"句：尹知章注："有罪过者不发举也。" 〔2〕"而实"句：俞樾云："'合于伤民'者，足于伤民也。'合'与'给'通。给，足也，故合亦有足义。" 〔3〕二者：指上文"有爱人之心"与"实合于伤民"，前者是动机，后者是效果。尹知章注："二者谓爱人与伤人。"

【译文】
利没有比安定更大的，害没有比动乱更大的。五帝三王之所以成就功业创立名声，显耀于后世，是因为替天下人兴利除害。事情做得不必相同，但追求的目标是一致的。百姓贪利且行为狡猾，如果惩罚轻，罪过就不能揭发出来，那么这就是助长混乱方便行恶。有爱人之心，实际上却已伤害了百姓，此二者不可不重视。

夫盗贼不胜则良民危，法禁不立则奸邪繁。故事莫急于当务，治莫贵于得齐。[1]制民急则民迫，民迫则窘，窘则民失其所葆；[2]缓则纵，纵则淫，淫则行私，行私则离公，离公则难用。故治之所以不立者，齐不得也。齐不得则治难行，故治民之齐，不可不察也。圣人者，明于治乱之道，习于人事之终始者也。其治人民也，期于利民而止。故其位齐也，[3]不慕古，不留今，[4]与时变，与俗化。

【注释】

〔1〕齐：适中。《尔雅》："齐，中也。" 〔2〕葆：通"保"，保障。尹知章注："葆谓所恃为生者也。" 〔3〕位：张佩纶云："'位'当作'立'。"译文从之。 〔4〕留：尹知章注："留，谓守常不变。"

【译文】

盗贼不能镇压良民就不能安定，法度禁令不能确立行奸作邪的事就繁多。所以事情没有比当前应该要做的更紧急了，治理没有比采取适中的政策更重要的了。治理紧急百姓就会困迫，百姓困迫就难堪，百姓难堪就失去了保障；治理缓慢百姓就会放纵，放纵就行为不正，行为不正就为私，为私就背离公法，背离公法就难以使用。所以国家治理之所以不成功，是因为不能采取缓急适中的治理政策。不能采取缓急适中的治理政策治理就难以推行，所以治民的适中政策，不可不重视。圣人，就是明察治乱政策、熟悉百姓事务发展情况的人。他治理百姓，只期望有利于百姓而已。所以他确立适中的政策，不仰慕古代，不拘泥于当今，跟着时代变迁，随着习俗变化。

夫君人之道，莫贵于胜。胜，故君道立；君道立，然后下从；下从，故教可立而化可成也。夫民不心服体从，则不可以礼义之文教也，君人者不可以不察也。

【译文】

君主的治国之道，没有比镇压住邪恶更重要的了。镇压住邪恶，君道就因此而能确立；君道确立，然后下民就会听从；下民听从，教化就因此才能设立而可取得成功。如果百姓不心服身从，就不能进行礼义的教化，君主治国不能不重视。

治国第四十八

【题解】

　　治国，论治理国家，取开篇二字作为论题。本篇论述治国之道，重在经济。开篇就提出"凡治国之道，必先富民"，认为富民是治国的基础，"民富则易治也，民贫则难治也"。而要使民富则必须发展粮食生产，富民与粮多密不可分。所以要鼓励百姓从事农业，"民事农则田垦，田垦则粟多，粟多则国富，国富者兵强，兵强者战胜，战胜者地广"。认为粮食是"众民、强兵、广地、富国"的根本。为了发展农业，增产粮食，本篇提出"必先禁末作文巧"，禁止"上征暴急无时"，禁止高利贷等盘剥农民，必须处理好农、士、商、工的经济关系，减轻农民的负担，保护农民的利益，为农业兴利除害。本篇最后用粮多粮少作对比来归结粮食在治国中的重要作用。

　　凡治国之道，必先富民。民富则易治也，民贫则难治也。奚以知其然也？民富则安乡重家，安乡重家则敬上畏罪，敬上畏罪则易治也。民贫则危乡轻家，[1]危乡轻家则敢陵上犯禁，陵上犯禁则难治也。故治国常富，而乱国常贫。[2]是以善为国者，必先富民，然后治之。

【注释】

　　[1]危：不安心。尹知章注："危谓不安其所居也。"　[2]常贫：一作"必贫"。

【译文】

　　大凡治国的办法,一定要先使百姓富裕。百姓富裕就容易治理,百姓贫穷就难以治理。怎样知道是如此的呢?百姓富裕就安居乡里看重家庭,他们安居乡里看重家庭就会尊敬官吏害怕犯罪,百姓尊敬官吏害怕犯罪国家就容易治理。百姓贫穷就不安居乡里看轻家庭,不安居乡里看轻家庭百姓就敢凌辱官吏冒犯禁令,百姓凌辱官吏冒犯禁令国家就难以治理。所以安定的国家常常是富裕的,而动乱的国家必定是贫穷的。因此善于治理国家的君主,一定要先使百姓富裕,然后才治理国家。

　　昔者七十九代之君,[1]法制不一,号令不同,然俱王天下者何也?必国富而粟多也。[2]夫富国多粟生于农,故先王贵之。[3]凡为国之急者,必先禁末作文巧;[4]末作文巧禁,则民无所游食;[5]民无所游食则必农。[6]民事农则田垦,田垦则粟多,粟多则国富,国富者兵强,兵强者战胜,战胜者地广。是以先王知众民、强兵、广地、富国之必生于粟也,故禁末作,止奇巧,而利农事。今为末作奇巧者,一日作而五日食,[7]农夫终岁之作,不足以自食也。然则民舍本事而事末作,舍本事而事末作,则田荒而国贫矣。

【注释】

　　〔1〕七十九代之君:不详其从何代算起,当泛指历代君主。〔2〕粟:借指粮食。〔3〕贵:重视。〔4〕末作文巧:指经营奢侈玩好物品的手工业和商业。〔5〕游食:本指不劳而食。《荀子·成相》:"臣下职,莫游食。"杨倞注:"游食谓不勤事,素餐游手也。"此处指不从事农业,专事奢侈品的生产运销者。〔6〕农:事农,务农。〔7〕"一日"句:尹知章注:"言取一日之利,可共(供)五日之食也。"意谓利甚大。

【译文】

　　从前历代君主,法制不一样,号令也不相同,但是都能称王于天下,这是为什么呢?必定都是因为国富粮多。国富粮多是因为农业的兴旺,所以先王重视农业。大凡治理国家的当务之急,是要先禁止工商业中的奢侈品的制作和经销。奢侈品的制作和经销受到了禁止,百姓就不去从事这个行业,百姓不去从事这个行业,就势必去从事农业生产了,百姓都去从事农业田地就得到开垦,田地得到开垦粮食就增多,粮食增多国家就富足,国家富裕军队就强大,军队强大战争就能胜利,战争胜利土地就会广大。因此先王深知要使百姓多、武力强、土地广、国家富裕必须以粮食生产为基础,所以禁止制作和经销奢侈品,不准传授奢侈品的制作技巧,以有利于农业生产。如今从事奢侈品制作和经销的人,一日的劳作就可得到五日的食用;而农夫整年的耕作,不足以供给自己食用。这样百姓就会舍弃农业生产而去从事奢侈品的制作和经销了,舍弃农业生产而去从事奢侈品的制作和经销,那么田地就会荒芜国家也就贫穷了。

　　凡农者月不足而岁有余者也,[1]而上征暴急无时,[2]则民倍贷以给上之征矣。[3]耕耨者有时,而泽不必足,[4]则民倍贷以取庸矣。[5]秋籴以五,春粜以束,[6]是又倍贷也。故以上之征而倍取于民者四,[7]关市之租、府库之征、粟什一、厮舆之事,[8]此四时亦当一倍贷矣。夫以一民养四主,[9]故逃徙者刑而上不能止者,粟少而民无积也。

【注释】

　　[1]月不足而岁有余:意谓经常食用不足,只有收获季节才稍有剩余。形容生活艰难。 [2]暴:《广雅·释诂》:"暴,猝也。"仓猝,突然。 [3]倍贷:借一还二的高利贷。 [4]泽:雨露。《汉书·扬雄传》:"泽渗漓而下降。"此指雨水。 [5]庸:通"佣"。 [6]"秋籴"二句:尹知章注:"谓富者秋时以五籴之,至春时以束便收束矣,此亦倍贷之类也。"束,古时以十为束。 [7]"故以"句:丁士涵云:"上文言倍贷者三,下文关市以下亦当一倍贷,合之故为四也。以文义言之,

此句疑当在'夫以一民养四主'之上,脱误在此耳。"译文从丁说。

〔8〕什一:十分之一。古代征农业税的税率。张佩纶云:"粟什一,当作'什一之粟'。"厮舆:古代劈柴养马一类的劳役。《汉书·严助传》:"厮舆之卒有一不备而归者。"注:"厮,析薪者;舆,主驾车者。"

〔9〕四主:即上文的四"倍贷"。张佩纶云:"一民养四主承上倍取者四言。"

【译文】

　　大凡农夫除了收获季节食用有多余外经常供给不足,而官府的征税急如星火又无时,农民就只得用加倍偿还的高利借贷来支付官府的征税了。耕作都有时令,而雨水不一定充足,农民只得用加倍偿还的高利借贷来雇用帮工。秋收时富商用五的价格购进粮食,春荒时又用十的价格卖出粮食,这又是加倍偿还的高利借贷。关卡集市的租税,国家仓库的杂税,十分之一的农业税,以及官府的杂务徭役,这些一年四季加起来也相当于一种加倍偿还的高利借贷了。因此以上的征税而造成农民受加倍偿还的高利借贷共有四项。一个农民要供养四个高利贷的债主,所以即使官府对逃亡者使用刑罚也不能制止了,这是因为粮食缺少农民没有积蓄。

　　常山之东,河汝之间,[1]蚤生而晚杀,[2]五谷之所蕃孰也,[3]四种而五获。[4]中年亩二石,[5]一夫为粟二百石。今也仓廪虚而民无积,农夫以粥子者,[6]上无术以均之也。[7]故先王使农、士、商、工四民交能易作,[8]终岁之利无道相过也。[9]是以民作一而得均,[10]民作一则田垦,奸巧不生。[11]田垦则粟多,粟多则国富;奸巧不生则民治。富而治,此王之道也。

【注释】

　　〔1〕常山:一说即恒山,在今山西省浑源县附近;一说是郭沫若说,常山当是嵩山之误,常与嵩字形相近。"'嵩山之东'与'河汝之间'方

能成一区域。"河汝之间,指黄河汝水之间,今河南中部一带。译文从郭说。〔2〕蚤生而晚杀:指适宜作物的生长期长。蚤,通"早"。〔3〕孰:通"熟",成熟。〔4〕"四种"句:尹知章注:"四种谓四时皆种,五获谓五谷皆宜而有所获。"〔5〕中年:中等年成。〔6〕粥:通"鬻(yù育)",出卖。〔7〕均:均匀,均衡。〔8〕交能易作:交换他们的所能与所作。〔9〕"终岁"句:尹知章注:"道,从也。四人均能,故其利无从相过之也。"〔10〕作一:专务一业,即专务农业生产。〔11〕"奸巧"句:吴志忠云:"当作'得均则奸巧不生','作一''得均'皆复举上文言之。"译文从吴说。

【译文】
　　嵩山以东,黄河与汝水之间的区域,是作物早生晚枯、五谷滋生收成好的区域,四季都可种植,五谷都有收获。中等年成每亩可产粮二石,一个男子可生产粮二百石。如今国家粮仓空虚而百姓无积蓄,农夫出卖儿女,是因为国家没有政策来调节农民的利益的缘故。所以先王总是使农、士、商、工四种不同行业的百姓能交换技能或产品,使整年的得益无从相互超过。因此农民专心从事农业生产而得益可与其他行业均衡,农民专心从事农业生产田地就得到开垦,得益可与其他行业均衡,这样行奸巧诈的事就不会发生。田地得到开垦粮食就增多,粮食增多国家就富裕,行奸巧诈的事不发生百姓就安定。国家富裕百姓安定,这是称王天下之道。

　　不生粟之国亡,粟生而死者霸,〔1〕粟生而不死者王。粟也者,民之所归也;〔2〕粟也者,财之所归也;粟也者,地之所归也。〔3〕粟多则天下之物尽至矣。故舜一徙成邑,二徙成都,参徙成国。〔4〕舜非严刑罚重禁令,而民归之矣,去者必害,从者必利也。先王者善为民除害兴利,故天下之民归之。所谓兴利者,利农事也;所谓除害者,禁害农事也。农事胜则入粟多,入粟多则国富,国富则安乡重家,安乡重家则虽变俗易习,驱众移民,至于杀之而民不恶也，此务粟之功也。上不利农则粟少，粟少则人贫，人贫则轻家，轻家则易去，易去则上令不能必行，上令不能必行则禁不能必止，禁不能必止则战不必胜守不必固矣。夫令不必行，禁不必止，战不必胜，守不必固，命之曰寄生之君，[5]此由不利农少粟之害也。粟者，王之本事也，人主之大务，有人之涂，[6]治国之道也。

【注释】
〔1〕死：消失。此指耗尽。 〔2〕"粟也"二句：尹知章注："有粟则人归之。"归，归附，聚集。 〔3〕"粟也"二句：尹知章注："积粟既多，或有入地归降者也。" 〔4〕这是古代关于舜的传说。《史记·五帝本纪》：舜受耕历山，山之人皆让畔；渔雷泽，雷泽上人皆让居；陶河滨，河滨器皆不苦窳。一年而所居成聚，二年成邑，三年成都。古代农业生产水平低下，不断迁移。这里把这种情况归结为舜为民除害兴利，所以百姓归附他。参：通"叁"，三。 〔5〕寄生之君：尹知章注："谓暂寄为生，不能长久。" 〔6〕涂：通"途"，道路。

【译文】
不生产粮食的国家要灭亡，生产粮食只可供消费的能称霸，粮食生产供消费后有积蓄的可称王。粮食，可使百姓来归附；粮食，可使财货聚集；粮食，可使领地扩大；粮食多天下的物资就都来了。虞舜第一次迁移就建成邑地，第二次迁移就建成都城，第三次迁移就建成国家了。虞舜不用严刑重罚和禁令，而百姓都来归附他，这原因就在于离开他的人必定要受到损失，而跟从他的人必定得到好处。先王因为善于为民除害兴利，所以天下的百姓归附他。所谓兴利，是指做有利于农业发展的事；所谓除害，是指做禁止有害于农业发展的事。农业生产成功收获的粮食就多，收获的粮食多国家就富裕，国家富裕百姓就安居乡里看重家庭，安居乡里看重家庭即使改变风俗习惯，驱赶民众迁移，以至于杀了人而百姓都不憎恶，这就是从事粮食生产的功效。君主不重视有利于农业的事粮食就会减少，粮食减少百姓就会贫穷，百姓贫穷就看轻家庭，看轻家庭就容易离家出走，离家出走君主的政令就不能必行，君主的政令不能推行有禁也就不能止，有禁不能止战斗也就不能必胜，防守也就不能必固了。令不能必行，禁不能必止，战不能必胜，守不能必固，这就称他为寄生的君主，这都是从不重视有利于农业的事缺少粮食带来的祸害。增产粮食，是王业的根本大事，是君主的重大政务，是招徕百姓的途径，是治国的准则。

内业第四十九

【题解】

内业，心的修养内容。本篇论述心的修养，强调精气的作用。作者以为精气是万物和生命的本源，精气的得失，关系到事业的成败，关系到人的生死。要保持心中的精气，必须弃去忧乐喜怒欲利，使心处于虚静，则精气自来，自充自盈，发挥心的正常作用。郭沫若云："本篇所谓'精'，所谓'道'，所谓'一'，所谓'气'，所谓'灵气'，均指本体之异名。"就是说，这些概念是通用的。

本篇分为四节。第一节论述精气和心的特点，第二节论述道和心的关系，第三节论述治心必须专一，第四节论述心的修养与身体健康的关系。

凡物之精，此则为生。[1]下生五谷，上为列星。流于天地之间，谓之鬼神；藏于胸中，谓之圣人。是故民气。[2]杲乎如登于天，[3]杳乎如入于渊，[4]淖乎如在于海，[5]卒乎如在于己。[6]是故此气也，不可止以力，而可安以德；不可呼以声，而可迎以音。[7]敬守勿失，是谓成德。德成而智出，万物果得。[8]凡心之刑，[9]自充自盈，自生自成。其所以失之，必以忧乐喜怒欲利。能去忧乐喜怒欲利，心乃反济。[10]彼心之情，利安以宁，[11]勿烦勿乱，和乃自成。折折乎如在于侧，[12]忽忽乎如将不得，渺渺乎如穷无极。[13]此稽不远，[14]日用其德。夫道者所以充形也，而人不能固。[15]其往不复，其来不舍。谋乎莫闻其音，[16]卒乎乃在于心，冥冥乎不见其形，[17]淫淫乎与我俱生。[18]不见其形，不闻其声，而序其成，谓之道。

【注释】

〔1〕此：依石一参说应为"比"，合的意思。 〔2〕民：何如璋云："当是'名'字。"译文从"名"。 〔3〕杲（gǎo 搞）：明亮。 〔4〕杳（yǎo 咬）：幽暗。 〔5〕淖（chuò 绰）：丁士涵云：读为绰，绰，宽也。 〔6〕安井衡云："卒乎犹忽然也。己，身也。" 〔7〕音：王念孙云："即'意'字也，言不可呼之以声，而但可迎之以意也。" 〔8〕万物果得：应为"万物毕得"。《心术》下篇："正形饰德，万物毕得。" 〔9〕刑：通"形"，形体。 〔10〕心乃反济：心恢复到正常充盈的状态。尹知章云："若能去六者，则心反守其所而能济成也。" 〔11〕利安以宁：尹知章云："安宁者，心之所利也。" 〔12〕折折：丁士涵云："即'晢晢'之借。"晢晢，明亮、清楚。 〔13〕渺渺：恍惚，渺茫。尹知章注："渺渺，微远貌。" 〔14〕稽：考查，考察。 〔15〕固：坚持，固守。 〔16〕谋：据王念孙说：当作"讠朱"。即"寂"，寂寞、没有声音。 〔17〕冥冥：昏暗的样子。 〔18〕淫淫：犹"侵淫"，增进的样子。

【译文】

凡是物中的精气，结合起来就能生长。在下面就是地上生长的五谷，在上面便是天空中排列着的群星。流动在天地之间的，称作鬼神；能把它蕴藏在胸中的，称作圣人。因此名叫气。它有时明亮得像升到天空，有时幽暗得像进入深渊，有时广阔得像大海，忽然间又像在自己身上。因此这气，不可用强力来留住它，却可用德性来使它安定；不可用声音来呼唤它，却可用心意来迎接它。敬慎地守住而不丧失，这是说成就了道德。道德成就了智慧就能出来了，万物就能为我的心所得。心的形体，能自然地充满精气，能自然地生成。它之所以丧失精气，必定是因为忧、乐、喜、怒、嗜欲和贪利，能弃去忧、乐、喜、怒、嗜欲和贪利，心就能恢复到正常的充盈状态。那心的精气，最适宜于安定和宁静，不烦躁不混乱,平和就能自然生成。它清清楚楚地在人的身侧,恍恍惚惚地又像把握不住,渺渺茫茫地像追寻不到尽头。这样考查它并不遥远,因为天天都在利用它的功德。那道是用来充实形体的,而人却不能牢牢地守住它。它离去了就不再回来,它来了又不住下。寂静得听不到它的声音,忽然间它就在我的心中;黑沉沉看不清它的形体,渐渐地却与我一块生长。看不见它的形体,听不到它的声音,却又按着次序在成长,这就是道。

凡道无所,善心安爱。[1]心静气理,道乃可止。彼道不远,民得以产;[2]彼道不离,民因以知。是故卒乎其如可与索,[3]眇眇乎其如穷无所。彼道之情,恶音与声。修心静音,[4]道乃可得。道也者,口之所不能言也,目之所不能视也,耳之所不能听也,所以修心而正形也。人之所失以死,所得以生也;事之所失以败,所得以成也。

【注释】

〔1〕安:章炳麟云:"借为'焉',于是也。"爱:王念孙云:"当为'处'。"郭沫若云:"'善心安处'者犹《心术篇》'虚其欲,神将来舍,扫除不洁,神乃留处'也。" 〔2〕产:生长。尹知章注:"人得之以生,则道在人,故不远也。" 〔3〕与:跟随。 〔4〕静音:猪饲彦博云:"'静音'亦当作'静意',与'得'协韵。"译文从之。

【译文】

道没有常住的处所,于是善心就是它的住所。心静气顺,道于是就来停留。道并不在远方,人得道就生;道不离去,人依靠它就有智慧。所以忽然间它好像能跟随求索,又辽远得好像没有地方可以追究。那道的情性,厌恶声音。修养内心,虚静心意,道才可得到。所谓道,是口不能说出来,眼不能看见,耳不能听到的,却是可以用来修养身心端正形体的。人失去道就死,得到道就生;事业失去道就失败,得到道就成功。

凡道无根无茎，无叶无荣。万物以生，万物以成，命之曰道。天主正，地主平，人主安静。春秋冬夏，天之时也；山陵川谷，地之枝也；[1]喜怒取予，[2]人之谋也。是故圣人与时变而不化，从物而不移。能正能静，然后能定。定心在中，耳目聪明，四枝坚固，[3]可以为精舍。精也者，气之精者也。气，道乃生，[4]生乃思，思乃知，知乃止矣。凡心之形，过知失生。一物能化谓之神，一事能变谓之智。化不易气，变不易智。惟执一之君子能为此乎！执一不失，能君万物。君子使物，不为物使，得一之理。治心在于中，治言出于口，治事加于人，然则天下治矣。一言得而天下服，一言定而天下听，公之谓也。形不正，德不来；中不静，心不治。正形摄德，天仁地义，则淫然而自至。神明之极，照乎知万物。[5]中义守不忒，[6]不以物乱官，不以官乱心，是谓中得。有神自在身，[7]一往一来，莫之能思。失之必乱，得之必治。敬除其舍，精将自来。精想思之，宁念治之，严容畏敬，精将至定。[8]得之而勿舍，耳目不淫，心无他图。正心在中，万物得度。[9]道满天下，普在民所，民不能知也。一言之解，上察于天，[10]下极于地，蟠满九州。[11]何谓解之？在于心安。[12]我心治，官乃治；我心安，官乃安。治之者心也，安之者心也。心以藏心，心之中又有心焉。[13]彼心之心，[14]音以先言，音然后形，形然后言，言然后使，使然后治。不治必乱，乱乃死。精存自生，其外安荣。[15]内藏以为泉原，浩然和平，以为气渊。渊之不涸，四体乃固；泉之不竭，九窍遂通。乃能穷天地，被四海。中无惑意，外无邪灾。心全于中，形全于外。不逢天灾，不遇人害，谓之圣人。人能正静，皮肤裕宽，耳目聪明，筋信而骨强。乃能戴大圜而履大方，[16]鉴于大清，视于大明。[17]敬慎无忒，日新其德，遍知天下，穷于四极。敬发其充，是谓内德。然而不反，此生之忒。

【注释】

〔1〕枝：王念孙云："'枝'当为'材'字之误也。"译文从"材"。〔2〕喜怒取予：尹知章注："四者谋之用也。"〔3〕四枝坚固：郭沫若云："'枝'与'肢'通。古本作'四肢坚固'。"〔4〕气，道乃生：尹知章注："气得道能有生。"〔5〕照乎知万物：《心术》下篇为"昭知天下"。照、昭通用，清楚。〔6〕中义守不忒：王念孙云："'义'字涉上文'天仁地义'而衍。"忒（tè 特），差错。〔7〕有神自在身：郭沫若云："当衍'身'字，盖涉《注》文'中得则神自在身也'而衍。"译文从之。〔8〕至：王念孙云："'至'当为'自'，上文'精将自来'，即其证。"译文从王说。〔9〕度：法度，标准。〔10〕察：与下句的"极"，都是至的意思。〔11〕蟠（pán 盘）：遍及。张佩纶疑"蟠满九州"句"本尹《注》误入正文"。录以备考。〔12〕安：郭沫若云："当作'治'……"译文从"治"。〔13〕此处及下句中有两个"心"字，一个是指有形体的心，一个是指无形体的精气，即心的精神。〔14〕以下几句，诸家说法不一致。其实此地是论述"彼心之心"，即"心中之心"，所以两个"音"字依王念孙说应读为"意"。意是指心意，即精气。三个"言"字都可以解作"名"字。名即名称。〔15〕荣：指气色鲜润。〔16〕古人以为天圆地方，所以"大圜"是指天，"大方"是指地。〔17〕大明：指日月。

【译文】

道没有根没有茎，没有叶没有花。万物依靠它生长，万物依靠它成就，所以命名它为道。天以公正为根本，地以平和为根本，人以安静为根本。春秋冬夏，是天的时令；山陵川谷，是地的资材；喜怒取给，是人的计谋。因此圣人随同时令的变化而道不消化，跟从万物的变迁而道不转移。能端正能虚静，然后才能安定。安定的心在胸中，就能耳目聪明，四肢坚固，就可以成为精的住舍。所谓精，就是气中的精华。气得道才有生命，有生命才能思想，思虑才能有智慧，有智慧才该休止。大凡心的形体，过分地追求智慧，就会失去生机。专一于物而能化为通达的叫做神，能专于一事而能变为通达的叫做智。物虽变化而不变换气，事虽变化而不变换智。只有坚持专一的君子才能做到这样吧！坚持专一而不放，他就能统领万物。君子支配万物，而不为万物所支配，这就是因为掌握了专一的道理。治心在内，会从口里说出来，好事就会施加到百姓身上，这样天下就安定了。一个字在心中已得，天下人就会敬服；一个字在心中已定，天下人就会听从，这个字就是公字。外形不端正，是因为精气没有来；内心不虚静，是因为嗜欲没有整治。端正外形，摄取精气，像天地那样仁义，那么精气就会源源不断地自然到来。心就能进入神明的最高境地，明白地知晓万物。内守虚静不出差错，就不要让外物扰乱五官，不要让五官扰乱内心，这就叫做心中有所得。本有神在心中，一时去一时来，没有人能猜想它。但心中失去了神就必定纷乱，得到了神就必定安定。敬慎地扫除心中的嗜欲，精气就自然来到。精诚地想念思考它，冷静地考虑安定它，严肃敬慎地对待它，精气就会自然地安定。得到精气不舍弃，耳目就不会被迷惑，心就不会有别的贪图。正心在胸中，万物也就有了标准。道满布天下，普遍地在人们的心中，人们却不能认识它。用一个道字解释这种情况，就能上通到天，下及于地，而且遍及整个九州。怎样解释道呢？关键在于心安定。我的心安定，五官就安定；我的心安静，五官就安静。安定五官的是心，安静五官的也是心。把心藏在心中，心中又有心。那个心中之心，它的意先生于心的名称，有了心的意然后才有心的形体，有了心的形体然后才有心的名称，有了心的名称然后才有心的使令，有了心的使令然后心才能安定。不安定必然纷乱，纷乱就会死亡。精气存在心就会自然生存，人的神色就会安闲而鲜润。精气藏在内部就是泉源，浩大而又和平，成为气的渊源。渊源不枯竭，四肢才坚强；泉源不淤塞，九窍才通达。于是就能穷极天地，遍及四海。心内就没有迷惑的意念，身外就没邪恶的灾祸。心气完整地保持在胸中，形体完整地保持在外面。不会遇到天灾，不会遇到人祸。这样的人就叫做圣人。人能端正虚静，就能使皮肤丰润，耳目聪明，筋骨舒展坚强。这样就能头顶苍天脚踏大地，明察如清水，目光如日月。恭敬谨慎，没有差失，就能日日更新德行，遍知天下，穷究到四方之极。认真地发挥充实在内部的精气，这就称作内有所得。然而有人不能回到这样的境地，这是生活上有过失造成的。

凡道，必周必密，必宽必舒，必坚必固。守善勿舍，逐淫泽薄，[1]既知其极，反于道德。全心在中，不可蔽匿。[2]和于形容，[3]见于肤色。善气迎人，亲于弟兄；恶气迎人，害于戎兵。不言之声，疾于雷鼓。心气之形，明于日月，察于父母。[4]赏不足以劝善，刑不足以惩过。气意得而天下服，心意定而天下听。搏气如神，[5]万物备存。能搏乎？能一乎？能无卜筮而知吉凶乎？能止乎？能已乎？能勿求诸人而得之己乎？思之，思之，又重思之。思之而不通，鬼神将通之。非鬼神之力也，精气之极也。四体既正，血气既静，一意搏心，耳目不淫，虽远若近。思索生知，慢易生忧，[6]暴傲生怨，[7]忧郁生疾，疾困乃死。思之而不舍，内困外薄，[8]不蚤为图，[9]生将巽舍。[10]食莫若无饱，思莫若勿致，节适之齐，[11]彼将自至。凡人之生也，天出其精，地出其形，合此以为人，和乃生，不和不生。察和之道，其精不见，[12]其征不丑。[13]平正擅匈，论治在心，[14]此以长寿。忿怒之失度，乃为之图。节其五欲，去其二凶，[15]不喜不怒，平正擅匈。凡人之生也，必以平正。所以失之，必以喜怒忧患。是故止怒莫若诗，去忧莫若乐，节乐莫若礼，守礼莫若敬，守敬莫若静。内静外敬，能反其性，[16]性将大定。凡食之道，大充，伤而形不臧；[17]大摄，骨枯而血沍。[18]充摄之间，此谓和成。精之所舍，而知之所生。饥饱之失度，乃为之图。饱则疾动,饥则广思,[19]老则长虑。[20]饱不疾动,气不通于四末;[21]饥不广思,饱而不废;[22]老不长虑,困乃邀竭。[23]大心而敢,[24]宽气而广,其形安而不移,能守一而弃万苛,[25]见利不诱,见害不惧,宽舒而仁,独乐其身,是谓云气,[26]意行似天。凡人之生也,必以其欢。[27]忧则失纪,怒则失端。[28]忧悲喜怒,道乃无处。爱欲静之,遇乱正之,[29]勿引勿推,福将自归。彼道自来,可藉与谋。静则得之,躁则失之。灵气在心,一来一逝,其细无内,其大无外。所以失之,以躁为害。心能执静,道将自定。得道之人,理丞而屯泄,[30]匈中无败。[31]节欲之道,万物不害。[32]

【注释】

〔1〕泽薄:陈奂云:"'泽'读为释,释,舍也。舍薄犹言去其浮薄耳。" 〔2〕蔽匿:隐藏。 〔3〕和:刘绩云:"乃'知'字之误也。"译文从"知"。 〔4〕察于父母:比父母观察子女还透彻。 〔5〕搏:应作"抟"。本篇中"搏"字,王念孙云:"皆'抟'字之误。"抟,古"专"字。 〔6〕慢易生忧:尹知章注:"疏慢轻易,必致凶祸,故生忧。" 〔7〕暴傲生怨:尹知章注:"残暴傲虐,伤害必多,故生怨也。" 〔8〕薄:胁迫。 〔9〕蚤:同"早"。 〔10〕巽(xùn 逊):通"逊",逊让,引申为退出、离开。 〔11〕节适:许维遹引《吕氏春秋·情欲篇》高《注》云:"节,犹适也。"适,适宜。齐:中正。 〔12〕精:安井衡云:当作"情",形声相涉而误。译文从之。 〔13〕丑:张佩纶云:"丑,类也。"类,类比。 〔14〕论治在心:郭沫若云:论治当是"'沦洽'之误,言天地之和气渌满于心中也,即所谓'沦肌浃髓'"。译文从郭说。 〔15〕五欲:指耳、目、口、鼻、心五种器官的嗜欲。二凶:指喜、怒。 〔16〕反:回复。性:指人的本性。 〔17〕大充:过量。臧:善。 〔18〕大摄:太少。冱(hù 互):冻结,闭塞。 〔19〕广:张佩纶云:"'广'读为'旷',言饥则旷废其思也。" 〔20〕老则长虑:郭沫若云:"'长'当是'忘',字之误。下文'老不长虑,困乃邀竭',

'长'亦当为'忘'。"译文从郭说。 〔21〕四末：四肢。 〔22〕饱：俞樾云："'饱'字疑'饥'字之误。"译文从"饥"。废：止。 〔23〕困乃邀竭：郭沫若云："'困'者《说文》云'故庐也'，此用其本义，言老不忘虑则衰败之躯速死灭也。"邀，同"速"。 〔24〕敢：何如璋云："当作'敵'字。"译文从之。 〔25〕守一：坚持专一。万苛：各种各样的烦琐事务。 〔26〕云气：安井衡云："云，运也。"云气，即运气，指精气的运用。 〔27〕"凡人"二句：尹知章云："欢则志气和，故生也。"欢，欢畅、舒畅。 〔28〕端：与上句的"纪"同义。意为头绪，有秩序、有条理的意思。 〔29〕遇：章炳麟云：通"愚"。 〔30〕理：纹理，指皮肤之纹理。丞：通"烝"，蒸发。屯：王引之云：应为"毛"字。毛，毛发。 〔31〕匈：通"胸"。 〔32〕"节欲"二句：尹知章注："能节欲则物无害也。"节欲，节制嗜欲。

【译文】
　　道，必定周全必定精密，必定宽大必定舒畅，必定坚强必定牢固。守住善不舍弃，逐走淫邪除去浮薄，又知道了善的最高准则以后，就能返回到道德上来。全心在内，不可遮掩，可从身姿容貌上觉察它，也可在皮肤颜色上发现它。善气迎人，相亲如同弟兄；恶气迎人，相害如同刀兵。没有说出来的话语声，比雷霆鼓声还传得快。心气的形体，比日月还光明，比父母了解子女更清楚。赏赐不足以勉励善，刑罚不足以惩戒恶。只要气意已得，天下人就会敬服；只要心意安定，天下人就会听从。专一的气就像是神，能把万物的知识都储藏到心里。能专心吗？能一意吗？能不用占卜而知吉凶吗？能想止即止吗？能想完就完吗？能不向人求教而靠自己有所得吗？思考，思考，又再思考。思考而不通，鬼神将使你忽然贯通。其实并非鬼神的力量，而是精气的极妙作用。四肢端正，血气平静，专心一意，耳目不受迷惑，虽是远大的事，也如在近身的事那样容易成功。思考求索就能产生智慧，疏慢轻率就会产生忧患，残暴傲慢就会造成怨恨，忧虑抑郁就会造成疾病，疾病困顿就会使人死亡。思虑过度而不休息，内受困而外受迫，不早为之设法，生命将要离开躯体而死亡。食不宜太饱，思不宜过度，以适中为宜，生命就会自然来到。人的生命，天提供精神，地提供形体，精神和形体结合而为人，结合和谐就有生命，不和谐就没有生命。考察和谐的过程，它的情况不能发现，它的征象不能类比。平和端正占据胸间，弥漫心中，这就是长寿的原因。忿怒过度，就该设法平息。节制五种嗜欲，除去喜怒二凶，不欣喜不忿怒，平和端正就能占据胸间。人的生命，必须依靠平和端正。之所以失掉，必定是因为喜怒忧患。制止忿怒最好用诗歌，除去忧郁最好用音乐，节制淫乐最好讲究礼，守礼最好讲究敬，守敬最好讲究静。内抱虚静而外行恭敬，就能恢复平和端正的本性，本性将大定。饮食之道是：吃喝过量，伤害本性又使形体不良；吃喝过少，就会骨骼干枯血液不畅。所以适中为宜，这叫做平和成功。精气就能进入，智慧就能生长。饥饱如果失度，就要设法解救。过饱就要赶快运动，饥饿就要停止思想，衰老了就要忘掉顾虑。过饱不赶快运动，气血就不能通到四肢；饥饿不停止思想，饥饿就更加严重；衰老了不忘掉顾虑，衰败之躯迅速死灭。心胸浩大而敞亮，意气宽和而广泛，身体安详而不游移，能坚持专一而弃去烦琐的事务，见利而不被诱惑，见害而不畏惧，能宽容舒畅而又仁慈，能自得其乐，这就叫做能运用精气，气意畅行如同在天空。人的生命，必定依靠欢畅。忧虑就失去秩序，忿怒就失去端绪。心中有了忧悲喜怒，道就无可容之处。有爱的嗜欲就要使它平静，有愚乱的思想就要纠正，万事听其自然，幸福自然降临。道自然到来，可以依靠它跟着它谋划幸福。虚静就能得道，躁动就会失道。灵气在心中，一时来一时消逝，它细微得没有内，它又巨大得没有外。之所以会失去灵气，是因为躁动为害。心能坚持虚静，道就自然安定。得道的人，邪气能从肌理毛孔中蒸发排泄出来，胸中不会有败坏的东西。能坚持节制嗜欲之道，就能不受万物的伤害了。

杂　篇

封禅第五十

【题解】

　　封禅是古代帝王祭祀天地的仪式。在泰山上筑土坛祭天，报天之功，称为封；在泰山下梁父或云云等小山上辟场祭地，报地之功，称为禅。本篇记述齐桓公称霸诸侯以后，想举行封禅仪式，经管仲劝谏后而罢止。在当时周王朝尚在，齐桓公举行封禅仪式显然是非法的，会失信于诸侯，造成天下混乱。从齐桓公与管仲关于封禅的议论中，表现了齐桓公与管仲对已取得的功业、形势的不同态度。

　　本篇与《史记·封禅书》记载的管仲与齐桓公关于封禅一事的议论文字完全相同。尹知章注："元（原）篇亡，今以司马迁《封禅书》所载《管子》言以补之。"《史记》司马贞《索隐》也说："今《管子》书其《封禅篇》亡。"那么，本篇在唐代就被认为不是《管子》的原文，是西汉司马迁以后的人编入的。

　　桓公既霸，会诸侯于葵丘，[1]而欲封禅。管仲曰："古者封泰山禅梁父者七十二家，[2]而夷吾所记者十有二焉。昔无怀氏封泰山，[3]禅云云；[4]虙羲封泰山，[5]禅云云；神农封泰山，[6]禅云云；炎帝封泰山，[7]禅云云；黄帝封泰山，禅亭亭；[8]颛顼封泰山，[9]禅云云；帝喾封泰山，[10]禅云云；尧封泰山，禅云云；舜封泰山，禅云云；禹封泰山，禅会稽；[11]汤封泰山，禅云云；周成王封泰山，禅社首；[12]皆受命然后得封禅。"桓公曰：

"寡人北伐山戎,[13]过孤竹;[14]西伐大夏,涉流沙,束马悬车,上卑耳之山;[15]南伐至召陵,[16]登熊耳山以望江汉。[17]兵车之会三,而乘车之会六,[18]九合诸侯,一匡天下,诸侯莫违我。昔三代受命,亦何以异乎?"于是管仲睹桓公不可穷以辞,因设之以事,曰:"古之封禅,鄗上之黍,北里之禾,[19]所以为盛;江淮之间,一茅三脊,[20]所以为藉也。东海致比目之鱼,[21]西海致比翼之鸟,[22]然后物有不召而自至者十有五焉。今凤凰麒麟不来,嘉谷不生,而蓬蒿藜莠茂,[23]鸱枭数至,[24]而欲封禅,毋乃不可乎!"于是桓公乃止。

【注释】

〔1〕"桓公"二句:《春秋·僖公九年》:"公会宰周公、齐侯、宋子、卫侯、郑伯、许男、曹伯于葵丘。"鲁僖公九年,即齐桓公三十五年(公元前651年),齐桓公邀周公及鲁、宋等六国于葵丘结盟。葵丘,在今河南兰考县、民权县境内。 〔2〕"古者"句:《韩诗外传》:"孔子升泰山,观易姓而王可得而数者七十余人,不得而数者万数也。"《史记》正义案:"管仲所记自无怀氏以下十二家,其六十家无纪录也。"梁父:山名,泰山下的小山,在山东省新泰县西。 〔3〕无怀氏:服虔曰:"古之王者,在伏羲前,见《庄子》。" 〔4〕云云:山名,泰山下的小山。在山东省泰安市东南。 〔5〕虙羲:即伏羲。虙,通"伏"。 〔6〕神农:神农氏。传说中农业和医药的发明者,相传由他带领百姓由原始时代的采集渔猎生活进入农业生活。 〔7〕炎帝:传说中上古姜姓部族首领,原居姜水流域,后向东发展到中原地区。他曾与黄帝战于阪泉(今河北涿鹿东南),为黄帝所败。 〔8〕亭亭:山名,泰山下的小山,在今山东泰安市南。 〔9〕颛顼(zhuān xū 专须):传说中的古代部族首领。号高阳氏,生于若水,居于帝丘(今河南濮阳东南)。 〔10〕帝喾(kù 裤):古帝王名。《史记·三代世表》:"帝喾,黄帝曾孙,起黄帝至帝喾四世。号高辛。" 〔11〕会稽:山名。晋灼云:"本名茅山。"《吴越春秋》:"禹巡天下,登茅山,群臣乃大会计,更名茅山为会稽。"

〔12〕社首：山名。应劭曰："在博县。"晋灼曰："在钜平南十三里。"
〔13〕山戎：又称北戎。古族名，春秋时，分布在今河北北部。公元前七世纪时颇强，侵郑、齐、燕等国。周惠王十四年（公元前663年），齐桓公伐山戎。 〔14〕孤竹：国名。在今河北卢龙南面。 〔15〕韦昭曰："将上山，缠束其马，悬钩其车也。卑耳即《齐语》所谓'辟耳'。"辟，贾逵云："山险也。"卑耳，一曰山名，在今山西平陆县。
〔16〕召陵：春秋时楚地名。故城在今河南郾城县东。 〔17〕熊耳山：《史记》"索隐"案："《荆州记》耒阳、益阳二县东北有熊耳，东西各一峰，状如熊耳，因以为名。" 〔18〕本书《大匡》《小匡》《霸形》篇皆作"兵车之会六，乘车之会三"，与本篇"兵车之会三，乘车之会六"不同。而《史记·齐世家》《封禅书》《汉书·郊祀志》均与本篇同。可见本篇非《管子》原文，而是"以司马迁《封禅书》所载管子言以补之"。郭沫若云："兵车之会六，乘车之会三"与"兵车之会三，乘车之会六"，是两种说法，各有所据，可两存其说也。译文从之。
〔19〕鄗上、北里：一曰"皆地名"，一曰"鄗上，山名"。 〔20〕一茅三脊：孟康曰："所谓灵草也。"本书《轻重丁》："江淮之间有一茅而三脊毌（贯）至其本，名之曰菁茅。""诸从天子封于太山、禅于梁父者，必抱菁茅一束以为禅籍。"籍通"藉"，垫子，供坐卧。 〔21〕比目之鱼：韦昭曰："各有一目，不比不行，其名曰鲽。" 〔22〕比翼之鸟：韦昭曰："各有一翼，不比不飞，其名曰鹣鹣。" 〔23〕蓬蒿（hāo 好）藜（lí 离）莠（yǒu 友）：都是草名，借指杂草。 〔24〕鸱枭（chī xiāo 痴嚣）：即猫头鹰。古人以为是不祥之鸟。

【译文】
　　齐桓公完成霸业以后，在葵丘大会诸侯，又想到泰山举行封禅仪式。管仲说："古代封泰山祭天禅梁父山祭地的有七十二家，而我所记得的有十二家。从前无怀氏封泰山祭天，禅云云山祭地；伏羲封泰山祭天，禅云云山祭地；神农氏封泰山祭天，禅云云山祭地；炎帝封泰山祭天，禅云云山祭地；黄帝封泰山祭天，禅亭亭山祭地；颛顼封泰山祭天，禅云云山祭地；帝喾封泰山祭天，禅云云山祭地；尧封泰山祭天，禅云云山祭地；舜封泰山祭天，禅云云山祭地；禹封泰山祭天，禅会稽山祭地；汤封泰山祭天，禅云云山祭地；周成王封泰山祭天，禅社首山祭地；他们都是承受天命才能举行封禅仪式的。"桓公说："我北伐山戎，经过孤竹国；西伐大夏，渡过流沙河，束马悬车，登上险山；南伐到召陵，登上熊耳山而望长江汉水。与各诸侯国兵车之会有三次，乘车之会有六次，多次的召集诸侯，一举匡正天下，诸侯国没有敢违抗我的。从前夏、商、周三代承受天命，我与他们又有什么差异呢？"此时管仲看到不能用一般道理说服齐桓公，就向他摆出事实来，说："古代举行封禅仪式，鄗上的黍，北里的禾，用来作为祭物；江淮之间出产的，一茅三脊的灵草，用来作祭祀的垫席；东海送来比目鱼，西海送来比翼鸟，还有不召而送来的物品共计十五种。如今齐国吉祥的凤凰麒麟不来，嘉谷不生，而蓬蒿藜莠杂草茂盛，不吉祥的猫头鹰多次飞来，在这种情况下想到泰山举行封禅仪式，只怕是不行吧！"于是桓公就停止到泰山举行封禅的计划。

小问第五十一

【题解】

小问,日常的答问,不是专题的长篇大答问。小,并非问题小,而是指所用的篇幅大多短小,内容少而集中,是即时问答。本篇共记述了管仲十多次答齐桓公的询问,内容十分广泛,涉及到政治、军事、外交、用人等国家大事,也有一些是日常生活中遇到的一些问题。都是随问随答,不全面展开。每次问答的内容不相关联,时间跨度也较大,地点随时转换。总之是随意性的,是遇到什么谈论什么,生活气息较浓,反映齐桓公与管仲间的密切关系,而观点较多的集中在爱民、治国等方面。

桓公问管子曰:"治而不乱,明而不蔽,若何?"管子对曰:"明分任职,则治而不乱,明而不蔽矣。"公曰:"请问富国奈何?"管子对曰:"力地而动于时,[1]则国必富矣。"公又问曰:"吾欲行广仁大义,以利天下,奚为而可?"管子对曰:"诛暴禁非,存亡继绝,而赦无罪,则仁广而义大矣。"公曰:"吾闻之也,夫诛暴禁非,而赦无罪者,必有战胜之器攻取之数,而后能诛暴禁非,而赦无罪。"公曰:"请问战胜之器。"管子对曰:"选天下之豪杰,致天下之精材,来天下之良工,则有战胜之器矣。"公曰:"攻取之数何如?"管子对曰:"毁其备,散其积,夺之食,则无固城矣。"

公曰:"然则取之若何?"[2]管子对曰:"假而礼之,[3]厚而勿欺,则天下之士至矣。"公曰:"致天下之精材若何?"管子对曰:"五而六之,九而十之,不可为数。"[4]公曰:"来工若何?"管子对曰:"三倍,不远千里。"[5]桓公曰:"吾已知战胜之器攻取之数矣。请问行军袭邑,举错而知先后,[6]不失地利若何?"管子对曰:"用货察图。"[7]公曰:"野战必胜若何?"管子对曰:"以奇。"公曰:"吾欲遍知天下若何?"管子对曰:"小以吾不识,则天下不足识也。"公曰:"守战远见,有患。夫民不必死,则不可与出乎守战之难;不必信,则不可恃而外知。[8]夫恃不死之民而求以守战,恃不信之人而求以外知,此兵之三暗也。[9]使民必死必信若何?"管子对曰:"明三本。"[10]公曰:"何谓三本?"管子对曰:"三本者,一曰固,二曰尊,三曰质。"公曰:"何谓也?"管子对曰:"故国父母坟墓之所在,固也;田宅爵禄,尊也;妻子,质也。三者备,然后大其威,厉其意,则民必死而不我欺也。"

【注释】

〔1〕"力地"句:尹知章注:"谓勤力于地利,其所动作必合于天时。" 〔2〕之:猪饲彦博云:"'之'当为'士'。"译文从之。〔3〕假:嘉美。《诗经·假乐》传:"假,嘉也。"《说文》:"嘉,美也。" 〔4〕"五而"三句:尹知章注:"欲致精材者,必当贵其价。故他处直五我酬之六,他处直九我酬之十,常令贵其一分,不可为定数。如此则天下精材可致也。" 〔5〕"三倍"二句:尹知章注:"酬工匠之庸直,常三倍他处,则工人不以千里为远,皆至矣。" 〔6〕错:同"措"。 〔7〕用货察图:尹知章注:"用货为反间,则知其先后;察彼国

图，则不失地利也。"〔8〕"不必"二句：尹知章注："人必诚信，然后为君视听，故知处事也。"〔9〕三暗：指守暗、战暗和外暗。暗，愚昧小明。〔10〕三本：指下文的固、尊、质。本，根本。

【译文】

桓公问管仲说："治理而不混乱，明察而不受蒙蔽，如何做到？"管子回答说："明确地分清职责，就能做到治理而不混乱，明察而不受蒙蔽了。"桓公说："请问要使国家富裕怎么办？"管子回答说："勤力开发土地而耕作合于时令，国家就必定富裕了。"桓公又问道："我想行大仁大义，有利于天下，怎样做才好？"管子回答说："惩罚强暴禁止侵略，让亡国复存、灭绝的君位复继，并赦免无罪的人，那就大仁大义了。"桓公说："我听说，要惩罚强暴禁止侵略，并赦免无罪的人，必须要有战胜强暴的武器攻取的策略，而后才能做到惩罚强暴禁止侵略，并赦免无罪。"桓公说："请问战胜强暴的武器问题。"管子回答说："选取天下的豪杰之士，买来天下的精良材料，召来天下好工匠，这样就有战胜强暴的武器了。"桓公说："攻取的策略如何呢？"管仲回答说："毁坏他们的设备，消散他们的积聚，夺取他们的粮食，这样就没有坚固的城墙了。"桓公说："那么如何选取天下的豪杰之士呢？"管子回答说："赞美他们并以礼相待，厚赐而勿欺骗，天下的豪杰之士就来了。"桓公说："如何买来天下的精良材料呢？"管子回答说："五分的市价而我出到六分，九分的市价而我出到十分，在价格上不能限制定数。"桓公说："怎样召来工匠？"管子回答说："出比别人多三倍的工钱，他们就不远千里而来。"桓公说："我已懂得怎样才有战胜强暴的武器攻取的策略了。请问行军或袭击城邑时，一行动就能知道先后的顺序，因而不失去地形的有利形势，如何才能做到呢？"管子回答说："用货财收买情报了解敌方的地图。"桓公说："野战如何必胜？"管子回答说："用奇兵。"桓公说："我想了解普天下的情况如何办？"管仲回答说："连小的情况我也不知道，天下的情况就无从知道了。"桓公说："防守攻战和情报，都有可忧的地方。百姓没有战必死的决心，就不能同他们从防守或攻战的死难中解救出来；百姓不坚守信用，就不能依靠他们去获得外面的情报。依靠不肯为战而死的百姓，而希望用他们来防守或攻城，依靠不守信用的百姓而希望用他们去从事谍报，这是兵家三种愚昧不明的禁忌。要使百姓有为战而必死必守信用的决心，该如何办？"管子回答说："明确三种根本。"桓公说："什么叫三种根本？"管子回答说："三种根本，一是稳固的心，二是尊贵感，三是人质。"桓公说："这怎么说？"管仲回答说："故土、父母和祖宗的坟墓所在地，是使百姓有稳固的心；田地、宅院和爵禄，是使百姓有尊贵感；妻子和儿女是百姓留下的人质。三种根本具备，然后增大他们的威势，勉励他们的意志，百姓就有为战而必死的决心并不会欺骗我们了。"

桓公问治民于管子，管子对曰："凡牧民者，必知其疾，[1]而忧之以德，[2]勿惧以罪，勿止以力。慎此四者，足以治民也。"桓公曰："寡人睹其善也，何为其寡也？"[3]管仲对曰："夫寡非有国者之患也。昔者天子中立，地方千里，四言者该焉，[4]何为其寡也？夫牧民不知其疾则民疾，[5]不忧以德则民多怨，惧之以罪则民多诈，止之以力则往者不反，来者鹜距。[6]故圣王之牧民也，不在其多也。"桓公曰："善，勿已，如是又何以行之？"管仲对曰："质信极忠，[7]严以有礼，慎此四者，所以行之也。"桓公曰："请闻其说。"管仲对曰："信也者，民信之；忠也者，民怀之；严也者，民畏之；礼也者，民美之。语曰：泽命不渝，[8]信也；非其所欲，勿施于人，仁也；坚中外正，严也；质信以让，礼也。"桓公曰："善哉！牧民何先？"管子对曰："有时先事，有时先政，有时先德，有时先恕。[9]飘风暴雨不为人害，涝旱不为民患，百川道，[10]年谷熟，籴货贱，禽兽与人聚食民食，民不疾疫。当此时也，民富且骄，牧民者厚收善岁以充仓廪，禁薮泽，此谓先之以事，[11]随之以刑，敬之以礼乐以振其淫。[12]此谓先之以政。飘风暴雨为民害，涝旱为民患，年谷不熟，岁饥籴贷贵，民疾疫。当此时也，民贫且罢，[13]牧民者发仓廪、山林、薮泽以共其财。[14]后之以事，先之以恕，以振其罢。此谓先之以德。其收之也，不夺民财；其施之也，不失有德。富上而足下，此圣王之至事也。"桓公曰："善。"

【注释】

〔1〕疾：疾苦。尹知章注："疾，谓患苦也。" 〔2〕忧：张佩纶云："优"之借字。优，优待。 〔3〕寡：指百姓少。 〔4〕该：通"赅"，尽备。尹知章注："该，备也。" 〔5〕民疾：百姓痛恨。尹知章注："疾，则憎嫌之也。" 〔6〕鸷距：郭沫若云"殆犹趑趄或踟蹰"，犹豫不前的样子。 〔7〕忠：应为"仁"字，下文"忠也者民怀之"，也应为"仁也者"。宋翔凤云：古文仁写作"忎"，才误以为"忠"。 〔8〕泽：通"释"，舍弃。渝（yú 余）：变。《诗经·羔裘》："舍命不渝。"《诗传》："渝，变也。" 〔9〕"有时，先事"以下四句：郭沫若云："'有时先事'与'有时先恕'乃古时读书者注语，被抄书者误抄入正文。"删去后则成"有时先政，有时先德"，这样才能与下文相配。 〔10〕道：通"导"。通，顺。 〔11〕此谓先之以事：陶鸿庆云："'先之以事'上，衍'此谓'二字。"删去后才与下文"后之以事"云云相对成文。〔12〕敬：张佩纶云："敬、警通"，"警"亦作"儆"。《说文》"警，戒也。"振：通"整"。整治，整顿，引申为约束。《礼记·中庸》："振河海而不泄。"郑玄注："振，犹收也。" 〔13〕罢：通"疲"。〔14〕共：通"供"。

【译文】

桓公向管子询问治民问题，管子回答说："凡治民的君主，必须了解百姓的疾苦，又用恩德厚待他们，不要用罪罚恫吓，不要用强力禁止。谨慎解决这四方面的问题，就能治理好百姓。"桓公说："我看到这些的好处了，但如果百姓少怎么办呢？"管仲回答说："百姓少不是君主要担心的问题。从前天子在中央立国，地方千里，那四方面的问题都已解决，为什么百姓会少呢？如果治民不了解百姓的疾苦百姓就会痛恨，不用恩德厚待百姓就多怨气，用罪罚恫吓百姓就多狡诈，用强力禁止离去的百姓就不再回来，要来的人也就犹豫停步了。所以圣王治民，不在乎百姓的多少。"桓公说："好,不过事情还没有完,像这样又如何来实行呢?"管仲回答说："十分诚实十分仁爱,威严而有礼,君主能认真地做到这四点,就能用来实行。"桓公说："请说得更具体一些。"管仲回答说:"君主诚实,百姓就信任他;君主仁爱,百姓就怀念他;君主威严,百姓就敬惧;君主有礼,百姓就赞美他。古书上说:舍命不变政令,是君主的诚实;不是自己喜爱的,不施加到百姓的头上,是君主的仁爱;心中坚定仪表端正,是君主的威严;十分的诚实又谦让,是君主的有礼。"桓公说："好呀!治民以什么为先呢?"管子回答说："有时先施行政治,有时先施行恩德。狂风暴雨没有成为百姓的灾害,水涝干旱没有成为百姓的祸患,大小河道畅通,年成谷物丰熟,粮食货物不值钱,禽兽同人都吃粮食,百姓中不流行瘟疫。当此之时,百姓富裕又骄傲,治民的君主要大大的收购好丰年的物品来充实国家的仓库,禁止湖泽的开发,先施行具体的政事,随即施行法制,用礼乐来警戒百姓并约束他们的淫乐。这叫做先施行政治。狂风暴雨成了百姓的灾害,水涝干旱成了百姓的祸患,年成谷物不成熟,荒年粮食货物价格昂贵,民间流行瘟疫。当此之时,百姓贫穷又疲乏,治民的君主要开放仓库、山林、湖泽来向百姓供给财物,后施行政事,先施行恕道,来赈救百姓的疲乏。这叫做先施行恩德。当收购丰年的物品的时候,不夺取百姓的财物;当施发仓库里的物品的时候,不失去君主的恩德。使君主富裕又使下民满足,这是圣王的最大好事。"桓公说："好。"

桓公问管仲曰："寡人欲霸,以二三子之功,〔1〕既得霸矣。今吾有欲王,〔2〕其可乎?"管仲对曰："公当召叔牙而问焉。"〔3〕鲍叔至,公又问焉,鲍叔对曰："公当召宾胥无而问焉。"〔4〕宾胥无趋而进,公又问焉,宾胥无对曰："古之王者,其君丰,〔5〕其臣教。〔6〕今君之臣丰。"公遵遁,〔7〕缪然远二,〔8〕三子遂徐行而进。公曰:"昔者大王贤,〔9〕王季贤,〔10〕文王贤,武王贤。武王伐殷克之,七年而崩,〔11〕周公旦辅成王而治天下,仅能制于四海之内矣。今寡人之子不若寡人,寡人不若二三子。

以此观之，则吾不王必矣。"

【注释】

〔1〕二三子：各位。 〔2〕有：又。 〔3〕叔牙：即鲍叔牙。也称鲍叔，齐国大夫。 〔4〕宾胥无：齐国大夫。 〔5〕丰：指德高。 〔6〕教：王引之云："当作'杀'，'杀'与'丰'正相对。"杀，意即德望较低。译文从王说。 〔7〕遵循：猪饲彦博云：与"逡巡"同。退却的样子。 〔8〕缪：同"穆"。穆然，默想的样子。二：郭沫若案："'二'乃'立'之残文。'立'者，位也。"意谓离开席位。 〔9〕大王：指古公亶父，周文王的祖父。 〔10〕王季：指季历，周文王的父亲。 〔11〕七：疑为"二"，武王灭商后二年而死。

【译文】

桓公问管仲说："我想成霸业，依靠你们的功劳，已经完成霸业了。现在我又想成王业，那可能吗？"管仲回答说："您该召见叔牙而问他。"鲍叔到，桓公又问他，鲍叔回答说："您该召见宾胥无而问他。"宾胥无快步进来，桓公又问他，宾胥无回答说："古代成王业的，都是君主的德高，臣子的德低；如今是臣子的德高。"桓公慢慢后退，默默地离开席位，三个大夫跟着缓行而前。桓公说："从前西周文王的祖父贤明，父亲贤明，文王贤明，武王贤明。武王讨伐殷胜利，二年后死亡。周公旦辅佐成王治理天下，也只能控制在四海之内。如今我的儿子不如我，我不如你们臣子。由此看来，我不能成王业是肯定的了。"

桓公曰："我欲胜民，[1]为之奈何？"管仲对曰："此非人君之言也。胜民为易。夫胜民之为道，非天下之大道也。君欲胜民，则使有司疏狱，[2]而谒有罪者偿，[3]数省而严诛，[4]若此，则民胜矣。虽然，胜民之为道，非天下之大道也。使民畏公而不见亲，祸亟及于身。[5]虽能不久，则人持莫之弑也，[6]危哉！君之国岌乎！"[7]

【注释】

〔1〕我欲胜民：尹知章注："言欲胜服于民。"胜，克制，压服。〔2〕疏狱：尹知章注："谓疏录狱囚。"疏，记，分条记述。〔3〕"而谒"句：尹桐阳云："谒，揭告也。偿，赏也。《韩（非）子·八经》'谒过赏，失其诛'。"〔4〕"数省"句：尹知章注："数省有过，严其诛罪。"数，多次。省：察看，检查。〔5〕亟：急。〔6〕持：吴汝纶云："当作'特'。"弑：尹桐阳云："同'试'，用也。"〔7〕岌（jí）：危险的样子。

【译文】

齐桓公说："我想压服百姓，为此怎么办？"管仲回答说："这不是人君该说的话。压服百姓是容易做到的。但压服百姓的办法，不是治理天下的根本办法。人君想压服百姓，就命令狱吏详细记录囚犯的罪过，对揭发罪状的人加以奖赏，经常检查严加惩处。像这样，百姓就可以压服了。虽然做到了，但压服百姓的办法，终究不是治理天下的根本办法。这是使百姓害怕刑罚而不亲爱人君，祸害很快会累及人君自身的。虽然压服了百姓但不能长久，只是百姓没有一个肯为人君效力了，危险呀！人君的国家危险了！"

桓公观于厩，[1]问厩吏曰："厩何事最难？"厩吏未对，管仲对曰："夷吾尝为圉人矣，[2]傅马栈最难，[3]先傅曲木，曲木又求曲木，曲木已傅，直木无所施矣。[4]先傅直木，直木又求直木，直木已傅，曲木亦无所施矣。"[5]

【注释】

〔1〕厩（jiù救）：马棚。〔2〕圉（yǔ语）人：养马人。〔3〕傅马栈：尹知章注："谓编次之栈，马所立木也。"傅，通"附"。〔4〕"先傅"四句：尹知章注："既用曲木，又施直木，则失其类而栈败矣。喻小人用，则君子退也。"〔5〕"先傅"四句：尹知章注："喻君子用，则小人退。"

【译文】

　　桓公视察马棚，问掌管马棚的官吏说："马棚里什么事最难？"掌管马棚的官吏还未回答，管仲回答说："我曾做过养马人，马棚里的事是营造马栈最难。先用了曲木，曲木要求曲木来相配，曲木已安排好位置，直木就没有地方可施用了。先用了直木，直木要求直木来相配，直木已安排了位置，曲木也就没有地方可施用了。"

　　桓公谓管仲曰："吾欲伐大国之不服者奈何？"管仲对曰："先爱四封之内，[1]然后可以恶竟外之不善者。[2]先定卿大夫之家，然后可以危邻之敌国。[3]是故先王必有置也，然后有废也；必有利也，然后有害也。"

【注释】

　　[1]四封：四境。封，疆界。　[2]"然后"句：尹知章注："四封之内见爱，则人致死，可以恶竟外之不善者。"竟，通"境"。[3]"先定"二句：尹知章注："卿大夫之家既定，则国强，故可以危邻国。"家：卿大夫统治的政治区域。

【译文】

　　桓公对管仲说："我想讨伐不服从王命的大国如何办？"管仲回答说："先爱护国内，然后才可能憎恨国外不善良的；先安定卿大夫统治的区域，然后才可能使相邻的敌国有危险。因此先代的圣王必定有设置，然后才有废弃；必定先兴利，然后才除害。"

　　桓公践位，令衅社塞祷。[1]祝凫已疵献胙，[2]祝曰："除君苛疾与若之多虚而少实。"[3]桓公不说，[4]瞑目而视祝凫已疵。[5]祝凫已疵授酒而祭之，曰："又与君之若贤。"桓公怒，将诛之，而未也，以复管仲。管仲于是知桓公之可以霸也。

【注释】

〔1〕衅社：用牛羊的血祭土地神。社，土地神。塞："赛"之借字，报神福。《韩非子·外储说右》："秦襄王病，百姓为之祷；病愈，杀牛塞祷。" 〔2〕"祝凫"句：尹知章注："祝，祝史。凫疵，其名也。胙，祭肉也。" 〔3〕苛：苛捐。若：王引之云："当为'君'，下文云'又与君之若贤'是其证也。"译文从"君"。 〔4〕说：通"悦"。 〔5〕瞑：宋本、古本均作"瞋"。赵本以后误作"瞑"。

【译文】

桓公登国君位，下令用血祭社神并作祈祷。祝史凫已疵献上祭肉，祈祷说："除掉国君苛捐的毛病和国君的多虚空而少实际的作风。"桓公听了不高兴，瞪着眼睛盯着祝史凫已疵。祝史凫已疵斟酒祭祀说："再除掉国君的似贤非贤的缺点。"桓公大怒，要杀祝史，但终于没有杀，把这件事告诉了管仲。管仲于是知道桓公可以成霸业。

桓公乘马，虎望见之而伏。桓公问管仲曰："今者寡人乘马，虎望见寡人而不敢行，其故何也？"管仲对曰："意者君乘驳马而洀桓，[1]迎日而驰乎？"公曰："然。"管仲对曰："此驳象也。[2]驳食虎豹，故虎疑焉。"

【注释】

〔1〕驳马：安井衡云：应作"驳马"。驳，马毛色不纯，即杂色马。洀：尹知章注："古'盘'字。" 〔2〕驳：兽名。《说文》篆解："驳兽如马，锯牙，食虎豹。"

【译文】

桓公骑着马，虎望见而躲藏起来。桓公回来问管仲说："今天我骑着马，虎望见我而不敢动，这是什么缘故？"管仲回答说："我想国君是骑着杂色的马在徘徊，然后朝着太阳奔驰吧？"桓公说："是的。"管仲回答说："这是驳的形象。驳要吃虎豹,所以虎就害怕了。"

楚伐莒,莒君使人求救于齐。桓公将救之,管仲曰:"君勿救也。"公曰:"其故何也?"管仲对曰:"臣与其使者言,三辱其君,颜色不变;[1]臣使官无满其礼,[2]三强其使者争之以死。莒君,小人也;君勿救。"桓公果不救而莒亡。

【注释】
〔1〕"三辱"二句:尹知章注:"辱其君而色不变,则无羞耻也。"辱,羞辱。色:颜色,脸色。 〔2〕礼:给使者的赠礼。

【译文】
　　楚国攻伐莒国,莒国君主派人向齐国求救。桓公将要去救莒国,管仲说:"国君不要去救。"桓公说:"什么原因呢?"管仲回答说:"我与莒国的使者谈话,多次羞辱他的国君,他的脸色没有变化;我叫接待他的官吏不要给足赠礼,官吏多次说他只能得这点赠礼而使者以死相争。莒国的君主,看来是个小人。国君不要去救。"结果桓公不去救,莒国因此就灭亡了。

桓公放春,[1]三月观于野。桓公曰:"何物可比于君子之德乎?"隰朋对曰:[2]"夫粟,内甲以处,[3]中有卷城,[4]外有兵刃,[5]未敢自恃,自命曰粟。[6]此其可比于君子之德乎!"管仲曰:"苗,始其少也,眴眴乎何其孺子也![7]至其壮也,庄庄乎何其士也![8]至其成也,由由乎兹免,[9]何其君子也!天下得之则安,不得则危,故命之曰禾。[10]此其可比于君子之德矣。"桓公曰:

"善。"

【注释】

〔1〕放春：金廷桂云："当春而游放也。"意谓春游。 〔2〕隰（xí习）朋：齐国大夫。 〔3〕甲：甲胄，喻指粟的谷皮。 〔4〕卷城：圈城，喻指粟的外壳。 〔5〕兵刃：矛之类的兵器，喻指粟的芒。 〔6〕粟：这里有微小的意思。 〔7〕朐朐：同"恂恂"。尹知章注："柔顺貌。" 〔8〕庄庄：尹知章注："矜直貌也。" 〔9〕由由：同"油油"。《孟子》有"故由由然与之偕"，《列女传》有"油油然与之处"。光润、和悦的样子。兹免：兹，益，更；免，俯。意谓粟穗成熟更加俯首向根，比喻君子不忘本。 〔10〕禾：这里有"和"的意思。

【译文】

桓公春游，三月份在田野上观看。桓公说："什么东西可以同君子的道德相比？"隰朋回答说："粟米，处在甲胄之内，中间有圈城，外有锋利的长矛，但不敢自恃强大，自称是微小的粟。这或许可以同君子的道德相比吧！"管仲说："禾苗，开始生长的时候，柔嫩和顺的样子多么像幼儿！当它壮大的时候，庄严持重的样子多么像男子汉！当它成熟的时候，更加丰实和悦地俯首向根，多么像君子！天下有了它就安定，没有它就危险，所以称它为'和'。这或许可以同君子的道德相比吧！"桓公说："好。"

桓公北伐孤竹，未至卑耳之溪十里，闯然止，[1]瞠然视，[2]援弓将射，引而未敢发也，谓左右曰："见是前人乎？"左右对曰："不见也。"公曰："事其不济乎，寡人大惑。今者寡人见人长尺而人物具焉：冠，右祛衣，[3]走马前疾。事其不济乎，寡人大惑，岂有人若此者乎？"管仲对曰："臣闻登山之神有俞儿者，长尺而人物具焉。霸王之君兴，而登山神见。且走马前疾，道也；祛衣，示前有水也；右祛衣，示从右方涉也。"至卑耳之溪，有赞水者曰：[4]"从左方涉，其深及冠；从右方涉，其深至膝。若右涉，其大济。"桓公立拜管仲于马前曰："仲父之圣至若此，寡人之抵罪也久矣。"[5]管仲对曰："夷吾闻之，圣人先知无形。今已有形而后知之。臣非圣也，善承教也。"[6]

【注释】
〔1〕阋（xì 戏）：突然停立貌。〔2〕瞠（chēng 撑）：瞪大眼睛。〔3〕袪（qū 区）：撩起。〔4〕有赞水者：尹知章注："谓赞引渡水者。"赞，佐助。〔5〕"仲父"二句：尹知章注："抵，当也。不知仲父之圣，是寡人当有罪久矣。"〔6〕善承教：尹知章注："善承古人之法。"

【译文】
　　桓公北伐孤竹国，到离卑耳溪十里的地方，突然停止前行，瞪大眼睛直视前方，拿起弓箭要射，但拉开弓却不敢射出去。对跟从的人说："看到前面那个人吗？"跟从的人回答说："没有看到。"桓公说："事情大概不会成功了吧，我十分迷惑。刚才我看到一个长一尺而人的样子具备：戴帽子，右手撩起衣服，跑在马前很快。事情大概不会成功了吧，我十分迷惑，哪里有人像这个样子呢？"管仲回答说："我听说登山神中有个叫俞儿的，长一尺而人的样子具备。霸王事业的君主兴起时，登山神就出现。他跑在马前很快，暗示前面有路；撩起衣服，暗示前面有水；右手撩衣，暗示从右方过河。"到了卑耳溪，有一个帮助过河的向导说："从左方过河，水深没顶；从右方过河，水深到膝。如果从右方过河，一定是十分顺利的。"桓公立即在马前拜谢管仲说："仲父圣明到了这样的境地，我所犯之罪有很长时间了。"管仲回答说："我听说，圣人在事情还没有形迹的时候就能预知。如今已有形迹出现，而后才知道事情的，我不是圣人，只是善于承受圣人的教导而已。"

　　桓公使管仲求宁戚，宁戚应之曰："浩浩乎。"[1]管仲不知，至中食而虑之。婢子曰："公何虑？"管仲曰：

"非婢子之所知也。"婢子曰:"公其毋少少,毋贱贱。昔者吴干战,[2]未乿不得入军门,[3]国子擿其齿,[4]遂入,为干国多。百里徯,秦国之饭牛者也,穆公举而相之,遂霸诸侯。由是观之,贱岂可贱,少岂可少哉!"管仲曰:"然。公使我求宁戚,宁戚应我曰:'浩浩乎。'吾不识。"婢子曰:"诗有之:'浩浩者水,育育者鱼。未有室家,而安召我居?[5],'宁子其欲室乎?"

【注释】

〔1〕浩浩:水势盛大的样子。浩浩乎,是下文所引诗的首句。〔2〕吴干:吴国、干国。 〔3〕乿:同"龀"。儿童脱去乳齿,长出恒齿。旧说男童八岁、女童七岁换齿。 〔4〕擿:同"掷"。 〔5〕居:语助词。

【译文】

桓公派遣管仲去征召宁戚,宁戚回答管仲说:"浩浩乎。"管仲不懂,到吃中饭的时候还在考虑这句话。年少的婢女说:"你在考虑什么?"管仲说:"不是年少的婢女所能懂得的。"年少的婢女说:"你不要小看年少的,不要鄙视卑贱的。从前吴国和干国开战,干国规定,未脱尽乳齿的少年不得入军门,干国的少年就敲掉了牙齿,才进入军门,为干国立下了许多战功。百里徯,是秦国喂牛的人,秦穆公任用他做相,才称霸诸侯。由此看来,卑贱的岂可鄙视,年少的岂可小看呀!"管仲说:"对。桓公派我征召宁戚,宁戚回答我说'浩浩乎',我不懂得。"年少的婢女说:"诗里有的:浩浩的水里,有许许多多的鱼。没有妻室未成家,召我干什么?宁先生大概想娶妻成家吧?"

桓公与管仲闱门而谋伐莒,[1]未发也,而已闻于国矣。桓公怒谓管仲曰:"寡人与仲父闱门而谋伐莒,未发也,而已闻于国,其故何也?"管仲曰:"国必有圣人。"桓公曰:"然。夫日之役者,有执席食以视上者,〔2〕必彼是邪!"于是乃令之复役,毋复相代。少焉,东郭邮至,桓公令傧者延而上,〔3〕与之分级而上,〔4〕问焉,曰:"子言伐莒者乎?"东郭邮曰:"然,臣也。"桓公曰:"寡人不言伐莒而子言伐莒,其故何也?"东郭邮对曰:"臣闻之,君子善谋,而小人善意,〔5〕臣意之也。"桓公曰:"子奚以意之?"东郭邮曰:"夫欣然喜乐者,钟鼓之色也;夫渊然清静者,缞绖之色也;〔6〕漻然丰满,〔7〕而手足拇动者,兵甲之色也。日者,臣视二君之在台上也,口开而不阖,是言莒也;举手而指,势当莒也。且臣观小国诸侯之不服者,唯莒。于是,臣故曰伐莒。"桓公曰:"善哉!以微射明,此之谓乎!子其坐,寡人与子同之。"

【注释】

〔1〕阖(hé 盒):关闭。 〔2〕执席食:尹知章注为"执席而食",仍费解。郭沫若以为"席"为"庶"之误,"庶"读为"蔗","食"为"饴"之坏字。译文从郭说。视上:当为"上视",尹知章注为"私目上视"。 〔3〕傧(bīn 宾):尹知章注:"谓赞引宾客者也。"即迎宾的人。 〔4〕上:王念孙云:"应为'立',此涉上句而误也。"《吕氏春秋》等均作"分级而立"。译文从王说。 〔5〕意:王念孙云:"'意'当读为亿,即度也。"推测。 〔6〕缞(cuī 催)绖(dié 迭):麻制的丧服。 〔7〕漻(liáo 辽):清澈的样子。《庄子·天地》:"夫道,渊乎其居也,漻乎其清也。"

【译文】

桓公与管仲关着门谋划攻打莒国,还未发动,却已在京都里传开了。桓公发怒对管仲说:"我与仲父关着门谋划攻打莒国,还未发动,却已在京都里传开了,那是什么缘故?"管仲说:"京都里必定有圣人。"桓公说:"是的。那天,差役中有个拿蔗饴而向上看的人,一定是那个人!"于是就叫他再来服役,不要更换。不久,东郭邮来到,桓公就令迎宾的官吏请他上来,同他站立在不同的石级上,问他说:"你是说要去攻打莒国的人吗?"东郭邮说:"是的,是我。"桓公说:"我没说要去攻打莒国而你说要去攻打莒国,那是什么缘故呢?"东郭邮回答说:"我听说,君子善于谋划,而小人善于推测,我是推测这件事的。"桓公说:"你是根据什么推测的?"东郭邮说:"一副高兴快乐的样子,是鸣钟击鼓时的脸色;一副深沉肃静的样子,是服丧带孝的脸色;一副冷清气盛的样子,手足的拇指都在动作,是谋划战争时的脸色。那天我看到你们在台上,口张开而不合,这是在说'莒'字;举手所指,趋向该是莒国。我又观察小国诸侯不服从的,也只有莒国。因此我就说要攻打莒国了。"桓公说:"好啊!从细微的地方来推断辨明大事,就是说这种情况吧!请你坐下来,我与你来共同谋划这件事吧。"

客或欲见于齐桓公,请仕上官,授禄千钟。公以告管仲,曰:"君予之。"客闻之曰:"臣不仕矣。"公曰:"何故?"对曰:"臣闻取人以人者,其去人也,亦用人。吾不仕矣。"

【译文】
　　有宾客想见到齐桓公,请求做大官,授给俸禄千种。桓公把这个情况告诉了管仲,管仲说:"国君您给他。"宾客听到后说:"我不做官了。"桓公说:"什么原因?"回答说:"我听说选用人时听别人的,当废弃人的时候,也是听别人的。我不做官了。"

七臣七主第五十二

【题解】

七臣七主，即七种臣子和七种君主。本篇先论述七主，后论述七臣，所以张文虎认为篇题臣主二字应互易位子，即应为"七主七臣"。

本篇论述七主七臣，是两两相配的，各得"六过一是"，即各肯定一种类型的君主和臣子：申主和法臣，各否定六种类型的君主和臣子：惠主和饰臣、侵主和侵臣、芒（荒）主和乱（谄）臣、劳主和愚臣、振主和奸臣、芒（亡）主和乱臣。

本篇在论述七主七臣的中间，插入了一大段君主治国之道的文字，其中的内容有君主的作用、经济、阴阳时令、法制等，形成了一篇前后内容不相连贯，文体也不大一致的特殊文章，有注家以为这一大段文字是它篇错简。

或以平虚请论七主之过，[1]得六过一是，以还自镜，以知得失。以绳七臣，得六过一是。呜呼美哉，成事疾！[2]

【注释】

〔1〕过：陈奂云："'过'当为'道'，涉下文两'过'字而误。"译文从陈说。 〔2〕成事疾：丁士涵云："'成'疑当为'盛'，盛、成古通用。'疾'疑'矣'字误。"译文从丁说。

【译文】

有君主以虚心的态度来评论七类君主的做法，得到了六类君主是错的只有一类君主是好的结论,再回头来对照自己,因而知道了自己的得失。用此来衡量七类臣子,也得到了六类臣子是错的只有一类臣子是好的结论。啊,好呀,是做了一件有意义的大事!

申主:[1]任势守数以为常,[2]周听近远以续明。[3]皆要审则法令固,[4]赏罚必则下服度,[5]不备待而得和,[6]则民反素也。[7]

【注释】

[1]申主:信主。古代"申"通"信",《汉书·高惠高后文功臣表注》:"古信、申同义。"信,诚实。 [2]任:随着。数:事理,规律。常:常法,常规。 [3]"周听"句:尹知章注:"远近之事周而听之,则其明不绝。"周:普遍,全面。 [4]皆:郭沫若云:假为"稽","稽谓簿计也"。要:月计的总账。《周礼·天官·小宰》:"月终则以官府之叙受群吏之要。"孙诒让正义:"主每月之小计。" [5]必:坚决。 [6]许维遹案:"《鲁语》韦(昭)《注》'待犹御也','得'与德通。" [7]反:通"返"。素:质朴。

【译文】

申主:能顺着形势遵循事理而建立常法,普遍地听取远近的意见而不断地明察情况。财政确实法令就稳定,赏罚坚决臣民就遵守法度,不用强硬手段而用恩惠协调,百姓就会变得朴实。

惠主:[1]丰赏厚赐以竭藏,赦奸纵过以伤法。藏竭则主权衰,法伤则奸门阓。[2]故曰泰则反败矣。[3]

【注释】

[1]惠主:这里是指滥施恩惠的君主。 [2]阓:通"开"。《说文》:"阓,开也。" [3]泰则反败:尹知章注:"谓为惠太过,故反成败也。"

【译文】

惠主:赏赐过多过重以致使国库枯竭,赦免放纵奸恶以致损害国法。国库枯竭君主的权势就衰败,国法受损害就奸门大开。所以说:好事做得太过分了,反而会失败。

侵主:[1]好恶反法以自伤,喜决难知以塞明,从狙而好小察,[2]事无常而法令申。[3]不辞,[4]则国失势。

【注释】

〔1〕侵主:侵害法度的君主。尹知章注:"越法行事谓之侵。"〔2〕狙(jū 居):暗中埋伏。小察:窥视,偷看。 〔3〕申:郭沫若云:"当是'曳'字之误。"曳:疲曳,疲沓。 〔4〕辞:俞樾云:"悟"之借字。悟,觉悟。下文同。

【译文】

侵主:喜好行恶反法而自食其果,喜爱妄断难以了解的事而闭目塞听,喜欢暗中盯梢而偷看他人,做事无常规而使法令疲沓难行。如不觉悟,国势危险。

芒主:[1]目伸五色,[2]耳常五声,四邻不计,[3]司声不听,[4]则臣下恣行而国权大倾。不辞,则所恶及身。

【注释】

〔1〕芒主:荒唐的君主。何如璋云:芒,读为"荒"。尹知章注:"芒,谓芒然不晓识之貌。" 〔2〕伸:尹知章注:"伸,谓放恣也。" 〔3〕四邻:指四辅,君主左右的大臣。《尚书·益稷》:"钦四邻。"孔安国传:"四邻前后左右之臣。" 〔4〕司声:指谏官一类的官。郭沫若云:"当是谏官之属。"

【译文】

　　荒主：眼迷恋五色，耳不离五声，左右大臣的意见不考虑，谏官的诤言不听，臣下也就恣意妄行，国家的政权大坏。如不觉悟，恶果将及于自身。

　　劳主：[1]不明分职，上下相干，臣主同则。刑振以丰，[2]丰振以刻。去之而乱，临之而殆，则后世何得？

【注释】

　　[1]劳主：烦劳的君主。尹知章注："言失任臣之理，劳而无功，故曰劳主。"　[2]振：章炳麟云：训"重"。丰：多。

【译文】

　　劳主：不明确地分清职责，上下互相干扰，臣子和君主的制度混同。刑罚重而多，重而多就更加苛刻起来。摆脱这种情况就会陷入混乱，维持现状也是危险，那么后代能得到什么呢？

　　振主：[1]喜怒无度，严诛无赦，臣下振怒，[2]不知所错，[3]则人反其故。[4]不觉，则法数日衰而国失固。

【注释】

　　[1]振主：意为暴君。振，通"震"。尹知章注："动发威严，谓之震也。"　[2]怒：王引之云："'怒'当为'恐'，此涉上文'喜怒'而误也。"译文从王说。　[3]错：通"措"。　[4]反：通"返"。故：巧伪。《淮南子·主术训》："上多故则下多诈。"高诱注："故，诈也。"

【译文】

　　振主：喜怒无常，格杀不论，臣下震恐，不知所措，那么人们只好用虚伪来蒙混了。如不觉悟，法制很快毁坏，国家也不稳定。

芒主：[1]通人情以质疑，[2]故臣下无信。尽自治其事则事多，多则昏，昏则缓急俱植。[3]不辟，则见所不善，余力自失而罚。

【注释】
〔1〕芒主：陈奂云："'芒主'疑当作'亡主'。"亡主，亡国之君。
〔2〕通人情：张佩纶云："'通'上脱'不'字。"即为"不通人情"。
〔3〕植：洪颐煊云：古代的"置"字。

【译文】
亡主：不近人情地怀疑人，所以对臣下没有信任，事事都自己办理那么事务就繁多，事务繁多就糊涂，糊涂了就把缓急的事情都搁置。如不觉悟，能看到的前途就不妙，余力耗尽而受到惩罚。

故主虞而安，[1]吏肃而严，民朴而亲，官无邪吏，朝无奸臣，下无侵争，世无刑民。

【注释】
〔1〕"故主"句：郭沫若案："故主虞而安"至"世无刑民""凡二十九字当上移"，接在"申主"一节的"则民反素也"句的下面。虞：王念孙云："与'娱'同，乐也。"录以供参考。

【译文】
这样君主欢娱而安全，官吏肃敬而谨严，百姓朴实而亲和，官府里没有邪吏，朝廷上没有奸臣，民间没有侵夺争斗的事，世上没有要受刑罚的百姓。

故一人之治乱在其心，一国之存亡在其主。天下得失，道一人出。[1]主好本则民好垦草莱，[2]主好货则人贾市,主好宫室则工匠巧,主好文采则女工靡。[3]夫楚王好小腰而美人省食,[4]吴王好剑而国士轻死。死与不食者,天下之所共恶也,然而为之者何也?从主之所欲也,而况愉乐音声之化乎?夫男不田,女不缁,[5]工技力于无用,而欲土地之毛,[6]仓库满实,不可得也。土地不毛则人不足,人不足则逆气生,逆气生则令不行。然强敌发而起,虽善者不能存。何以效其然也?[7]曰:昔者桀纣是也。[8]诛贤忠,近谗贼之士而贵妇人,好杀而不勇,好富而忘贫。驰猎无穷,鼓乐无厌,瑶台玉铺不足处,[9]驰车千驷不足乘,材女乐三千人,[10]钟石丝竹之音不绝。百姓罢乏,[11]君子无死,[12]卒莫有人,人有反心,遇周武王,遂为周氏之禽。[13]此营于物而失其情者也,[14]愉于淫乐而忘后患者也。[15]故设用无度国家踣,[16]举事不时,必受其灾。

【注释】

〔1〕道:从。一人:指君主。 〔2〕本:本业。此指农业。莱:田里的野草。 〔3〕靡:靡丽,奢华。 〔4〕楚王:指楚灵王,公元前540—公元前529年在位,其时管仲已死一百多年,学者常引此来证明《管子》非管仲作。 〔5〕缁:宋翔风云:"'缁'与'织',声之转,当读'织'。" 〔6〕毛:草木,此指禾苗。尹知章注:"毛,谓嘉苗。"〔7〕效:验明。 〔8〕桀纣:应为"纣","桀"字衍,因为下文专言纣事。 〔9〕铺:俞樾云"疑'圃'之假字",二字并从"甫"声,故通。〔10〕材:张佩纶云:"疑'材'字衍。" 〔11〕罢:同"疲"。〔12〕死:郭沫若案:"'死'与'尸'通,谓为官者无所职事也。"〔13〕禽:通"擒"。 〔14〕营:许维遹云:《淮南子·原道篇》高注:"营,惑也。" 〔15〕愉:通"偷",苟且。 〔16〕踣(bó 勃):跌倒,败亡。

【译文】

　　一个人的安定或昏乱取决于他的心,一个国家的生存或败亡取决于它的君主。天下的得失,都是从君主那里开始的。君主重视农业,百姓就重视开垦荒地;君主喜好财货,百姓就去经商;君主喜好宫室,工匠就巧妙;君主喜欢华丽的色彩,女工就讲求靡丽。楚王喜爱细腰,美女就节食;吴王爱好剑术,国士就轻死。死亡与饥饿,是天下人共同厌恶的事,然而为什么有人去干?是为了满足君主的欲望,更何况娱乐音乐的风气呢?男不耕田,女不纺织,工匠致力于无用之物,却希望土地上生长禾苗,仓库充实,这是不能做到的。土地上不生长禾苗,百姓的供用就会不足,百姓的供用不足就会产生怨气,怨气产生政令就不能施行。这时如强敌发兵起事,即使有善于应付局面的人也不能支撑。用什么来证明是这样的呢?回答说:从前纣王就是这样的。他杀掉贤良的忠臣,接近好谗言的奸臣而又看重女人,喜好杀伐而不追求勇武,喜欢富人而忘了济贫。游猎没有个完,鼓乐永不满足,豪华的楼台花园不够他住,马车千辆不够他用,女乐有三千人,金石丝竹的声音不绝于耳。百姓穷困不堪,官吏无所事事,最后无人拥护,人人都有反心,遇上周武王,就成了周朝的俘虏。这是迷惑于物质享受而失去思想的缘故,是苟且于过度的快乐而忘掉后果的缘故。所以消费没有节制国家就会灭亡,举事不合时令,必然会受到灾害。

　　夫仓库非虚空也,商宦非虚坏也,法令非虚乱也,国家非虚亡也。彼时有春秋,岁有败凶,[1]政有急缓。政有急缓故物有轻重,岁有败凶故民有义不足,[2]时有春秋故谷有贵贱。而上不调淫,[3]故游商得以什伯其本也。[4]百姓之不田,贫富之不訾,[5]皆用此作。[6]城郭不守,兵士不用,皆道此始。夫亡国蹹家者,非无壤土也,其所事者,非其功也。夫凶岁雷旱,非无雨露也,其燥湿非其时也。乱世烦政,非无法令也,其所诛赏者非其人也。暴主迷君,非无心腹也,其所取舍非其术也。

【注释】

〔1〕"彼时"二句：陶鸿庆云："此及下文'败'皆'赈'字之误。《说文》'赈，富也'。赈与凶两文相对，与'时有春秋''政有急缓'同例。"译文从陶说。 〔2〕义：王念孙云："'义'当为'羡'，字之误也。"羡，盈余。 〔3〕"而上"句：尹知章注："淫，过也。谓谷物过于贵贱，则上当收散以调之。此之不为，故游商得什伯之赢以弃其本也。"调，平调谷物的价格。 〔4〕什伯：同"十百"。十倍、百倍。 〔5〕不訾：不可计量。 〔6〕用：因。

【译文】

国家仓库不是没有缘故就用空的，商人仕宦不是没有缘故就败坏的，法度政令不是没有缘故就混乱的，国家也不是没有缘故就灭亡的。时令有春秋，年成有丰歉，政令有缓急。政令有缓急，所以物价有高低；年成有丰歉，所以百姓有余多或不足；时令有春秋，所以谷有贵贱。如果国家不调节价格的过分悬殊，游商就可得到本钱的十倍、百倍的利润。百姓不愿种田，贫富差距不可估量，都是由此而发生的。城墙不能守住，士兵不听命令，也是由此而开始的。亡国败家，不是因为没有土地，而是因为他们所从事的对农业无效。凶年发生水灾旱灾，不是因为没有雨露，而是因为干旱与降雨不合时令。乱世烦多的苛政，不是没有法令，而是因为赏罚不恰当的人。暴主昏君，不是因为没有心腹大臣，而是因为他们的取舍不合法度。

故明主有六务四禁。六务者何也？一曰节用，二曰贤佐，三曰法度，四曰必诛，五曰天时，六曰地宜。四禁者何也？春无杀伐，无割大陵，〔1〕倮大衍，〔2〕伐大木，斩大山，行大火，诛大臣，收谷赋。夏无遏水达名川，塞大谷，动土功，射鸟兽。秋毋赦过、释罪、缓刑。冬无赋爵赏禄，伤伐五谷。〔3〕故春政不禁则百长不生，夏政不禁则五谷不成，秋政不禁则奸邪不胜，冬政不禁则地气不藏。四者俱犯，则阴阳不和，风雨不时，大水漂州流邑，大风漂屋折树，[4]火暴焚地燋草，[5]天冬雷，地冬霆，[6]草木夏落而秋荣，蛰虫不藏，宜死者生，宜蛰者鸣，苴多螣䗪，[7]山多虫蝨，[8]六畜不蕃，民多夭死，国贫法乱，逆气下生。

【注释】

〔1〕割：尹知章注："割，谓掘徙之也。" 〔2〕倮：尹知章注："倮，谓焚烧令荡然俱尽。"衍：沼泽。《淮南子·地形篇注》："下而污者为衍。" 〔3〕五谷：王念孙云："当作'五藏'。"译文从之。古本亦作"藏"，尹知章《注》："五谷之藏。" 〔4〕漂：孙星衍云："《续汉志注》作'飘'。" 〔5〕火暴：王念孙云："火暴"当为"暴火"，与上文"大水""大风"对文。燋：与"焦"同。 〔6〕霆：尹知章注："霆，震。"震动。 〔7〕苴：宋翔凤云：通"菹"，草泽。《孟子·滕文公》下有"驱龙蛇而放之菹"，赵岐注："菹，泽生草者也。"螣䗪：应为"螟螣（téng 腾）"，两种食苗的小虫。《诗经·小雅·大田》："去其螟螣。"毛《传》："食心曰螟，食叶曰螣。"以上参照孙诒让说。 〔8〕蝨：据孙诒让说，是"蚊"字的异体字之误。

【译文】

明智的君主有六务四禁。什么是六务呢？一是节约财用，二是任用贤臣，三是重视法度，四是坚决惩罚，五是不失天时，六是注重地利。什么是四禁呢？春季不杀戮攻伐，不迁移大的陵墓，不焚烧大草泽，不砍伐大树，不开垦大山，不放大火，不杀大臣，不征收粮税。夏季不堵塞溪水流入大的江河，不填塞大的山谷，不兴土木，不射杀飞鸟走兽。秋季不要赦免罪过，不要释放罪犯，不要缓刑。冬季不封爵赏禄，不妨碍五谷的贮藏。所以春季不行禁令百物就不能生长，夏季不行禁令五谷就不能成熟，秋季不行禁令奸邪就不能压制，冬季不行禁令地气就不能保藏。四禁都违反，就会阴阳不和，风雨失常，大水肆虐地方，大风摧屋拔树，暴火焚地焦草，天冬季响雷，地冬季震动，草木夏季落叶而秋季开花，蛰虫不藏在土中，该死的却活着，该蛰伏的却鸣叫起来，草泽中多螣䗪，山林中多虫子和蚊子，六畜不育，百姓多夭亡，国家贫困法度混乱，一派叛逆的气象在下面生成。

故曰：台榭相望者，亡国之庑也；[1]驰车充国者，追寇之马也；[2]羽剑珠饰者，[3]斩生之斧也；文采纂组者，[4]燔功之窑也。[5]明王知其然，故远而不近也。能去此取彼，[6]则人主道备矣。夫法者所以兴功惧暴也，律者所以定分止争也，令者所以令人知事也。[7]法律政令者，吏民规矩绳墨也。夫矩不正，不可以求方；绳不信，[8]不可以求直。法令者，君臣之所共立也；权势者，人主之所独守也。故人主失守则危，臣吏失守则乱。罪决于吏则治，权断于主则威，民信其法则亲。是故明王审法慎权，下上有分。夫凡私之所起，必生于主。夫上好本则端正之士在前，[9]上好利则毁誉之士在侧。上多喜善赏，不随其功，则士不为用；数出重法，而不克其罪，[10]则奸不为止。明王知其然，故见必然之政，立必胜之罚。故民知所必就，而知所必去，推则往，召则来，如坠重于高，如渎水于地。[11]故法不烦而吏不劳，民无犯禁，故有百姓无怨于上。[12]

【注释】

〔1〕庑：大屋旁的小屋，即廊屋。郭沫若案："古者亡国之社必覆以屋，此'庑'字当即指社上之覆屋言。" 〔2〕尹知章注："追，犹召也。言驰车所以召寇。" 〔3〕羽：箭。 〔4〕文采：借指华丽的衣服。《汉书·食货志上》："衣必文采，食必粱肉。"纂组：丝织的佩带之物。纂，五彩的丝绦。组，丝织的阔带子。 〔5〕燔（fán 烦）：烧。 〔6〕彼：指法。 〔7〕知：主持，主管。 〔8〕信：通"伸"。尹知章注："音申。" 〔9〕本：此指道德。尹知章注："本谓道德之政。" 〔10〕克：李哲明云："'克'盖'充'字之误。"形近而误，充，当也。 〔11〕渎（dú 毒）：沟渠。 〔12〕故有：郭沫若案："'有'读为友，'故友'犹故旧。"

【译文】

所以说:亭台相望,只不过是预示亡国的廊屋;游车满京城,只不过是招引敌寇的骏马;装潢富丽的弓剑,只不过是杀身的兵器;豪华的穿戴,只不过是焚烧功业的窑灶。明智的君主知道这种后果,所以远离而不接近。能舍弃此而选取法,君主之道就完备了。法是用来推动立功警戒行暴的,律是用来确定本分制止纷争的,令是用来命令人主管工作的。法律政令,是官吏百姓行为的规矩绳墨。矩不端正,是不能用来求作方形的;绳不伸展,是不能用来求作直线的。法令,是君臣共同建立的;权势,是君主独揽的。君主失掉权势就危险,臣吏不守法令就混乱。罪罚由臣吏裁决就能安定,大权由君主独揽就有威势,百姓相信法制就能亲近。所以明智的君主总是明确法制紧握大权,使上下各有职分。大凡私术的兴起,必定由君主开始。君主崇尚道德,行为端正的人士就在面前;君主崇尚利害,毁谤虚夸的人士就在左右。君主多次申明崇尚和奖励善行,却不是按功论赏,那么有用的人士就不肯效力;屡次出台苛刻的法令,又不是以罪论罪,那么奸行就不能禁止。明智君主懂得这个道理,所以颁布坚决执行的政令,设置坚决镇压的刑罚。百姓因此知道什么是必须去做的,什么是绝对不能去做的,挥手就去,招手就来,就像重物从高处坠落,就像在地上筑沟引水。所以法度不烦杂而官吏不劳累,百姓不犯禁令,故旧和百姓也不会怨恨君主。

上亦法臣法,[1]断名决无诽誉。故君法则主位安,臣法则货赂止而民无奸。呜呼!美哉,名断言泽![2]

【注释】

〔1〕上亦法臣法:何如璋云:"'上亦'二字乃'矣'字之讹,连上为句者。'法臣'为目,与下六臣一例。"即本节的开头应为:"法臣:法断名决,无毁誉。" 〔2〕言:指狱讼。泽:许维遹云:读为"释",判别的意思。

【译文】

法臣:依法断罪按刑名结案,百姓就没有毁谤或称誉。所以君主以法治国他的君位就安定,大臣守法就贿赂不行,百姓因而无奸邪。啊!

好呀，按刑名断案，狱讼判明！

饰臣：[1]克亲贵以为名，恬爵禄以为高。[2]好名则无实，为高则不御。《故记》曰：[3]"无实则无势，失辔则马焉制？"

【注释】

〔1〕饰臣：指徒有虚名的大臣。〔2〕恬：恬淡，清静无作为。高：清高。〔3〕《故记》：古代的书名。《吕氏春秋·至忠篇》高《注》："故记，古书也。"

【译文】

饰臣：用克制亲属贵人来求虚名，用漠视爵位俸禄来求清高。喜好虚名就无实绩，故作清高就不服从管理。《故记》说："大臣无实绩君主就失去权势，君主失掉驾驭能力大臣怎么还能受控制呢？"

侵臣：[1]事小察以折法令，好佼反而行私请。[2]故私道行则法度侵，刑法繁则奸不禁，主严诛则失民心。

【注释】

〔1〕侵臣：侵害法度的大臣。尹知章注："枉法行事谓之侵。"〔2〕佼反：刘绩云："疑作'交友'。"译文从刘说。请：通"情"。

【译文】

侵臣：办事从私下里着眼来歪曲法令，喜好交结友人来推行私情。所以私道推行国家的法度就受到损害，刑法繁杂奸行就不能禁止，君主严行诛杀就失掉民心。

乱臣：[1]多造钟鼓，众饰妇女以惛上，[2]故上惛则隙不计,^[3]而司声直禄。^[4]是以谄臣贵而法臣贱,此之谓微孤。^[5]

【注释】
〔1〕乱臣:陈奂云:"'乱臣'为六臣之一在下文。此'乱臣'当作'谄臣'。下文云'是以谄臣贵而法臣贱',是其明证。"谄臣,谄媚的大臣。 〔2〕惛(hūn 昏):糊涂。 〔3〕隙不计:从张佩纶说当作"四邻不计",照应上文七主中的芒(荒)主。 〔4〕直:许维遹云:与"徒"双声同义,《诗经·中谷有蓷》郑《笺》"徒,空也"。 〔5〕微孤:许维遹案:"《说文》'微,隐行也'。'微孤'犹言隐使其君孤独。"

【译文】
谄臣:设置更多的钟鼓,妆饰更多的妇女来迷惑君主。君主迷惑就不再听左右大臣的意见,谏官也只空食俸禄不能起作用。因此谄臣受到重视而法臣被看轻,这就是暗中使君主孤立起来。

愚臣:深罪厚罚以为行,重赋敛、多兑道以为上,^[1]使身见憎而主受其谤。《故记》称之曰"愚忠谗贼",此之谓也。

【注释】
〔1〕多兑道:多聚财物的办法。兑,聚财。《荀子·议兵》杨《注》:"兑,犹聚也。"

【译文】
愚臣:加重罪名和刑罚以为是臣子的忠行,加重赋税、多积聚财物以为是效忠君主,致使自身被人憎恨君主也受到诽谤。《故记》上说"愚忠是谗贼",就是这个意思。

奸臣：痛言人情以惊主，开罪党以为雠除，[1]雠则罪不辜，[2]罪不辜则与雠居。故善言可恶以自信，[3]而主失亲。

【注释】

〔1〕除：开路。《吕览》："以为奸人除路。"高注："除，犹开通也。"〔2〕雠则罪不辜：郭沫若校为"为雠除则罪不辜"。又云："'雠'为同俦，非仇雠义。"〔3〕信：通"伸"。

【译文】

奸臣：痛说人情来打动君主，妄开党锢之狱来为同党开路，为同党开路就加罪于无辜，加罪于无辜就与同党为奸。所以奸臣善于用言辞来加害于人而发展自己，而使君主失掉可亲信的人。

乱臣：[1]自为辞功禄，[2]明为下请厚赏。居为非母，[3]动为善栋。[4]以非买名，以是伤上，[5]而众人不知，之谓微攻。[6]

【注释】

〔1〕乱臣：乱国之臣。〔2〕为：通"伪"。〔3〕居：私居，指背后。非母：非议朝政的头子。非，通"诽"。郭沫若云："非议朝政之魁。"〔4〕动：出动，与上句"居"相对，指在朝廷上。善栋：歌功颂德的骨干。"善"与上句"非"相对。〔5〕是：肯定，附和。〔6〕之：陈奂云：上脱"此"字，与上文"此之谓微孤"同一句例。译文从之。

【译文】

乱臣：自己虚假地推辞功禄，公开为下请求厚赏。私下里是非议朝政的头子，朝廷上是歌功颂德的骨干。用非议朝政来收买名声，用附和错误来损害君主，而众人没有觉察，这是暗中向君主攻击。

禁藏第五十三

【题解】

本篇是取篇首二字为题目。禁，是禁止的意思，这里是指君主的自我禁止、自我警惕。本篇以为"凡治乱之情，皆道上始"，既然国家的安定动乱，都是从君主这里开始的，所以君主必须"先慎己"。以"禁"字开篇，并用为题，可见对此的强调。本篇论述君主在治国中需要特别警惕的问题归结起来有：（1）必须坚持"必诛而无赦，必赏而无迁"，严格按法行事。（2）必须俭约，要克服人情的喜乐恶忧，宫室、食饭、衣服、礼仪、游娱、丧葬都要适可而止。（3）要善于利导，使民自富。为此强调要组织生产，按时令行政。（4）治国治民必须落到实处，要治理好地方的基层，保证百姓的衣食，保证百姓有耕作的土地。（5）要建霸王之业，必须使用离间、收买等策略来对付敌国。

禁藏于胸胁之内，而祸避于万里之外；能以此制彼者，[1]唯能以己知人者也。夫冬日之不滥，[2]非爱冰也；[3]夏日之不炀，[4]非爱火也。为不适于身便于体也。夫明王不美宫室，非喜小也；[5]不听钟鼓，非恶乐也。为其伤于本事而妨于教也。故先慎于己而后彼，官亦慎内而后外，民亦务本而去末。

【注释】

〔1〕此：指"禁"。彼：指"祸"。〔2〕滥：加冰的水。尹知章注：

"滥,谓泛冰于水以求寒,所谓滥浆。" 〔3〕爱:吝惜。《孟子·梁惠王上》:"百姓皆以王为爱也,臣固知王之不忍也。"朱熹注:"爱,犹吝也。" 〔4〕炀(yáng 杨):烘干。引申为烤火。徐灏《说文解字注笺·火部》戴氏侗曰:"炀者,火旁烘物,以火气扬之也。" 〔5〕小:狭小,引申为简陋。

【译文】
　　警钟长鸣在自己的心中,祸害就可避开在万里之外;能依此来防止祸害的,一定是能做到将心比心的人。冬天不洗冰水,并不是吝惜冰;夏天不烤火,并不是吝惜火。而是因为不舒适也不利于身体。明智的君主不营造豪华的官殿,并不是喜爱简陋;不听钟鼓之音,并不是厌恶音乐,而是因为这些会影响农业生产,妨碍开展教化。所以君主首先要严格地要求自己然后再要求他人,官吏也就会管好自己再去管理百姓,百姓也就会专务农业而放弃不正当的工商业活动。

　　居民于其所乐,事之于其所利,赏之于其所善,[1]罚之于其所恶,信之于其所余财,[2]功之于其所无诛。[3]于下无诛者,必诛者也;有诛者,不必诛者也。以有刑至无刑者,其法易而民全;以无刑至有刑者,其刑烦而奸多;夫先易者后难,先难而后易,万物尽然。明王知其然,故必诛而不赦,必赏而不迁者,非喜予而乐其杀也,所以为人致利除害也。于以养老长弱,[4]完活万民,莫明焉。[5]

【注释】
　　〔1〕善:陶鸿庆云:"当为'喜'字之误。'喜'与'恶'对文。"译文从陶说。 〔2〕郭沫若案:"言民有余财,上不夺取以信之。"信之,使民相信。 〔3〕功:通"工",事。《诗经·大雅·崧高》:"世执其功。"郑玄笺:"世世持其政事。" 〔4〕弱:古本等均作"幼"。译文依古本。 〔5〕尹知章注:"言养老活人,无明于必诛赏。"明,显明、

清楚。

【译文】
　　让百姓居住在他们所喜欢的地方,让他们从事对自己有利的工作,奖赏百姓所喜爱的事情,惩罚百姓所憎恨的行为,使百姓相信他们积蓄的财物不会被剥夺,使百姓能从事不犯法的一切活动。对下不再用死刑,是坚持该杀的坚决杀掉的结果;今后如果还要用死刑,是没有坚持该杀的坚决杀掉所造成的后果。从用刑罚发展到不用刑罚,法制就简易而百姓能得到保全;从不用刑罚发展到不得不用刑罚,法制就越来越烦杂而犯法的人也就越来越多。先容易的后来变得困难,先困难的后来却变得容易了,万事都是这样的。明智的君主懂得这个道理,所以该杀的绝不赦免,该赏的决不改变,这并不是君主喜爱赏赐又乐于杀人,而是为百姓兴利除害。这在养老扶幼、保全万民中所起的作用,是显而易见的。

　　夫不法法则治。[1]法者,天下之仪也,[2]所以决疑而明是非也,百姓所县命也。[3]故明王慎之,不为亲戚故贵易其法,吏不敢以长官威严危其命,[4]民不以珠玉重宝犯其禁。[5]故主上视法严于亲戚,吏之举令敬于师长,民之承教重于神宝。[6]故法立而不用,刑设而不行也。夫施功而不钧,[7]位虽高为用者少;赦罪而不一,德虽厚不誉者多;举事而不时,[8]力虽尽其功不成;刑赏不当,断斩虽多其暴不禁。[9]夫公之所加,罪虽重下无怨气;私之所加,赏虽多士不为欢。行法不道,众民不能顺;举错不当,[10]众民不能成。不攻不备,[11]当今为愚人。[12]

【注释】
　　[1]法法:郭沫若案:"上'法'当读为废。"金文废、法同字,所以这里"法法"即"废法"。　[2]仪:仪表,准则。尹知章注:"仪,

谓表也。"〔3〕县命：尹知章注："刑罚一差，人无所措手足，故曰县命。"县，通"悬"，牵挂。〔4〕危：尹知章注："危，谓毁败。"〔5〕民不以：张佩纶云："'民不以'当作'民不敢以'。"译文从张说。〔6〕神宝：郭沫若云：即神保。代表祖先受祭的活人，这里借指祖先。〔7〕钧：通"均"。均衡，引申为衡量。〔8〕不时：不合时令。〔9〕刑赏不当，断斩虽多：张佩纶云："当作'断刑而不当，斩虽多'。"译文从张说，与上句句型统一。〔10〕错：通"措"。〔8〕攻：通"工"，善于。《战国策·西周策》："是攻用兵。"〔10〕今：张佩纶云：当为"令"字。译文从"令"。

【译文】

不废弃法制就能治理好国家。法制是天下的准则，是用来解决疑难明辨是非的，是与百姓的命运相关的。所以明智的君主谨慎地看待它，不为亲戚故旧权贵而改变法制，官吏也就不敢为了长辈官员而毁坏法令，百姓也就不敢为了珠玉重宝而冒犯禁令。可见君主看待法制的态度比对亲戚还严肃，官吏执行政令的态度比对师长还尊敬，百姓承受法制教化的态度比对祖宗还慎重。因此法制建立了，实际上却不需要使用；刑罚设置了，实际上却不需要施行。如果奖赏不讲标准，即使给予的官位很高，肯效力的人仍然很少；如果赦罪不是一样，恩德即使很大，不赞扬的人仍然很多；如果行法不合时令，力量即使用尽，事情仍然不会成功；如果判刑不恰当，杀人即使很多，暴乱仍然不能禁止。按公法论罪，判刑即使很重，下面也不会有怨气；按私意行赏，奖赏即使很多，士兵也不会欢喜。施行的法制不合理，民众就不会顺从；采取的措施不恰当，民众就不会有收获。不善于采取措施，法制又不完备，应当称他为愚蠢的人。

故圣人之制事也，能节宫室、适车舆以实藏，[1]则国必富、位必尊。能适衣服、去玩好以奉本，[2]而用必赡、身必安矣。能移无益之事、无补之费，通币行礼，而党必多、交必亲矣。夫众人者，[3]多营于物而苦其力、劳其心，[4]故困而不赡，大者以失其国，小者以危其身。

【注释】

〔1〕适：节制。《吕氏春秋·重己篇》："故圣人必先适欲。"高诱《注》："适，犹节也。" 〔2〕本：本业。此指农业。 〔3〕众人：这里是指一般的君主。 〔4〕营：通"营（yíng 营）"，惑乱。《淮南子·原道训》："不足以营其精神，乱其志气。"

【译文】

圣明君主管理国事，能节制宫廷、减少车马来充实储藏，这样国家就必定富裕，君主的地位就必定尊贵。能节省衣服，抛开玩耍物来重视农业，这样国家的财用必定富足，君主也必定安全。能不再继续没有好处的事业，不再支出没有实效的费用，用礼品来开展外交，这样盟国就必定多，交往就必定亲密了。一般君主，多迷惑于物质享受而精疲力尽，挖空心思，因此困顿不堪财用不足，严重的可能因此亡国，轻一些的可能因此危及自身。

凡人之情，得所欲则乐，逢所恶则忧。此贵贱之所同有也。近之不能勿欲，远之不能勿忘，人情皆然。而好恶不同，各行所欲，而安危异焉，然后贤不肖之形见也。

【译文】

大凡人的常情，得到了喜欢的东西就快乐，碰到了讨厌的事情就忧愁。这是无论高贵的人或低贱的人共有的情绪。接近的就不能不喜欢，远离的就不能不遗忘，人情都是这样的。然而人的喜好厌恶不尽相同，人们各自追求喜好的，后果就有安危的区别，然后有才德的或没有才德的情形就显现出来了。

夫物有多寡，而情不能等；〔1〕事有成败，而意不能同；〔2〕行有进退，而力不能两也。〔3〕故立身于中，〔4〕养有节：宫室足以避燥湿，食饮足以和血气，衣服足以适寒温，礼仪足以别贵贱，游虞足以发欢欣，[5]棺椁足以朽骨，衣衾足以朽肉，坟墓足以道记。[6]不作无补之功，不为无益之事，故意定而不营气情。[7]气情不营则耳目谷、[8]衣食足；耳目谷、衣食足，则侵争不生，怨怒无有，上下相亲，兵刃不用矣。故适身行义，俭约恭敬，其唯无福，祸亦不来矣；骄傲侈泰，离度绝理，其唯无祸，福亦不至矣。是故君子上观绝理者以自恐也，[9]下观不及者以自隐也。[10]故曰：誉不虚出，而患不独生，福不择家，祸不索人，此之谓也。能以所闻瞻察，则事必明矣。故凡治乱之情，皆道上始。

【注释】

〔1〕情：指人们的欲望。 〔2〕意：指人们的意愿、愿望。〔3〕两：两全。 〔4〕中：适中。尹知章注："谓多寡、成败，进退之中也。"〔5〕虞：通"娱"，快乐。〔6〕道记：标记。〔7〕意：意志。气情：指情绪、情意。〔8〕谷：尹知章注："谷，善也。谓聪明不亏。"〔9〕"是故"句：尹知章注："观绝理者致祸，故恐。"绝理，背叛常理；恐，惧。君子：疑为"君主"。〔10〕隐：内省。尹知章注："隐，度也。度己有不及之事，当效之也。"

【译文】

　　物品有多有少，同人的欲望常常不能相一致；事业有成功有失败，同人的意愿常常不能相同；行动有进有退，人的能力常常不能适应。所以要立足于适中，生活给养要有节制：宫廷应以能避开燥热或潮湿为满足，饮食应以能调和血气为满足，衣服应以能适应冷热为满足，礼仪应以能分别尊贵和卑贱为满足，娱乐应以能欢快高兴为满足，棺椁应以能装殓尸骨为满足，葬服应以能裹包尸体为满足，坟墓应以能作标志为满足。不花于事无补的功夫，不做没有好处的事情，这样意志就能坚定，情绪就不会被迷乱。情绪不迷乱就能耳聪目明、衣食丰足；耳聪目明，衣食丰足，就不会发生争夺，相互不会有怨气和怒意，上下亲密，就用不着动武了。所以克制自己奉行适中，节俭谨慎，即使没有福分，灾祸却也不会临头；骄傲奢侈，背离法度，违反常理，即使没有灾祸，幸福却也不会来到。因此君主首先要看到违反常理者的下场并引以为戒，其次要看到没有坚持做到适中者的不良后果并进行自我检查。所以说，荣誉不会凭空出现，祸患不会偶然产生，幸福不选择人家，灾祸也不寻找某一个人，就是说这种情况。能对所闻所见加以考察，事情就必定清楚了。大凡国家安定动乱的情况，都是从君主那里开始的。

故善者圉之以害，[1]牵之以利，[2]能利害者，财多而过寡矣。[3]夫凡人之情，见利莫能勿就，见害莫能勿避。其商人通贾，倍道兼行，夜以续日，千里而不远者，利在前也；渔人之入海，海深万仞，[4]就彼逆流，[5]乘危百里，宿夜不出者，[6]利在水也。故利之所在，虽千仞之山，无所不上；深源之下，[7]无所不入焉。故善者势利之在，[8]而民自美安，不推而往，不引而来，不烦不扰，而民自富，如鸟之覆卵，无形无声，而唯见其成。

【注释】
〔1〕圉(yǔ语)：通"御"，阻止。《庄子·缮性》："其来不可圉。"陆德明释文："圉，本又作'御'。" 〔2〕牵：牵引，引导。 〔3〕"能利"二句：尹知章注："利害由己，则避害而取利。取利则财多，避害故过寡矣。" 〔4〕仞：古时七尺或八尺为仞。 〔5〕彼：古本作"波"。依古本。 〔6〕宿：同"夙"，白天。 〔7〕深源：王念孙云："'深源'当为'深渊'。"译文从之。 〔8〕势：张佩纶云："'势'当作'执'。"《礼记·乐记注》："执犹处也。"译文从张说。

【译文】
善于治国的君主用有害来劝阻人们，用有利来诱导人们，能利用好利害关系的君主，就财富多而过失少了。大凡人的常情，看见利益没有不追求的，看见祸害没有不避开的。商人做生意，加速不息地赶路，夜以继日，千里迢迢却不以为远，是因为利益在前；渔人下海，海深万仞，随波逐流逆水而进，冒险航行到百里之远的深海，昼夜飘泊在波浪之中，是因为利益在海水之中。所以利益所在的地方，即使是千仞的高山之上，没有不能上去的；即使是万丈的深渊之下，没有不能下去的。所以善于治国的君主只要处于有财利的地方，百姓就自然去安居乐业，不必强迫就会前往，不必引导就会来到，不用烦扰，百姓自然就会富裕起来，就像鸟儿孵卵，没有形影没有声音，只见小鸟已经破壳生成了。

夫为国之本，得天之时而为经，[1]得人之心而为纪，[2]法令为维纲，[3]吏为网罟，[4]什伍为行列，[5]赏诛为文武。缮农具当器械，耕农当攻战，推引铫耨以当剑戟，[6]被蓑以当铠襦，[7]菹笠以当盾橹。[8]故耕器具则战器备，农事习则功战巧矣。[9]

【注释】

〔1〕经：织物的纵线。尹知章注："经，所以本之也。"喻指根本。〔2〕纪：乱丝的头绪，喻指重要条件。〔3〕维纲：网上的总纲绳，喻指纲领。〔4〕网罟（gǔ 古）：网，捕鱼或捕鸟的工具，喻指统治工具。〔5〕什伍：古代户籍或军队的编制。五家为伍，十家为什；五人为伍，二伍为什。这里指户籍编制。〔6〕铫（yáo 摇）耨：是两种除草的农具，这里借指农具。〔7〕被：同"披"。铠襦：王绍兰云："'襦'当作'襦'。"《说文》："铠，甲也；襦，短衣也。"〔8〕菹（zū 租）笠（lì 立）：斗笠，草帽。菹，通"组"，编织。橹（lǔ 鲁）：大的盾牌。〔9〕功：通"攻"。

【译文】

治理国家的基本要求，得天时是首要的，得人心是关键，要把法令作为管理的纲领，把官吏作为统治的工具，把居民的编制当作军人的队列，把赏罚当统治的手段。要把修缮好的农具当作军队的器械，把耕作的农民当作攻战的战士,把挥舞着的锄头当作刀枪,把蓑衣当作铠甲,把斗笠当作盾牌。这样农具齐全了,武器也就具备了;耕作的技能熟练了,军事的动作也就精巧了。

当春三月,萩室熯造,[1]钻燧易火,[2]抒井易水,[3]所以去兹毒也。[4]举春祭,塞久祷,[5]以鱼为牲,以蘖为酒,[6]相召,所以属亲戚也。[7]毋杀畜生,毋拊卵,[8]毋伐木,毋夭英,毋拊竿,[9]所以息百长也。[10]赐鳏寡,振孤独,[11]贷无种,与无赋,所以劝弱民。发五正,[12]赦薄罪,出拘民,解仇雠,所以建时功施生谷也。[13]夏赏五德,[14]满爵禄,迁官位,礼孝弟,[15]复贤力,[16]所以劝功也。秋行五刑,诛大罪,所以禁淫邪止盗贼。冬收五藏,最万物,[17]所以内作民也。[18]四时事备,而民功百倍矣。故春仁夏忠秋急冬闭,[19]顺天之时,约地之宜,[20]忠人之和。[21]故风雨时,五谷实,草木美多,六畜蕃息,国富兵强,民材而令行,[22]内无烦扰之政,外无强敌之患也。

【注释】

〔1〕萩(qiū 秋)室:焚萩熏烤房间。萩,一种蒿类植物。熯:古代的"然"字,燃烧。造:古通"灶"。 〔2〕钻燧易火:用燧石钻木取火,因四季不同而所用木材也不同,称为"钻燧易火",《论语·阳货》称为"钻燧改火"。 〔3〕抒井:即淘井。丁士涵云:杼,当为"抒",《说文》:"抒,挹也。"舀水。 〔4〕兹:通"滋",滋生。 〔5〕塞:许维遹云:通"赛"。赛,祭祀酬神之称。久:张佩纶云:"疚"之省。《尔雅·释诂》:"疚,病也。" 〔6〕蘖(niè 聂):酒曲,酿酒用的发酵剂。 〔7〕属(zhǔ 主):集合。 〔8〕拊(fǔ 府):击,拍。尹知章注:"拊,谓击、剥之也。" 〔9〕竿:竹笋。尹知章注:"竿,笋之初生也。"

〔10〕息：滋息，生长。百：指百物。 〔11〕振：通"赈"，赈济。〔12〕五正：泛指各种政令，可参阅本书《四时第四十》。正，通"政"。〔13〕"所以"句：尹知章注："谓及时立农功，施力为生谷。"时功，即农功，即农时之功。 〔14〕五德：泛指各种德行。 〔15〕弟：通"悌(tì替)"，敬重兄长。 〔16〕复：免除徭役。《史记·商君传》："僇力本业，耕织致粟帛多者复其身。" 〔17〕丁士涵云："最"当作"冣"。译文从之。《说文·冂部》："冣，积也。""冣"与"聚"音、义皆同。〔18〕内：通"纳"，接纳。作民：耕作的人，指农民。 〔19〕"故春"句：尹知章注："生者仁也，长者忠也，收当急也，藏当闭也。"〔20〕约：王念孙云：应为"得"，得、约草书相似而讹。 〔21〕忠：通"中"。适应，符合。尹知章注："忠，犹称也。" 〔22〕材：通"财"，意为"富"。

【译文】

在春季的三月，要熏房烧灶，更换燧木，淘井换水，做这些是为了排除滋生的毒物。举行春天的祭祀，酬谢神灵保佑不生病，用鱼作为祭品，用曲做成新酒，人们相互召唤，这些是为了亲戚团聚。不要宰杀牲口，不要剥食鸟卵，不要砍伐树木，不要攀折花枝，不要摧残新竹，这些是为了使百物能繁殖生长。资助不幸丧偶的男女，赈济没有依靠的老少，借贷给没有种子的穷人，帮助无力完成赋税的困难户，这些是为了勉励贫困的百姓。颁发春天的政令，赦免轻罪，释放被扣留的百姓，调解民间的纠纷，这些是为了完成春天的农事工作，发展粮食生产。夏季实施各种赏赐的恩德，增加官俸，调升官职，表彰孝悌突出的人，免除劳动好的人的赋税和徭役，这些是为了勉励人们的功绩。秋季执行各种刑罚，杀掉罪大恶极的人，这是为了禁止邪恶，防止盗贼。冬季贮藏五谷，收聚百货，这是为了接纳远方新来的农民。一年四季的政事完备，百姓劳作的功效就可达到百倍了。因此春天要让万物萌生，夏天要让万物生长，秋天赶快收获，冬天要贮藏封闭，要顺着天时，依着地利，靠着人和。这样就能风调雨顺，五谷丰登，草木繁茂，六畜兴旺，国富兵强，百姓富裕而政令通行，国内没有烦扰百姓的政务，国外没有强敌威胁的祸患。

夫动静顺然后和也，不失其时然后富，不失其法然后治。故国不虚富，民不虚治。不治而昌，不乱而亡者，自古至今未尝有也。故国多私勇者其兵弱，[1]吏多私智者其法乱，[2]民多私利者其国贫。[3]故德莫若博厚，使民死之；[4]赏罚莫若必成，[5]使民信之。

【注释】

〔1〕"故国"句：尹知章注："私勇则怯于公战，故弱。"私勇，勇于私斗。　〔2〕"吏多"句：尹知章注："私智则营己而背公，故多乱。"私智，谋私。　〔3〕"民多"句：尹知章注："私利则积于家，故国贫。"私利，自私自利。　〔4〕"故德"二句：尹知章注："博厚则感人深，故死之也。"死之，为国效死。　〔5〕必成：王念孙云："'必成'本作'成必'，'成'即'诚'字也。"必，一定、必定。

【译文】

举措得当国家就能团结，不失农时国家就能富裕，不废弃法度国家就能安定。所以国家不能凭空富裕，百姓不能凭空治理。国家未经治理而昌盛起来，未经动乱而灭亡的，从古到今不曾有过。一个国家里，勇于私斗的人多，它的兵力就会脆弱；官吏中谋私的人多，它的法度就会混乱；百姓中自私自利的人多，国家就会贫困。因此奖励不如重大，使人肯效死力；赏罚不如兑现坚决，使人必信无疑。

夫善牧民者，非以城郭也，辅之以什，司之以伍。伍无非其人，人无非其里，里无非其家。故奔亡者无所匿，迁徙者无所容，不求而约，不召而来。故民无流亡之意，吏无备追之忧。故主政可往于民，民心可系于主。[1]夫法之制民也，犹陶之于埴，[2]冶之于金也。故审利害之所在，民之去就，如火之于燥湿，水之于高下。夫民之所生，衣与食也；食之所生，水与土也。所以富民有要，食民有率，率三十亩而足于卒岁。岁兼美恶，亩取一石，则人有三十石；果蓏素食当十石，[3]糠秕六畜当十石[4]，则人有五十石；布帛麻丝，旁入奇利，[5]未在其中也。故国有余藏，民有余食。夫叙钧者所以多寡也，[6]权衡者所以视重轻也，户籍田结者所以知贫富之不訾也。[7]故善者必先知其田，乃知其人，田备然后民可足也。

【注释】

〔1〕系(jì 记)：用绳、带绑扎。此处引申为归附。〔2〕埴(zhí 直)：黏土。〔3〕蓏(luǒ 裸)：瓜类。素：同"蔬"。〔4〕秕(bǐ 彼)：没有结实的谷，秕谷。〔5〕旁入奇利：指其他的额外收入。尹知章注："奇，余也。"〔6〕叙：一作"缀(zhuì 缀)"，计量之物。钧：疑为"钩"，也是一种计量之物。多寡：疑为"定多寡"，与下文"视轻重"句型一样。〔7〕田结：田地的证明文书。丁士涵云："'结'者约也。"约，契约。不訾(zī 仔)：不可计量。《史记·货殖列传》："其先得丹穴，而擅其利数世，家亦不訾。"

【译文】

善于管理百姓的君主，不是依靠内外的城墙，而是依靠居民的基层组织什来帮助，伍来管理。伍中没有不是本伍的人，人没有不在本里的，里中没有不是本里的人家。因此逃亡的人就无处可以藏匿，迁移的人无处可以容身，没有强求人们已受到约束，没有召唤人们也会来。这样百姓没有外流逃亡的意图，官吏也没有防备追捕的忧患。所以君主的政令可以通行到民间，民心也就归附于君主了。用法制管理百姓，就像陶工对付粘土、冶工对付金属那样得心应手。要看清楚利害的关键，因为百姓去害就利，就像火的去湿就燥、水的去高就下那样。百姓生活的条件，是穿与吃；食物生成的条件，是水与土地。为使百姓富裕是有要领的，为使百姓有食物是有标准的，标准规定每人三十亩土地就足够吃一年，年成按好坏平均计算，一亩收粮一石，一人就有三十石；瓜果蔬菜相当于十石粮，米糠秕谷和畜产品也相当于十石粮，那么每人共有粮五十石；

布帛麻丝，以及其他的额外收入，还没有计算在内。这样国家就可有贮藏，百姓就可有余粮。锱钩是用来定多少的，权衡是用来称轻重的，户口薄和土地证是用来了解贫富的悬殊的。所以善于治理国家的君主必须首先了解百姓占有土地的情况，才能了解百姓，百姓的土地达到了国家的标准量，然后才可能富足。

凡有天下者，以情伐者帝，[1]以事伐者王，[2]以政伐者霸。[3]而谋有功者五：[4]一曰，视其所爱，[5]以分其威，一人两心，其内必衰也，臣不用，其国可危。二曰，视其阴所憎，[6]厚其货赂，得情可深，身内情外，其国可知。三曰，听其淫乐，以广其心，遗以竽瑟美人，[7]以塞其内；遗以谄臣文马，以蔽其外。外内蔽塞，可以成败。四曰，必深亲之，如典之同生，[8]阴内辩士，[9]使图其计；内勇士，使高其气；内人他国，使倍其约，[10]绝其使，拂其意，是必士斗。[11]两国相敌，必承其弊。五曰，深察其谋，谨其忠臣，揆其所使，[12]令内不信，使有离意。离气不能令，[13]必内自贼。[14]忠臣已死，故政可夺。此五者，谋功之道也。

【注释】

〔1〕"以情"句：尹知章注："谓深知敌之内情而伐者帝。" 〔2〕"以事"句：尹知章注："见其于事有失而伐者王。" 〔3〕"以政"句：尹知章注："见其政有失而伐者霸。" 〔4〕"而谋"句：丁士涵云："下文云'此五者，谋功之道也'，当作'而谋功者有五'。"译文从之。功，通"攻"。 〔5〕视：猪饲彦博云："当作'亲'。"译文从"亲"。 〔6〕猪饲彦博云："'阴'字当移'厚其'上。"译文从之。即应为："视其所憎，阴厚其货赂。" 〔7〕遗（wèi 味）：赠送。 〔8〕典：朱长春云："疑'与'字之误。"译文从"与"字。 〔9〕内：通"纳"。下文同。 〔10〕倍：通"背"，违背。 〔11〕士斗：应为"互斗"。郭沫

若云:"士殆互之讹。"〔12〕揆:猪饲彦博云:"当作睽。"睽,违背,不合;引申为分离、离间。〔13〕离气不能令:王念孙云:"离气本作'离意'。"姚永概云:"令字涉上而误,当是'合'字。"译文从之。〔14〕贼:杀害。《周礼·夏官·大司马》:"贼贤害民则伐之。"

【译文】

大凡据有天下的君主,了解敌国内情而去攻伐的可以称帝,看到敌国在国事上有过失而去攻伐的可以称王,看到敌国在政治上有过失而去攻伐的可以称霸。攻伐敌国的计谋有五种:第一,亲近敌国君主的爱臣,又设法削减他在国内的权势,使他怀有二心,君臣的亲密关系必然衰退,近臣不效力,国家就危险了。第二,了解敌国君主憎恶的大臣,私下用重金贿赂他,就可详细了解敌国的情况;有人里通外国,敌国的情况就可了解了。第三,听到敌国君主喜爱淫乐,就增强他的兴趣,送给他乐队美女,使他在宫内受到蒙蔽;送给他谄臣美马,使他在宫外受到蒙蔽。内外都被蒙蔽,可以促成他失败。第四,竭力与敌国君主表示亲密,如同兄弟一样,暗中让他接纳派去的辩士,为他出谋划策;暗中派勇士投奔他,使他神气十足,又暗中派人进入别国,使别国背叛盟约,断绝使者,违背他的意愿,这样他们必然争斗起来。两国开战,就必定能趁着他们两败俱伤时战胜他。第五,深入了解敌国君主的计谋,谨慎地尊重他的忠臣,离间他们的君臣关系,使他们在内部互不信任,离心离德。离心离德就不能意见相合,就必定内部自相残杀。忠臣被杀,因此政权可夺了。这五者,便是攻伐敌国的计谋。

入国第五十四

【题解】

入国，尹知章注："谓始有国，入而行化。"意为管仲任国相为政以后奉行的教化，是取篇首二字为题。本篇记述管仲为齐相后四十天内为民所做的善事，即所谓行"九惠之教"：老老、慈幼、恤孤、养疾、合独、问疾、通穷、振困、接绝。从这些为政措施看，管仲治国极重视安定社会的工作。文章重在说明九惠的内容。

入国四旬，五行九惠之教。[1]一曰老老，[2]二曰慈幼，三曰恤孤，四曰养疾，[3]五曰合独，六曰问疾，[4]七曰通穷，八曰振困，[5]九曰接绝。

【注释】

〔1〕五行：在四十天之内五次施行，犹言极度重视。教：教化之令，有关教化的政策。 〔2〕老老：敬老，养老。《荀子·修身》："老老，而壮者归焉。"杨倞注："老老，谓以老为老而尊敬之也。" 〔3〕疾：这里指残疾。 〔4〕疾：王引之云：应为"病"，据下文"此之谓问病"可知。下文第六个"所谓问疾者"同理为"问病"。 〔5〕振：通"赈"，救济。

【译文】

管仲出任国相四十天，就十分重视施行九惠的教化政策。第一种叫做敬老，第二种叫做慈幼，第三种叫做恤孤，第四种叫做养残，第五种叫做合独,第六种叫做问病,第七种叫做通穷,第八种叫做赈困,第九种叫做接绝。

所谓老老者,凡国、都皆有掌老,[1]年七十已上,一子无征,[2]三月有馈肉;[3]八十已上,二子无征,月有馈肉;九十已以上,尽家无征,日有酒肉。死,上共棺椁。[4]劝子弟:精膳食,问所欲,求所嗜。[5]此之谓老老。

【注释】

〔1〕掌老:尹知章注:"掌老之官。"掌管敬老的官吏。依此,下文"掌幼""掌孤"等均为掌管有关事务的官吏。〔2〕无征:尹知章注:"不预国之征役。"〔3〕馈肉:尹知章注:"谓官馈之肉。"〔4〕共:通"供"。椁:古时棺材外面的套棺。〔5〕"问所"二句:尹知章注:"问老者何所欲,求访其所以嗜欲而供也。"

【译文】

所谓敬老,就是在城地、京都都设有掌管敬老的官吏,凡年龄在七十以上的,可以有一个儿子免除征役,每三个月官府有馈肉;八十以上的,可以有两个儿子免除征役,每月官府有馈肉;九十以上的,全家免除征役,每日酒肉供给。老人死了,官府供给棺椁。劝告他们的晚辈:要细作饮食,询问老人的需要,满足他们的嗜好。这些叫做敬老。

所谓慈幼者,凡国、都皆有掌幼,士民有子,子有幼弱不胜养为累者,[1]有三幼者无妇征,[2]四幼者尽家无征,五幼又予之葆,[3]受二人之食,能事而后止。此之谓慈幼。

【注释】

〔1〕不胜养为累：尹知章注："胜，堪也。谓不堪自养故为累。"
〔2〕妇征：国家向妇女征收布帛。《周礼·闾师》："任嫔以女事，贡布帛。"孙诒让《正义》云："此嫔妇布帛之贡，为民家女口之力征，即《管子·入国篇》所谓妇征，亦即《孟子》所谓'布缕之征'也。"
〔3〕葆：保姆。尹知章注："葆，今之教母。"

【译文】

所谓慈幼，就是在城地、京都都设有掌管慈幼的官吏，凡士民有子女，子女又幼弱不堪养育而成为拖累的，有三个幼儿的免征女贡，四个幼儿的全家免除征役，五个幼儿的给予保姆，官府供给两个人的粮食，直到幼儿长大能从事劳动为止。这些叫做慈幼。

所谓恤孤者，凡国、都皆有掌孤，士人死，[1]子孤幼，无父母所养，不能自生者，属之其乡党知识故人，[2]养一孤者一子无征，养二孤者二子无征，养三孤者尽家无征。掌孤数行问之，必知其食饮饥寒身之腃胜而哀怜之。[3]此之谓恤孤。

【注释】

〔1〕士人：丁士涵云：应为"士民"，上下文均为"士民"。
〔2〕知识：许维遹案："'知识'，犹朋友也。" 〔3〕腃：同"瘠"，瘦。胜：王念孙云："读如减省之省，'胜'亦瘦也。"

【译文】

所谓恤孤，就是在城地、京都都设有掌管恤孤的官吏，凡士民死后，孤儿幼小，没有父母养育，不能独自生活的，就归属同乡熟人或老朋友抚养。抚养一个孤儿的可以有一个儿子免除征役，抚养二个孤儿的可以有二个儿子免除征役，抚养三个孤儿的全家人免除征役。掌管恤孤的官吏要经常去询问孤儿的情况，必须了解孤儿的饮食饥寒和身体的瘦弱情况并同情怜惜他们。这叫做恤孤。

所谓养疾者,凡国、都皆有掌养疾,聋、盲、喑哑、跛躄、偏枯、握递,[1]不耐自生者,[2]上收而养之疾官,[3]而衣食之,殊身而后止。[4]此之谓养疾。

【注释】
〔1〕喑(yīn阴)哑:哑巴。偏枯:病名,即半身不遂,或叫中风。握递:尹知章注:"谓两手相拱著而不申者,谓之握递。"可见是一种手疾。〔2〕耐:能。《礼记·礼运篇》:"故圣人耐以天下为一家。"郑《注》:"耐,古能字。" 〔3〕疾官:似指官府设置的收养残疾人的馆舍。俞樾云:官,古"馆"字。 〔4〕殊:王念孙云:"《说文》'殊,死也',犹言殁身而后止也。"

【译文】
所谓养疾,就是在城地、京都都设有掌管养疾的官吏,聋子、盲人、哑巴、瘸腿的、半身不遂的、两手相拱而不能活动的,凡不能自理生活的人,官府把他们收养在残疾人的馆所里,供给衣食,直到身死为止。这叫做养疾。

所谓合独者,凡国、都皆有掌媒,丈夫无妻曰鳏,妇人无夫曰寡,取鳏寡而合和之,予田宅而家室之,三年然后事之。[1]此之谓合独。

【注释】
〔1〕事:尹知章注:"事,谓供国之职役也。"

【译文】
所谓合独,就是在城地、京都都设有掌管做媒的官吏,男人没有妻子的叫做鳏，妇女没有丈夫的叫做寡，把鳏寡结合起来组成和睦的夫妻，授予田宅而成新的家庭，三年以后才让他们向国家服征役。这叫做合独。

所谓问疾者，凡国、都皆有掌病，士人有病者，掌病以上令问之，九十以上，日一问；八十以上，二日一问；七十以上，三日一问；众庶五日一问。疾甚者，以告上，身问之。掌病行于国中，以问病为事。此之谓问病。

【译文】
所谓问病，就是在城地、京都都设有掌管慰问病人的官吏，士民有病的，掌管慰问病人的官吏按君主的规定慰问他们，九十岁以上的，每天慰问一次；八十岁以上的，每二天慰问一次；七十岁以上的，每三天慰问一次；一般百姓，每五天慰问一次。病很重的，向上报告，君主亲自慰问。掌管慰问病人的官吏巡行在国中，专门以慰问病人为职事。这叫做问病。

所谓通穷者，凡国、都皆有通穷，若有穷夫妇无居处，穷宾客绝粮食，居其乡党以闻者有赏，不以闻者有罚。此之谓通穷。

【译文】
所谓通穷，就是在城地、京都都设有掌管通报穷困的官吏，如果有穷困的夫妇没有居住的地方，穷困的宾客断绝了粮食，他们所在的地方向官吏报告的有赏，不向官吏报告的要罚。这叫做通穷。

所谓振困者，岁凶，庸人訾厉，[1]多死丧，弛刑罚，赦有罪，散仓粟以食之。此之谓振困。

【注释】

〔1〕庸人：佣人。庸，通"佣"。訾（zǐ 子）厉，疾病。尹知章注："訾，疾也；厉，病也。"

【译文】

所谓赈困，就是在灾荒年，佣工常生病，多死亡，因此要放松刑罚，赦免罪人，散发仓库里的粮食给他们吃。这叫做赈困。

所谓接绝者，士民死上事、死战事，使其知识、故人受资于上而祠之。[1]此之谓接绝也。

【注释】

〔1〕资：钱财。祠：祭祀。

【译文】

所谓接绝，就是士民因国事而死，或因战事而死的，要使他们的朋友、熟人能从国家那里领受到钱财及时地祭祀他们。这叫做接绝。

九守第五十五

【题解】
　　九守,即九项守则。本篇论述君主治国需要坚持的九项守则,即:主位、主明、主听、主赏、主问、主因、主周、主参和督名。督名,依《鬼谷子》作"主名",所以"九守"也就是文中的"九主"。主、守意思相近。它的内容分别涉及君的居位、明察事物、听政、刑赏、因势利导、保密、洞察奸邪和督察名实。本篇采用分节加标题的形式来论述。

　　安徐而静,[1]柔节先定,[2]虚心平意以待须。[3]右主位。[4]

【注释】
　　[1]安徐而静:尹知章注:"人君居位,当安徐而又静默。"安,安定。徐,缓,此处意为沉着。　[2]柔:和柔。节:节制,克制。　[3]"虚心"句:尹知章注:"虚其心,平其意,以待臣之谏说。须,亦待也。"　[4]右:古书直行自右至左编排,称前文为右;现横行编排,应称为"以上"。主位:尹知章注:"人主居位,当如此。"

【译文】
　　安定沉着而又静默,温和克制的神态已先稳定,用虚心平气的态度来等待臣下的谏说。
　　以上主位。

目贵明,耳贵聪,心贵智。以天下之目视则无不见也,以天下之耳听则无不闻也,以天下之心虑则无不知也。辐凑并进,^[1]则明不塞矣。^[2]

右主明。

【注释】

〔1〕辐凑:车辐凑集于毂上,比喻人或物集于一个中心。 〔2〕"则明"句:尹知章注:"言圣人不自用其聪明思虑,而任之天下。故明者为之视,聪者为之听,智者为之谋。辐凑并进,不亦宜乎?故曰明不可塞。"塞,堵塞,蒙蔽。

【译文】

眼要看得清楚,耳要听得明白,心要智商高。使用天下人所有的眼睛来看就没有看不见的东西,使用天下人所有的耳朵来听就没有听不到的事情,使用天下人所有的心来思虑就没有理解不了的问题。集中天下人的智能去共同谋事,聪明就不会被蒙蔽了。

以上主明。

听之术曰:勿望而距,^[1]勿望而许。^[2]许之则失守,距之则闭塞。高山,仰之不可极也;深渊,度之不可测也。神明之德,正静其极也。

右主听。

【注释】

〔1〕距:通"拒"。拒绝,否定。猪饲彦博云:"《六韬》:'文王曰:主听如何? 太公曰:勿妄而许,勿逆而拒。'以下与此同。" 〔2〕许:赞许,肯定。

【译文】

听闻的方法是：不要一听到就轻易拒绝，不要一听到就轻易许可。轻易许可就会失去原则，轻易拒绝就会造成闭塞。要像高山那样，仰望它不能看到顶；要像深渊那样，测量它不能量到底。要像神明的德性那样，端正虚静是他的准则。

以上主听。

用赏者贵诚，用刑者贵必。[1]刑赏信必于耳目之所见，则其所不见，莫不暗化矣。诚，畅乎天地，通于神明，见奸伪也？[2]

右主赏。

【注释】

〔1〕必：坚决，坚定。〔2〕见：是"兄"之误字；兄，通"况"。俞樾云："乃'兄'字之误，《管子》书每以'兄'为'况'字。"

【译文】

使用赏赐贵在信实，使用刑罚贵在坚决。刑赏的信实坚决是在人们的耳目所能看到听到的，而它看不到的作用，在于没有人不被它潜移默化的。信实，能畅行在天地之间，通达到神明的境界，更何况对奸邪的人们呢？

以上主赏。

一曰天之，二曰地之，三曰人之。[1]四曰上下左右前后，[2]荧惑其处安在？[3]

右主问。

【注释】

〔1〕"一曰"三句：尹知章注："言三才（即天地人）之道幽邃深远，

必问于贤者而后行之。"〔2〕"四曰"句：王念孙云：本句应为"四方上下，左右前后"。"'四方上下'承天地而言，'左右前后'承人而言。"译文从王说。〔3〕荧惑其处：王念孙云："'其处'作'之处'，于义为长。""'荧惑'，犹眩惑也。"谓不明天地之道。

【译文】

　　一是天道，二是地道，三是人道。四方上下，左右前后，不清楚的地方在哪里？

　　以上主问。

　　心不为九窍，[1]九窍治；君不为五官，[2]五官治。为善者，君予之赏；为非者，君予之罚。君因其所以来，[3]因而予之，则不劳矣。圣人因之，故能掌之。因之修理，[4]故能长久。

　　右主因。

【注释】

　　〔1〕九窍：指眼、耳、鼻、口等人体器官的九个孔穴。〔2〕五官：古时重要的五种官职的合称。《礼记·曲礼》："天子之五官，曰司徒、司马、司空、司士、司寇，典司五众。"〔3〕因：依据，随顺。〔4〕修：王念孙云："'修'当为'循'。"译文从"循"。

【译文】

　　心不代替九窍的功能，九窍就安定；君主不代替五官的职事，五官就安定。做得好的，君主就给予赏赐；做得坏的，君主就给予刑罚。君主依据他们的功过，因而给予赏罚，就不烦劳了。圣人因势利导，所以能掌管国家。因势利导能符合事理，所以能长久。

　　以上主因。

　　人主不可不周，[1]人主不周则群臣下乱。[2]寂乎其无端也,外内不通,安知所怨? 关闭不开,[3]善否无原。
右主周。

【注释】
〔1〕周:周密,此指保密。本书《枢言》:"周者,不出于口,不见于色。" 〔2〕尹知章注:"不周则泄其机事,故臣下交争而乱也。" 〔3〕关闲:王引之云:"当为'关闭'。"形相似而误。

【译文】
君主不可不保密,君主不保密,群臣就在下面发生混乱。秘密地不见因由,内外不通,怎么会有怨恨呢? 紧闭着嘴巴不开口,好坏的说法就无发源地。
以上主周。

一曰长目,二曰飞耳,[1]三曰树明。[2]明知千里之外,隐微之中,曰动奸,[3]奸动则变更矣。[4]
右主参。

【注释】
〔1〕长目、飞耳:猪饲彦博云:"'长目'谓视远,'飞耳'谓听远。" 〔2〕树明:确保明察。树,树立。 〔3〕曰动:郭沫若云:"曰,爱也。"爰,于是。又云:"'动'假为'洞'。"洞,洞察。 〔4〕更:郭沫若云:读为"梗",梗塞。此处喻指动乱。

【译文】
一是能看得远,二是能听得远,三是能做到明察。能清楚地了解千里之外,明察隐微之中的情况,便能洞察奸邪。奸邪能洞察到,动乱就能被制止了。
以上主参。

修名而督实,[1]按实而定名。名实相生,反相为情。[2]名实当则治,不当则乱。名生于实,实生于德,德生于理,理生于智,智生于当。

　　右督名。

【注释】

　　〔1〕修:王念孙云:"当为'循'。"译文从"循"。〔2〕反:通"返"。

【译文】

　　根据名称来考察实际,按照实际来确定名称。名称和实际相互促进,反过来又相互作为根据。名实相称就安定,不相称就混乱。名称产生于实际,实际产生于道德,道德产生于理念,理念产生于智慧,智慧产生于名实相称。

　　以上督名。

桓公问第五十六

【题解】

桓公问，是桓公问管仲。这是一篇对话体的论文。本篇首句是"齐桓公问管子曰"，有注家以为本书桓公与管仲对话的篇章，均称"桓公"，因而疑此处的"齐"字为衍文。据此，本篇的题目是取篇首句的三字为题名。本篇论述君主纳谏的作用，并列举历代圣主的纳谏机构及其制度，要求桓公继承这一传统，并为此提出了纳谏机构的具体名称、管理办法，以及负责此项工作的人选。

齐桓公问管子曰："吾念有而勿失，得而勿忘，[1] 为之有道乎？"对曰："勿创勿作，时至而随。毋以私好恶害公正，察民所恶，以自为戒。黄帝立明台之议者，[2] 上观于贤也；尧有衢室之问者，下听于人也；舜有告善之旌，[3] 而主不蔽也；禹立谏鼓于朝，[4] 而备讯唉；[5] 汤有总街之庭，[6] 以观人诽也；武王有灵台之复，[7] 而贤者进也。此古圣帝明王所以有而勿失，得而勿忘者也。"桓公曰："吾欲效而为之，其名云何？"对曰："名曰啧室之议。[8] 曰法简而易行，刑审而不犯，事约而易从，[9] 求寡而易足，[10] 人有非上之所过，谓之正士，[11] 内于啧室之议。[12] 有司执事者咸以厥事奉职，而不忘为。[13] 此啧室之事也，请以东郭牙为之，[14] 此人能以正事争于君前者也。"[15]桓公曰:"善。"

【注释】

〔1〕忘:据下文,应为"亡"。 〔2〕明台:亦作"明堂",与下"衢室",都是古代帝王听政、宣教、征求意见的地方。《三国志·魏文帝纪》:"轩辕有明台之议,放勋有衢室之问,皆所以广询于下也。"〔3〕告善之旌:设旌旗以奖励人臣的建议。《史记·孝文本纪》:古之治天下者,朝有进善之旌、诽谤之木,所以通治道而来谏者。应劭曰:"旌,幡也。尧设之五达之道,令民进善也。"如淳曰:"欲有进善者,立于旌下言之。" 〔4〕谏鼓:进谏时所击之鼓。《淮南子·氾论训》:"禹之时……为号曰:教寡人以道者击鼓。" 〔5〕唉:郭沫若云:是"也"字之误。译文从之。 〔6〕总街之庭:在街巷的中心设庭,以便听取意见。 〔7〕灵台:《孟子·梁惠王上》:"文王以民力为台为沼,而民欢乐之,谓其台曰灵台,谓其沼曰灵沼。"灵台本为游乐,此谓武王时,用来纳谏。复:进言。尹知章注:"复,白也。" 〔8〕啧(zé则)室之议:尹知章注:"谓议论者言语欢啧。"啧,争论。 〔9〕约:简约,简要。 〔10〕求:征求,此指征税。 〔11〕正士:犹谏士。正,通"征"。《说文》:"征,谏也。" 〔12〕内:通"纳"。 〔13〕为:古本作"焉"。当依古本。 〔14〕东郭牙:齐国大夫。本书《小匡》管仲云:"犯君颜色,进谏必忠,不辟死亡,不挠富贵,臣不如东郭牙,请立以为大谏之官。" 〔15〕正:通"政"。

【译文】

桓公问管仲说:"我想据有天下而不失去,得到天下而不亡国,为了实现这个理想,有办法吗?"管仲回答说:"不要创新不要起头,时机到了就要跟着行动。不要以私人的好恶而损害公正,看到了百姓痛恨的事情,就要用来作为自己的警戒。黄帝建立明台的议政制度,是为了在上面观察贤臣的意见;尧设有衢室的咨询制度,是为了在下面听取百姓的意见;舜设有在旌旗下进谏的制度,是为了君主不受蒙蔽;禹在朝廷上设立谏鼓,是为了准备咨询;汤设有总街之庭,是为了明查百姓非议的情况;武王设有灵台的报告制度,是为了让贤者得到进用。这就是古代圣明帝王用来据有天下而不失去,得到天下而不亡国的办法。"桓公说:"我想仿效他们也这样做,它的名称应该叫什么?"管仲回答说:

"名称可叫啧室的议政制度。就是说，法度要简单而易行，刑罚要让百姓明白而不去触犯，政事要简单而容易听从，赋税要少而百姓容易完成，人们能批评君主的过失的，就称之为谏士，他的意见就纳入啧室来讨论。啧室的官吏和办事的人员都要把这些事作为职责，而不得遗忘。这项有关啧室的事，请令东郭牙去主管，此人能以政事在君主面前尽力争议。"桓公说："好。"

度地第五十七

【题解】

　　度地，即"度地形"，勘察地形。本篇也是桓公与管仲的问答体论文，桓公首问"度地形而为国者"，故取"度地"为篇名。全篇桓公凡六问管仲作六答而形成六个段落：(1)要勘察地形建设京城；(2)水是五害之最；(3)如何防止水害？(4)春季是筑堤防的最好时节；(5)如何防止其他灾害？(6)如何常年治水？可见本篇是以论述治水为中心内容而兼及其他的。本篇对水害的严重性有足够的认识，认为它直接影响到百姓的生活和国家的安定。并对治水提出了一整套的规划与措施，认为要设置专职的官吏，有专门的人力、物力，要根据季节的特点来治水，要常年护堤，等等。此文是我国古代治水的经验总结，是一篇治水专论。

　　昔者，桓公问管仲曰："寡人请问度地形而为国者，[1]其何如而可？"管仲对曰："夷吾之所闻，能为霸王者，盖天子圣人也。[2]故圣人之处国者，[3]必于不倾之地，而择地形之肥饶者，乡山，[4]左右经水若泽，[5]内为落渠之写，[6]因大川而注焉。[7]乃以其天材、地之所生，利养其人，以育六畜。天下之人，皆归其德而惠其义，乃别制断之，[8]州者谓之术，[9]不满术者谓之里。故百家为里，里十为术，术十为州，州十为都，都十为霸国。不如霸国者，国也。[10]以奉天子，[11]天子有万诸侯也，其中有公侯伯子男焉。天子中而处，此谓因天之固，[12]归地之利。内为之城，城外为之郭，郭外为之土阆，[13]地高则沟之，下则堤之，命之曰金城。树以荆棘，上相穑著者，[14]所以为固也。岁修增而毋已，时修增而毋已，福及孙子，此谓人命万世无穷之利，人君之葆守也。[15]臣服之以尽忠于君，君体有之以临天下，故能为天下之民先也。此宰之任，则臣之义也。故善为国者，必先除其五害，人乃终身无患害而孝慈焉。"

【注释】

〔1〕国：此指京都。 〔2〕子：吴志忠云："'子'乃'下'字误。"译文从"下"。 〔3〕处：决定。《国语·晋语》："蚤处之。"注："处，定也。" 〔4〕乡：通"向"。此处用反义为"背"，古"向"字是指朝北的窗子。 〔5〕若：或者。《左传·定公元年》："若从践土，若从宋，亦唯命。" 〔6〕落渠：沟渠网。落，安井衡云：通"络"，网络。写：通"泻"。 〔7〕注：流入。 〔8〕别：分别。 〔9〕"州者"句：猪饲彦博云："'州者谓之术'，下云'术十为州'，此'州'上盖脱'不满'二字。" 〔10〕国：此指一般的诸侯国。 〔11〕以奉天子：尹知章注："霸国率诸侯以奉天子也。" 〔12〕天之固：许维遹云：应为"因天之材"，"与下'归地之利'，文同一例"。 〔13〕阆（làng 浪）：无水的城壕。 〔14〕"树以"二句：何如璋云："'穑'与'啬'通。《广雅·释诂》'啬，积也'，《方言》十二'啬，合也'。谓树荆棘于沟之外堤之上，使相合著以为固也。" 〔15〕葆：通"保"，保全。

【译文】

从前，桓公问管仲说："我请问有关勘察地形建设京都的事，要怎样做才好？"管仲回答说："据我所知，能成就霸业王业的，都是天下的圣人。圣人选定建设京都的地方，必定是地势平缓，土地肥沃，物产富饶的，背靠着山，左右有大的江河或湖泽，城内筑成沟渠的网络来排泻污水，靠着大的江河而流出去。于是凭借天生的资源、地上生长的作物，以利供养国家的百姓、繁殖六畜。天下的百姓，都归附他的恩德，顺服他的仁义，于是把他们分别按地区编制，不满州的叫做术，不满术的叫做里。所以百家为里，十里为术，十术为州，十州为都，十都为霸国。不到霸国规模的，是一般的诸侯国。霸国率领一般的诸侯国供奉天子，天子拥有许多的诸侯国，其中分有公侯伯子男的等级。天子处在天下的中央，这是为了可以凭借天生的资源，可以汇集地生的财利。京都内修筑城墙，城墙外修筑城郭，城郭外修筑土壕，地势高就挖壕沟，地势低就筑堤坝，这就叫做牢不可破的金城。城堤上种满荆棘，使荆棘密密地交错勾连，是能够加固城堤的，年年增修不止，时时增修不止，就能造福于子孙，这可说是关系着百姓的命运和后代万世利益的大事，也是保全君主坚守国家的大事。臣下以修筑都城来向君主尽忠，君主据有都城来统治天下，所以能成为天下百姓的保障。这是宰相的职责，也是大臣应该做的事。善于治国的君主，还必须先要除去五害，百姓才能终身无忧患祸害而做到子孝父慈。"

桓公曰："愿闻五害之说。"管仲对曰："水，一害也；旱，一害也；风雾雹霜，一害也；厉，[1]一害也；虫，一害也。此谓五害。五害之属，水最为大。五害已除，人乃可治。"桓公曰："愿闻水害。"管仲对曰："水有大小，又有远近。[2]水之出于山而流入于海者，命曰经水。水别于他水，[3]入于大水及海者，命曰枝水。山之沟，一有水一毋水者，[4]命曰谷水。水之出于他水，[5]沟流于大水及海者，[6]命曰川水。出地而不流者，命曰渊水。此五水者，因其利而往之可也，[7]因而扼之可也，[8]而不久常有危殆矣。"桓公曰："水可扼而使东西南北及高乎？"管仲对曰："可。夫水之性，以高走下则疾，至于漂石；[9]而下向高，即留而不行。故高其上，[10]领瓴之，[11]尺有十分之三，里满四十九者，水可走也。乃迁其道而远之，[12]以势行之。水之性，行至曲必留退，满则后推前，地下则平行，地高即控，[13]杜曲则捣毁。[14]杜曲激则跃，跃则倚，[15]倚则环，环则中，[16]中则涵，[17]涵则塞，塞则移，移则控，控则水妄行，水妄行则伤人，伤人则困，困则轻法，轻法则难治，难治则不孝，[18]不孝则不臣矣。故五害之属，伤杀之类，祸福同矣。知备此五者，人君天地矣。"

【注释】

〔1〕厉：通"疠"，瘟疫。尹知章注："厉，疾病也。" 〔2〕远近：犹言水流的长短。 〔3〕尹知章注："谓从他水分流，若江别为沱。"沱，大河的支流。 〔4〕毋：通"无"。 〔5〕水之出于他水：应为"水之出于地"。王念孙云："地、他字相似又涉上文'别于他水'而误。"〔6〕许维遹云："'沟'字亦涉上文而衍。" 〔7〕往之可也：王念孙云："'往'当作'注'。"可见于尹知章注："谓因地之势疏引以溉灌。"则当作"注"明矣。 〔8〕许维遹云："'因而扼之可也'，当作'因其势而扼之可也'，方与上文一例"。译文从之。 〔9〕至于灂石：尹知章注："谓能漂浮于石。"灂，同"漂"。 〔10〕上：上游。 〔11〕瓴：瓦沟或瓦管子。 〔12〕迁：迁曲。 〔13〕控：尹知章注："控，谓顿也，言水顿挫而却。" 〔14〕杜曲：即"地曲"。杜，通"土"，《荀子·解蔽篇》"杜作乘马"，杨注："杜与土同。" 〔15〕倚：偏于一边。 〔16〕中：通"冲"。 〔17〕涵：包容。此指夹带着泥沙。 〔18〕不孝：犹言不善。古"孝"字的含义较广泛，是善德的通称。

【译文】

桓公说："我想听听五害的说法。"管仲回答说："水是一害，旱是一害，风雾雹霜是一害，瘟疫是一害，虫是一害。这就是五害。五害之中，以水害最厉害。五害除尽，百姓才可治理。"桓公说："想听听水害的情况。"管仲回答说："水有大小，又有流得远近的区别。水从山里发源而流入大海的，叫做经水。水从其他的河流里分出来又注到大江河里进入大海的，叫做枝水。山沟里，一时有水一时无水的，叫做谷水。水从地下发源，流到大江河里进入大海的，叫做川水。水从地下涌出地面而不流动的，叫做渊水。这五种水，可以顺着它的流势引导使用，也可以顺着地势拦截使用，但时隔不久常有危害。"桓公说："水可经拦截而使它流向东西南北以及高处吗？"管仲回答说："可以的。依水性，从高流向下就快，甚至于可以冲走石块；而从下流向高，就滞留而不前行。所以要提高上游的水位，用瓦管子来导引，每尺之内有十分之三的坡度，每里内铺设四十九根管子，水就可流得快。再使水道迂曲而流向远处，顺着水势就能流到高的地方。依水性，流到曲折的地方必然滞留后退，满了后面的水就推着前面的水前行，地势低下就流得平缓，地势高峻就受挫而退，地势迂曲就冲毁土地。地势迂曲水就激荡跳跃，跳跃就偏流，偏流就打旋，打旋就有冲力，有冲力就夹带泥沙，夹带泥沙就造成淤塞，淤塞就河流改道，改道就水失控，失控就水妄行，水妄行就伤害人，人受伤害就困顿，困顿就看轻法度，人看轻法度就难以治理，难以治理就行为不善，行为不善就不服从统治了。所以五害之类，与伤害杀戮人是一样的，它们的祸患是一样的。懂得防备五害，人就可以主宰天地了。"

桓公曰："请问备五害之道。"管子对曰："请除五害之说，[1]以水为始。请为置水官，令习水者为吏。大夫、大夫佐各一人，率部校长官佐各财足。[2]乃取水左右各一人，[3]使为都匠水工。令之行水道、城郭、堤川、沟池、官府、寺舍及州中，当缮治者，给卒财足。令曰：常以秋岁末之时阅其民，案家人比地，[4]定什伍口数，别男女大小，其不为用者辄免之，有锢病不可作者疾之，可省作者半事之。并行以定甲士，[5]当被兵之数，上其都。都以临下，视有余不足之处，辄下水官。水官亦以甲士当被兵之数，与三老、里有司、伍长行里，因父母案行。阅具备水之器，以冬无事之时。笼、锸、板、筑，[6]各什六，[7]土车什一，雨萆什二，[8]食器两具，人有之，锢藏里中，[9]以给丧器。[10]后常令水官吏与都匠，因三老、里有司、伍长案行之。常以朔日始，出具阅之，取完坚，补弊久，[11]去苦恶。常以冬少事之时，令甲士以更次益薪，[12]积之水旁。州大夫将之，唯毋后时。其积薪也，以事之已；[13]其作土也，以事未起。[14]天地和调，日有长久。以此观之，其利百倍。故常以毋事具器，有事用之。水常可制，而使毋败，此谓素有备而豫具者也。"

【注释】

〔1〕请：张佩纶云："'请除'之'请'字，涉上下文而衍。"〔2〕校长：古代下级军官的职称。财足：郭沫若云："'财'同'财'或'才'，'材足'犹言捷足或健足，即所谓徒也。"徒，指服役的人。下文同。〔3〕水：张佩纶云：应为"水官"。所以下句说"使为都匠水工"。译文从之。都：头目，首领。〔4〕尹知章注："案人比地，有十口五口之数当受地若干。"案：案验，考察。比：比照。〔5〕并：许维遹云：读为"普"，普遍。行：视，视察。〔6〕锸（chā 插）：掘土的农具，即锹。板筑：造泥墙的工具。板，夹墙板；筑，捣土的杵。〔7〕什六：每什六件。什，居民组织，十家为什。〔8〕䡓：王念孙云："当为'輂'，字之误也。"輂，车篷。〔9〕锢（gù 固）藏：专藏，封藏。〔10〕丧：丧失，这里兼有破坏、毁坏之意。〔11〕久：陈奂云：读为"旧"。〔12〕更次：轮流。薪：柴草，防水用的材料。〔13〕已：尹知章注："已，毕也。农事既毕，然后益薪。"〔14〕"其作"二句：尹知章注："谓春事未起。"春事，春季的农事，春耕。

【译文】

桓公说："请问防备五害的方法。"管子回答说："除五害，要从除水害着手。请设置水官，派熟习治水的人为官吏。设大夫、大夫助理各一人，率领校长、官佐以及各类徒隶。再选取水官左右各一人，作为水工匠的领班。命令他们巡视河道、城郭、河堤、沟池、官府、官署以及地方。需要修理的，就派给士卒和徒隶。并发布政令说：常在秋后岁末的时节检查百姓，查明每家的人口和分配的土地，核定什伍的人口数，分别统计男女大小，其中不能服役的就免除，有严重疾病不能劳作的就按作病人服劳役的规定来处理，需要减轻劳作的就以半劳力处理。经普遍视察后确定甲士，作为充当服兵役的人数，上报到京都大夫，京都大夫依此视察下面，根据有余或不足的情况，就下达给水官。水官也按甲士充当服兵役的人数，与基层的三老、里有司、伍长巡行到里，就与甲士的父母商定前行服役。查阅治水工具的准备工作，要在冬季没有农事的时候。箩筐、锹、夹板、杵，每个什准备六套，土车每个什准备一辆，防雨的车篷每个什准备二套，食器两套，每人都要备有，把这些器材贮藏在里中，以便补充损坏或遗失的。以后经常派水官与工匠领班，依靠三老、里有司、伍长检查执行。每月的初一开始，要把准备的器材拿出来检查，选取完好坚牢的，补充已损坏的旧的，舍弃质量粗劣的。常在冬季农闲的时节，派甲士轮流砍伐柴草，堆积在水旁。州大夫带领完成这件事，务必不能错过季节。积累柴草的工作，在农时完毕的冬季完成；动土修筑河堤的工作，在春耕没有开始前完成。春季天气晴和土地解冻，日子又长。由此看来，好处极多。所以经常在没有水害时准备器具，在有水害时可以使用。水害常能控制，不使造成破坏，这叫做平素有准备未雨绸缪。"

桓公曰："当何时作之？"管子曰："春三月，天地干燥，水纠列之时也。[1]山川涸落，天气下，地气上，万物交通。故事已，新事未起，草木荑生可食。[2]寒暑调，日夜分，分之后，夜日益短，昼日益长，利以作土功之事，土乃益刚。令甲士作堤大水之旁，大其下，小其上，随水而行。地有不生草者，必为之囊。[3]大者为之堤，小者为之防。夹水，四道禾稼不伤。[4]岁埤增之，[5]树以荆棘，以固其地。杂之以柏杨，以备决水。民得其饶，是谓流膏。令下贫守之，往往而为界，可以毋败。当夏三月，天地气壮，大暑至，万物荣华，利以疾蓐杀草薉，使令不欲扰，命曰不长。[6]不利作土功之事，放农焉。[7]利皆耗十分之五，土功不成。当秋三月，山川百泉踊,[8]降雨下,[9]山水出,海路距,雨露属,天地凑汐,[10]利以疾作,收敛毋留。一日把,百日铺。民毋男女,皆行于野。不利作土功之事,濡湿日生,土弱难成,利耗什分之六,土工之事亦不立。当冬三月,天地闭藏,暑雨止,[11]大寒起,万物实熟,利以填塞空郄,[12]缮边城,涂郭术,平度量,正权衡,虚牢狱,实廥仓,[13]君修乐,与神明相望。凡一年之事毕矣,举有功,赏贤,罚有罪,迁有司之吏而第之。不利作土工之事,利耗什分之七,土刚不立。昼日益短,而夜日益长,利以作室,不利以作堂。[14]四时以得,四害皆服。"

【注释】
〔1〕纠列:章炳麟云:"'纠'当借为'漻'。"漻列,水清也。此处指枯水季节。春三月霖雨未下,故水清洌。 〔2〕荑(tí题):嫩芽。《诗经·邶风·静女》:"自牧归荑。" 〔3〕囊:袋子。此指泥袋,用来筑堤。 〔4〕道:郭沫若云:"'道'当是'週'字之误。" 〔5〕埤(pí皮):埤益,增加。 〔6〕命曰不长:郭沫若云:"'曰'当为'欲',声之误也。""'命'即使令也,言盛暑之时,即有力役之征,时期不可长久。" 〔7〕放:俞樾云:通"妨",妨碍。 〔8〕踊:上涨。 〔9〕降雨:暴雨。降,洪也,大也。《韩诗外传》:"降雨兴,流潦至。" 〔10〕凑汐:李哲明云:应为"凑泊"。凑泊,犹言昏暗聚合。 〔11〕暑:郭沫若云:"'暑'当为'暴',字之误也。下文言'夏多暴雨'是其证。" 〔12〕郄(xì戏):空隙。 〔13〕廥(kuài快):堆放柴草的房舍。 〔14〕堂:堂屋,外室。

【译文】
桓公说:"应当什么时候开工呢?"管子说:"在春季的三个月里,气候干燥,是江河水少的季节。山水干涸或下落,天气转暖,地气转热,万物开始交流。旧年的农事已经完毕,新年的农事尚未起始,草木的嫩芽已可供食用。冷热适宜,昼夜均分,均分之后,黑夜一天天短下去,白昼一天天长起来，最适宜于做土工的事，这时作成的泥土工程更加坚实。那就要派甲士到大的河旁去筑堤防，堤防的基部要筑得宽大，上面可以筑得狭小一些，堤防沿着河道而走。遇到连草也不长的疏松地方，必须要从别的地方运来泥袋子筑堤。大河旁边做成堤，小河旁边做成防。使田地与河流隔绝，河流四周的庄稼就不会受水灾。年年增修河的堤防，堤防上种植荆棘，以便加固地基。还间种柏树杨树，防备洪水冲决。百姓也因而能获得好处，这叫做流来的财富。派贫穷的下等百姓去看守堤防，常常划分地界分段承包，就可以免遭坏事。在夏季的三个月，天地气势壮烈，大暑的时令来到，万物长得茂盛，要快做好锄草的农田工作，政令不宜烦扰百姓，即使有必要的征召，时间也不宜长久。这时不宜做土工的事，为了不妨碍农事。即使耗费十分之五的财力，土工的事也不能成功。在秋季的三个月，山水百泉上涨，暴雨下来，山洪发作，入海缓慢，秋雨连绵，天地昏暗混沌，要抓紧秋收，颗粒归仓。一日的收获，是百日的口粮。百姓无论男女，皆忙碌在田野。这时不宜做土工的事，因为潮湿日生，泥土较软难以成功，即使耗费十分之六的财力，土工的事也不能成功。在冬季的三个月，天地之气收藏，暴雨止息，大寒的时令来到，万物充实成熟，这时适宜填塞房舍的空隙，缮修边防的城邑，涂饰城墙，统一度量，调正衡器，处理罪犯，充实仓库，也适宜君主举办娱乐与祭祀活动。大凡一年的事情全部完成以后，就要推举有功的人，赏赐贤惠的人，惩罚有罪的人，调升有关的官吏，提高他们的俸禄等级。这时不宜做土工的事，即使耗费十分之七的财力，泥土冻得坚硬不能成事。白昼一天天短下去，黑夜一天天长起来，适宜于室内的劳作，不适宜于室外的劳作。一年四季的时令已能掌握，四害也就都能制服。"

桓公曰："寡人悖，[1]不知四害之服奈何？"管仲对曰："冬作土功，发地藏，则夏多暴雨，秋霖不止。春不收枯骨朽脊，[2]伐枯木而去之，则夏旱至矣。夏有大露原烟，[3]噎下百草，[4]人采食之伤人。人多疾病而不止，民乃恐殆。君令五官之吏，与三老、里有司、伍长行里顺之，[5]令之家起火为温，其田及宫中皆盖井，[6]毋令毒下及食器，将饮伤人，有下虫伤禾稼。凡天灾害之下也，君子谨避之，故不八九死也。大寒大暑大风大雨，其至不时者，此谓四刑。或遇以死，或遇以生，[7]君子避之，是亦伤人。故吏者所以教顺也；三老、里有司、伍长者，所以为率也。五者已具，民无愿者，愿其毕也。故常以冬日顺三老、里有司、伍长，以冬赏罚[8]使各应其赏而服其罚。五者不可害，则君之法犯矣。[9]此示民而易见，故民不比也。"[10]

【注释】

〔1〕悖：《吕氏春秋·知接篇》高《注》："悖，惑也。" 〔2〕枯骨朽脊：指腐烂的尸体。脊，通"胔"。孟康曰："肉腐为胔。" 〔3〕大露原烟：指弥漫的瘴气、毒气。 〔4〕噎：指瘴气湮郁、凝聚。〔5〕顺：陶鸿庆云：读为"训"，下文"故吏者所以教顺也"之"顺"同读为训。 〔6〕宫：室，家。 〔7〕生：尹桐阳云：通"眚"，病。〔8〕冬：陈奂云：读为"终"，"古以'冬'为'终'"。 〔9〕犯：张佩纶云：当作"不犯"。 〔10〕不比：不比周，犹言不私立朋党。

【译文】

桓公说："我糊涂，不知道制服其他的四害怎么办？"管仲回答说："冬天如果动土工，开发了地气，那么夏季就多暴雨，秋雨也就连绵不断。春天如果不收埋尸体，不砍掉枯木处理好，那么夏旱就来了。夏天瘴气弥漫于大地，凝结在百草之上，人采食了就会受到伤害。百姓多疾病而流行不止，百姓就恐惧危险。君主就要命令防治五害的官吏，会同三老、里有司和伍长巡行里中教训百姓，叫家家户户升火薰屋驱毒，在田间和家中的水井都要盖上盖子，不要使毒气沾污食物和器具，不使饮水伤人，不使飞下来的虫子伤害庄稼。凡是天灾发生以后，君主要谨慎地防避，所以不至于十之八九死掉。大冷大热大风大雨，不按时令来到，这就是四种灾难。有人遇上就死去了，有人遇上就患病了，君主防止这四种灾难，这也还难免伤害人。所以官吏要教训百姓，三老、里有司、伍长要率领百姓防止五害。工作都已做好，百姓就无别的愿望，因为愿望都已达到。所以要经常在冬天训导三老、里有司、伍长，并在最后决定赏罚,使他们各得其该得到的赏赐或者该受到的惩罚。五害没有成灾,君主的法度就没有人违犯了。因为君主的这种努力,百姓是容易看见的,所以百姓也就不在下面结党营私了。"

桓公曰:"凡一年之中十二月,作土功,有时则为之,非其时而败,将何以待之?"[1]管仲对曰:"常令水官之吏,冬时行堤防,可治者章而上之都。[2]都以春少事作之;已作之后,常案行。堤有毁作,大雨,各葆其所,[3]可治者趣治,以徒隶给。大雨,堤防可衣者衣之;冲水,可据者据之。[4]终岁以毋败为固。此谓备之常时,祸何从来?所以然者,独水蒙壤,[5]自塞而行者,江河之谓也。岁高其堤,所以不没也。春冬取土于中,[6]秋夏取土于外,浊水入之不能为败。"桓公曰:"善。仲父之语寡人毕矣,然则寡人何事乎哉?亟为寡人教侧臣。"[7]

【注释】
〔1〕待:许维遹案:"《周语》韦《注》'待,犹备也'" 〔2〕章:章表,向君主报告的文书。 〔3〕葆:通"保"。保护,保全。〔4〕据:猪饲彦博云:"谓设藩篱以卫其冲也。"即卫护受水冲击的河堤。〔5〕独水:王念孙云:"'独水'当为'浊水',见下文。"译文从"浊水"。 〔6〕中:河中。春冬河中水少,故可采用河中的泥作堤。〔7〕侧臣:君主左右的近臣。

【译文】
桓公说:"在一年十二个月中,动土筑堤,只有合乎时令才能做,不合乎时令就要失败,那将怎样来为它作准备工作呢?"管仲回答说:"要经常派遣治水官吏,在冬季巡视堤防,有需要修补的地方就用文书向都水官报告。都水官就在春季农闲的时候派人修补;修补之后,仍经常巡视检查。发现堤防有毁坏的,在下大雨的时候,就派人分段承包护堤,能修补的要求立即修补,并拨给徒隶。在下大雨的时候,堤防能够遮盖的就遮盖;在大水冲来时,能卫护的就卫护。全年以不被毁坏才算牢固。这叫做平时常有防备,祸患能从何处来呢?之所以需要这样做,是因为浊水里夹带着大量泥沙,自然会淤塞河道毁坏堤防,这说的是江河的一般情况。年年增高堤防,为的是不遭水淹。春冬季节在江河中挖取泥土作堤防,秋夏季节在江河外挖取泥土作堤防,这样洪水冲来就不能毁坏堤防了。"桓公说:"好。你的话我全都听懂了,但是我能做些什么呢?请赶快替我教育我的左右大臣们。"

地员第五十八

【题解】

地员，土地的种类。《说文》："员，物数也。"物数，即种类。本篇详论土地的种类和相宜的物产，特别是与百姓生活相关的粮食作物、树木和百草。前半篇把土地按地势的高下和水位的深浅分类，把土地分为平原之地五种、丘陵之地十九种和山地五种。叙述以水位之深浅为序，由深至浅，或由浅入深，除丘陵之地外，均涉及物宜。后半篇把"九州之土"按土壤的性质、等次分类叙述，有上土三十种，物产十二种；中土三十种，物产十二种；下土三十种，物产十二种。共计土壤九十种，物产三十六种。这样详尽地分析土壤和相宜物产，这在古代农家文献中实属罕见。

夫管仲之匡天下也，其施七尺。[1]

【注释】

〔1〕其施七尺：尹知章注："施者，大尺之名也，其长七尺。"

【译文】

管仲匡治天下，规定每施为七尺。

渎田悉徙，[1]五种无不宜，[2]其立后而手实。[3]其木宜蚖、苍与杜、松，[4]其草宜楚棘。[5]见是土也，命之曰五施，五七三十五尺而至于泉，呼音中角，[6]其水仓，[7]其民强。

【注释】
〔1〕渎田悉徙：夏纬瑛云：渎田，指江、淮、河、济四渎间大平原之田。悉徙，当为"悉徒"，即息土。《淮南子·地形训》有"息土人美"。息土，即今人所说的冲积土壤。下同。 〔2〕五种：五谷，泛指谷类。 〔3〕立后而手实：章炳麟云：立后，借读为"粒厚"，其粒厚大。"手"为"垂"字之误。垂实者嘉谷垂穗也。 〔4〕蚖：刘绩云："恐作'杭'。"杭树。《文选·吴都赋》："绵杭杶栌。"刘逵注："杭，大树也，其皮厚，味近苦涩。剥干之，正赤，煎讫以藏众果，使不烂败，以增其味，豫章有之。"苍：张佩纶云：借为"枪"，小樟木。杜：甘棠。落叶乔木。 〔5〕楚：牡荆。棘：有刺的草。 〔6〕角：古代五音之一。五音，也称五声，即宫、商、角、徵、羽。据夏纬瑛说"若对井口呼喊，当因井的深浅而有不同的声音"，即以井的回音的高低来傅会五音、傅会五行。 〔7〕仓：通"苍"，青色。《礼记·月令》："驾仓龙。"

【译文】
江河边的冲积淤土，五谷无不相宜，这里的谷粒饱满禾穗下垂。这里适宜种植的树木有杭树、小樟木、甘棠树和松树，适宜种植的草有牡荆和棘草。遇见这种土壤，就命名为五施之土，挖地五七三十五尺就能看到泉水，在上面呼喊就能听到角声的回响。这种土壤中的泉水发青，居住在这种土壤上的百姓强健。

赤垆，[1]历强肥，[2]五种无不宜。其麻白，其布黄。其草宜白茅与蓷，[3]其木宜赤棠。见是土也，命之曰四施，四七二十八尺而至于泉，呼音中商，其水白而甘，其民寿。

【注释】

〔1〕赤垆：赤垆土。垆，《说文·土部》："垆，刚土也。"坚硬的土壤。 〔2〕历强：尹知章注："历，疏也；强，坚也。" 〔3〕白茅：即茅草。藋（guàn 贯）：即萝藦，多年生蔓草，俗称"婆婆针线包"。

【译文】

赤垆土，稀疏、坚硬而有肥力，五谷无不相宜。这里出产的麻洁白，编出来的布黄。适宜种的草有白茅与萝藦，宜种的木有赤棠。这种土壤，就命名为四施之土，挖地四七二十八尺就能看到泉水，在上面呼喊就能听到商声的回响。这种土壤中的泉水白而甜，居住在这种土壤上的百姓长寿。

黄唐，〔1〕无宜也，唯宜黍秫也，〔2〕宜县泽。〔3〕行廧落，〔4〕地润数毁，难以立邑置廧。其草宜黍秫与茅，〔5〕其木宜櫄、扰、桑。〔6〕见是土也，命之曰三施，三七二十一尺而至于泉，呼音中宫，其泉黄而糗，〔7〕流徙。

【注释】

〔1〕黄唐：黄色的湿土壤。唐，疑作"溏"，汁液不凝结的、稀的叫溏，此指泥浆。 〔2〕秫（shú 熟）：高粱。《说文·禾部》："秫，稷之粘者。" 〔3〕宜县泽：郭沫若案："谓宜竭其泽而涸之。"县，同"悬"。 〔4〕廧：古"墙"字。下同。《释名》："墙，障也。"落：篱落，篱笆。 〔5〕张佩纶云："黍字衍。'秫'当作'苯'。《尔雅》'术，山蓟。'"《广雅》："山姜，术也。""术"通"苯"。 〔6〕櫄（chūn 春）：木名。《山海经·中山经》："其上多櫄树。"郭璞注："似樗树，材中车辕。" 〔7〕糗：假为"臭"。

【译文】

黄唐土，没有什么适宜的，只能种黍子和高粱，还应当排除水使土干燥。修筑墙院，地基过湿容易毁坏，难以在这种土地上筑城墙。这里适宜种的草有山姜与茅草，适宜种的树木有櫄树、扰树和桑树。遇见这种土壤，就命名为三施之土，挖地三七二十一尺就能看到泉水，在上面呼喊就能听到宫声的回响，这种土壤中的泉水发黄有臭味，容易流失。

斥埴,[1]宜大菽与麦。[2]其草宜莙、蘼,[3]其木宜杞。见是土也，命之曰再施，二七十四尺而至于泉，呼音中羽，其泉咸，水流徙。

【注释】
〔1〕斥埴：黏性的盐碱土。斥，斥卤，盐碱地。埴，黏土。
〔2〕大菽(shū 叔)：大豆。　〔3〕莙：夏纬瑛云："或许就是香附子，或许是与它相近的莎草科植物。"（见《管子地员篇校释》）

【译文】
斥埴土，适宜种植大豆和麦子。这里适宜种的草有香附子和萝藦草，适宜种的树有杞柳。遇见这种土壤，就命名为二施之地，挖地二七十四尺就能看到泉水，在上面呼喊就能听到羽声的回响，这种土壤中的泉水咸，易流失。

黑埴，宜稻麦。其草宜苹、蓚,[1]其木宜白棠。见是土也，命之曰一施，七尺而至于泉，呼音中徵，其水黑而苦。

【注释】
〔1〕苹：也叫"籁蒿"。《尔雅·释草》："苹，籁萧。"郭璞注："今籁蒿也，初生可食。"蓚(tiáo 条)：亦名"蓫(zhú 逐)"，羊蹄菜。

【译文】
黑埴土，适宜种稻麦。这里宜种的草有籁蒿和羊蹄菜，宜种的树木有白棠。遇见这种土壤，就命名为一施之土，挖地七尺就能看到泉水，在上面呼喊就能听到徵声的回响，这种土壤中的泉水黑而苦。

凡听徵，如负猪豕觉而骇；[1]凡听羽，如鸣马在野；凡听宫，如牛鸣窌中；[2]凡听商，如离群羊；凡听角，如雉登木以鸣，音疾以清。凡将起五音凡首，[3]先主一而三之，[4]四开以合九九，[5]以是生黄钟小素之首，[6]以成宫。三分而益之以一，为百有八，[7]为徵。不无有三分而去其乘，[8]适足，以是生商。有三分，而复于其所，以是成羽。有三分，去其乘，适足，以是成角。

【注释】

〔1〕豕(shǐ始)：猪。觉而骇：犹言声音直而惊。《诗经·斯干》毛《传》："觉，直也。"《说文》："骇，惊也。" 〔2〕窌(jiào叫)：地窖。《荀子·富国》杨倞注："窌，窖也，挖地藏谷也。" 〔3〕凡：章炳麟云："风"之省借字，风，即"风律"。首：调。凡乐之一调、诗之一篇，皆谓之首。 〔4〕王引之云："主"当为"立"字之误也。译文从"立"。 〔5〕钱塘云："四开以合九九"者，置一而四三之也。三为一开，九为二开，二十七为三开，八十一为四开，故曰"以合九九"。 〔6〕黄钟：十二律之首。十二律为我国古代律制。有三分损益法将一个八度分为十二个不完全相同的半音的一种律制。 〔7〕百有八：一百另八。有，又。 〔8〕乘：尹知章注："乘亦三分之一也。"

【译文】

凡是听到徵的声音，就像被人背着的猪叫声直而惊恐；凡是听到羽的声音，就像马在原野上鸣叫；凡是听到宫的声音，就像牛在地窖里吼叫；凡是听到商的声音，就像离群的羊叫；凡是听到角的声音，就像山鸡在树上鸣叫，声音快速而清脆。凡是将要起奏五音的风调，先立一弦而把它三等分，经过四次三等分就合计九九八十一等分，因此产生黄钟小素的首调，而成为宫声。将八十一的三分之一加到八十一上面，就是一百零八，就成为徵声。将一百零八减去它的三分之一，正是七十二的足数，因此，就生成商声。三分之一的七十二再加到七十二的上面，因此为九十六而成为羽声。将九十六减去它的三分之一，正是六十四的足数，因此生成角声。

坟延者，[1]六施，六七四十二尺而至于泉。陕之芳七施，[2]七七四十九尺而至于泉。祀陕八施，[3]七八五十六尺而至于泉。杜陵九施，[4]七九六十三尺而至于泉。延陵十施，七十尺而至于泉。环陵十一施，七十七尺而至于泉。蔓山十二施，八十四尺而至于泉。付山十三施，[5]九十一尺而至于泉。付山白徒十四施，[6]九十八尺而至于泉。中陵十五施，百五尺而至于泉。青山十六施，百一十二尺而至于泉，青龙之所居，庚泥不可得泉。[7]赤壤夢山十七施，[8]百一十九尺而至于泉，其下清商，[9]不可得泉。陛山白壤十八施，[10]百二十六尺而至于泉，其下骈石，不可得泉。徙山十九施，[11]百三十三尺而至于泉，其下有灰壤，[12]不可得泉。高陵土山二十施，百四十尺而至于泉。

【注释】
〔1〕坟延：即"坟衍"。夏纬瑛云："介于丘陵与原隰之间，比平原稍高之蔓坡地。此下凡十四种土地，地势逐一加高，水泉逐一加深，通可归为丘陵之地。" 〔2〕王绍兰云："《说文》'陕，隘也'，'芳'即'方'，方之言旁也。'陕之芳'谓陕隘之旁。" 〔3〕王绍兰云："'祀'当为陀，形之误也。"陀，同"厄"。险厄，险阻的地方。 〔4〕杜陵：读为"土陵"。《毛诗·鸱鸮》作"桑土"，《韩诗》作"桑杜"。 〔5〕付山：小山。付，通"附"。《说文》："附，附娄，小土山也。" 〔6〕白徒：王绍兰云：即"白土"。徒，读为"土"。 〔7〕庚泥：坚实泥土。《释名·释天》："庚，坚强貌也。" 〔8〕夢：孙诒让云：当为

"磝(áo 熬)"。《释名·释山》:"山多小石曰磝。" 〔9〕清商:尹知章注:"神怪之名。" 〔10〕陞:王绍兰云:是"硙"的错字。《说文·阜部》:"硙,磊也。"《石部》:"磊,众石也。" 〔11〕徙山:王绍兰云:应为"陡山",陡峭之山。 〔12〕灰:张佩纶云:"灰壤"之"灰"当作"炭"。炭,石炭。

【译文】

　　坡地,六施之下,即六七四十二尺之下能见到泉水。狭窄地带的旁侧,七施之下,即七七四十九尺之下能见到泉水。险狭之地,八施之下,即七八五十六尺之下能见到泉水。土陵,九施之下,即七九六十三尺之下能见到泉水。丘陵的延伸地段,十施之下,即七十尺之下能见到泉水。丘陵的周围,十一施之下,即七十七尺之下能见到泉水。山岗的蔓延地区,十二施之下,即八十四尺之下能见到泉水。小山上,十三施之下,即九十一尺之下能见到泉水。小山上的白土区,十四施之下,即九十八尺之下能见到泉水。中等山陵上,十五施之下,即一百零五尺之下能见到泉水。青龙山上,十六施之下,即一百一十二尺之下能见到泉水,青龙居住的地方,泥土坚实就不能见到泉水。红泥多小石子的山上,十七施之下,即一百一十九尺之下能见到泉水,再下面是清商居住的地方,就不能见到泉水。石头山白土区,十八施之下,即一百二十六尺之下能见到泉水,再下面大石块相连,不能见到泉水。陡峭山上,十九施之下,即一百三十三尺之下能见到泉水,再下面有石炭层,不能见到泉水。高陵土山上,二十施之下,即一百四十尺之下才能看到泉水。

　　山之上,命之曰县泉,[1]其地不干,其草如茅与走,[2]其木乃构,[3]凿之二尺,乃至于泉。山之上,命曰复吕,[4]其草鱼肠与荑,[5]其木乃柳,凿之三尺而至于泉。山之上,命之曰泉英,[6]其草蕲、白昌,[7]其木乃杨,凿之五尺而至于泉。山之材,[8]其草兢与蔷,[9]其木乃格,[10]凿之二七十四尺而至于泉。山之侧,其草蓄与萎,[11]其木乃品榆,[12]凿之三七二十一尺而至于泉。

【注释】

〔1〕县泉：夏纬瑛云："当指高山之顶有泉处。"有森林的高山，林木茂密，时常落雨；林下积有松枝败叶，且生有苔藓之类，把雨水先蓄存下来，然后再从地的表层缓流而下，这就是所说的县泉。 〔2〕如茅：疑即今之"茜草"。走：夏纬瑛以为"走"殆即"薦"，《集韵》谓"可苴履"，类今之乌拉草。 〔3〕楙（mán 蛮）：据《说文》为"松心木"，夏纬瑛以为即落叶松。 〔4〕复吕：夏纬瑛云："'复吕'当即'複娄'。"意为重山之巅。 〔5〕鱼肠：竹类之一。古称竹为草，《说文》："竹，冬生草也。"莸（yóu 犹）：一种臭草，《说文》："莸，水边草也。"〔6〕泉英：夏纬瑛云："泉英"当是"英山之有泉者"。英山，即重山。《尔雅·释山》"再成英"，郭璞《注》"两山相重"，邢昺《疏》："山形两重者名英。" 〔7〕蕲（qí 其）：当归。白昌：即昌阳，也称为菖蒲。〔8〕材：尹知章注："材，犹旁也。" 〔9〕王绍兰云："兢"盖"苙"之讹，字坏而误。苙（xiān 纤），豨苙。蘠：蘠蘼，即麦冬。 〔10〕格："椵（jiǎ 假）"的假字。夏纬瑛以为是阔叶树之梓属植物。 〔11〕蔔（fú 福）：一种多年生的蔓草。又名小旋花、面根藤儿。地下茎可食，甘味。蒌（lóu 楼）：即蒌蒿（白蒿）。 〔12〕品榆：王引之云："'品榆'当为'区榆'。"区榆，即刺榆，一种灌木。

【译文】

山顶上，称为县泉的地段，土不干，草有茜草和乌拉草，树有落叶松，凿地二尺，就可以见到泉水。山顶上，称为重山之巅的地方，草有鱼肠竹和莸草，树有柳树，凿地三尺就可以见到泉水。山顶上，称为重山叠岭的地方，草有当归和菖蒲，树有杨树，凿地五尺就可以见到泉水。大山的旁边，草有豨苙和麦冬，树有椵树，凿地二七十四尺可以见到水。大山的旁边，草有小旋花和蒌蒿，树有刺榆，凿地三七二十一尺就可以见到泉水。

凡草土之道，各有榖造。[1]或高或下，各有草土。叶下于𧂇，[2]𧂇下于苋，[3]苋下于蒲，蒲下于苇，苇下于雚，雚下于蒌，蒌下于荓，[4]荓下于萧，萧下于薛，[5]薛下于萑，[6]萑下于茅。凡彼草物，有十二衰，[7]各有所归。

【注释】

〔1〕穀(gǔ 谷)造：犹言相宜。穀，善。《逸周书·文传篇》："润湿不穀，树之竹苇莞蒲。"造，造就。《说文》："造，就也。" 〔2〕叶：尹知章注："叶亦草名，唯生叶无茎。"夏纬瑛云："'叶'生最低，当为深水植物，殆即是荷。"译文从"荷"。蘱：古"芰"(jì 技)字，即菱。〔3〕苋：王念孙云：当为"莞"。莞(guān 关)，席子草。 〔4〕荓(píng 平)：即铁扫帚。《尔雅·释草》："荓，马帚。" 〔5〕薜：即薜荔，一种香草。 〔6〕萑(tuī 推)：益母草。 〔7〕衰(cuī 催)：等衰，等差。《淮南子·说林训》："大小之衰然。"高《注》："衰，差也。"

【译文】

大凡百草和土地的规律，是各有相宜的。有的高有的低，各有草类和土壤。荷叶比菱的生长地要低，菱比席子草的生长地要低，席子草比香蒲草的生长地要低，香蒲草比芦苇的生长地要低，芦苇比萝藦生长地低，萝藦比蒌蒿的生长地要低，蒌蒿比马帚的生长地要低，马帚比艾蒿的生长地要低，艾蒿比薜荔的生长地要低，薜荔比益母草的生长地要低，益母草比茅草的生长地要低。以上草类，共有十二个等次，都各有归属。

九州之土，为九十物。每州有常，[1]而物有次。群土之长，是唯五粟。[2]五粟之物，或赤或青或白或黑或黄，五粟五章。五粟之状，淖而不肕，[3]刚而不觳，[4]不汙车轮，不污手足。其种，[5]大重细重，[6]白茎白秀，无不宜也。五粟之土，若在陵在山，在隰在衍，[7]其阴其阳，尽宜桐柞，[8]莫不秀长。其榆其柳，其檿其桑，[9]其柘其栎，其槐其杨，群木蕃滋，数大条直以长。[10]其泽则多鱼，牧则宜牛羊。其地其樊，[11]俱宜竹、箭、藻、龟、楢、檀。[12]五臭生之，薜荔、白芷、蘪芜、椒、连。[13]五臭所校,[14]寡疾难老,士女皆好,其民工巧。其泉黄白,其人夷姤。[15]五粟之土,干而不垎,[16]湛而不泽,[17]无高下,葆泽以处。[18]是谓粟土。

【注释】

〔1〕每州有常:孙星衍云:"每州有常。"《困学纪闻·周礼类》引作"每土有常"。 〔2〕五粟:五种粟土,依粟土的颜色分。后文"五沃""五位"等都同此。 〔3〕淖(nào 闹):湿泥。《说文》:"淖,泥也。"《广雅·释诂》:"淖,湿也。"肕(rèn 刃):柔而坚,即黏也。 〔4〕䃺:通"确",瘠薄。 〔5〕种:种五谷。 〔6〕重:古"种"字,谷的种类。 〔7〕王绍兰云:"'陨'当为'渍','渍'即'渍'之借字。《说文·水部》:渍,水厓也。" 〔8〕柞(zuò 作):有刺的常绿灌木。 〔9〕檿(yàn 厌):桑树之一种。 〔10〕数:读为"速",迅速。 〔11〕樊:地边。《广雅·释言》:"樊,边也。" 〔12〕藻:夏纬瑛云:"枣"的假借字,即枣树。龟:尹桐阳云:萩也。萩,通"楸(秋)",落叶乔木。楢(yóu 由):尹桐阳云:"楢,柔木也,工官以为耎轮。"耎,软。 〔13〕连:通"莲"。莲借作"兰",兰草。下同。 〔14〕校:猪饲彦博云:"'校'疑当作'效'。"译文从"效"。 〔15〕章炳麟云:夷通"怡",喜悦。《诗经·郑风·风雨》:"既见君子,云胡不夷。"姤,即"逅"。《诗经·绸缪》:"见此邂逅",《传》:"邂逅。解说之貌。"此以解释邂,以说释逅。说即悦字。这样"夷姤"都是"悦"的意思,谓其人容颜悦畅。 〔16〕垎:王绍兰云:"当为'垎',形之误也。《说文》:'垎,水干也;一曰坚也。'" 〔17〕孙诒让云:"'泽'当为'释'之借字。《说文:采部》云'释,解也'。" 〔18〕尹知章注:"言常润也。"葆,通"保",保持。

【译文】

九州的土壤,有九十种。每种土壤都有固定的特性,而土壤的种类是有等级的。各类土壤中最上等的,这就是五种粟土。五种粟土,就是红的、青的、白的、黑的、黄的,五种粟土就有五种颜色的标记。五种粟土的性状是:湿而不黏,干硬而不瘠薄,不沾黏车轮,不沾污手脚。可种植的谷物,有大种小种,白茎白花,无不相宜。五种粟土,无论在丘陵或在山地,在水边或在平原,或背阴或朝阳,全都适宜种植桐树和柞树,没有不长得秀丽高大的。无论榆树或柳树,檿树或桑树,柘树或栎树,槐树或杨树,各种树木都能在这种土壤上繁荣滋生,长得快速高大,枝条直又长。这种土壤上的湖泽中多鱼,牧场上适宜放牛羊。无论在平地上或地边角,都适宜种竹子、箭竹、枣树、楸树、楢树和檀树。五种香草生长在这种土壤上,它们是薜荔、白芷、蘪芜、椒和兰。五种香草的功效,能使人少生病不易老,男士女子都长得美好,居民精巧。这种土壤中的泉水黄白,居住在它上面的人们欢畅。五种粟土,干而不硬,湛而不散,无论在高处或在低地,都能经常保持水分。以上是说粟土。

粟土之次曰五沃。五沃之物,或赤或青或黄或白或黑。五沃五物,各有异则。五沃之状,剽怸橐土,[1]虫易全处,[2]怸剽不白,下乃以泽。其种,大苗细苗,赪茎黑秀箭长。[3]五沃之土,若在丘在山,在陵在冈,若在陬陵之阳,[4]其左其右,宜彼群木:桐、柞、枎、櫄,[5]及彼白梓。其梅其杏,其桃其李,其秀生茎起。其棘其棠,其槐其杨,其榆其桑,其杞其枋,群木数大,条直以长。其阴则生之楂藜,[6]其阳则安树之五麻,[7]若高若下,不择畴所。其麻大者如箭如苇,大长以美;其细者如雚如蒸,[8]欲有与各。[9]大者不类,[10]小者则治,揣而藏之,[11]若众练丝。[12]五臭畴生,[13]莲、與、蘪芜、藁本、白芷。[14]其泽则多鱼,牧则宜牛羊。其泉白青,其人坚劲,寡有疥骚,终无痟酲。[15]五沃之土,干而不斥,[16]湛而不泽,无高下,葆泽以处。是谓沃土。

【注释】

〔1〕橐土:尹知章注:谓其土多窍穴若橐。 〔2〕易:张佩纶云:

"或作'鸟'。全处：聚集之地。 〔3〕赦：赤色。箭：禾秆。 〔4〕陬(zōu 邹)：山脚。来哲《补亡诗》："在陵之陬。" 〔5〕枎：疑即 扶移(yí 移)，唐棣。《尔雅·释木》："唐棣，棣。"郭璞注："似白杨，江东呼夫栘。"《本草纲目》称"枎栘"。櫄(chūn 春)：木名，似樗。樗(chū 初)，臭椿。 〔6〕藜：张佩纶云："'藜'当作'梨'。" 〔7〕王念孙云："'则'字衍，安亦则也。" 〔8〕蒸：小木柴。《周礼·王官·甸师》郑玄注："木大曰薪，小曰蒸。" 〔9〕欲有与各：许维遹云：应为"各有异名"，与上"各有异则"、下"各有异章"，文同一例。 〔10〕类：刘绩云：当作"颣"，疵节。《说文》："颣，丝节也。" 〔11〕揣：捶击。 〔12〕练：亦作"涑"。把丝麻煮得柔软洁白。 〔13〕畴生：尹知章注："畴，陇也。谓为陇而种也。" 〔14〕舆：张佩纶云：当为"蒮"，芎蒮，又名揭车。《离骚》："畦留夷与揭车兮。"王逸注："揭车，芳草。" 〔15〕痟：头痛。《说文》："痟，酸痟，头痛。" 醒(chéng 呈)：酒醒后所感觉到的困惫如病状态。《小雅·节南山》："忧心如醒。"毛《传》："酒病曰醒。" 〔16〕斥：同"坼"，裂开。

【译文】

粟土次一等的是五种沃土。五种沃土，有的是红的，有的是青的，有的是黄的，有的是白的，有的是黑的。五种沃土五种颜色，各有不同的等次。五种沃土的性状是：剽土忕土疏松而有孔窍，是虫鸟聚集的地方，疏松而不干白，土下才能保持湿润。种植的谷物，有大苗小苗，红茎黑穗而禾秆高长。五种沃土，无论在土丘或在小山，在陵上或在山冈，无论在山脚下或在山陵的南面，左面或者右面，适宜种植的树木有：桐树、柞树、唐棣、櫄树及白梓树。其中梅树杏树、桃树李树，也都鲜花怒生，枝干挺起。其中棘树海棠树、槐树杨树、榆树桑树、杞树苏枋，各种树木都长得快速高大，枝条挺直修长。在背阴面能生长楂树梨树，在朝阳面可种植五麻，无论高地低地，不必选择地方。麻粗大的如箭竹如芦苇，长得高大秀美；麻细小的如萝藦如小柴，各有不同的名称。高大的麻没有疵节，细小的麻易治不乱，捶击以后贮藏起来，就像众人漂练的白丝。还可种植五种香草：兰草、揭车、藁芜、藁本和白芷。这种土壤上的湖泽中多鱼，牧场上宜放牛羊。这种土壤中的泉水白青，居民坚强有力，少有疥疮，又无头痛眩晕。五种沃土，干而不裂，湛而不散，无论在高处或在低地，都能经常保持水分。以上是说沃土。

沃土之次曰五位。五位之物，五色杂英，各有异章。五位之状，不塥之灰，[1]青怠以落及。[2]其种，大苇无细苇无，[3]赪茎白秀。五位之土，若在冈在陵，在陯在衍，在丘在山，皆宜竹、箭、求、黽、楢、檀。[4]其山之浅，有茏与斥。[5]群木安逐，[6]条长数大，其桑其松，其杞其茸。[7]种木胥容，[8]榆、桃、柳、楝。[9]群药安生，姜与桔梗，小辛、大蒙。[10]其山之枭，[11]多桔、苻、榆；[12]其山之末，有箭与苑；[13]其山之旁，有彼黄蚩，[14]及彼白昌，山藜苇芒。群药安聚，以圉民殃。其林其漉，[15]其槐其楝，其柞其榖，[16]群木安逐，鸟兽安施。[17]既有麋麃，[18]又且多鹿。其泉青黑，其人轻直，[19]省事少食。无高下，葆泽以处。是谓位土。

【注释】

〔1〕塥（gé隔）：沙碛。尹知章注："塥，谓坚不相著。" 〔2〕落：尹知章注："音苔"，地衣也。及：王引之云：盖衍文耳。 〔3〕苇无：应为谷类之一种。尹桐阳云："苇，薇也。无，芜也。苇无谓薇之茂生者，《说文》'薇，菜也'，则今野豌豆也。" 〔4〕求、黽：据张文虎说，即藻（枣）、龟（楸）。 〔5〕茏：茏古，即红草。茏亦省作龙。《诗经·郑风·山有扶苏》："湿有游龙"，毛《传》："龙，红草也。"《尔雅·释草》："红，茏古。"斥：丁士涵云："斥"字之误。斤，即"芹"，水芹。〔6〕群木安逐：王念孙云："安，于是也，《尔雅》曰'逐，强也'，言群木于是强盛也，下文'群药安生''群药安聚''群木安逐''鸟兽安施'义并同也。" 〔7〕茸：楺。《广韵》："楺，木名，似檀。"
〔8〕种木胥容：各种树木都可在位土里生长。胥，全、都。 〔9〕楝：郭沫若云：假为"桐"。 〔10〕小辛：即细辛，草药名。大蒙：即唐蒙，草药名。 〔11〕山之枭（xiāo嚣）：山巅。尹知章注："枭，犹颠也。"
〔12〕苻：张佩纶云：当作"苻"。《释草》："苻，鬼目。"即鬼目草。
〔13〕箭：王念孙云："葥"之误，草名。苑：通"菀"。柴菀、女菀之

类。〔14〕莔：即"莔"，贝母。《诗经·载驰》："言采其莔。"《传》："莔，贝母也。"〔15〕漉：安井衡云：读为"麓"，山麓。〔16〕榖：楮木。《说文》："榖，楮也。"〔17〕施：王绍兰云：当为"族"字，形之误也。〔18〕麃（páo 袍）：兽名，鹿属。〔19〕轻直：尹知章注："言其性廉。"

【译文】

　　沃土次一等的是五种位土。五种位土，像五色相杂的草木之花，各有不同的颜色标记。五位土壤的性状是：不像沙碛那样坚硬，也不像草灰那样松软，青色像态土样疏松而长有地衣。种植的谷物，有大苇无小苇无，红茎白花。五种位土，无论在山冈或在山陵，在水边或在平原，在土丘或在小山，都适宜种植竹子、箭竹、枣树、楸树、楢树和檀树。在山上的浅水里，有茏古和水芹。各种树在这种土壤里长得旺盛，枝条大而长得快，如桑树、松树、杞树和榵树。各种树木都可在这种土壤上生长，如榆树、桃树、柳树和桐树。各种药草在这种土壤里可以生长，如姜、桔梗、细辛和唐蒙。在山顶上，多生桔梗、鬼目和榆；在山脚下，生有蒯草和菀草；在山的旁侧，生有黄贝母，以及白昌、山藜、苇芒。各种药草在这种土壤上聚生，可用来抵御居民的疾患。在山林或在山麓，其中槐树、楝树、柞树、楮树，各种树木都在这种土壤上长得旺盛，鸟兽在这种土壤上族类繁多。既有麋麂，又多鹿。这种土壤中的泉水青黑，居住其上的居民轻快爽直，省事少食。无论在高处或在低地，都能经常保持水分。以上是说位土。

　　位土之次曰五蔭。[1]五蔭之状，黑土黑落，青怵以肥，[2]芬然若灰。[3]其种，榴葛，[4]觫茎黄秀恚目，[5]其叶若苑。以蓄殖果木，[6]不若三土以十分之二。[7]是谓蔭土。

【注释】

　　[1]何如璋云："'蔭'当为'隐'，涉下而误。"〔2〕怵：同"态"，态土。〔3〕尹知章注："芬然，壤起貌。"芬，同"坟"，隆起貌。〔4〕榴葛：张佩纶云：当作"榴穤"，稻禾名。〔5〕恚曰：尹知

章注："谓壳实怒开也。"形容谷粒丰满。〔6〕丁士涵云："'以'字衍，下文言'蓄殖果木'，凡十三句，皆无'以'字。"蓄：同"畜"。殖：指种植的谷类。〔7〕三土：指上文的粟土、沃土、位土。尹知章注："言于三土十分，已不如其二分。"即差十分之二。

【译文】

位土次一等的是五种隐土。五种隐土的性状是：黑色的土壤上长有黑色的地衣，像青忒土那样地肥沃，疏松凸起像草木灰一样。种植的谷物，有檽稬，红茎黄花谷粒丰满，叶子像苑草。这种土壤的畜产、粮食、水果和林木的收获，要比上述的三土差二成。以上是说隐土。

隐土之次曰五壤。五壤之状，芬然若泽若屯土。[1]其种，大水肠细水肠，[2]觫茎黄秀以慈，[3]忍水旱，无不宜也。蓄殖果木，不若三土以十分之二。是谓壤土。

【注释】

〔1〕泽：郭沫若云：假为"萚（tuò 拓）"，草木脱落的皮叶。屯土：郭沫若云："殆如今之堆肥。"还云："此正证明堆肥之法古已行之。"
〔2〕水肠：即水稻。张佩纶云：稻非水不生，以肠状稻穗，故名水肠。
〔3〕慈：许维遹云：犹言丰满。今齐东俗语凡称谷实丰满者谓之"慈成"。

【译文】

隐土次一等的是五种壤土。五种壤土的性状是：疏松凸起像地上的败叶残草，像肥堆。种植的谷物，有大水肠小水肠，红茎黄花谷粒丰满，能耐水旱，无不相宜。这种土壤的畜产、粮食、水果和林木的收获要比上述的三土差二成。以上是说壤土。

壤土之次曰五浮。五浮之状，捍然如米，[1]以葆泽，不离不坼。[2]其种，忍蕴。[3]忍叶如藿叶以长狐茸，黄茎黑茎黑秀，其粟大，无不宜也。蓄殖果木，不如三土以十分之二。

【注释】
〔1〕捍：尹知章注："捍，坚貌。其土屑碎如米。" 〔2〕坼(chè彻)：裂开。 〔3〕忍蕴：尹桐阳云："隐忍"之倒文，《尔雅》："蔠，隐忍。"蔠即"稑"，《说文》："稑稵，谷名。"

【译文】
壤土次一等的是五种浮土。五种浮土的性状是：坚硬屑碎像米粒，因为能保持水分，所以不离散不裂开。种植的谷物，有隐忍。它的叶子像萝藦叶而长着像狐毛一样的茸毛，茎有黄色的、有黑色的，开黑花，粟粒大，种在这种土壤上，无不相宜。这种土壤的畜产、粮食、水果和林木的收获，比上述的三土要差二成。

凡上土三十物，种十二物。

【译文】
以上共计上等土壤三十种，可种植的谷物十二种。

中土曰五纑。五纑之状，廪焉如壏，[1]润湿以处。其种，大稷细稷，秾茎黄秀慈，忍水旱，细粟如麻。[2]蓄殖果木，不若三土以十分之三。

【注释】
〔1〕廪：此指米仓里堆积着的米。壏：郭沫若云：殆假用为盐字也。译文依郭说。 〔2〕细粟如麻：尹知章注："其繁美若麻也。"

【译文】

中等土壤首先是五种恧土。五种恧土的性状是：一粒粒的像堆积着的米和盐，又经常能保护湿润。种植的谷物，有大稷细稷，红茎黄花谷粒丰满，能耐水旱，细粟粒繁多色美如同麻籽。这种土壤的畜产、粮食、水果和林木的收获，要比上述的三土差三成。

恧土之次曰五纑。^[1]五纑之状，强力刚坚。其种，大邯郸细邯郸，^[2]茎叶如柭櫄，^[3]其粟大。蓄殖果木，不若三土以十分之三。

【注释】

〔1〕纑：汪继培云："垆"之借字。《说文》："垆，刚土也。"《尚书释文》引作"黑刚土也"。 〔2〕邯郸：以产地命名的谷类。 〔3〕柭櫄：两种树的名称。"柭櫄"为黑稻，而"櫄"不详。

【译文】

恧土次一等的是五种垆土。五种垆土的性状是：强韧而刚硬。种植的谷物，有大邯郸小邯郸，茎叶如柭櫄，粟粒粗大。这种土壤的畜产、粮食、水果和林木的收获，要比上述三土差三成。

垆土之次曰五坺。五坺之状，芬焉若糠以肥。^[1]其种，大荔细荔，^[2]青茎黄秀。蓄殖果木，不若三土以十分之三。

【注释】

〔1〕"芬焉"句：丁士涵云：尹知章《注》：其地色黄而虚。"肥"字必为"脆"字之误。尹注"虚"字正释"脆"字。 〔2〕荔：应为"秜"，谷类。《集韵》："秜，音利，长禾也。"

【译文】
　　垆土次一等的是五种壏土。五种壏土的性状是：细细的像米糠又脆性。种植的谷物，有大秬小秬，青茎黄花。这种土壤的畜产、粮食、水果和林木的收获，要比上述三土差三成。

　　壏土之次曰五剽。五剽之状，华然如芬以脉。[1]其种，大秬细秬，[2]黑茎青秀。蓄殖果木，不若三土以十分之四。

【注释】
　　〔1〕孙诒让云：脉是"脆"的误字。　〔2〕秬（jù 巨）：黑黍。《诗经·大雅·生民》："维秬继秠。"

【译文】
　　壏土次一等的是五种剽土。五种剽土的性状是：光亮如粉而有脆性。种植的谷物，有大黑黍小黑黍，黑茎青花。这种土壤的畜产、粮食、水果和林木的收获，要比上述三土差四成。

　　剽土之次曰五沙。五沙之状，粟焉如屑尘厉。[1]其种，大荝细荝，[2]白茎青秀以蔓。蓄殖果木，不如三土以十分之四。

【注释】
　　〔1〕"粟焉"句：尹知章注："言其地粟碎，故若屑尘之厉。厉，踊起也。"　〔2〕荝（fù 妇）：刘绩云："小豆，四月生。"

【译文】
　　剽土次一等的是五种沙土。五种沙土的性状是：细细的如飞扬的尘屑。种植的谷物，有大荝细荝，白茎青花而蔓生。这种土壤的畜产、粮食、水果和林木的收获，要比上述三土差四成。

沙土之次曰五塥。五塥之状，累然如仆累，[1]不忍水旱。其种，大穆杞细穆杞，[2]黑茎黑秀。蓄殖果木，不若三土以十分之四。

【注释】
〔1〕仆累：蜗牛。《山海经·中山经》：崥渚是多仆累。郭璞注："仆累，蜗牛也。" 〔2〕穆杞：王念孙云：当为"穋(lù 戮)杞"，是一种早熟作物。

【译文】
沙土次一等的是五种塥土。五种塥土的性状是：一粒粒重叠着如同蜗牛，不耐水旱。种植的谷物，有大穆杞细穆杞，黑茎黑花。这种土壤的畜产、粮食、水果和林木，要比上述三土差四成。

凡中土三十物，种十二物。

【译文】
以上共计中等土壤三十种，可种植的谷物十二种。

下土曰五犹。[1]五犹之状如粪。其种，大华细华，[2]白茎黑秀。蓄殖果木，不如三土以十分之五。

【注释】
〔1〕犹：即"莸"。本是一种臭草，故犹土有臭味。 〔2〕华：王绍兰云：即黍也。"《诗经·小雅·笙诗》有'华黍'，故黍得华名。"

【译文】

下等土壤首先是五种犹土。五种犹土的性状如同大粪。种植的谷物,有大华黍细华黍,白茎黑花。这种土壤的畜产、粮食、水果和林木的收获,要比上述三土差五成。

犹土之次曰五壮。[1]五壮之状如鼠肝。其种,青粱,[2]黑茎黑秀。蓄殖果木,不如三土以十分之五。

【注释】

〔1〕壮:戴望云:元本作"壮"。《淮南子》:"壮土之气御于赤天。"许慎注:"壮土,南方之土也。"又《释名》:"土,赤曰鼠肝,似鼠肝色也。"故知壮土为赤色,南方之土。 〔2〕青粱:有"大青粱细青粱"二种。

【译文】

犹土次一等的是五种壮土。五种壮土的性状是如同鼠肝那样赤红。种植的谷物,有大青粱细青粱,黑茎黑花。这种土壤的畜产、粮食、水果和林木的收获,要比上述三土差五成。

壮土之次曰五殖。五殖之状,甚泽以疏,[1]离坼以臞塥。[2]其种,雁膳黑实,[3]朱跗黄实。[4]蓄殖果木,不如三土以十分之六。

【注释】

〔1〕甚泽:谓土湿解散。甚,通"湛";泽,孙诒让云:读为"释"。 〔2〕臞塥:犹言贫瘠。臞(qú 渠),瘦。塥(jí 籍),薄土。 〔3〕雁膳:稻之一种,夏纬瑛云:"膳"当为"籼"。 〔4〕朱跗:赤米。尹桐阳云:跗,同"柎",米皮,今所谓红米粘,吴语谓之赤米。

【译文】

　　壮土次一等的是五种殖土。五种殖土的性状是：遇到水就散开而疏松，干旱就开裂而贫瘠。种植的谷物，有籼稻黑谷，赤米黄谷。这种土壤的畜产、粮食、水果和林木的收获，要比上述三土差六成。

　　五殖之次曰五觳。[1]五觳之状娄娄然，[2]不忍水旱。其种，大菽细菽，[3]多白实。蓄殖果木，不如三土以十分之六。

【注释】

　〔1〕五殖：王念孙云：当为"殖土"。译文从之。觳：依汪继培云："确"之假借。下同。《说文》作"硗确"。《广韵》："硗确，瘠土。"
　〔2〕娄娄：空疏。《说文》："娄，空也。"　〔3〕菽(shū 叔)：豆的总称。

【译文】

　　殖土次一等的是五种确土。五种确土的性状是空疏的，不耐水旱。种植的谷物，有大豆小豆，豆粒多为白色。这种土壤的畜产、粮食、水果和林木的收获，要比上述三土差六成。

　　觳土之次曰五凫。[1]五凫之状，坚而不骼。[2]其种，陵稻：[3]黑鹅马夫。[4]蓄殖果木，不如三土以十分之七。

【注释】

　〔1〕凫：孙诒让云：当为"舄"，形近而误。即《草人》之"咸潟"，郑司农注云："潟，卤也。"泻亦作"舄"，故舄为盐碱地。
　〔2〕骼：猪饲彦博云：疑为"垎"，《说文》："垎，水干也，一曰坚也。"
　〔3〕陵稻：即"陆稻"，陆地之稻。　〔4〕黑鹅马夫：为陆稻的两个品种。尹桐阳以为黑鹅即荞麦，马夫即《尔雅》之所谓"柱夫"，即翘摇车。

【译文】

　　确土次一等的是五种㤿土。五种㤿土的性状是：坚实而不干硬。种植的谷物，有黑鹅马夫。这种土壤的畜产、粮食、水果和林木的收获，要比上述三土差七成。

　　㤿土之次曰五桀。[1]五桀之状，甚咸以苦，其物为下。其种，白稻长荚。[2]蓄殖果木，不如三土以十分之七。

【注释】

　　〔1〕桀：枯。《说文》："桀，磔也。"磔，辜也。《周礼·掌戮注》："辜之言枯也，谓磔之。"桀土是严重的盐碱地。 〔2〕何如璋云："'狭'乃'荚'字，《广雅》豆角谓之荚。"译从。

【译文】

　　㤿土次一等的是五种桀土。五种桀土的性状是：十分的咸苦，是最下等的土壤。种植的谷物，有白稻长荚。这种土壤的畜产、粮食、水果和林木的收获，要比上述三土差七成。

　　凡下土三十物，其种十二物。

【译文】

　　以上共计下等土壤三十种，可种植的谷物十二种。

　　凡土物九十，其种三十六。

【译文】

　　全文论述的土壤总计九十种，可种植的谷物总计三十六种。

弟子职第五十九

【题解】

　　弟子职，弟子的职责，犹今之学生守则。郭沫若云："《弟子职篇》当是齐稷下学官之学则，故被收入《管子》书中。"《太平御览》十八益都下引刘向《别录》云："齐有稷门，齐之城西门也。外有学堂，即齐宣王所立学官也。故称为稷下之学。"据史书记载，学堂兴盛时，学士多达"数百千人"。由本篇也可看出学堂中弟子颇多，年龄有长有少；房舍颇具，有堂有室，有寝有庖，师生都食息其中。规模宏大，制度俱全，纪律严明。本篇论述弟子在学中的要求与纪律，从学习、修养到生活，涉及的内容很多。开篇是总则，总论对弟子在学习态度、品德修养和日常生活诸方面的总要求。接着是分则，论述从早到晚的学习生活各方面弟子应该遵守的具体规则，其中包括起床、奉师、上课、对客、就餐、洒扫、执烛、晚习等方面的具体要求，分专章叙述。最后是结尾，要求弟子"周则复始"地坚持遵守。这是一篇完整严密的古代学府的学规，是教育史的珍贵资料。

　　先生施教，弟子是则，[1]温恭自虚，所受是极。[2]见善从之，闻义则服。[3]温柔孝悌，毋骄恃力。志毋虚邪，[4]行必正直。游居有常，必就有德。颜色整齐，中心必式。[5]夙兴夜寐，衣带必饰。朝益暮习，小心翼翼。[6]一此不解，[7]是谓学则。

【注释】

〔1〕则：效法。《风俗通义》引"是则"作"则之"，义同。〔2〕极：穷尽。〔3〕服：实行。〔4〕虚：尹知章注："虚，谓虚伪。"邪：奸邪。〔5〕式：法式，规范。〔6〕翼翼：恭敬的样子。〔7〕一：专一。解：通"懈"，松懈。

【译文】

先生施行教育，弟子就要遵照学习，谦和虚心，才能全部领会。看见善良的就要学习，听到正义的就要奉行。温和孝敬，不要骄横自恃有力。志向不能虚伪奸邪，行为必须正派直率。交游居家遵守常规，必定接近有德君子。姿容保持和谐统一，思想必定合乎规范。早起晚睡，衣带齐整。早学新晚温旧，始终小心翼翼。专心遵守永不松懈，这就是学习规则。

少者之事，夜寐蚤作。[1]既拚盥漱，[2]执事有恪。[3]摄衣共盥，[4]先生乃作。沃盥彻盥，[5]汜拚正席，[6]先生乃坐。出入恭敬，如见宾客。危坐乡师，[7]颜色毋作。[8]受业之纪，必由长始。一周则然，其余则否。[9]始诵必作，其次则已。

【注释】

〔1〕蚤：同"早"。〔2〕拚(fèn 奋)：扫除。尹知章注："扫席前曰拚。"盥(guàn 贯)：浇水洗手。段玉裁《说文解字注·皿部》："《礼记·内则》云：'请沃盥。'沃者，自上浇之；盥者，手受之而下流于槃（盘）。"〔3〕恪(kè 克)：恭敬，谨慎。《诗经·商颂·那》："执事有恪。"毛《传》："恪，敬也。"〔4〕尹知章注："谓供先生之盥器也。"摄衣，表示恭敬。共，通"供"。〔5〕彻：通"撤"，撤除。《左传·宣公十二年》："且虽诸侯相见，军卫不彻，警也。"〔6〕汜：王筠云：当作"汎"，《说文》："汎，洒也。"译文从"汎"。〔7〕危坐：端坐。乡：同"向"。〔8〕作：尹知章注："作，谓变其容貌。"〔9〕尹知章注："谓始教一周则从长始，一周之外则不然。"

【译文】

　　少年弟子侍奉先生,要晚睡早起。起床之后扫除盥洗漱口,做事要小心恭敬。提起衣襟为先生做好盥洗准备,先生才起床。先生洗漱完毕就撤去盥洗器具。抹干净摆正讲席,请先生坐。弟子进出恭敬有礼,如同会见宾客。一个个端坐面向老师,姿容不要做作。接受老师的讲课次序,必由年长弟子开始。老师讲授一圈之后,其余就不再按年龄。第一次向老师诵读必定要站起身来,第二次也就可免了。

　　凡言与行,思中以为纪。[1]古之将兴者,必由此始。后至就席,狭坐则起。[2]若有宾客,弟子骏作。[3]对客无让,[4]应且遂行,趋进受命。[5]所求虽不在,必以反命,反坐复业。若有所疑,奉手问之。师出皆起。

【注释】

　　[1]中:适中。纪:纲纪,准则。 [2]狭坐则起:尹知章注:"狭坐之人,见后至者则当起。"狭,旁边。 [3]骏:迅速。《诗经·周颂·噫嘻》:"骏发而私。"郑玄笺:"骏,疾也。" [4]让:通"攘",排斥。李斯《谏逐客书》:"是故泰山不让土壤,故能成其高。" [5]"应且"二句:尹知章注:"受先生命。"趋,快步而行,表示有礼。

【译文】

　　一切言论行为,都以适中作为准则。古代将有作为的人,必定都是从此开始。后到的学子要入席就位,旁座的人就应起立让行。如有宾客来到,弟子要迅速站起,对宾客不得拒绝,边答应边迎接,又快步进去向老师请示。即使客人要会见的人不在,也必定要回复客人,然后回到座位继续学习。学习如遇有疑问,就举手询问先生。老师出堂,弟子都要起立。

　　至于食时,先生将食,弟子馔馈。摄衽盥漱,[1]跪坐而馈。[2]置酱错食,[3]陈膳毋悖。凡置彼食:鸟兽鱼鳖,必先菜羹。羹胾中别,[4]胾在酱前,[5]其设要方。饭是为卒,左酒右酱。[6]告具而退,奉手而立。三饭二斗,左执虚豆,[7]右执挟匕,[8]周还而贰,[9]唯嗛之视。[10]同嗛以齿,周则有始,柄尺不跪,[11]是谓贰纪。先生已食,弟子乃彻。趋走进漱,拚前敛祭。[12]先生有命,弟子乃食。以齿相要,[13]坐必尽席。[14]饭必奉擥,[15]羹不以手。亦有据膝,毋有隐肘。[16]既食乃饱,循咡覆手。[17]振袵扫席,已食者作,抠衣而降。[18]旋而乡席,各彻其馈,如于宾客。既彻并器,[19]乃还而立。

【注释】

〔1〕袵:衣袖。 〔2〕跪坐:恭敬的样子。《说文》:"跪,拜也。"《正字通》朱子谓两膝着地,以尻着膝而稍安者为坐,伸腰及股而势危者为跪。因跪而益致其恭,以头着地为拜。 〔3〕错:通"措",安放。 〔4〕胾(zì字):大块的肉。《史记·绛侯世家》:"召条侯赐食,独置大胾。"裴骃集解:"韦昭曰:胾,大脔也。"脔(luán 峦),切成块形的肉。 〔5〕尹知章注:"远胾近酱,食之便也。" 〔6〕酱:刘绩云:当为"浆"字之误。 〔7〕豆:古代食器,形似高足盘,有盖,用来盛食物。此借指餐具,如碗之类。 〔8〕挟匕:餐具。挟,筷子;匕,饭勺子。 〔9〕贰:再次,此指添饭。尹知章注:"贰,谓再益。" 〔10〕嗛:通"歉"。尹知章注:"食尽曰嗛。" 〔11〕柄尺:长柄勺子,柄长一尺。 〔12〕祭:祭品。古代每饭必祭。 〔13〕要:通"邀",邀请。 〔14〕尽席:靠近餐席。尹知章注:"所谓坐尽前。" 〔15〕擥:王筠云:"俗作'揽'。"《说文》:"擥,撮持也。" 〔16〕隐:凭依。《庄子·齐物论》:"南郭子綦隐机而坐。"尹知章注:"隐肘则大伏也。"意谓两肘凭靠在餐桌上,就是伏在桌上了。 〔17〕咡(èr 二):口旁,口耳之间。尹知章注:"咡,口也。覆手循之,所以拭其不洁也。" 〔18〕抠衣:提衣。 〔19〕并:即"屏",《古文尚书》:"屏璧与珪。"《传》:"屏,藏也。"尹知章注:"并,谓藏去也。"

【译文】

　　至于饮食的时候,先生将要用餐,弟子就要准备饭菜。挽起衣袖洗手之后,恭敬地上菜上饭。安放好酱和食物,饭食的陈列不能违背常规。安置的规则是:进鸟兽鱼鳖这类荤菜之前,必先上蔬菜羹汤。羹汤和块肉相间安放,块肉要放在酱的前面,桌面的设置要成方形。上饭应在最后,席位上左边放酒右边放浆。饭菜上毕即可退在一旁,垂手站立。三碗饭两斗酒,弟子左手拿着空碗,右手拿着筷子勺子,轮番地为先生添菜加饭,注意着先生的杯碗。同时出现数人杯碗不满则先为年长者添加,周而复始,使用长柄勺子就不必多礼,这就是添菜加饭的准则。先生用餐完毕,弟子就撤去桌面。快步奔走供奉洗漱,清扫席面收藏祭品。先生吩咐之后,弟子才能进餐。按年龄相互让座,尽量靠近席面端坐,吃饭必捧碗,喝汤不用手。两手紧靠膝盖,两肘不能上桌。吃饱之后,用手抹净嘴边。拉动衣衫推移坐垫,用餐完毕站起身来,提起衣襟离开席位。转身又向席位走来,各自撤去席面,如同为宾客所做的那样。撤去席面以后各自收藏食具,然后再回来立着待命。

　　凡拚之道,实水于盘,攘臂袂及肘,堂上则播洒,室中握手。[1]执箕膺揲,[2]厥中有帚。入户而立,其仪不忒。[3]执帚下箕,倚于户侧。凡拚之纪,必由奥始。[4]俯仰磬折,[5]拚毋有彻。[6]拚前而退,[7]聚于户内。坐板排之,以叶适己,实帚于箕。先生若作,乃兴而辞。坐执而立,遂出弃之。既拚反立,是协是稽。[8]

【注释】

　　〔1〕"堂上"二句:尹知章云:"堂上宽,故播散而洒;室中隘,故握手为掬以洒。"　〔2〕膺揲:谓箕舌朝着胸口。膺,胸。揲,同"叶",同"擖"。《释文》:"擖,箕舌。"　〔3〕忒(tè 特):差忒,差误。〔4〕奥(ào 澳):室内西南角。《释名·释宫室》:"室中西南隅曰奥,不见户明,所在秘奥也。"　〔5〕磬(qìng 庆)折:弯腰如磬。《礼记·曲礼下》:"立则磬折垂佩。"磬,古代乐器。　〔6〕彻:尹知章注:"彻,动也。不得触动他物也。"　〔7〕尹知章注:"谓从前扫而却退也。"

〔8〕协：合。《尚书·汤誓》："有众率怠弗协。"孔《传》："不与上和合。"稽：相合。《礼记·儒行》："儒有今人与居，古人与稽。"

【译文】
　　扫除的守则是：充水到盘子里，挽起衣袖到肘部，堂屋里可以挥手洒水，内室中只能掬水轻滴，拿着畚箕箕口朝自身，畚箕中放有扫帚。进入门户要站立一会，礼仪不能有差错。拿起扫帚放下畚箕，把畚箕放在门侧。扫除的程序，必定从室中的西南角开始。低着头弯着腰，扫除不要触动他物。边扫除边后退，把垃圾聚在门内。再下蹲用木板把垃圾推进畚箕里，要把畚箕口对着自己，要把扫帚放在畚箕上。此时先生若来相帮，就要起身辞谢。再下蹲拿起畚箕起身，然后出门倒掉垃圾。扫除完毕返回来听候先生吩咐，这才符合扫除守则。

　　暮食复礼。昏将举火，执烛隅坐。〔1〕错总之法，〔2〕横于坐所。栉之远近，〔3〕乃承阙火，居句如矩，〔4〕蒸间容蒸。〔5〕然者处下，〔6〕奉椀以为绪。〔7〕右手执烛，左手正栉。有堕代烛，〔8〕交坐毋倍尊者。〔9〕乃取厥栉，遂出是去。

【注释】
　　〔1〕烛：火把，火炬。用薪柴等物扎成，点燃用来照明。本节专述举火执烛的规则。　〔2〕错：通"措"。安置，安放。总：即"烛"。尹知章注："总，设烛之束也。"束，柴束。　〔3〕栉(zhì 质，旧读 jié节)：尹知章注："栉谓烛尽。"即火把燃烧后剩余的部分。远近：指长短。　〔4〕居句如矩："居"借为"倨"，直而折曲。《礼记·乐记》："倨中矩，句钩。"钩，弯曲。此谓旧烛将尽，以新烛继之，一横一直，两端相接之处成矩角。　〔5〕蒸：尹知章注："蒸，细薪者，蒸之间必令容蒸。"即柴束不要靠得太近，以便通风易燃。　〔6〕然："燃"的本字。　〔7〕奉：一作"捧"。椀：即"碗"字。绪：烛烬，火灰。　〔8〕有堕代烛：尹知章注："烧烛者有堕，即令其次代之也。"堕通"惰"，疲乏。　〔9〕倍：通"背"。

【译文】

晚饭时要再行礼仪。黄昏时要举火照明,手持火炬坐在屋的一角。安放柴束的方法,是横堆在座位的地方。要根据未烧尽的柴束的长短,来进行火种的接续。接火时新旧火炬构成直角,新旧火炬间要留有空隙通风。燃烧的火炬处在下面,要捧着碗来装残灰。右手拿着火炬,左手整理残柴。一人疲劳了另一个人来接替掌火,轮番交替时不能背向老师。要收拾残柴余灰,走出门去倾倒干净。

先生将息,弟子皆起。敬奉枕席,问所何趾。[1]俶衽则请,[2]有常有否。[3]先生既息,各就其友。相切相磋,各长其仪。[4]

【注释】

〔1〕趾:脚。《诗经·周南·麟之趾》毛《传》:"趾,足也。"〔2〕俶(chù 触):开始。《诗经·周颂·载芟》:"俶载南亩。"衽(rèn 认):床席。《礼仪·士丧礼》:"衽如初。"郑玄注:"衽,寝卧之席也。"〔3〕有常有否:陶鸿庆云:当作"有常则否"。译文从之。 〔4〕各长其仪:洪亮吉云:"韦昭《国语注》'长,益也。'""'仪'与'义'同。谓各增益其义蕴也。"

【译文】

先生将要休息,弟子都要起身侍奉。恭敬地捧来枕席,询问老师的脚朝何处。第一次铺床时需要询问,以后没有变化也就不必再问。老师休息以后,每个弟子要寻找学友,相互商讨研究,各人增长自己的学问。

周则复始,是谓弟子之纪。

【译文】

要周而复始地坚持遵守,这就是弟子的守则。

管子解

形势解第六十四

【题解】

本篇为《形势》篇的逐句诠解,有少部分亡佚。原篇中下列数句本篇无解:"神者在内,不及者在门。在内者将假,在门者将待。曙戒勿怠,后稚逢殃。""上失其位,则下逾其节。""有闻道而好为家者,一家之人也。""有闻道而好为国者,一国之人也;有闻道而好为天下者,天下之人也;有闻道而好定万物者,天下之配也。""得天之道,其事若自然;失天之道,虽立不安。""万物之于人也,无私近也,无私远也。""顺天者有其功,逆天者怀其凶,不可复振也。"

罗根泽《管子探源》认为本篇为"战国末秦未统一前杂家作"。

山者,物之高者也;惠者,主之高行也;慈者,父母之高行也;忠者,臣之高行也;孝者,子妇之高行也。故山高而不崩,则祈羊至;主惠而不解,[1]则民奉养;父母慈而不解,则子妇顺;臣下忠而不解,则爵禄至;子妇孝而不解,则美名附。故节高而不解,[2]则所欲得矣,解则不得。故曰"山高而不崩,则祈羊至矣"。

【注释】

〔1〕解:同"懈"。 〔2〕节高:崇高的名节。

【译文】

　　万物中崇高的形体是山岭,君主崇高的德行是给百姓恩惠,父母崇高的德行是对子女慈爱,臣下崇高的德行是忠于君主,子女崇高的德行是孝顺父母。所以山岭高峻而不崩溃,人们就要用羊去祭祀;君主不懈地给百姓恩惠,百姓就能得到奉养;父母不懈地对子女慈爱,子女就会依顺父母;臣下不懈地忠于君主,就会得到爵位和利禄;子女不懈地孝敬父母,就会获得美好的名声。所以不懈地保持崇高的名节,就会得到向往的东西,而松懈了就得不到。因此说"山岭高峻而不崩溃,人们就要用羊去祭祀"。

　　渊者,众物之所生也,能深而不涸,则沉玉至;主者,人之所仰而生也,能宽裕纯厚而不苛忮,[1]则民人附;父母者,子妇之所受教也,能慈仁教训而不失理,则子妇孝;臣下者,主之所用也,能尽力事上,则当于主;[2]子妇者,亲之所以安也,能孝弟顺亲,[3]则当于亲。故渊涸而无水,则沉玉不至;主苛而无厚,则万民不附;父母暴而无恩,则子妇不亲;臣下随而不忠,[4]则卑辱困穷;子妇不安亲,则祸忧至。故渊不涸,是所欲者至,涸则不至。故曰"渊深而不涸,则沉玉极"。

【注释】

　〔1〕忮(zhì至):忌恨,嫉妒。 〔2〕当于主:指适合于君主。 〔3〕弟:同"悌",敬爱兄长。 〔4〕随:宋本作"堕",同"惰",怠惰。

【译文】

　　水潭是众物生存的地方,能够幽深而不干枯,人们就要用玉去祭祀;君主是百姓崇仰而赖以生存的人,能够宽容厚道,而不苛严忌恨,百姓就会归附;父母是最早对子女施行教育的人,能以慈爱之心进行教诲而不失道理，子女就会孝顺；臣下是君主所任用的人，能尽心尽力地为君主效劳，就是君主需要的；子女是维系双亲关系的人，能孝顺长辈，友爱兄弟，就是双亲需要的。因而水潭干枯无水，人们就不会用玉去祭祀；君主苛严不宽厚，万民就不会归附；父母暴虐不慈爱，子女就不会亲近；臣下怠惰不忠诚，就将地位卑辱、境遇困窘；家庭关系不稳定，祸患忧虑就会到来。所以水潭不干枯，就会得到向往的东西，干枯了就得不到。因此说"水潭幽深而不干枯，人们就要用玉去祭祀"。

天覆万物、制寒暑、行日月、次星辰，天之常也，治之以理，终而复始。主牧万民、治天下、莅百官，[1]主之常也，治之以法，终而复始。和子孙、属亲戚，[2]父母之常也，治之以义，终而复始。敦敬忠信，臣下之常也，以事其主，终而复始。爱亲善养，思敬奉教，子妇之常也，以事其亲，终而复始。故天不失其常，则寒暑得其时，日月星辰得其序；主不失其常，则群臣得其义，百官守其事；父母不失其常，则子孙和顺，亲戚相欢；臣下不失其常，则事无过失，而官职政治；[3]子妇不失其常，则长幼理而亲疏和。[4]和故用常者治，失常者乱。天未尝变其所以治也，故曰"天不变其常"。

【注释】

〔1〕莅：君临。〔2〕属：连接。〔3〕政治：同"整治"。此谓治理好本职工作。〔4〕长幼理：指理顺长幼关系。

【译文】

天覆盖万物、驾驭寒暑、运行日月、排列星辰，这是天的常规，它靠自然规律来调节，周而复始不改变。君主统治万民、治理天下、掌管百官，这是君主的常规，它用法令来控制，周而复始不改变。使子孙和睦，让亲戚系连，这是父母的常规，它以道义来维系，周而复始不改变。

敦厚、恭敬、忠贞、诚信,这是臣下的常规,它用以侍奉君主,周而复始不改变。敬爱双亲,善于奉养,思念孝顺,恭听教诲,这是子女的常规,它用以侍奉父母,周而复始不改变。因而,天不改变它的常规,那么寒暑就会按时更替,日月星辰就会顺序运行;君主不改变他的常规,那么群臣就会得到仁义,百官就会各司其职;父母不改变他的常规,那么子孙就和睦顺利,亲戚就相互融洽;臣下不改变他的常规,那么就治事没有过失,职责整治有序;子女不改变他常规,那么就长幼次序顺理,亲疏关系和睦。所以符合常规的就安定,改变常规的就混乱。天并没有改变它调节天下的常规,因此说"天不改变它的常规"。

地生养万物,地之则也;治安百姓,[1]主之则也;教护家事,父母之则也;正谏死节,臣下之则也;尽力共养,[2]子妇之则也。地不易其则,故万物生焉;主不易其则,故百姓安焉;父母不易其则,故家事辨焉;[3]臣下不易其则,故主无过失;子妇不易其则,故亲养备具。故用则者安,不用则者危。地未尝易其所以安也,故曰"地不易其则"。

【注释】

〔1〕治安百姓:使百姓安定。 〔2〕共:同"供"。 〔3〕辨:同"辩"。《说文》:"辩,治也。"

【译文】

大地生养万物,这是地的法则;让百姓安定,这是君主的法则;教诲子女,操持家务,这是父母的法则;直言劝谏,忠心死节,这是臣下的法则;尽心尽力,供养父母,这是子女的法则。地不变易它的法则,因而万物得以生长;君主不变易他的法则,因而百姓得以安居;父母不变易他的法则,因而家庭得以治理;臣下不变易他的法则,因而君主没有过失;子女不变易他的法则,因而双亲得以奉养。所以合于法则的就安宁,不合法则的就危险。地并没有变易它得以安宁的法则,因此说

"地不变易它的法则"。

春者,阳气始上,故万物生;夏者,阳气毕上,故万物长;秋者,阴气始下,故万物收;[1]冬者,阴气毕下,故万物藏。[2]故春夏生长,秋冬收藏,四时之节也;赏赐刑罚,主之节也。四时未尝不生杀也,[3]主未尝不赏罚也,故曰"春秋冬夏不更其节也"。

【注释】
〔1〕收:收敛,衰败。 〔2〕藏:潜匿,隐藏。 〔3〕生杀:指生长和衰败。

【译文】
春天,阳气开始上升,因而万物萌生;夏天,阳气完全上升,因而万物成长;秋天,阴气开始下沉,因而万物衰败;冬天,阴气完全下沉,因而万物藏匿。万物春夏的萌生、成长,秋冬的衰败、藏匿,这是四季对物候的调节;赏赐和刑罚,这是君主对臣民的调节。四季并没有停止生长和衰败的变换,君主也没有放弃赏赐和刑罚的方法,因此说"春秋冬夏四季不更换它们对万物的调节"。

天覆万物而制之,地载万物而养之,四时生长万物而收藏之。古以至今,不更其道,故曰"古今一也"。

【译文】
天覆盖万物并驾驭万物,地负载万物并生养万物,四季使万物萌生、成长,又使万物衰败、藏匿。古往今来,大自然不改变它的规律,因此说"从古到今都是相同的"。

蛟龙，水虫之神者也，乘于水则神立，[1]失于水则神废。人主，天下之有威者也，得民则威立，失民则威废。蛟龙待得水而后立其神，人主待得民而后成其威，故曰"蛟龙得水而神可立也"。

【注释】
〔1〕乘：利用。

【译文】
蛟龙是水族中的神物，利用水，它的神威才得以显示；失去水，它的神威就显示不出。君主是天下有威势的人，获得百姓，他的威势才得以树立；失去百姓，他的威势就不能树立。蛟龙要等有了水才能显示它的神威，君主要等获得百姓才能树立他的威势，因此说"蛟龙依靠深渊，它的神威才得以显示"。

虎豹，兽之猛者也，居深林广泽之中，则人畏其威而载之。[1]人主，天下之有势者也，深居则人畏其势。故虎豹去其幽而近于人，则人得之而易其威；[2]人主去其门而迫于民，则民轻之而傲其势。故曰"虎豹托幽而威可载也"。

【注释】
〔1〕载：同"戴"，尊奉。 〔2〕人得之：指人熟悉了它的习性。易：陈奂云："'易'读为傷，《说文》曰'傷，轻也'。"

【译文】
虎豹是野兽中最凶猛的，居住在深山大泽之中，因而人们惧怕它的威力并尊奉它。君主是天下有威势的人，居住在深宫大殿之中，因而百姓惧怕他的威势。所以，虎豹离开了幽林深山，与人类接近，人熟悉了它的习性，就轻视它的威力；君主离开了深宫大殿，与百姓接近，百姓就会看轻他并且鄙视他的威势。因此说"虎豹凭借丛林，它的威力才得以尊奉"。

风，漂物者也，[1]风之所漂，不避贵贱美恶；雨，濡物者也，[2]雨之所堕，不避小大强弱。风雨至公而无私，所行无常乡，人虽遇漂濡而莫之怨也。故曰"风雨无乡而怨怒不及也"。

【注释】
　　[1]漂：同"飘"，吹拂。下同。　[2]濡：沾湿。

【译文】
　　风是吹拂物体的，风所吹拂的物体不分贵贱、美恶；雨是沾湿物体的，雨下落沾湿的物体，不分大小、强弱。风雨是最公正无私的，它作用的对象并不固定，人们即使遭受风吹雨打也没有抱怨的。因此说"风吹雨打，没有固定的方向，因而不会招致人们的怨怒"。

人主之所以令则行、禁则止者，必令于民之所好，而禁于民之所恶也。民之情，莫不欲生而恶死，莫不欲利而恶害。故上令于生利人则令行，[1]禁于杀害人则禁止。[2]令之所以行者，必民乐其政也，而令乃行。故曰"贵有以行令也"。

【注释】
　　[1]生利人：让人生存和谋利。　[2]杀害人：使人被杀和遭祸。

【译文】

君主所以能做到令行禁止的原因,在于他的命令符合百姓所喜好的,而他的禁止也正符合百姓所厌恶的。百姓的性情,无不要生存而怕死亡,好谋利而惧祸害。因而君主的命令有利于促进百姓的生存、谋利,就能推行;君主禁止的有利于防止百姓的死亡、祸害,就能实现。政令所以能推行,必然是百姓乐于君主的政治,因而才能顺利推行。因此说"君主能推行政令"。

人主之所以使下尽力而亲上者,必为天下致利除害也。故德泽加于天下,惠施厚于万物,[1]父子得以安,群生得以育,故万民欢,尽其力而乐为上用。入则务本疾作,[2]以实仓廪;出则尽节死敌,[3]以安社稷,虽劳苦卑辱而不敢告也。此贱人之所以亡其卑也,[4]故曰"贱有以亡卑"。

【注释】

〔1〕惠施:即施惠。此句谓君主施于百姓的恩惠超过了万物。〔2〕务本:尽力从事本业(指农业)。 〔3〕尽节死敌:为保全节操不惜牺牲,与敌人战斗奋不顾身。 〔4〕亡:同"忘"。下同。

【译文】

君主所以能做到使臣民尽心尽力、又和君主亲近的原因,在于他为天下谋利益、除祸害。因而君主的德泽恩惠普施天下,超越万物,使民生得以安定,生灵得以繁育,这样,万民欢乐,尽心竭力,乐于被君主驱使。在内就努力本业,辛勤劳作,以充实仓库;出外就不怕牺牲,奋勇杀敌,以保卫国家,即使劳苦卑辱也无怨言。这就是卑贱的百姓所以能够忘却卑辱的原因,因此说"百姓能忘却卑辱"。

起居时、饮食节、寒暑适,则身利而寿命益;起居不时、饮食不节、寒暑不适,则形体累而寿命损。人惰而侈则贫，力而俭则富。夫物莫虚至，必有以也，[1]故曰"寿夭贫富，无徒归也"。

【注释】
〔1〕必有以也：此谓必有其中的原因。

【译文】
　　起居按时，饮食节制，寒暑适应，就会身体强健，寿命增加；起居不按时，饮食不节制，寒暑不适应，就会身体疲累，寿命减少。人懒惰而又奢侈必定贫穷，勤劳而又节俭必定富足。世上万物都不会凭空而来，其中必有缘故，因此说"人们有的长寿，有的短命，有的贫穷，有的富贵，这些都不是无缘无故形成的"。

　　法立而民乐之，令出而民衔之。法令之合于民心，如符节之相得也，[1]则主尊显。故曰"衔令者，君之尊也"。

【注释】
〔1〕符节：古代朝廷用作凭证的信物，常剖分为二，使用时相合为验。

【译文】
　　法制确立，百姓高兴；命令发布，百姓奉行。法令符合民心，就像符节相互吻合，因而君主的尊严就得以显现。因此说"百姓奉行命令，是君主尊严的体现"。

　　人主出言，顺于理，合于民情，则民受其辞。民受其辞，则名声章。[1]故曰"受辞者，名之运也"。

【注释】

〔1〕章：同"彰"，显著。

【译文】

君主说话，依顺道理，符合民情，百姓就接受他的指示。百姓接受他的指示，君主的声名就显赫。因此说"百姓接受指示，是声名播扬的征兆"。

明主之治天下也，静其民而不扰，佚其民而不劳。不扰则民自循，[1]不劳则民自试，[2]故曰"上无事而民自试"。

【注释】

〔1〕自循：指安守本分。　〔2〕自试：指自由发展。

【译文】

明主治理天下，让百姓安居乐业而不去骚扰他们，让百姓休养生息而不去烦劳他们。不受骚扰，百姓就安守本分；不被烦劳，百姓就自由发展。因此说"君主无为而治，百姓就自由发展"。

人主立其度量，[1]陈其分职，[2]明其法式，[3]以莅其民，而不以言先之，则民循正。所谓抱蜀者，祠器也。故曰"抱蜀不言，而庙堂既修"。

【注释】

〔1〕度量：指度量的标准。　〔2〕分职：指分工的职责。　〔3〕法式：指法度、规则。

【译文】

君主确立度量标准,公布分工职责,明确法度规则,用这些来统治百姓,而不是先乱发指示,这样,百姓就会遵循正道。所谓抱蜀,指的是祭祀用的器物。因此说"君主拿着祠器不用说话,国家就得到治理"。

将将,鸿鹄貌之美者也,貌美故民歌之;德义者,行之美者也,德义美故民乐之。民之所歌乐者,美行、德义也,[1]而明主、鸿鹄有之,[2]故曰"鸿鹄将将,维民歌之"。[3]

【注释】

〔1〕美行:王念孙云:"'美行'当为'美貌'。美貌谓鸿鹄,德义谓明主。"　〔2〕此句承上应为"鸿鹄、明主"。　〔3〕维:同"唯"。

【译文】

将将是形容天鹅形貌美丽的样子,形貌美丽,因而百姓歌咏它;道德仁义是行为美好的表现,行为美好,因而百姓赞美它。百姓所歌咏、赞美的,是美丽的形貌、美好的行为,而天鹅和明主拥有它们。因此说"美丽的天鹅,百姓歌咏它"。

济济者,诚庄事断也;[1]多士者,多长者也。周文王诚庄事断,故国治;其群臣明理以佐主,故主明。主明而国治,竟内被其利泽,[2]殷民举首而望文王,愿为文王臣。故曰"济济多士,殷民化之"。

【注释】

〔1〕诚庄事断:指真诚庄重、临事果断。　〔2〕竟:同"境"。利泽:恩泽。

【译文】
　　济济是真诚庄重、临事果断的样子,多士指多有年长的人。周文王真诚庄重,临事果断,因而国家大治;他的臣子们深明道理,辅佐君主,因而君主英明。君主英明,国家大治,境内沐浴着文王的恩泽,殷商百姓抬头仰望文王,愿投奔为文王的臣下。因此说"周朝众多的人才,感化了殷商百姓"。

　　纣之为主也,劳民力,夺民财,危民死。冤暴之令,加于百姓;憯毒之使,[1]施于天下。故大臣不亲,小民疾怨,天下叛之而愿为文王臣者,纣自取之也。故曰"纣之失也"。

【注释】
　　〔1〕憯毒:残酷狠毒。

【译文】
　　商纣作为君主,劳累百姓体力,掠夺百姓财物,危害百姓至死。枉曲暴虐的法令,强加于百姓;残酷狠毒的使者,横行于天下。因此大臣不亲君主,百姓痛恨怨怒,天下都背叛殷商而愿成为周文王的臣下,这是商纣咎由自取的。因此说"这是商纣失天下的原因"。

　　无仪法程式,蜚摇而无所定,谓之蜚蓬之问。[1]蜚蓬之问,[2]明主不听也;无度之言,明主不许也。故曰"蜚蓬之问,不在所宾"。

【注释】
　　〔1〕林圃云:《后汉书·明帝纪注》引此文:"'飞蓬'下无'之问'二字。"译文略去"之问"。蜚:同"飞"。下同。　〔2〕蜚蓬之问:尹知章云:"蓬飞因风动摇不定,喻二三之声问,明主所不宾敬。"此谓如飞

蓬般不牢靠的音讯,明主不看重。

【译文】
　　毫无规律,飘摇不定的样子,被比作飞蓬。不牢靠的音讯,明主不听从;无法度的言辞,明主不称许。因此说"飞蓬般的音讯,不会受到明主的礼待"。

　　道行,则君臣亲、父子安、诸生育。故明主之务,务在行道,不顾小物。燕爵,[1]物之小者也。故曰"燕爵之集,道行不顾"。

【注释】
　　[1]燕爵:同"燕雀"。下同。

【译文】
　　大道得以推行,那么君主、臣下亲近,父子家庭安宁,众多生灵繁育。因而明主的当务之急,在于推行大道,而无暇顾及小物。燕雀是万物中的小物。因此说"燕雀群集的现象,推行大道的君主不会顾及"。

　　明主之动静得理义,号令顺民心,诛杀当其罪,[1]赏赐当其功。故虽不用牺牲、珪璧祷于鬼神,鬼神助之,天地与之,[2]举事而有福。乱主之动作失义理,[3]号令逆民心,诛杀不当其罪,赏赐不当其功。故虽用牺牲、珪璧祷于鬼神,鬼神不助,天地不与,举事而有祸。故曰"牺牲珪璧,不足以享鬼神"。

【注释】
　　[1]当其罪:与其罪相当。 [2]与:助。 [3]乱主:昏乱的

君主。

【译文】
　　明主的言行举止符合理义，发布号令顺应民心，被诛杀的与其罪行相当，受赏赐的与其功劳相称。因而即使不用牛羊、玉璧向鬼神祈祷，鬼神、天地都会相助，功业必有福佑。乱主的所作所为不合理义，发号施令违背民心，被诛杀的罪行不相当，受赏赐的功劳不相称。因此即使用牛羊、玉璧向鬼神祈祷，鬼神、天地也不会相助，办事必有祸害。因此说"用牛羊、玉器敬献鬼神，不一定得到保佑"。

　　主之所以为功者，富强也。故国富兵强，则诸侯服其政，邻敌畏其威，虽不用宝币事诸侯，诸侯不敢犯也。主之所以为罪者，贫弱也。故国贫兵弱，战则不胜，守则不固，虽出名器重宝以事邻敌，不免于死亡之患。故曰"主功有素，宝币奚为"。

【译文】
　　君主最大的功业就是使国家富强。国富兵强，那么诸侯信服他的政治，敌国畏惧他的威势，即使不用珍贵的礼品去奉献各国诸侯，诸侯各国也不敢侵犯。君主最大的罪过就是国家贫弱。国贫兵弱，那么进攻不能取胜，防守不能坚固，即使拿出国中最贵重的宝物去侍奉敌国，也免不了亡国的忧患。因此说"君主的功业自有根基，珍贵的礼品又有什么用"。

　　羿，古之善射者也，调和其弓矢，而坚守之。[1]其操弓也，审其高下，有必中之道，故能多发而多中。明主犹羿也，平和其法，[2]审其废置，而坚守之，有必治之道，故能多举而多当。道者，羿之所以必中也，主之所以必治也。射者，弓弦发矢也。[3]故曰"羿之道，非射也"。

【注释】

〔1〕坚守:指固定、坚持。 〔2〕平和:平衡。 〔3〕弓:猪饲彦博云:弓当作"引"。译文从"引"。

【译文】

后羿是古代善于射箭的人,他调节好弓箭的位置,并且固定下来,他拿起弓,审视目标的高低,掌握必能中的要领,因而能多发多中。明主就像后羿,调整他的法规,审察其中应废除和设置的,然后坚持下去,这就掌握了必能治国的要领,因而举措多能恰当。所以,掌握要领,就是后羿之所以必定中的、君主之所以必定治国的根本原因。射的意思就是拉弓发箭。因此说"后羿善射箭,在于掌握要领,而不在拉弓发箭的动作"。

造父,善驭马者也。善视其马,节其饮食,度量马力,审其足走,故能取远道而马不罢。〔1〕明主犹造父也,善治其民,度量其力,审其技能,故立功而民不困伤。〔2〕故术者,造父之所以取远道也,主之所以立功名也。驭者,操辔也。故曰"造父之术,非驭也"。

【注释】

〔1〕罢:同"疲"。 〔2〕李哲明云:"上云:'故能取远道而马不罢',似'立功'上当有'能'字。下'伤'字当衍。"译文从李说。

【译文】

造父是善于驾马的人,他善于照料马匹,节制它的饮食,估量它的耐力,观察它的行走,因而能长途驰骋,马却不疲乏。明主就像造父,善于治理他的百姓,估计他们的能力,考察他们的技能,因而能成就功名,百姓却不困顿。所以,掌握方法,就是造父之所以长途驰骋、君主之所以成就功名的根本原因。驭的意思就是操纵缰绳。因此说"造父善驾马，在于掌握方法，而不在操纵缰绳的动作"。

奚仲之为车器也，[1]方圆曲直，皆中规矩钩绳，[2]故机旋相得，[3]用之牢利，成器坚固。明主犹奚仲也，言辞动作，皆中术数，[4]故众理相当，上下相亲。巧者，奚仲之所以为器也，主之所以为治也。斲削者，斤刀也。[5]故曰"奚仲之巧，非斲削也"。

【注释】
〔1〕王念孙云：器字涉下文两"器"字而衍。译文从王说。〔2〕规矩、钩绳：都是木工工具。〔3〕机旋：指枢机、转轮。〔4〕术数：指策略。〔5〕斤刀：斧子、削刀。

【译文】
奚仲造车的时候，各部分的方圆、曲直，都符合规矩、钩绳的要求，因而枢机转轮，相互吻合，结构坚固，运转滑利。明主就像奚仲，言行举止都合乎策略，因而各种措施相互配合，君臣上下相互亲善。所以，掌握技巧，就是奚仲之所以能够造车、君主之所以能够治国的根本原因。斲削的意思就是运用斧头和砍刀。因此说"奚仲善造车，在于掌握技巧，而不在运斧用刀的动作"。

民利之则来，害之则去。民之从利也，如水之走下，于四方无择也。故欲来民者，先起其利，虽不召而民自至；设其所恶，虽召之而民不来也。故曰"召远者使无为焉"。

【译文】
对于百姓，给予好处他们就归附，损害利益他们就背离。百姓追逐利益，就像水流向低处，四面八方无所选择。因而要使百姓归附，就要先给予好处，这样，即使不去招徕，百姓也自动会来；假如他们讨厌，即使多方招徕，百姓也不会归附。因此说"招徕远方百姓，使者没有用处"。

莅民如父母，则民亲爱之，道之纯厚，遇之有实，[1]虽不言曰吾亲民，而民亲矣。莅民如仇雠，则民疏之，道之不厚，遇之无实，诈伪并起，虽言曰吾亲民，民不亲也。故曰"亲近者言无事焉"。

【注释】
〔1〕有实：安井衡云：古本有作"真"。

【译文】
治理百姓像父母待儿女，百姓就亲近君主，待百姓厚道、实在，即使不说我亲近百姓，百姓也自然会亲近君主。治理百姓如待仇敌，百姓就疏远君主，待百姓不厚道、不实在，欺诈虚伪就会一起发生，即使说我亲近百姓，百姓也自然疏远君主。因此说"亲近身边百姓，言语没有作用"。

明主之使远者来而近者亲也，为之在心。所谓夜行者，心行也，能心行德，则天下莫能与之争矣。故曰"唯夜行者独有之乎"。

【译文】
明主之所以能使远方百姓归附、身边百姓亲近，在于他的诚心。所谓夜行，就是心行的意思，君主能诚心实行大道德政，那么天下没有能同他相争的人。因此说"只有诚心实行大道的君主，才能拥有天下的百姓"。

为主而贼，[1]为父母而暴，为臣下而不忠，为子妇而不孝，四者人之大失也。大失在身，虽有小善，不得为贤。所谓平原者，[2]下泽也，虽有小封，不得为高。故曰"平原之隰，[3]奚有于高"。

【注释】
〔1〕贼：伤害。 〔2〕平原：当作"平隰"。 〔3〕平原之隰：当作"平隰之封"。见《形势》注。

【译文】
当君主却伤害百姓，当父母却暴虐子女，当臣下却不忠于君主，当子女却不孝顺父母：这四种行为是做人最大的罪过。大罪在身，即使行些小善，不能称为贤人。所谓平隰，就是低湿的沼泽地，当中即使有小土丘，也不能称高。因此说"沼泽中的小土丘，怎能称高"。

为主而惠，为父母而慈，为臣下而忠，为子妇而孝，四者人之高行也。高行在身，虽有小过，不为不肖。所谓大山者，山之高者也，虽有小隈，不以为深。故曰"大山之隈，奚有于深"。

【译文】
当君主施惠百姓，当父母慈爱子女，当臣下效忠君主，当子女孝顺父母：这四种行为是做人最高的品行。高行在身，即使有小过失，不能称为不肖。所谓大山，就是高峻的山，上面即使有小土坑，也不能算深。因此说"高山上的小土坑，怎能称深"。

毁訾贤者之谓訾，推誉不肖之谓譽。[1]訾譽之人得用，则人主之明蔽，而毁誉之言起；[2]任之大事，则事不成而祸患至。故曰"訾讆之人,勿与任大"。

【注释】
〔1〕訾(zǐ子):说人坏话。讆(wèi卫):虚妄。 〔2〕毁誉之言:诽谤贤人、吹捧恶人的言论,即颠倒黑白的议论。

【译文】
诽谤贤人称作"訾",吹捧恶人称作"讆"。诽谤贤人、吹捧恶人的小人被任用,君主的眼睛就会受到蒙蔽,颠倒黑白的议论就会到处传播;如果让这种小人担负重任,那么事业不成,祸患降临。因此说"专门诽谤贤人、吹捧恶人的小人,不能让他担负重任"。

明主之虑事也,为天下计者,谓之谯臣。[1]谯臣则海内被其泽,泽布于天下,后世享其功久远而利愈多。故曰"谯臣者,可与远举"。

【注释】
〔1〕谯臣:臣当作"巨"。见《形势》注。

【译文】
明主考虑国事,能为天下着想的,称为谋虑远大。谋虑远大,四海之内都能沐浴恩泽,恩泽广布天下,后代长久地享受他的功业,对国家的好处也越多。因此说"谋虑远大的人,可以同他从事大业"。

圣人择可言而后言,择可行而后行。偷得利而后有害,[1]偷得乐而后有忧者,圣人不为也。故圣人择言必顾其累,[2]择行必顾其忧。故曰"顾忧者,可与致道"。

【注释】

〔1〕偷：苟且。 〔2〕累：指后果。

【译文】

圣人选择可以说的话，然后才说；选择可以做的事，然后才做。只顾眼前利益而将来造成危害，只顾眼前取乐而将来产生忧患，这种事圣人是不做的。所以圣人选择言辞一定考虑它可能造成的后果，选择行为一定考虑它可能产生的忧患。因此说"考虑忧患的人，可以同他实行大道"。

小人者，枉道而取容，[1]适主意而偷说，[2]备利而偷得。[3]如此者，其得之虽速，祸患之至亦急，故圣人去而不用也。故曰"其计也速而忧在近者，往而勿召也"。

【注释】

〔1〕取容：取媚君主。 〔2〕说：同"悦"。 〔3〕备：王念孙云："'备'当为'循'。"译文从王说。

【译文】

所谓小人，就是不走正道而取媚君主，顺从君主的意愿而讨取欢心，只求眼前的利益而不顾长远。这样的人，取得好处虽然快，但招来祸患也快，因而圣人让他离开而不会重用。因此说"主意出得快，而不考虑后患的人，走开了就不必召回"。

举一而为天下长利者，谓之举长。举长则被其利者众，而德义之所见远。故曰"举长者，可远见也"。

【译文】

推举一个能为天下谋利益的人，就称为举贤。推举贤人，得到他好处的人就多，他的德义的体现就久远。因此说"推举贤人，百姓得到利益"。

天之裁大，故能兼覆万物；地之裁大，故能兼载万物；人主之裁大，故容物多而众人得比焉。故曰"裁大者，众之所比也"。

【译文】
　　天的资质深广，因而能覆盖万物；地的资质深广，因而能承载万物；君主的资质深广，因而能包容万民，使众人得到庇护。因此说"君主资质深广，众人得以依赖"。

贵富尊显，民归乐之，人主莫不欲也。故欲民之怀乐己者，必服道德而勿厌也，而民怀乐之。故曰"美人之怀，定服而勿厌也"。

【译文】
　　财产富足，地位尊显，百姓乐于归附，这是君主无不向往的情景。因此要让百姓乐于归附自己，必须奉行德政并持之以恒，这样百姓就乐于归附。因此说"要别人归顺，就要奉行德政，并坚持不厌"。

圣人之求事也，先论其理义，计其可否。故义则求之，不义则止；可则求之，不可则止。故其所得事者，常为身宝。[1]小人之求事也，不论其理义，不计其可否。不义亦求之，不可亦求之。故其所得事者，未尝为赖也。故曰"必得之事，不足赖也"。

【注释】

〔1〕身宝：指自身宝贵的经验。

【译文】

圣人对待要做的事，先考虑它是否合乎理义，估计它是否可行。合乎理义就做，不合理义就止；可行就做，不可行就止。因而他做成功的事，常常成为自身的经验。小人对待要做的事，不考虑它是否合乎理义，不估计它是否可行。不合理义也去做，不可行也去做，因而他做成功的事，不能作为依靠。因此说"自以为一定做到的事，依赖不得"。

圣人之诺已也，〔1〕先论其理义，计其可否。义则诺，不义则已；可则诺，不可则已。故其诺未尝不信也。小人不义亦诺，不可亦诺，言而必诺，故其诺未必信也。故曰"必诺之言，不足信也"。

【注释】

〔1〕诺已：郭沫若云："'诺已'犹'诺否'。"

【译文】

圣人对待要承诺的事，先考虑它是否合乎理义，估计它是否可行。合乎理义就答应，不合理义就止；可行就答应，不可行就止。因而他的应诺，没有不守信用的。小人则是不合理义也答应，不可行也答应，说什么都答应，因而他的承诺，不一定守信用。因此说"口头上一定应允的话，信任不得"。

谨于一家，则立于一家；谨于一乡，则立于一乡；谨于一国，则立于一国；谨于天下，则立于天下。是故其所谨者小，则其所立亦小；其所谨者大，则其所立亦大。故曰"小谨者不大立"。

【译文】

　　拘泥于一家的事,就只能成功一家的事;拘泥于一乡的事,就只能成功一乡的事;拘泥于一国的事,就只能成功一国的事;执着于天下的事,就能够成功天下的事。因而所拘泥的小,成功的也小;所执着的大,成功的也大。因此说"拘泥小事,不能成就伟业"。

　　海不辞水,[1]故能成其大;山不辞土石,故能成其高;明主不厌人,[2]故能成其众;士不厌学,故能成其圣。饕者,多所恶也。谏者,所以安主也;[3]食者,所以肥体也。主恶谏则不安,人饕食则不肥。故曰"饕食者不肥体也"。

【注释】

　　[1]辞:拒绝。　[2]厌:嫌弃。　[3]安主:使君主安宁。

【译文】

　　海不拒绝水,因而成为大海;山不拒绝土石,因而成为高山;明主不嫌弃百姓,因而成为大国;士人不嫌弃学习,因而成为圣贤。所谓饕,是厌恶多种食物的意思。进谏是使君主安宁的措施,进食是使身体健康的途径。君主厌恶进谏,就不得安宁;人厌恶进食,就不会健康。因此说"厌恶进食,身体不会健康"。

　　言而语道德、忠信、孝弟者,此言无弃者。[1]天公平而无私,故美恶莫不覆;地公平而无私,故小大莫不载;无弃之言,公平而无私,故贤不肖莫不用。故无弃之言者,参伍于天地之无私也。[2]故曰"有无弃之言者,必参之于天地矣"。

【注释】

〔1〕此言无弃者：陶鸿庆云："者"字衍文。译文从陶说。 〔2〕参伍：错杂，参合。

【译文】

言语说到道德、忠信、孝悌的，这些话不可废弃。天公平无私，因而不论美与恶，无不覆盖；地公平无私，因而不论大与小，无不负载；不可废弃的言语公平无私，因而不论贤与不肖，无不使用。所以不可废弃的言语，是参合了天地无私的精神。因此说"谈论大道的人，一定融合了天地的精神"。

明主之官物也，[1]任其所长，不任其所短，故事无不成，而功无不立。乱主不知物之各有所长所短也，而责必备。夫虑事定物、辩明礼义，人之所长，而蝚蝯之所短也；[2]缘高出险，蝚蝯之所长，而人之所短也。以蝚蝯之所长责人，故其令废而责不塞。[3]故曰"坠岸三仞，人之所大难也，而蝚蝯饮焉"。

【注释】

〔1〕官：同"管"，统管、统治。 〔2〕蝚蝯：《形势》作"猿猱"。译文从之。下同。 〔3〕责不塞：指责备得不到补救。

【译文】

明主统管万物，任用它们的长处，不用它们的短处，因而事情没有不成功的，功业没有不建立的。乱主不懂得万物各有长处和短处的道理，因而求全责备。思考决定事情、辩说阐明礼义，这是人的长处，却是猿猴的短处；攀援爬高、脱离险地，这是猿猴的长处，却是人的短处。用猿猴的长处去责备人，因而乱主的号令无人听从，责备也没有效用。因此说"从高崖上跳下喝水，对人很困难，猿猴却能做到"。

明主之举事也，任圣人之虑，用众人之力，而不自与焉，故事成而福生。乱主自智也，[1]而不因圣人之虑；矜奋自功，[2]而不因众人之力；专用己，[3]而不听正谏，故事败而祸生。故曰"伐矜好专，举事之祸也"。

【注释】
　　〔1〕自智：自以为聪明。　〔2〕矜奋：奋勉。　〔3〕专用己：指一意孤行。

【译文】
　　明主做事，运用圣贤的智谋，利用众人的力量，自己却不动手，因而事业有成，福佑降临。乱主自以为聪明，不用圣贤的智谋；自以为奋勉有功，不用众人的力量；一意孤行，不听劝谏，因而事业毁败，祸患生成。因此说"自以为是、独断专行，是做事的祸害"。

　　马者，所乘以行野也，故虽不行于野，其养食马也，未尝解惰也。[1]民者，所以守战也，[2]故虽不守战，其治养民也，未尝解惰也。故曰"不行其野，不违其马"。

【注释】
　　〔1〕解：同"懈"。　〔2〕守战：防守和攻战。

【译文】
　　马匹是骑着奔走于原野的，因而即使不出行，喂养马匹也不能懈怠。百姓是用来防守和攻战的，因而即使不出征，保养百姓也不能懈怠。因此说"不去原野奔驰，也不能丢弃马匹"。

天生四时,地生万财,以养万物而无取焉。明主,配天地者也,教民以时,劝之以耕织,以厚民养,而不伐其功,不私其利。故曰"能予而无取者,天地之配也"。

【译文】

　　天生成四季,地产生万物,天地养育万物却毫无索取。明主是与天地相匹配的人,他教育百姓按季节生产,劝导百姓耕地织布,来增加他们的生活资料,却从不夸耀自己的功绩,从不谋求私利。因此说"能做到只给予而不索取,就可以与天地匹配"。

　　解惰简慢,以之事主则不忠,以之事父母则不孝,以之起事则不成。故曰"怠倦者不及也"。

【译文】

　　懈惰怠慢的态度,用来侍奉君主,是不忠的表现;用来侍奉父母,是不孝的表现;用来做事,必定不成功。因此说"懒惰疲塌的人,必定落后"。

　　以规矩为方圆则成,以尺寸量长短则得,以法数治民则安。[1]故事不广于理者,[2]其成若神。故曰"无广者疑神"。

【注释】

　　[1]法数:指法律。　[2]广:同"旷"。不广于理谓勤奋不怠惰。

【译文】

　　用规矩来画方圆就成功,用尺寸来测长短就量得,用法律来治百姓就安定。因而做事勤奋不怠惰,成功就像有神相助。因此说"勤奋努力的人，办事如神"。

事主而不尽力则有刑，事父母而不尽力则不亲，受业问学而不加务则不成。故朝不勉力务进，夕无见功。故曰"朝忘其事，夕失其功"。

【译文】
　　侍奉君主不尽力，就要用刑罚；侍奉父母不尽力，就不被亲近；接受学业不努力，就不会学成。因而早晨不努力进步，晚上就不见功效。因此说"早晨忘掉该做的事，晚上就不见功效"。

中情信诚则名誉美矣，修行谨敬则尊显附矣；[1]中无情实而名声恶矣，修行慢易则污辱生矣。[2]故曰"邪气袭内，正色乃衰也"。

【注释】
　　[1]谨敬：谨慎恭敬。　[2]慢易：简慢随便。

【译文】
　　内心诚实，就会得美名；行为谨慎，就会受尊重。内心不诚实，就会坏名声；行为随便，就会遭污辱。因此说"邪气侵入体内，端庄的神色就会衰变"。

为人君而不明君臣之义以正其臣，则臣不知于为臣之理以事其主矣。[1]故曰"君不君则臣不臣"。

【注释】
　　[1]俞樾云："'不知'下不当有'于'字，乃衍文也。"译文从

俞说。

【译文】

　　当君主的不懂君臣之间的礼义并用来匡正臣下的行为，那么臣下就不懂当臣子的道理来侍奉君主。因此说"君主不像君主的样子，臣子就不像臣子的样子"。

　　为人父而不明父子之义以教其子而整齐之，则子不知为人子之道以事其父矣。故曰"父不父则子不子"。

【译文】

　　当父亲的不懂父子之间的礼义并用来教诲儿子、规范儿子的行为，那么儿子就不懂当儿子的道理来侍奉父亲。因此说"父亲不像父亲的样子，儿子就不像儿子的样子"。

　　君臣亲，上下和，万民辑，[1]故主有令则民行之，上有禁则民不犯。君臣不亲，上下不和，万民不辑，故令则不行，禁则不止。故曰"上下不和，令乃不行"。

【注释】

　　〔1〕辑：和谐。

【译文】

　　君臣亲近，上下和睦，万民和谐。因而君主有政令，百姓就实行；君主有禁止，百姓不违反。君臣不亲近，上下不和睦，万民不和谐，因而政令得不到实行，禁止得不到遵守。因此说"上下不和睦，政令就难以实行"。

　　言辞信，动作庄，[1]衣冠正，则臣下肃。言辞慢，动作亏,[2]衣冠惰,则臣下轻之。故曰"衣冠不正,则宾者不肃"。

【注释】
〔1〕动作:郭沫若云:当作"动止",犹言举止。译文从郭说。下同。 〔2〕亏:此指轻浮。

【译文】
君主言辞诚恳,举止庄重,衣冠端正,那么臣下就敬肃。君主言辞轻慢,举止轻浮,衣冠不整,那么臣下就看轻他。因此说"君主衣冠不端正,礼宾人员就不敬肃"。

仪者,万物之程式也;[1]法度者,万民之仪表也;[2]礼义者,尊卑之仪表也。故动有仪则令行,无仪则令不行。故曰"进退无仪,则政令不行"。

【注释】
〔1〕程式:此谓法度。 〔2〕仪表:此谓标准。

【译文】
所谓仪就是万物的法度,所谓法度就是万民的标准,所谓礼义就是上尊下卑的标准。因而君主的行为合于法度,政令就能推行;不合法度,政令就不能推行。因此说"君主举止行为不合法度,政令就不能推行"。

人主者,温良宽厚则民爱之,整齐庄严则民畏之。故民爱之则亲,畏之则用。夫民亲而为用,主之所急也。故曰"且怀且威,则君道备矣"。

【译文】

　　君主温和善良,宽厚待人,百姓就喜爱他;君主号令整齐,态度严肃,百姓就畏惧他。百姓喜爱君主就亲近他,百姓畏惧君主就甘心被驱使。百姓既亲近又乐于被用,这是君主治民理想的境界。因此说"对百姓既给予关怀,又运用威势,这才是君主治国完备的方法"。

　　人主能安其民,则事其主如事其父母。故主有忧则忧之,有难则死之。主视民如土,则民不为用,主有忧则不忧,有难则不死。故曰"莫乐之则莫哀之,莫生之则莫死之"。

【译文】

　　君主能使百姓安居乐业,那么百姓侍奉君主就像侍奉父母。因而君主有忧患,百姓为他担忧;君主有危难,百姓为他牺牲。君主对待百姓如同泥土,百姓就不愿被用;君主有忧患,百姓不为他担忧;君主有危难,百姓不为他牺牲。因此说"君主不能使百姓乐业,百姓就不会为他担忧;君主不能使百姓生存繁育,百姓就不会为他牺牲"。

　　民之所以守战至死而不衰者,上之所以加施于民者厚也。故上施厚,则民之报上亦厚;上施薄,则民之报上亦薄。故薄施而厚责,君不能得之于臣,父不能得之于子。故曰"往者不至,来者不极"。

【译文】

　　百姓在防守攻战中所以能奋不顾身,是因为君主给予百姓的好处丰厚。因而君主给予百姓丰厚,百姓回报君主也丰厚;君主给予百姓微薄,百姓回报君主也微薄。希望给予微薄而回报丰厚,君主不可能从臣子处得到,父亲不可能从儿子处得到。因此说"君主不给百姓好处,百姓就不会回报君主"。

道者，扶持众物，使得生育，而各终其性命者也。故或以治乡，或以治国，或以治天下。故曰"道之所言者一也，而用之者异"。

【译文】
　　所谓道，就是扶助万物，使它们生长繁育，完成自然的生命过程的一种规律。因而有的用来治理乡，有的用来治理国，有的用来治理天下。因此说"道的基本内容是一样的，只是运用它各不相同"。

闻道而以治一乡，亲其父子，顺其兄弟，正其习俗，使民乐其上，安其土，为一乡主干者，乡之人也。故曰"有闻道而好为乡者，一乡之人也"。

【译文】
　　认识了道并用它来治理一个乡，使父子相亲，兄弟和顺，习俗淳正，使百姓乐于服从君主，安居乡土，成为一乡的主人，这样的人就是治乡的人材。因此说"有人认识了道，并能用来治理乡，他就是治乡的人材"。

民之从有道也，如饥之先食也，[1]如寒之先衣也，如暑之先阴也。[2]故有道则民归之，无道则民去之。故曰"道往者其人莫来，道来者其人莫往"。

【注释】
　　[1]先：抢先。　[2]阴：同"荫"。此指避荫。

【译文】
　　百姓追随行道之人，就像饥饿时抢先吃饭，寒冷时抢先穿衣，酷热时抢先避荫。因而君主奉行道，百姓就归顺；违背道，百姓就背弃。因此说"违背了道，人们不再回来；实行了道，人们不再离去"。

道者，所以变化身而之正理者也。故道在身则言自顺，行自正，事君自忠，事父自孝，遇人自理。故曰"道之所设，身之化也"。

【译文】
　　所谓道，就是能改变自身而达到正理的一种力量，因而掌握了道，言语自然会和顺，行为自然会端正，侍奉君主自然会忠诚，侍奉父亲自然会孝顺，对待他人自然会合理。因此说"掌握了道，自身的言行就与它融合在一起"。

天之道，满而不溢，盛而不衰。明主法象天道，故贵而不骄，富而不奢，行理而不惰，故能长守贵富，久有天下而不失也。故曰"持满者与天"。

【译文】
　　天之道，是丰满而不外溢，强盛而不衰竭。明主效法天道，因而能尊贵而不骄傲，富有而不奢侈，合理行事而不怠惰，所以能长久地保有富贵，拥有天下，而不会失去。因此说"保持强盛，就要顺从天道"。

明主，救天下之祸、安天下之危者也。夫救祸安危者，必待万民之为用也，而后能为之。故曰"安危者与人"。

【译文】
　　所谓明主，就是能拯救天下灾祸、安定天下危难的人。拯救灾祸、安定危难，必定要依靠万民的力量，然后才能做到。因此说"安定危难，就要顺从人心"。

地大国富，民众兵强，此盛满之国也。虽已盛满，无德厚以安之，无度数以治之，则国非其国，而民无其民也。[1]故曰"失天之度，虽满必涸"。

【注释】
〔1〕民无其民：安井衡云："'民无'古本作'民非'。"译文从"民非"。

【译文】
土地广大，物产富饶，百姓众多，军队强大，这是十分强盛的国家。虽然已十分强盛，但是，没有恩德进行安抚，没有法度进行治理，那么国家将难以维持现状，百姓也难以维持现状。因此说"违背了天的法则，强盛的也必将衰败"。

臣不亲其主，百姓不信其吏，上下离而不和。故虽自安，必且危之。故曰"上下不和，虽安必危"。

【译文】
臣下不亲近君主，百姓不信任官吏，君主和臣民上下隔阂，不相调和，即使暂时安定，必将产生危机。因此说"君主和臣民对立，安定的也必将危亡"。

主有天道，以御其民，则民一心而奉其上，故能贵富而久王天下。失天之道，则民离叛而不听从，故主危而不得久王天下。故曰"欲王天下而失天之道，天下不可得而王也"。

【译文】
　　君主奉行天道，治理百姓，那么百姓就一心一意侍奉君主，因而能长久地保持富贵，称王天下。君主违背天道，百姓叛逃，不服从君主，因而君主地位动摇，不能长久称王天下。因此说"要想称王天下，却又违背天道，就不能称王天下了"。

　　人主务学术数，[1]务行正理，则化变日进，[2]至于大功，而愚人不知也。乱主淫佚邪枉，日为无道，至于灭亡，而不自知也。故曰"莫知其为之，其功既成，莫知其舍之也，藏之而无形"。[3]

【注释】
　　[1]术数：此指治国方法。　[2]化变：变化。　[3]"故曰"四句：此按《形势》文，上脱"其道既得"四字，下脱"天之道也"四字，"舍之也"当作"释之"，"而"字衍。

【译文】
　　君主一定要学习治国方法，奉行正理，那么事业就会日新月异，天天进步，直到建立大功，这是愚蠢的人所不懂的。乱主骄奢淫逸，走邪门歪路，违背天道，一天天堕落，直到灭亡，自己还不知道。因此说"掌握了道，不知道它怎样发生作用；事业成功，不知道它怎样离去。隐蔽而不见它的形体，这就是天道"。

　　古者三王五伯，[1]皆人主之利天下者也，故身贵显而子孙被其泽；桀、纣、幽、厉，[2]皆人主之害天下者也，故身困伤而子孙蒙其祸。故曰"疑今者察之古，不知来者视之往"。

【注释】

〔1〕三王：指夏禹、商汤、周文王、武王。五伯：同"五霸"，指齐桓公、晋文公、秦穆公、宋襄公、楚庄公。〔2〕桀、纣、幽、厉：指夏桀、商纣、周幽王、周厉王。

【译文】

古代的三王五霸，都是为天下谋利益的君主，因而能自身尊贵显赫，子孙享受恩泽；夏桀、商纣、周幽王、厉王，都是祸害天下的君主，因而自身困厄伤亡，子孙蒙受祸患。因此说"对现在有怀疑，可以考察古代；对将来不明白，可以看看过去"。

神农教耕生谷，以致民利；禹身决渎，斩高桥下，[1]以致民利；汤、武征伐无道，[2]诛杀暴乱，以致民利。故明王之动作虽异，其利民同也。故曰"万事之任也，异起而同归，古今一也"。[3]

【注释】

〔1〕斩高桥下：俞樾云："并以治河言。'斩高'谓凿龙门也。'桥下'即太史公所谓'北载之高地，过降水至于大陆'者也。"〔2〕汤、武：即商汤、周武王。〔3〕《形势》"任"作"生"，"起"作"趣"。

【译文】

神农氏教民耕耘，种植粮食，为百姓谋利；夏禹亲自治水，开凿龙门，疏导洪水，为百姓谋利；商汤、周武王征伐无道君主、诛杀暴乱臣民，为百姓谋利。因而明主所作所为虽然不同，为百姓谋利是相同的。因此说"万事万物的产生发展，千变万化，但根本的规律相同，古往今来是一样的"。

栋生桡不胜任则屋覆，[1]而人不怨者，其理然也；弱子慈母之所爱也，不以其理动者，[2]下瓦则慈母笞之。

故以其理动者，虽覆屋不为怨；不以其理动者，下瓦必笞。故曰"生栋覆屋，怨怒不及；弱子下瓦，慈母操箠"。

【注释】

〔1〕桡(ráo饶)：弯曲。 〔2〕动者：王念孙云："宋本无'动者'二字，是也。""此涉下文两'动者'而衍。"译文从王说。

【译文】

栋梁用新伐而弯曲的木材做成，不能承受屋顶重量，致使房屋倒塌，人们不抱怨，因为这符合事理；孩子是慈母最疼爱的，但做事违背情理，上房拆瓦，慈母也要打他。因而，符合事理的即使房屋倒塌也不被抱怨，违背情理的即使拆几片瓦也要惩罚。因此说"用新伐的木材做栋梁，造成房屋倒塌，人们不会抱怨；孩子爬上房顶拆瓦，连慈母也会举鞭打他"。

行天道，出公理，则远者自亲；废天道，行私为，则子母相怨。故曰"天道之极，远者自亲；人事之起，近亲造怨"。

【译文】

奉行天道，出于公理，疏远的人也会亲近；背弃天道，一心为私，母子间也会生怨。因此说"彻底奉行天道，疏远的人也会亲近；私心一旦萌发，亲近的人也会生怨"。

古者，武王地方不过百里，战卒之众不过万人，然能战胜攻取，立为天子，而世谓之圣王者，知为之之术也。[1]桀、纣贵为天子，富有海内，地方甚大，战卒甚众,而身死国亡,为天下僇者,[2]不知为之之术也。故能为之,则小可为大,贱可为贵;不能为之,则虽为天子,人犹夺之也。故曰"巧者有余,而拙者不足也"。

【注释】
　　〔1〕为之:指按天道行事。　〔2〕僇(lù 路):羞辱。

【译文】
　　古时候,周武王土地的范围不超过百里,士兵的人数不超过万人,但是能战胜敌人,夺取土地,最终成为天子,被世人称为圣王,这是因为他懂得按天道行事的道理。夏桀、商纣拥有天子的尊贵、天下的财富,土地广大,士兵众多,但最终身死国亡,被天下人羞辱,这是因为他们不懂得按天道行事的道理。因而能按天道行事,小可以变成大,贱可以变成贵;不能按天道行事,即使是天子,别人也能夺去他的地位。因此说"灵巧的人用起来有余,笨拙的人用起来不足"。

　　明主上不逆天,下不圹地,[1]故天予之时,地生之财;乱主上逆天道,下绝地理,故天不予时,地不生财。故曰"其功顺天者天助之,其功逆天者天违之"。

【注释】
　　〔1〕圹:同"旷",荒废。圹地谓荒废土地。

【译文】
　　明主上不违背天时,下不荒废土地,因而天为他调节四季,地为他生产财富;乱主上违背天时,下弃绝地理,因而四季不调匀,土地无收成。因此说"功业顺从天道,天帮助他;行事违背天道,天遗弃他"。

　　古者,武王,天之所助也,故虽地小而民少,犹之为天子也；桀、纣，天之所违也，故虽地大民众，犹之困辱而死亡也。故曰"天之所助，虽小必大；天之所违，虽大必削"。[1]

【注释】

〔1〕虽大必削：《形势》作"虽成必败"，译文从之。

【译文】

古时候，周武王得到天的帮助，因而虽然土地小、百姓少，但终于成为天子；夏桀、商纣遭到天的遗弃，因而虽然原来土地大，百姓多，但终于受辱而死。因此说"天所帮助的，虽弱小最终必然壮大；天所遗弃的，虽成功最终必然失败"。

与人交，多诈伪无情实，偷取一切，[1]谓之乌集之交。乌集之交，初虽相欢，后必相咄。[2]故曰"乌集之交，虽善不亲"。

【注释】

〔1〕偷取：苟且求取。一切：权宜。 〔2〕咄（duō 多）：指责，呵叱。

【译文】

与人交往，多存欺诈虚伪，没有真情实意，只求权宜之计，这就叫乌鸦聚集式的交往。乌鸦聚集式的交往，开始虽然相处欢快，往后必然相互责备。因此说"乌鸦聚集式的交往，虽然表面热闹，但不亲密"。

圣人之与人约结也，[1]上观其事君也，内观其事亲也,必有可知之理,然后约结。约结而不袭于理,[2]后必相倍。[3]故曰"不重之结,虽固必解。道之用也,贵其重也"。

【注释】
〔1〕约结:结交。 〔2〕袭:合。 〔3〕倍:同"背"。

【译文】
　　圣贤与人结交的时候,对上要看他侍奉君主的态度,对内要看他侍奉双亲的态度,一定要有值得相知的地方,然后才与他结交。与人结交而不合于理,将来必定相互背叛。因此说"轻率地与人结交,虽然一时牢固,必将分裂。所以,道的运用,重要的在于慎重"。

　　明主与圣人谋,故其谋得;与之举事,故其事成。乱主与不肖者谋,故其计失;与之举事,故其事败。夫计失而事败,此与不可之罪。故曰"毋与不可"。

【译文】
　　明主同贤人商议,计谋高明;同贤人办事,事业成功。乱主同不才商议,计谋失策;同不才办事,事业失败。计谋失策而事业失败,这是结交了不该交往的人的错误。因此说"不要结交不该交往的人"。

　　明主度量人力之所能为,而后使焉。故令于人之所能为,则令行;使于人之所能为,则事成。乱主不量人力,令于人之所不能为,故其令废;使于人之所不能为,故其事败。夫令出而废,举事而败,此强不能之罪也。故曰"毋强不能"。

【译文】

　　明主衡量人们的能力能否达到，然后加以使用。因而，针对人们所能做到的发布政令，政令就能推行；针对人们所能做到的加以差遣，事情就能成功。乱主不衡量人们的能力，针对人们所不能做到的发布政令，政令只能废弃；针对人们所不能做到的加以差遣，事情只能失败。政令发生却被废弃，差遣办事结果失败，这是勉强能力不够的人的错误。因此说"不要勉强能力不够的人"。

　　狂惑之人，告之以君臣之义，父子之理，贵贱之分，不信圣人之言也，而反害伤之，故圣人不告也。故曰"毋告不知"。

【译文】

　　狂妄糊涂的人，告诉他君臣的礼义、父子的道理、贵贱的分别，他不但不相信圣贤的这些话，反而中伤人家，因而圣贤不告诉他。因此说"不要告诉不懂道理的人"。

　　与不肖者举事，则事败；使于人之所不能为，则令废；告狂惑之人，则身害。故曰"与不可，强不能，告不知，谓之劳而无功"。

【译文】

　　同不才办事，事业失败；差遣人们干做不到的事，政令废弃；告诉狂妄糊涂的人，自身被害。因此说"结交不该交往的人，勉强能力不够的人，告诉不懂道理的人，这就叫白白辛苦而没有功效"。

　　常以言翘明其与人也，[1]其爱人也，其有德于人也，以此为友则不亲，以此为交则不结，以此有德于人则不报。故曰"见与之友，几于不亲；见爱之交，几于不结；见施之德，几于不报。四方之所归，[2]心行者也"。

【注释】
〔1〕翘：自我称榜。 〔2〕四方之所归：《形势》作"四方所归"。

【译文】
有些人经常用言语自我称榜，表现对人友好，对人亲爱，对人有恩。这样来与人友好，别人不会亲近；这样来与人交友，别人不会结交；这样来给人恩德，别人不会回报。因此说"表面上显示友好，将得不到亲近；表面上显示亲爱，将得不到结交；表面上显示恩德，将得不到回报。只有真心诚意实行大道的君主，四面八方才会归附"。

明主不用其智，而任圣人之智；不用其力，而任众人之力。故以圣人之智思虑者，无不知也；以众人之力起事者，无不成也。能自去而因天下之智力起，[1]则身逸而福多。乱主独用其智，而不任圣人之智；独用其力，而不任众人之力。故其身劳而祸多。故曰"独任之国，劳而多祸"。

【注释】
〔1〕自去：自己超脱。戴望云："元本无'起'字，此误衍。"译文从戴说。

【译文】
明主不用自己的智慧，而用圣贤的智慧；不用自己的力量，而用众人的力量。用圣贤的智慧考虑问题，就没有不知道的；用众人的力量开发事业，就没有不成功的。能自己超脱而依靠天下人的智慧和力量，必然自身安逸，福祐众多。乱主只用自己的智慧，而不用圣贤的智慧；只用自己的力量，而不用众人的力量，因而自身疲劳，祸患众多。因此说

"君主自以为是,独断专行,这样的国家,疲于奔命,祸患不断"。

明主内行其法度,外行其理义,故邻国亲之,与国信之。[1]有患则邻国忧之,有难则邻国救之。乱主内失其百姓,外不信于邻国,故有患则莫之忧也,有难则莫之救也。外内皆失,孤特而无党,[2]故国弱而主辱。故曰"独国之君,卑而不威"。

【注释】
〔1〕与国:友好的国家。 〔2〕孤特:孤立无援。

【译文】
明主对内实行法度,对外推行理义,因而邻国亲近,友邻信任。有忧患时邻国会来分忧,有危难时邻国会来救助。乱主内失去百姓支持,外失去邻国信任,因而有忧患时没有人分忧,有危难时没有人救助,失去了内部和外部的支援,孤立而没有同道,所以国家衰弱,君主受辱。因此说"这样的国君,地位卑下,没有威势"。

明主之治天下也,必用圣人,而后天下治;妇人之求夫家也,必用媒,而后家事成。故治天下而不用圣人,则天下乖乱而民不亲也;[1]求夫家而不用媒,则丑耻而人不信也。[2]故曰"自媒之女,丑而不信"。

【注释】
〔1〕乖乱:背离叛乱。 〔2〕丑耻:丢丑蒙耻。

【译文】
明主治理天下,一定要用圣贤,然后天下得以治理;女子寻求夫家,一定要用媒人，然后家庭得以建立。因而治理天下而不用圣贤，那么天下背离叛乱，百姓不亲近；寻求夫家而不用媒人，那么女子丢丑蒙耻，夫家不信任。因此说"自己作媒的女子，丢丑而得不到信任"。

明主者，人未之见而有亲心焉者，有使民亲之之道也，故其位安而民往之。故曰"未之见而亲焉，可以往矣"。

【译文】
　　所谓明主，就是还没见到他就想亲近他的那种人，他有让百姓亲近自己的方法，因而他的地位稳固，百姓投奔他。因此说"没见过就想亲近他的君主，可以去投奔"。

尧、舜，古之明主也，天下推之而不倦，誉之而不厌。久远而不忘者，有使民不忘之道也，故其位安而民来之。故曰"久而不忘焉，可以来矣"。

【译文】
　　唐尧、虞舜是古时候的明主，天下反复地推重、称誉他们，永不厌倦，他们长久地不被遗忘，有让百姓不忘记自己的方法，因而他们的地位稳固，能使百姓归附。因此说"能长久地不被遗忘的君主，可以去归附"。

日月，昭察万物者也。天多云气，蔽盖者众，则日月不明。人主犹日月也，群臣多奸，立私以拥蔽主，则主不得昭察其臣下，臣下之情不得上通，故奸邪日多而人主愈蔽。故曰"日月不明，天不易也"。

【译文】

　　日月是照耀万物的，天空多云气，遮蔽了光线，那么日月就不明亮。君主就像日月，群臣中多奸邪谋私利而蒙蔽君主，那么君主就不能洞察臣下，臣下的情志也不能上达，这样，奸邪小人越来越多，君主也越受蒙蔽。因此说"日月不明亮，这是天不清的缘故"。

　　山，物之高者也。地险秽不平易，则山不得见。人主犹山也，左右多党，比周以壅其主，则主不得见。故曰"山高而不见，地不易也"。

【译文】

　　山是万物中最高的，地势险阻不平坦，那么高山就看不见。君主就像高山，左右结党营私，遮蔽君主，那么君主就没有地位。因此说"山高看不见，这是地不平的缘故"。

　　人主出言不逆于民心，不悖于理义，其所言足以安天下者也，人唯恐其不复言也。出言而离父子之亲，疏君臣之道，害天下之众，此言之不可复者也，故明主不言也。故曰"言而不可复者，君不言也"。

【译文】

　　君主说的话，不违背民心，不违背理义，就足以安定天下，而百姓只怕他不再这样说。如果说的话离间父子的亲情，疏远君臣的关系，为害天下的百姓，这样的话是不能重复的，因而明主决不会说。因此说"不能重复说的话，君主决不说"。

　　人主身行方正，使人有礼，遇人有理，[1]行发于身而为天下法式者，人唯恐其不复行也。身行不正，使人暴虐，遇人不信，行发于身而为天下笑者，此不可复之行，故明主不行也。故曰"行而不可再者，君不行也"。

【注释】
〔1〕遇人有理：古本作"遇人有信"。译文从古本。

【译文】
　　君主行为端正，用人有礼貌，待人讲信用，所作所为成为天下的楷模，百姓只怕他不再这样做。如果行为不端正，用人粗暴苛刻，待人不讲信用，所作所为被天下所耻笑，这样的行为是不能重复的，因而明主决不会做。因此说"不能重复做的行为，君主决不做"。

　　言之不可复者，其言不信也；行之不可再者，其行贼暴也。故言而不信则民不附，行而贼暴则天下怨。民不附，天下怨，此灭亡之所从生也，故明主禁之。故曰"凡言之不可复，行之不可再者，有国者之大禁也"。

【译文】
　　不能重复的话是不讲信用的，不能重复的行为是暴虐伤人的。因而说话不讲信用，百姓不会归附；行为暴虐伤人，天下就会怨怒。百姓不归附，天下怨怒，这就是国家灭亡的开始，因而明主绝对不允许。因此说"凡是不能重复的话，不能重复的行为，都是君主最大的禁忌"。

立政九败解第六十五

【题解】

本篇为《立政》篇中"九败"一节的逐句诠解。

"九败"指九种将使国家败亡的错误思想观点,即"寝兵"(停息兵备)、"兼爱"(彼此相爱)、"私议自贵"(自命不凡)、"群徒比周"(结党营私)、"金玉货财"(贪图财富)、"观乐玩好"(追求享受)、"请谒任举"(干求保举)、"谄谀饰过"(文过饰非)、"全身"(保命)。

人君唯毋听寝兵,[1]则群臣宾客莫敢言兵。然则内之不知国之治乱,外之不知诸侯强弱,如是则城郭毁坏,莫之筑补;甲弊兵彫,莫之修缮,如是则守圉之备毁矣。[2]辽远之地谋,[3]边竟之士修,[4]百姓无圉敌之心。故曰"寝兵之说胜,则险阻不守"。

【注释】

〔1〕毋听:戴望云:"毋为发声语助之词。""毋听,听也。"〔2〕圉:同"御"。〔3〕谋:郭沫若云:"'谋'殆假为'晦'。"晦指边境之地辽远昏暗。〔4〕竟:同"境"。修:郭沫若云:"'修'殆'偷'字之误,谓边境之士偷惰也。"译文从"偷"。

【译文】

君主如果听从停息兵备的主张,群臣宾客就没有敢谈论兵备的。然而对内不知道国家的治乱,对外不了解诸侯的强弱,这样的话,城墙毁坏没有人去修补,装备损毁没有人去修理,防卫的设施和装备就将毁于一旦。辽远的边境昏暗凄凉,戍边的士卒怠惰消极,百姓缺乏抗敌的决心。因此说"如果停息兵备的观点占上风,那么险要的阵地也守不住"。

人君唯毋听兼爱之说,则视天下之民如其民,视国如吾国。如是则无并兼攘夺之心,[1]无覆军败将之事。[2]然则射御勇力之士不厚禄,覆军杀将之臣不贵爵,如是则射御勇力之士出在外矣。我能毋攻人可也,不能令人毋攻我。彼求地而予之,非吾所欲也;不予而与战,必不胜也。彼以教士,[3]我以驱众;[4]彼以良将,我以无能,其败必覆军杀将。故曰"兼爱之说胜,则士卒不战"。

【注释】

〔1〕攘夺:侵夺。〔2〕败将:据下文应作"杀将"。〔3〕教士:指训练有素的士卒。〔4〕驱众:指驱赶乌合之众。

【译文】

君主如果听从彼此相爱的主张,就会将天下的百姓都看作自己的百姓,将天下的国家都看作自己的国家。这样的话,就没有了兼并他国、侵夺百姓的心思,也没有了覆灭敌军、杀戮其将士的战争。不给善于骑射、勇猛奋力的将士以丰厚的俸禄,不给覆灭敌军、杀戮其将士的臣下以尊贵的爵位,这样,善于骑射、勇猛奋力的将士就不愿在君主身边而带兵外出。我可以不进攻敌人,但不能让敌人不进攻我。敌人要求土地就给予他,这不是我所愿意的;不给予而与他交战,一定不能取胜。因为敌人凭借训练有素的士卒,我只能驱赶乌合之众;敌人凭借精良的战将,我身边只有无能之辈,这样失败的结局必然是我军覆灭、将帅身亡。因此说"如果彼此相爱的观点占上风,那么士兵相互间就不肯交战"。

人君唯无好全生，[1]则群臣皆全其生，而生又养生，养何也？[2]曰：滋味也，声色也，然后为养生。然则从欲妄行，[3]男女无别，反于禽兽。[4]然则礼义廉耻不立，人君无以自守也。[5]故曰"全生之说胜，则廉耻不立"。

【注释】
〔1〕戴望云："宋本'无'作'毋'，下皆同。" 〔2〕姚永概云："此文当作'而又养生，养生何也'乃顺。"译文从姚说。 〔3〕从：同"纵"。 〔4〕反：同"返"。 〔5〕自守：约束自己。

【译文】
君主如果爱好保全生命的主张，那么群臣也都讲究保全生命，并进而讲求养生之道。什么是养生呢？口舌滋味的享受，声乐女色的享受，这些就是养生。然而放纵情欲，胡作非为，男女不加区分，这等于回到禽兽世界。因而礼义廉耻不能树立，君主就不能约束自己。因此说"如果保全生命的观点占上风，那么廉耻的品德就不能树立"。

人君唯无听私议自贵，则民退静隐伏，[1]窟穴就山，[2]非世间上，[3]轻爵禄而贱有司。然则令不行，禁不止。故曰"私议自贵之说胜，则上令不行"。

【注释】
〔1〕退静隐伏：指退处隐居。 〔2〕窟穴就山：指进深山洞穴。 〔3〕间上：与君主离心离德。

【译文】
君主如果听从私自立说、自命不凡的人，那么百姓就都进深山洞穴去退处隐居，非议当世，与君主离心离德，鄙视爵位俸禄而看轻朝廷官吏。这样君主有令不能推行，有禁不得制止。因此说"如果自命不凡的观点占上风,那么君主的政令就不能推行"。

人君唯无好金玉货财,必欲得其所好,然则必有以易之。所以易之者何也?大官尊位,不然则尊爵重禄也。如是则不肖者在上位矣。然则贤者不为下,[1]智者不为谋,信者不为约,勇者不为死。如是则驱国而损之也。[2]故曰"金玉货财之说胜,则爵服下流"。

【注释】

〔1〕古本"下"作"力"。译文从"力"。 〔2〕损:毁。

【译文】

君主如果爱好金玉财宝,一定希望获得它,就一定会拿东西来交换。用来交换金玉财宝的是什么呢?不是要职高位,就是尊贵的爵位、优厚的俸禄。这样的话,不肖之徒就会占据高位,而贤能的人不会竭尽全力,智慧的人不会贡献计谋,守信的人不会坚守约定,勇猛的人不为君主死战。这等于是驱使国家走向毁灭啊!因此说"如果贪图财富的观点占上风,那么就会出现卖官鬻爵"。

人君唯毋听群徒比周,则群臣朋党,蔽美扬恶,然则国之情伪不见于上。如是则朋党者处前,[1]寡党者处后。夫朋党者处前,贤不肖不分,则争夺之乱起,而君在危殆之中矣。故曰"群徒比周之说胜,则贤不肖不分"。

【注释】

〔1〕朋党:王念孙云:"'朋'当为'多',下'朋党'同。"译文从王说。

【译文】

君主如果听从小人结党营私,那么群臣将纷纷结为朋党,掩蔽美善,吹捧丑恶,这样国家的真实情况君主就不能了解。于是结党营私的小人居于要位,正直独立的君子退居在后。结党营私的小人居于要位,贤良和不才就难以区分,互相争权夺利的动乱就会发生,君主就将处于危险的境地。因此说"如果结党营私的观点占上风,那么贤良和不才就难以区分"。

人君唯毋听观乐玩好,则败。凡观乐者,宫室、台池、珠玉、声乐也,此皆费财尽力伤国之道也。而以此事君者,皆奸人也,而人君听之,焉得毋败?然则府仓虚,蓄积竭,且奸人在上,则壅遏贤者而不进也。[1]然则国适有患,则优倡侏儒起而议国事矣,[2]是驱国而捐之也。故曰"观乐玩好之说胜,则奸人在上位"。

【注释】

〔1〕壅遏:壅塞阻止。 〔2〕优倡侏儒:古时称演出歌舞杂技的艺人,此指下层小人。

【译文】

君主如果听从玩乐享受的主张,就必将失败。凡是能获得视觉享乐的,无非是宫殿、楼池、珠宝、声乐,而这些都是耗费财物、损伤国力的东西。用这些来引诱君主的,都是奸佞之臣,如果君主听信他们,怎么能不失败呢?因为府库空虚、积蓄耗尽,而且奸佞当道,阻止贤人进谏,假如国家正遇上祸患,那么优倡侏儒这些下层小人就将群起商议国事,这等于驱使国家走向毁灭。因此说"如果追求享受的观点占上风,那么小人就会占据高位"。

人君唯毋听请谒任誉,[1]则群臣皆相为请。然则请谒得于上,党与成于乡。如是则货财行于国,[2]法制毁于官,群臣务佼而求用。[3]然则无爵而贵,无禄而富。故曰"请谒任誉之说胜,则绳墨不正"。

【注释】
〔1〕任誉:当依《立政》作"任举"。下同。 〔2〕货财:指贿赂。〔3〕猪饲彦博云:"'佼'当作'交'。"王念孙云:"'求用'上当有'不'字。"译文从之。

【译文】
君主如果听从干求保举的主张,那么群臣都相互干求。干求保举的人一旦得势,基层的朋党也就形成。这样的话,贿赂就在国内通行,法制就在官府被毁弃,群臣就专力交结而不求立功,这样就将造成没有爵位也会显贵,没有俸禄也会富有。因此说"如果干求保举的观点占上风,那么用人的标准就会遭歪曲"。

人君唯无听谄谀饰过之言,则败。奚以知其然也?夫谄臣者,常使其主不悔其过、不更其失者也,故主惑而不自知也,如是则谋臣死而谄臣尊矣。[1]故曰"谄谗饰过之说胜,[2]则巧佞者用"。

【注释】
〔1〕谋臣:王念孙云:"'谋'当为'谏'。"译文从王说。 〔2〕谄谗:据上文与《立政》,当作"谄谀"。

【译文】
君主如果听从阿谀奉承、文过饰非的主张,就必将失败。怎样知道会这样呢?谄谀之臣就是那种经常使君主不追悔自己的过失、不改正自己的错误的人，因而君主糊涂却自己不知道，这样忠谏之臣死亡，而谄谀之臣得宠。因此说"如果文过饰非的观点占上风，那么阿谀奉承的佞人就会被任用"。

版法解第六十六

【题解】

本篇是对本书《版法》篇的逐句诠解，并有所发挥，如提出"治国有三器，乱国有六攻"的主张，即所谓号令、斧钺、禄赏为治国的三项法宝，而亲、贵、货、色、巧佞、玩好为乱国的六种途径。篇末两节，与《版法》原文无涉，明显为错简误入本篇。前节称颂虞舜毫不利己、专门利人和武王一无所有、专门予人的精神，后节阐述君子"自化""自抚"的精神和最厌恶的五种行为。

版法者，[1]法天地之位，象四时之行，以治天下。四时之行，有寒有暑，[2]圣人法之，故有文有武。天地之位，有前有后，有左有右，圣人法之，以建经纪。[3]春生于左，秋杀于右，夏长于前，冬藏于后。生长之事，文也；收藏之事，武也。是故文事在左，武事在右，圣人法之，以行法令，以治事理。凡法事者，[4]操持不可以不正；[5]操持不正，则听治不公；[6]听治不公，则治不尽理，事不尽应。[7]治不尽理，则疏远微贱者无所告诉；[8]事不尽应，则功利不尽举。功利不尽举则国贫，疏远微贱者无所告诉则下饶。[9]故曰"凡将立事，正彼天植"。

【注释】

〔1〕王念孙云:"'版'字涉上'版法解'而衍。'法天地之位'云云,乃释'法'字,非释'版法'二字。"译从。 〔2〕陶鸿庆云:"'有寒有暑'上,当有'有生有杀'四字。"译文从陶说。 〔3〕经纪:纲常,法度。 〔4〕法事:郭沫若云:"'法事'当为'治事'。"译文从之。 〔5〕操持:指所持的立场。 〔6〕听治:治理。听,断决,治理。 〔7〕事不尽应:指办事不按照常规。应,应当,指常规。 〔8〕诇:同"诉"。 〔9〕俞樾云:"'饶'当为'谹',《说文》'谹,恚呼'。"恚(huì 惠)呼,指怨怒呼号。

【译文】

所谓法,就是效法天地的位置,模拟四时的运行,来治理天下。四时的运行,有萌生,有凋落,有寒冬,有酷暑,圣人效法它,因而设立文官、武将。天地的位置,有前面,有后方,有左边,有右边,圣人效法它,用来建立法度。春季萌生在左,秋季凋落在右,夏季生长在前,冬季收藏在后。万物萌发、生长之事,属于文事;凋落、收藏之事,属于武事。因而文事在左,武事在右,圣人效法它,用来推行法令,用来规范事理。凡是治理政事,所持的立场不可以不公正;立场不公正,那么治理就不公平;治理不公平,那么治理不遵循法理,办事不按照常规。治理不遵循法理,那么关系疏远、地位微贱的人就无处申诉;办事不按照常规,就不能获得最大的功利。不能获得最大的功利,国家就贫困;关系疏远、地位微贱的人无处申诉,百姓就怨怒。因此说"大凡君主临政治事,要端正心志"。

天植者,心也。天植正,则不私近亲,不孽疏远;〔1〕不私近亲,不孽疏远,则无遗利,〔2〕无隐治;〔3〕无遗利,无隐治,则事无不举,物无遗者。欲见天心,明以风雨。故曰"风雨无违,远近高下,各得其嗣"。

【注释】

〔1〕孽:庶子。这里引申为低贱、轻视。 〔2〕遗利:指私下给予的特权。 〔3〕隐治:指不公开的治国方式。

【译文】

　　所谓天植，就是心志的意思。心志纯正，就不会偏私关系亲近的人，不会轻视关系疏远的人；不偏私亲近，不轻视疏远，就不会有特权，不会有隐瞒；没有特权，没有隐瞒，事业没有不兴旺发达的，万物没有不发挥作用的。要知晓上天的心志，自然的风雨就是最明显的象征。因此说"不要违背风雨自然的规律，处理好与远近高下各类人的关系，使他们各得其所"。

　　万物尊天而贵风雨。所以尊天者，为其莫不受命焉也；所以贵风雨者，为其莫不待风而动、待雨而濡也。若使万物释天而更有所受命，释风而更有所仰动，释雨而更有所仰濡，则无为尊天而贵风雨矣。今人君之所尊安者，为其威立而令行也，其所以能立威行令者，为其威利之操莫不在君也。若使威利之操不专在君，而有所分散，则君日益轻而威利日衰，侵暴之道也。故曰"三经既饬，君乃有国"。

【译文】

　　万物尊奉上天而贵重风雨。所以尊奉上天，因为万物无不受命于它；所以贵重风雨，因为万物无不随风运动、靠雨滋润。假如万物弃上天而另有所受命，弃风而另有动力使它运动，弃雨而另有源泉使它滋润，那么万物也就不会尊奉上天而贵重风雨了。如今君主之所以得到尊敬并安居其位，因为他的权势确立，政令推行，而君主所以能确立权势、推行政令，因为权势利益无不控制在他的手中。假如权势利益不是专被君主一人控制，而是分散各处，那么君主的地位就会一天天动摇，他的权势利益也会一天天衰落，这就是对君主欺凌侵吞的途径。因此说"三项原则得到整饬，君主才能拥有国家"。

　　乘夏方长，[1]审治刑赏，必明经纪。陈义设法，断事以理。虚气平心,[2]乃去怒喜。若倍法弃令而行怒喜,[3]祸乱乃生,上位乃殆。故曰"喜无以赏,怒无以杀。喜以赏,怒以杀,怨乃起,令乃废。骤令而不行,[4]民心乃外。外之有徒,祸乃始牙。众之所忿,寡不能图"。

【注释】

〔1〕乘夏方长:指正在夏季万物生长时节,此时容易激怒暴躁。〔2〕虚气平心:使神气虚静,使心态平和。 〔3〕倍:同"背"。行:指任性而行。 〔4〕《版法》无"而"字。

【译文】

正当夏季万物生长时节,处理刑罚奖赏之事,一定要明确法度。敷陈道义,完备法令,依靠道理来决断事情。要神气虚静,心理平和,才能舍弃个人的喜怒情感。假如背弃了法令,任凭个人的喜怒决断处理,灾祸动乱就会发生,君主地位就会危险。因此说"不以一己之喜而滥赏,不以一己之怒而滥杀。凭一己之喜而赏,凭一己之怒而杀,民怨就会产生,政令就会废弛。屡次下令不能推行,民心就会向外。存有外心的结为党徒,祸患就开始萌发。众人爆发出来的怨恨,少数人难以应付"。

冬既闭藏,百事尽止。往事毕登,[1]来事未起。方冬无事,慎观终始,审察事理。事有先易而后难者,有始不足见而终不可及者,[2]此常利之所以不举,事之所以困者也。事之先易者,人轻行之;人轻行之,则必困难成之事。[3]始不足见者,人轻弃之;人轻弃之,则必失不可及之功。夫数困难成之事,而时失不可及之功,衰耗之道也。是故明君审察事理,慎观终始,为必知其所成，成必知其所用，用必知其所利害。为而不知所成，成而不知所用，用而不知所利害，谓之妄举。[4]妄举者，其事不成，其功不立。故曰"举所美必观其所终，废所恶必计其所穷"。

【注释】
　　〔1〕登：成熟，完成。　〔2〕不足见：不易察觉。不可及：难以达到。　〔3〕困难成之事：受困于艰难之事。　〔4〕妄举：轻举妄动。

【译文】
　　冬季是收闭贮藏的季节，各种行事都已停止。过去的工作都已完成，将来的工作还未开始。正当冬季无事时节，要谨慎地考虑工作的始终，仔细地洞察行事的规律。行事有的开始容易而后来艰难，效果有的开始不易察觉而最终难以达到，这就是通常的效果所以不被重视，行事所以遭受困窘的原因。行事开始容易，人们往往轻率行事；轻率行事，就必然使后来的艰难更加困窘；效果开始不易察觉，人们往往轻视忽略；轻视忽略，就必然失去难以达到的功效。多次受困在艰难的工作中，时常失去难以达到的功效，这就是消耗衰竭的症候。因此，明君仔细地洞察行事的规律，谨慎地考虑工作的始终，做事一定相信它会成功，成功了一定了解它的作用，产生了作用一定知道它的利害关系。做事却不相信会成功，成功了却不了解作用，产生了作用却不知道利害关系，这就叫轻举妄动。轻举妄动的人，行事没有成就，功业不会建立。因此说"兴办喜爱之事，一定要考虑它的结局；废除厌恶之事，一定要估计它的后果"。

　　凡人君者，欲民之有礼义也。夫民无礼义，则上下乱而贵贱争。故曰"庆勉敦敬以显之，富禄有功以劝之，爵贵有名以休之"。

【译文】
　　大凡君主都想使百姓讲求礼义，百姓不讲求礼义，就会上下名分混乱,贵贱地位相争。因此说"用奖赏勉励敦敬之人来进行显扬,用俸禄加富有功之人来进行劝勉,用爵位增贵有名之人来进行称誉"。

凡人君者,欲众之亲上乡意也,[1]欲其从事之胜任也。[2]而众者不爱则不亲,不亲则不明,不教顺则不乡意。[3]是故明君兼爱以亲之,明教顺以道之,[4]便其势,[5]利其备,[6]爱其力,而勿夺其时以利之。如此则众亲上乡意,从事胜任矣。故曰"兼爱无遗,是谓君心。必先顺教,万民乡风,旦暮利之,众乃胜任"。

【注释】

〔1〕亲上乡意:此谓亲附君上、趋从君意。乡,同"向"。 〔2〕王念孙云:"'从事之胜任','之'字涉上句而衍。"译文从王说。 〔3〕"而众"三句:郭沫若云:"当作'不爱则不亲,不亲则不乡意;不教顺则不明,不明则不胜任',而后文意始完。"译文从之。 〔4〕道:同"导"。 〔5〕便其势:便,有利,适合。势,趋向。此谓适合百姓的趋向。 〔6〕利其备:备,富足。此谓有利百姓的富足。

【译文】

大凡君主都要求百姓亲附君上、趋从君意,要求百姓从事劳动、承担责任。而百姓不受仁爱就不亲附君上,不亲附君上就不趋从君意;不受教训就不明白事理,不明白事理就不能承担责任。因此明君广施仁爱使百姓亲附;明白教训来引导百姓,适合他们的趋向,有利他们的富足,爱惜他们的劳力,不耽误他们的农时,从而给他们利益。这样,百姓就会亲附君上,趋从君意,从事劳动、承担责任了。因此说"广施仁爱,没有遗弃,这才是君主的胸怀。一定要先进行教训,使万民趋从教化,经常给他们利益,百姓才会承担责任"。

治之本二:一曰人,二曰事。人欲必用,事欲必工。人有逆顺，[1]事有称量。[2]人心逆则人不用，事失称量则事不工。事不工则伤，人不用则怨。故曰"取人以己，成事以质"。成事以质者，用称量也；取人以己者，度恕而行也。[3]度恕者，度之于己也。己之所不安，勿施于人。故曰"审用财，慎施报，察称量。故用财不可以啬，用力不可以苦。用财啬则费，用力苦则劳矣"。奚以知其然也？用力苦则事不工，事不工而数复之，[4]故曰"劳矣"。[5]用财啬则不当人心，不当人心则怨起，用财而生怨，故曰"费"。怨起而不复反，[6]众劳而不得息，则必有崩陁堵坏之心。[7]故曰"民不足，令乃辱；民苦殃，令不行。施报不得，祸乃始昌。祸昌而不悟，民乃自图"。

【注释】
〔1〕逆顺：指性格的逆或顺。 〔2〕称量：指分量的轻或重。 〔3〕度：揣测，考虑。恕：宽容。 〔4〕数复：多次反复。 〔5〕陶鸿庆云："'矣'字衍。涉上文'用力苦则劳矣'而误。"译文从陶说。 〔6〕不复反：指不再回心转意。 〔7〕崩陁堵坏：尹桐阳云："'陁'同'陊'，小崩也。'堵'同'屠'，《广雅》云'坏也'。"此谓崩溃毁坏。

【译文】
　　治国的根本有两方面：一是用人，二是办事。用人一定要讲信用，办事一定要完备。人的性格有逆有顺，事的分量有轻有重。人心悖逆就不能使用，事失轻重就难以完备。事不完备就有损害，人不被用就生怨恨。因此说"用人先要审察自己，成事先要树立标准"。成事树立标准，这是要衡量是否合格；用人审察自己，这是要考虑是否宽容。考虑是否宽容，主要是针对自身。自己受之不安的，不要强加于人。因此说"仔细斟酌财力的使用，谨慎地对待施惠和酬报，反复地衡量轻重和利害关系。因而使用财力不可吝啬，使用民力不可过度。用财吝啬就会引起悖逆，用力过度就会造成疲劳"。怎样知道会这样呢？用力过度办事就不完备，办事不完备就要多次反复，因此说会"造成疲劳"。用财吝啬就不得人心，不得人心就会产生怨恨，投入财力反生怨恨，因此说会"引起悖逆"。怨恨产生而不再回心，百姓疲劳而不得休息，就必定使人们生出崩溃毁坏的念头。因此说"百姓贫困不足，政令就更加繁缛；百姓吃苦遭殃，政令就不能推行。施惠和酬报都无以实行，祸患就将开始发展。祸患发展而君主还不觉悟，百姓就将自谋出路"。

凡国无法则众不知所为，无度则事无机。[1] 有法不正，有度不直，则治辟，[2] 治辟则国乱。故曰"正法直度，罪杀不赦，杀僇必信，民畏而惧。武威既明，令不再行"。

【注释】
〔1〕孙星衍云："《艺文类聚》五十四、《太平御览》六百三十八引'机'俱作'仪'。"译文从"仪"。 〔2〕辟：同"僻"，邪僻。

【译文】
国家没有法令，民众就不知怎么做；没有制度，办事就没有标准。有法令不公正，有制度不平等，统治就会邪僻，统治邪僻，国家就会动乱。因此说"法令公正，制度平等。杀戮有罪，不予赦免，执行刑戮，必守信用，百姓就会畏惧。武力威势既已宣明，法令就不必重申"。

凡民者，莫不恶罚而畏罪。是以人君严教以示之，明刑罚以致之。[1] 故曰"顿卒怠倦以辱之，罚罪有过以惩之，杀僇犯禁以振之"。

【注释】
〔1〕致：郭沫若云："'致'殆'敬'字之误。敬者儆也……"译文

从郭说。

【译文】

大凡百姓没有不厌恶刑罚而害怕犯罪的,因此君主用严厉教训来告示百姓,用宣明刑罚来儆戒百姓。因此说"斥责怠惰的人来加以羞辱,处罚有错的人来加以惩治,杀戮犯罪的人来加以震慑"。

治国有三器,乱国有六攻。[1]明君能胜六攻而立三器,则国治;[2]不肖之君不能胜六攻而立三器,故国不治。三器者何也?曰号令也,斧钺也,禄赏也。六攻者何也?[3]亲也,贵也,货也,色也,巧佞也,玩好也。三器之用何也?曰:非号令无以使下,非斧钺无以畏众,[4]非禄赏无以劝民。六攻之败何也?曰:虽不听而可以得存,虽犯禁而可以得免,虽无功而可以得富。夫国有不听而可以得存者,则号令不足以使下;有犯禁而可以得免者,则斧钺不足以畏众;有无功而可以得富者,则禄赏不足以劝民。号令不足以使下,斧钺不足以畏众,禄赏不足以劝民,则人君无以自守也。然则明君奈何?明君不为六者变更号令,不为六者疑错斧钺,[5]不为六者益损禄赏。故曰"植固而不动,奇邪乃恐。奇革邪化,令往民移"。

【注释】

〔1〕攻:指进攻途径。 〔2〕则国治:王念孙云:"当依《治要》作'故国治',与下'故国不治'对文。"译文从王说。 〔3〕王念孙云:"'何也'下脱'曰'字,当依《治要》补。"译文从王说。 〔4〕畏:同"威"。 〔5〕疑错:指改动。

【译文】

　　治理国家有三项法宝,搞乱国家有六条途径。明君能堵塞六条途径而确立三项法宝,因此国家大治;不肖之君不能堵塞六条途径而确立三项法宝,因此国家得不到治理。三项治国的法宝是什么呢?这就是发布号令、斧钺刑罚、爵禄封赏。六条乱国的途径是什么呢?这就是亲属关系、尊贵地位、财货贿赂、女色享乐、花言巧语、器物玩好。三项法宝怎样发挥作用呢?没有号令发布就不能指挥部下,没有斧钺刑罚就不能威慑民众,没有爵禄封赏就不能勉励百姓。六条途径导致乱国是什么原因呢?即使不听号令也可以得以生存,即使违犯禁令也可以得到赦免,即使没有功绩也可以获得富贵。一个国家,如果有人不听号令也能生存,发布号令就不能指挥部下;有人违犯禁令也能赦免,斧钺刑罚就不能威慑民众;有人没有功绩也能富贵,爵禄封赏就不能勉励百姓。发布号令不能指挥部下,斧钺刑罚不能威慑民众,爵禄封赏不能勉励百姓,那么君主就失去了自立的威信。那么明君应该怎么做呢?明君不因为这六方面的干扰而变更号令发布,不因为这六方面的干扰而改动斧钺刑罚,不因为这六方面的干扰而增减爵禄封赏。因此说"君主执法的意志牢固不动摇,乖异邪僻之徒就会恐惧。乖异邪僻之徒得到改造,君主法令下达,百姓就会顺令而动"。

　　凡人君者,覆载万民而兼有之,[1]烛临万族而事使之。[2]是故以天地、日月、四时为主为质,[3]以治天下。天覆而无外也,其德无所不在;地载而无弃也,安固而不动,故莫不生殖。圣人法之,以覆载万民,故莫不得其职姓,[4]得其职姓,则莫不为用。故曰"法天合德,象地无亲"。日月之明无私,故莫不得光,圣人法之,以烛万民,故能审察,则无遗善,无隐奸。无遗善,无隐奸,则刑赏信必;[5]刑赏信必,则善劝而奸止。故曰"参于日月"。四时之行,信必而著明,圣人法之,以事万民,[6]故不失时功。[7]故曰"伍于四时"。

【注释】

〔1〕覆载：覆盖负载，指包容一切。　〔2〕烛临：照临。事使：即使事、驱使。　〔3〕主：主宰。质：目标，榜样。　〔4〕职姓：郭沫若云："《尔雅·释诂》'职，常也'。'姓'与'生'通……生犹产也。""是则所谓'职生'者犹言恒产耳。"译文从郭说。　〔5〕信必：即必信。〔6〕事：猪饲彦博云："事犹使也。"　〔7〕时功：指四时之功。

【译文】

大凡君主，包容万民而拥有一切，照临万族而驱使一切，因此君主以天地、日月、四时作为主宰和榜样来治理天下。上天覆盖万物，绝无遗漏，它的公德无所不在；大地负载万物，绝无遗弃，安稳坚固而不动摇，因而万物都能生育繁殖。圣主效法天地，包容万民，因而使万民无不拥有恒产，万民拥有恒产，无不为圣主效力。因此说"君主效法上天，合于公德；模仿大地，无所私亲"。日月的光照没有偏私，因而大地无处不得光明，圣主效法日月，烛照万民，因而能洞察一切，善行不会遗漏，奸情无法隐蔽。善行不遗漏，奸情不隐蔽，刑罚奖赏就定能实行。刑罚奖赏实行，善行能得到劝勉，奸情能得到制止。因此说"与日月参合"。四时的交替，必定按时而且显明，圣主效法四时，役使万民，因而不失四时的功效。因此说"与四时相伍"。

凡众者，爱之则亲，[1]利之则至。[2]是故明君设利以致之，明爱以亲之。徒利而不爱，则众至而不亲；徒爱而不利，则众亲而不至。爱施俱行，[3]则说君臣、说朋友、说兄弟、说父子。爱施所设，[4]四固不能守。[5]故曰"说在爱施"。[6]

【注释】

〔1〕爱：指在精神上施以仁爱。　〔2〕利：指在物质上给予好处。〔3〕爱施：即上言爱、利。　〔4〕戴望云："元本作'爱施所施设'。"指施爱设利。　〔5〕猪饲彦博云："'四'字疑衍。言众皆为之致死，故所攻必拔。"译文从之。　〔6〕刘绩云："当作'悦众在爱施'。"译文从刘说。

【译文】

　　大凡民众,君主施以仁爱他们就会亲近,给予好处他们就会归附。因此明君设置好处来招致百姓,显示仁爱来亲近百姓。只给好处而不施仁爱,百姓会归附却不亲近;只施爱抚而不给好处,百姓会亲近却不归附。仁爱和好处一同施行,那么君臣、朋友、兄弟、父子之间皆大欢喜。君主能施仁爱,设好处,就能得民心,这样,再坚固的堡垒也能攻克。因此说"取悦民众在于施爱加惠"。

　　凡君所以有众者,爱施之德也。爱有所移,[1]利有所并,[2]则不能尽有。故曰"有众在废私"。

【注释】

　　[1] 移:猪饲彦博云:"'移'当作'私'。"译文从"私"。
[2] 并:指兼并。

【译文】

　　大凡君主所以能拥有民众,因为具备了施爱加惠的品德。如果仁爱之心有所偏私,好处有所兼并,就不能得到所有百姓的拥护。因此说"拥有百姓在于废除私心"。

　　爱施之德虽行而无私,内行不修,[1]则不能朝远方之君。是故正君臣上下之义,饰父子、兄弟、夫妻之义,饰男女之别,别疏数之差,[2]使君德臣忠,[3]父慈子孝,兄爱弟敬,礼义章明,如此则近者亲之,远者归之。故曰"召远在修近"。

【注释】

　　[1] 内行:指内部礼义道德的修养。 [2] 疏数:指亲与疏、远与近。 [3] 德:猪饲彦博云:"'德'当作'惠'。"译文从之。

【译文】

君主虽然无私地施行了爱惠之德,但是不修治内部的礼义,就不能使远方的君主归服。因此要端正君臣上下的关系,整饬父子、兄弟、夫妻的关系,整饬男女的差别,区分亲疏的差别,使君主恩惠,臣下忠诚;父亲慈爱,子女孝顺;长兄爱护,小弟恭敬。各种礼义昭彰显明,这样就能使近处的百姓亲近,远方的百姓归附。因此说"招致远民在于修治内部"。

闭祸在除怨,非有怨乃除之,所事之地常无怨也。凡祸乱之所生,生于怨咎,[1]怨咎所生,生于非理。是以明君之事众也必经,[2]使之必道,施报必当,[3]出言必得,刑罚必理,如此则众无郁怨之心,无憾恨之意。如此则祸乱不生,上位不殆。故曰"闭祸在除怨也"。

【注释】

〔1〕怨咎:埋怨,责备。 〔2〕必经:必合于常道。 〔3〕施报:施惠,酬报。

【译文】

避免祸乱在于消除怨恨,不是指有了怨恨才去消除,而是要治理的地区内通常没有怨恨。大凡祸乱的发生,都起于怨恨;怨恨的发生,都起于不合道理。因此明君统治民众一定合于常道,役使百姓一定合于道理,施惠酬报一定恰当,发号施令一定得体,施行刑罚一定合于法理。这样,百姓就没有郁怨怨恨之心,没有遗憾悔恨之意,这样就不会发生祸乱,君主的地位就不危险了。因此说"避免祸乱在于消除怨恨"。

凡人君所以尊安者,贤佐也。佐贤则君尊、国安、民治,无佐则君卑、国危、民乱。故曰"备长存乎任贤"。

【译文】
　　大凡君主所以能保持尊贵安定，是由于贤人的辅佐。有贤人辅佐，那么君主尊贵、国家安定、百姓治理；没有贤人辅佐，那么君主卑微、国家危亡、百姓动乱。因此说"长治久安在于任用贤人"。

　　凡人者，莫不欲利而恶害。是故与天下同利者，天下持之；[1]擅天下之利者，天下谋之。[2]天下所谋，虽立必隳；[3]天下所持，虽高不危。故曰"安高在乎同利"。

【注释】
　　[1]持：扶助，拥护。　[2]谋：图谋，对付。　[3]隳(huī灰)：毁坏，倾覆。

【译文】
　　大凡众人，无不追逐利益而厌恶祸害。因此与天下同享利益的人，百姓就拥护他；要独占天下利益的人，百姓就对付他。百姓对付的，即使暂时成立，必遭倾覆；百姓拥护的，即使身居高位，也无危险。因此说"巩固君位在于与民同利"。

　　凡所谓能以所不利利人者，舜是也。舜耕历山，陶河滨，渔雷泽，不取其利，以教百姓，百姓举利之，[1]此所谓能以所不利利人者也。所谓能以所不有予人者，武王是也。武王伐纣，士卒往者，人有书社，[2]入殷之日，决钜桥之粟，散鹿台之钱，殷民大说，[3]此所谓能以所不有予人者也。

【注释】
　　[1]《史记·五帝本纪》："舜耕历山，历山之人皆让畔；渔雷泽，

雷泽上人皆让居；陶河滨，河滨器皆不苦窳。一年而所居成聚，二年成邑，三年成都。"举利之：指皆得其利。〔2〕书社：古制二十五家立社，把社内人名登录簿册，谓之书社。此指将伐纣的士卒登记入册。〔3〕《史记·周本纪》："武王……命南宫括散鹿台之财，发钜桥之粟，以振贫弱萌隶。"

【译文】

能够毫不利己、专门利人的人是虞舜。虞舜躬耕于历山，在河滨制陶，在雷泽捕鱼，自己不拿一点好处，专门教导百姓，百姓普遍得利，这就是所谓毫不利己、专门利人的人。所谓能够一无所有、专门予人的人是武王。武王征伐商纣，参加的士卒都登记入册。攻下殷都之后，分发钜桥的粮食，散布鹿台的钱财，殷商百姓十分高兴，这就是所谓一无所有、专门予人的人。

桓公谓管子曰："今子教寡人法天合德，合德长久，合德而兼覆之则万物受命；象地无亲，无亲安固，无亲而兼载之则诸生皆殖；参于日月，无私葆光，〔1〕无私而兼照之则美恶不隐。然则君子之为身，无好无恶然已乎？"管子对曰："不然。夫学者所以自化，所以自抚。〔2〕故君子恶称人之恶，恶不忠而怨妒，恶不公议而名当称，〔3〕恶不位下而位上，恶不亲外而内放。〔4〕此五者，君子之所恐行，〔5〕而小人之所以亡，况人君乎？"

【注释】

〔1〕葆：同"保"，保全。〔2〕自抚：郭沫若云："'抚'即抚育之意。言学者须自转移其气质，自抚育其心性。"〔3〕郭沫若云："'当'作'常'……""'称'殆'稓'字之误……'名常稓'者即《汉书·陆贾传》'名声籍甚'之意。"译文从郭说。〔4〕亲：和睦。放：放任。〔5〕恐行：畏行。

【译文】

桓公问管子说:"现在你教寡人要效法上天,合于公德,合于公德才能长治久安,以公德遍覆天下,则万物接受天命;要模仿大地,无所私亲,无所私亲才能安定稳固,以无亲遍载天下,则生物普遍繁殖;要与日月参合,无私才能保全光明,以无私遍照天下,则美丑都难隐蔽。然而君子对待自身,难道就是没有好恶的吗?"管子回答说:"不是这样。学者要自己转化气质,自己抚育性情。因此君子厌恶说别人的坏话,厌恶不忠君主而心怀怨恨,厌恶不经公论而名声盛大,厌恶不安下位而觊觎上位,厌恶排挤外人而放纵内部。这五种行为,是君子最怕做的,也是小人所以灭亡的原因,何况是君主呢?"

明法解第六十七

【题解】

明法解，是对本书《明法第四十六》篇的解说。本篇对《明法》篇的解说共有三十七条，凡《明法》篇的重要文句在此篇中几乎都作了较为详细具体的解说，并有发挥和补充；对照阅读，有相得益彰之效。本篇按《明法》篇的顺序排列，也显得严密完整，便于阅读。

明主者，有术数而不可欺也，[1]审于法禁而不可犯也，察于分职而不可乱也。故群臣不敢行其私，贵臣不得蔽贱，近者不得塞远，孤寡老弱不失其所职，[2]竟内明辨而不相逾越，[3]此之谓治国。故《明法》曰："所谓治国者，主道明也。"

【注释】

〔1〕俞樾云："有"字是"明"字之误，"明"字之下，又缺"于"字。"当云：'明主者明于术数而不可欺也'。"译文从之。这样，才与下文的句式一致。 〔2〕职：常。《汉书·武帝纪》："赐年九十以上及鳏寡孤独帛人二匹、絮三斤；八十以上米人三石，有冤失职，使者以闻。"师古曰："职，常也。失职者，失其常业及常理也。" 〔3〕竟：通"境"。《礼记·曲礼上》："入竟而问禁。"

【译文】

　　圣明的君主,明了治国的法术策略而不可欺骗,审定治国的法度禁令而不可侵犯,分清治国的身份职务而不可扰乱。所以群臣不敢推行他们的私术,高贵的臣子不得埋没低贱的人才,亲近君主的人不得埋没远离君主的人才,孤寡老弱不使他们失去日常的供给,国内尊卑分明不可逾越,这叫做安定的国家。所以《明法》篇说:"所谓安定的国家,是因为君道显明。"

　　明主者,[1]上之所以一民使下也;私术者,下之所以侵上乱主也。故法废而私行,则人主孤特而独立,人臣群党而成朋。如此,则主弱而臣强,此之谓乱国。故《明法》曰:"所谓乱国者,臣术胜也。"

【注释】

　　〔1〕明主:王念孙云:"明主"当为"明法",明法与(下句的)私术相对成文,"涉上下文'明主'而误"。译文从之。

【译文】

　　明法,是朝廷用来统一百姓使用臣下的;私术,是臣下用来侵犯朝廷扰乱君主的。所以国法废而私术行,君主就失去左右成了孤家寡人,臣子就成群结党组成派别。像这样,君主的权势弱而臣子的权势强,这就叫做动乱的国家。所以《明法》篇说:"所谓动乱的国家,是因为臣下的擅自主张代替了君道。"

　　明主在上位,有必治之势,则群臣不敢为非。是故群臣之不敢欺主者,非爱主也,以畏主之威势也;百姓之争用,非以爱主也,以畏主之法令也。故明主操必胜之数,以治必用之民;处必尊之势,以制必服之臣。故令行禁止,主尊而臣卑。故《明法》曰:"尊君卑臣,非计亲也,[1]以势胜也。"

【注释】
〔1〕应删"计"字,可参阅《明法第四十六》首段注释〔3〕。

【译文】
圣明的君主处在上位,具有果断的统治威势,群臣就不敢做非法的事。因此群臣不敢欺蒙君主,不是因为爱戴君主,而是因为害怕君主的威势;百姓争着为君主所用,不是因为爱戴君主,而是因为害怕君主的法令。所以圣明的君主操纵着必胜的方略,来统治必定要被使用的百姓;占领着必受尊重的势位,来控制必定要服从的臣子。所以能做到有令必行有禁必止,君主高贵而臣子卑下。所以《明法》篇说:"臣子以君主为高贵而自以为卑下,并非臣子对君主亲善,而是君主的权势压倒了臣子。"

明主之治也,县爵禄以劝其民,[1]民有利于上,故主有以使之;立刑罚以威其下,下有畏于上,故主有以牧之。故无爵禄则主无以劝民,无刑罚则主无以威众。故人臣之行理奉命者,非以爱主也,且以就利而避害也;百官之奉法无奸者,非以爱主也,欲以爱爵禄而避罚也。[2]故《明法》曰:"百官论职,非惠也,刑罚必也。"

【注释】
〔1〕县:同"悬",悬赏。 〔2〕爱:古本作"受"。译文从"受"。罚:王念孙云:"罚"上当据上下文补"刑"字。

【译文】
圣明的君主治理国家,用悬赏爵禄来勉励百姓,百姓因此能从朝廷那里得到好处，所以君主就有办法来使用百姓；用设立刑罚来威慑臣下，臣下因此对朝廷有所畏惧，所以君主就有办法来统治臣下。君主如无爵禄的赏赐就无法勉励百姓，如无刑罚的设立就无法威慑群臣。所以人臣的奉行法令，并非因为爱戴君主，只是为了趋利避害；百官奉法不作奸恶，并非因为爱戴君主，只是为了想接受爵禄而避开刑罚。所以《明法》篇说："百官奉法供职，并非是因为君主对臣子有恩惠，而是因为施行刑罚的结果。"

人主者，擅生杀，处威势，操令行禁止之柄以御其群臣，此主道也。人臣者，处卑贱，奉主令，守本任，治分职，此臣道也。故主行臣道则乱，臣行主道则危。故上下无分，君臣共道，乱之本也。故《明法》曰："君臣共道则乱。"

【译文】
　　君主，独揽生杀大权，处在有权势的地位，操纵令行禁止的权柄驾御着他的群臣，这是君道。人臣，处在卑贱低下的地位，供奉君主的政令，严守本职，做好分内的事，这是臣道。所以君主执行臣道国家就会发生混乱，人臣执行君道国家就有危险。上下没有分别，君道臣道混淆，这是国家混乱的根本原因。所以《明法》篇说："君道臣道混淆国家就会发生混乱。"

人臣之所以畏恐而谨事主者，以欲生而恶死也。使人不欲生、不恶死，则不可得而制也。夫生杀之柄，专在大臣，而主不危者，未尝有也。故治乱不以法断而决于重臣，生杀之柄不制于主而在群下，此寄生之主也。故人主专以其威势予人，则必有劫杀之患；专以其法制予人，则必有乱亡之祸。如此者，亡主之道也。故《明法》曰："专授则失。"

【译文】
　　人臣之所以畏惧而谨慎地侍奉君主，是因为希望生而害怕死。假使人不再希望生、不再害怕死，那么君主就不可能控制了。生杀的权力，把持在大臣手里，而君主没有危险的事，未曾有过。所以治乱不用法制来裁定而让权重的大臣来决断，生杀的权力不控制在君主的手里而落在群臣的手里，这是寄生的君主。所以君主特地把他的权势授予他人，就必然有被劫杀的忧虑；君主特地把法制授予他人，就必然有乱亡的祸害。像这样，就是亡国君主之道。所以《明法》篇说："君主把权力授给臣子就有亡国丧身之祸。"

　　凡为主而不得行其令，废法而恣群臣，威严已废，权势已夺，令不得出，群臣弗为用，百姓弗为使，竟内之众不制，则国非其国，而民非其民。如此者，灭主之道也。故《明法》曰："令本不出谓之灭。"

【译文】
　　作为君主而不能推行他的政令，废弛法度而放纵群臣，威严已经失去，权势已被剥夺，政令不能发出，群臣不为他所用，百姓不为他所使，国内的民众不能被控制，那么国家已不是他的国家，百姓也已不是他的百姓了。像这样，就是即将被灭亡君主的先导。所以《明法》篇说："政令在朝廷里发不出去叫做灭。"

　　明主之道，卑贱不待尊贵而见，大臣不因左右而进，百官条通，[1]群臣显见。有罚者主见其罪，有赏者主知其功。见知不悖，赏罚不差。有不蔽之术，故无壅遏之患。乱主则不然，法令不得至于民，疏远鬲闭而不得闻。如此者，壅遏之道也。[2]故《明法》曰："令出而留谓之壅。"

【注释】

〔1〕条:通达。《汉书·礼乐志》:"声气远条。" 〔2〕遏:猪饲彦博云:"遏"当作"主"。译文从之。

【译文】

圣明君主治国,卑贱者不必等待达官贵人的推举就能被任用,大臣不必依靠君主左右的力量就能被进用,百官与君主的联系畅通,群臣的功过君主清楚了解。有受罚的人君主看见他的罪过,有受赏的人君主知道他的功绩。君主的所见所知与事实不相违背,赏罚不出差错。君主有不受蒙蔽的方法,所以没有被壅塞的忧患。昏乱君主就不是这样,法令不能在百姓中执行,被疏远隔离而不能有听闻。像这样,是被壅塞昏君的治国情况。所以《明法》篇说:"政令发出而在中途滞留叫做壅塞。"

人臣之所以乘而为奸者,擅主也。臣有擅主者,则主令不得行,而下情不上通。人臣之力,能鬲君臣之间,而使美恶之情不扬闻,祸福之事不通彻,人主迷惑而无从悟。如此者,塞主之道也。故《明法》曰:"下情不上通谓之塞。"

【译文】

人臣之所以能乘机作奸,是因为独揽君权。人臣中有独揽君权的,君主的政令就不能施行,而下情也不能上通。人臣的力量,能隔绝君臣之间的联系,使好坏的情况不能宣传,祸福的事实不能通报,人主迷惑而无从醒悟。像这样,就是被堵塞君主的治国情况。所以《明法》篇说:"下情不能向上反映叫做塞。"

明主者,兼听独断,多其门户。群臣之道,下得明上,贱得言贵,故奸人不敢欺。乱主则不然,听无术数,断事不以参伍。[1]故无能之士上通,邪枉之臣专国,主明蔽而聪塞,忠臣之欲谋谏者不得进。如此者,侵主之道也。故《明法》曰:"下情上而道止谓之侵。"

【注释】

〔1〕参(sān 三)伍:参合错杂,错综比验。《易·系辞上》:"参伍以变,错综其数。"

【译文】

圣明的君主,能多方面听取意见而独自作出决断,增多他听取意见的途径。治理群臣,允许下能提醒上,贱能批评贵,所以奸人就不敢欺骗。昏乱的君主就不是这样,听取意见没有策略方法,决断事情不能比较验证。所以无能的人提到朝廷上来了,邪曲的臣子擅权国事,君主的视听被蒙蔽和堵塞,忠臣想献谋劝谏却不能做到。像这样,是受侵犯君主的治国情况。所以《明法》篇说:"下情向上反映而在途中受阻叫做侵。"

人主之治国也,莫不有法令赏罚。具故其法令明而赏罚之所立者当,[1]则主尊显而奸不生;其法令逆而赏罚之所立者不当,则群臣立私而壅塞之,朋党而劫杀之。故《明法》曰:"灭、塞、侵、壅之所生,[2]从法之不立也。"

【注释】

〔1〕具故:猪饲彦博云:"'具故'当作'是故'。" 〔2〕灭、塞、侵、壅:《明法》篇为"灭、侵、塞、壅"。译文从之。

【译文】

　　君主治国,没有不用法令赏罚的。因此他的法令明确又赏罚确定得恰当,那么君主就尊严显赫而奸邪就不会发生;他的法令错误又赏罚确定得不当,那么群臣就立私术而壅塞公法,结朋党而劫杀君主。所以《明法》篇说:"灭、侵、塞、壅这类情况的发生,是由于法制没有确立的缘故。"

　　法度者,主之所以制天下而禁奸邪也,所以牧领海内而奉宗庙也。私意者,所以生乱长奸而害公正也,所以壅蔽失正而危亡也。故法度行则国治,私意行则国乱。明主虽心之所爱而无功者不赏也,虽心之所憎而无罪者弗罚也。案法式而验得失,非法度不留意焉。故《明法》曰:"先王之治国也,不淫意于法之外。"

【译文】

　　法度,是君主用来控制天下禁止奸邪的,是用来统领海内供奉宗庙的。私意,是发生祸乱生长奸邪损害公正的根源,是蒙蔽君主失去稳定导致危亡的根源。所以法度推行国家就安定,私意推行国家就混乱。圣明君主即使是心中所喜爱的人但如无功的也就不行赏,即使是心中所憎恨的人但如无罪的也就不惩罚。根据法度的程式来检验功过得失,不合法度的不考虑。所以《明法》篇说:"先王治理国家,在法度之外不再多考虑。"

　　明主之治国也,案其当宜,行其正理。故其当赏者,群臣不得辞也;其当罚者,群臣不敢避也。夫赏功诛罪,所以为天下致利除害也。草茅弗去,则害禾谷;盗贼弗诛,则伤良民。夫舍公法而行私惠,则是利奸邪而长暴乱也。行私惠而赏无功,则是使民偷幸而望于上也；行私惠而赦有罪，则是使民轻上而易为非也。夫舍公法用私惠，明主不为也。故《明法》曰："不为惠于法之内。"

【译文】
　　圣明君主治国，总是根据切合实际的精神，推行合于事理的法令。所以该赏赐的，群臣不得推辞；该惩罚的，群臣不敢逃避。赏赐有功诛罚有罪，是用来为天下兴利除害的。杂草不除去，就不利禾苗的生长；盗贼不诛罚，就伤害良民的利益。舍弃国家的公法而推行个人的私惠，这就有利于奸邪而助长暴乱。推行私惠赏赐无功，这使百姓贪图侥幸而又埋怨朝廷；推行私惠赦免有罪，这使百姓看轻朝廷而又轻易去做非法的事。舍弃国家的公法而采用个人的私惠，圣明君主是不做的。所以《明法》篇说："在法度之内不另行私惠。"

　　凡人主莫不欲其民之用也。使民用者，必法立而令行也。故治国使众莫如法，禁淫止暴莫如刑。故贫者非不欲夺富者财也，然而不敢者，法不使也；强者非不能暴弱也，然而不敢者，畏法诛也。故百官之事，案之以法，则奸不生；暴慢之人，诛之以刑，则祸不起；群臣并进，策之以数，则私无所立。故《明法》曰："动无非法者，所以禁过而外私也。"

【译文】
　　大凡君主没有不要百姓为他效力的。要使百姓为君主效力，必须要建立法制推行政令。所以治国使用民众没有比法制更好的了，禁止放荡制止暴行没有比刑罚更好的了。所以贫者不是不想夺取富者的财物，然而不敢，是因为法制不允许；强者不是不能用暴力欺凌弱者，然而不敢，是因为害怕受到法制的惩罚。所以百官的职务，用法制来考察他，奸邪就不会发生；残暴轻慢的人，用刑罚来惩治他，祸乱就不会起来；群臣一起进用，用政纪督促他们，私术就没有地方可以建立。所以《明法》篇说："凡行动无非就是执行法，这正是用来禁止过错和排除私术的。"

人主之所以制臣下者，威势也。故威势在下，则主制于臣；威势在上，则臣制于主。夫蔽主者，非塞其门守其户也，然而令不行，禁不止，所欲不得者，失其威势也。故威势独在于主，则群臣畏敬；法政独出于主，则天下服德。[1]故威势分于臣则令不行，法政出于臣则民不听。故明主之治天下也，威势独在于主而不与臣共，法政独制于主而不从臣出。故《明法》曰："威不两错，政不二门。"

【注释】
〔1〕德：古本等均作"听"。译文从"听"。王念孙云："'服听'犹言服从。"

【译文】
君主之所以能控制臣下，是依靠权势。所以权势在下，君主就被臣下控制；权势在上，臣下就被君主控制。被蒙蔽的君主，不是因为被堵塞了大门被看守在家中，然而他有令不能行，有禁不能止，有所想而不能得，是因为他丧失了权势。所以权势只掌握在君主手中，群臣就畏惧恭敬；法令只出自君主之手，天下就服从听命。权势分散到臣下政令就不能推行，法令出自臣下百姓就不会听从。所以圣明君主治理天下，权势只掌握在君主手中而不与臣下共有，法令只控制在君主手中而不许臣下出令。所以《明法》篇说："君权不能授予两个人，政令不能出自两个门。"

明主者，一度量，立表仪，而坚守之，故令下而民从。法者，天下之程式也，万事之仪表也。吏者，民之所悬命也。故明主之治也，当于法者赏之，违于法者诛之。故以法诛罪，则民就死而不怨；以法量功，则民受赏而无德也，此以法举错之功也。故《明法》曰："以法治国，则举错而已。"

【译文】
　　圣明君主，统一标准，确立法度，又坚决地维护它们，所以法令下发而百姓听从。法度，是天下的规章，万事的准则。官吏，是牵挂着百姓的生命的。圣明君主治国，守法的就赏他，违法的就罚他。所以以法论罪，百姓被判死罪也不会怨恨；以法量功，百姓受到赏赐也不用感恩，这就是以法处理的功效。所以《明法》篇说："以法治国，只是运用法而已。"

　　明主者，有法度之制，故群臣皆出于方正之治而不敢为奸。百姓知主之从事于法也，故吏之所使者，有法则民从之，无法则止。民以法与吏相距，下以法与上从事，故诈伪之人不得欺其主，嫉妒之人不得用其贼心，谗谀之人不得施其巧，千里之外，不敢擅为非。故《明法》曰："有法度之制者，不可巧以诈伪。"

【译文】
　　圣明的君主，凡事都有法度的规定，所以群臣都出自公正之心办理政事而不敢作奸。百姓知道君主是依法度行事的，所以官吏们对百姓差使的事，有法度规定的百姓就听从他们，没有法度规定的百姓就不做。百姓用法度与官吏相抗拒，臣下依法为朝廷办事，所以奸诈虚伪的人不能欺骗君主，嫉妒的人不能运用他的害人之心，进谗言拍马屁的人不能施展他的机巧，即使在千里之外，也不敢为非作歹。故《明法》篇说："有了法度的规定，就不能用诈伪来行骗。"

权衡者，所以起轻重之数也。然而人不事者，非心恶利也，权不能为之多少其数，而衡不能为之轻重其量也。人知事权衡之无益，故不事也。故明主在上位，则官不得枉法，吏不得为私，民知事吏之无益，故财货不行于吏。权衡平正而待物，故奸诈之人不得行其私。故《明法》曰："有权衡之称者，不可欺以轻重。"

【译文】
　　秤锤秤杆，是用来称出轻重的数量的。然而人们不侍奉它们，不是心里不爱利，而是因为秤锤不能为人增多或减少称的数目，秤杆不能为人减轻或加重称的数量。人们知道侍奉秤锤秤杆没有什么益处，所以就不侍奉。圣明君主在上位，官吏就不得枉法，不得行私，百姓知道侍奉官吏无益，所以就不用财货去向官吏行贿。能做到像秤锤秤杆那样公正地对待事情，奸诈的人就不能行私。所以《明法》篇说："有了权衡的称量，就不能用轻重来相欺。"

　　尺寸寻丈者，所以得长短之情也。故以尺寸量短长，则万举而万不失矣。是故尺寸之度，虽富贵众强，不为益长；虽贫贱卑辱，不为损短。公平而无所偏，故奸诈之人不能误也。故《明法》曰："有寻丈之数者，不可差以长短。"

【译文】
　　尺、寸、寻、丈，是为了量得长短的情况。所以用尺寸来量短长，就量万次都不会失去统一的标准。因此尺寸的度量，即使是面对富贵众强者，也不为他增长；即使是面对贫贱卑辱者，也不为他减短。公平而没有偏私，所以奸诈的人不能制造错误。所以《明法》篇说："有了寻丈的计数，就不能用长短来弄鬼。"

国之所以乱者，废事情而任非誉也。[1]故明主之听也，言者责之以其实，誉人者试之以其官。言而无实者诛，吏而乱官者诛。是故虚言不敢进，不肖者不敢受官。乱主则不然，听言而不督其实，故群臣以虚誉进其党；任官而不责其功，故愚污之吏在庭。如此，则群臣相推以美名，相假以功伐，务多其佼而不为主用。[2]故《明法》曰："主释法以誉进能，则臣离上而下比周矣；以党举官，则民务佼而不求用矣。"[3]

【注释】

〔1〕非：通"诽"，诽谤。 〔2〕佼：通"狡"，狡诈。本书《七臣七主》："好佼反而行私请。"尹知章注："佼谓很（案：通"狠"）诈也。"〔3〕佼：《明法》篇作"交"。译文从"交"。

【译文】

国家之所以混乱，是因为废弃事实而依靠毁誉。所以圣明君主听取意见时，对言论总要求用事实来论证，对被称誉的人总要用官职来试验。说话不切合实际的要惩罚，官吏管理混乱的要惩罚。因此虚假的言论就不敢向君主提出来，不肖之徒就不敢接受君主授予的官职。昏乱的君主就不是这样，听意见不用事实来验证，所以群臣就用虚假的名誉来进用他们的党与；任用官吏不用功绩来要求，所以愚蠢污秽的官吏充斥朝廷。像这样，群臣就用美名互相标榜，用虚功互相作假，专务结交狡诈的人而不为君主用力。所以《明法》篇说："君主如果放弃法度而用空头名誉进用人，那么臣子们就背离君主而在下面结党行私了；君主如果听信朋党的话举用官吏，那么人们就专务结交朋党而不追求治理的实绩了。"

乱主不察臣之功劳，誉众者则赏之；不审其罪过，毁众者则罚之。如此者，则邪臣无功而得赏，忠正无罪而有罚。故功多而无赏，则臣不务尽力；行正而有罚，则贤圣无从竭能;行货财而得爵禄,则污辱之人在官;寄托之人不肖而位尊,[1]则民倍公法而趋有势。如此,则悫愿之人失其职,[2]而廉洁之吏失其治。故《明法》曰:"官之失其治也,是主以誉为赏而以毁为罚也。"

【注释】

〔1〕寄托之人:委托的人,指不是以法进用的人。 〔2〕悫(què却)愿:谨慎诚实。

【译文】

昏乱的君主不考察臣子的功劳,只要称誉的人多就赏他;不审查臣子的罪过,只要毁谤的人多就罚他。像这样,邪恶的臣子就能无功而受赏,忠正的臣子就会无罪而受罚。如果功劳多而无赏,那么臣子就不肯尽力效国了。如果行为端正而受罚,那么贤良高尚的人就无法竭能报国了。如果行贿能得到爵禄,那么污浊无耻的人就在官场上了;如果委托任官的人无德无才而地位尊贵,那么百姓就违背国法而趋炎附势了。像这样,谨慎忠实的人就会失去他的职位,清廉纯洁的官吏就会失去他的权力。所以《明法》篇说:"官吏失去治理的权力,这正是君主按空名行赏而依毁谤惩罚的结果。"

平吏之治官也,[1]行法而无私,则奸臣不得其利焉,此奸臣之所务伤也。人主不参验其罪过,以无实之言诛之,则奸臣不能无事贵重而求誉,[2]以避刑罚而受禄赏焉。故《明法》曰:"喜赏恶罚之人,离公道而行私术矣。"

【注释】

〔1〕平:平正,公正。 〔2〕"则奸"句:俞樾云:"'奸臣'当作'人臣',盖人主以无实之言诛人,则人臣皆事贵重以求免,非必奸臣

也。"译文从俞说。

【译文】
公正的官吏办事,推行国法而无私,奸臣就不能得到好处,这就是奸臣要竭力中伤他们的原因。君主不查证验实公正官吏的罪过,依据不实之词惩罚他们,那么人臣就不得不侍奉权贵而希求推荐和称誉,以便避免受到刑罚而得到禄赏。所以《明法》篇说:"喜得赏赐而厌恶受罚的人,就背离公法而行徇私的办法了。"

奸臣之败其主也,积渐积微,使主迷惑而不自知也。上则相为候望于主,[1]下则买誉于民。誉其党而使主尊之,毁不誉者而使主废之。[2]其所利害者,主听而行之。如此,则群臣皆忘主而趋私佼矣。故《明法》曰:"比周以相为慝,是故忘主死佼,以进其誉。"[3]

【注释】
〔1〕候:侦察。《吕氏春秋·壅塞》:"宋王使人候齐寇之所至。"〔2〕誉:同"与",党与,同党。〔3〕"比周"三句:见《明法第四十六》篇注释〔19〕〔20〕。

【译文】
奸臣败坏君主的事业,是从细微逐渐积累起来的,使君主迷惑而不能觉悟。他们在上面不断侦察君主的动向,在下面收买百姓的称誉。夸奖同党使君主重用他们,毁谤不与他们同党的人使君主废黜那些人。凡是与他们有利害关系的,都使君主听从他们的意见而实行。像这样,群臣都忘掉君主而趋附私党。所以《明法》篇说:"人们结党行私而作奸,这就忘了君主专务私交,进用同党。"

主无术数,则群臣易欺之;国无明法,则百姓轻为非。是故奸邪之人用国事，则群臣仰利害也。如此，则奸人为之视听者多矣。虽有大义，[1]主无从知之。故《明法》曰："佼众誉多，外内朋党，虽有大奸，其蔽主多矣。"

【注释】
〔1〕义："俄"之借字。王念孙云：古代俄、义同声。故俄或作义。《广雅》："俄，衺也。"故大义，即大邪、大奸。

【译文】
　　君主没有权术策略，群臣就容易欺骗他；国家没有明确的法度，百姓就容易做坏事。因此奸邪之人掌管国家大事，群臣的利害就仰仗他们。像这样，奸邪之人的耳目为此就多了。他们即使有了大奸的事，君主也无从知道。所以《明法》篇说："私交多的人同党也就多，朝廷内外都是他的朋党，即使有大奸的行为，为他蒙蔽君主的人也就很多了。"

　　凡所谓忠臣者，务明法术，日夜佐主明于度数之理，以治天下者也。奸邪之臣知法术明之必治也，治则奸臣困而法术之士显。是故邪之所务事者，[1]使法无明，主无悟，而己得所欲也。故方正之臣得用，则奸邪之臣困伤矣，是方正之与奸邪不两进之势也。奸邪在主之侧者，不能勿恶也。惟恶之，则必候主间而日夜危之。人主不察而用其言，则忠臣无罪而困死，奸臣无功而富贵。故《明法》曰："忠臣死于非罪，而邪臣起于非功。"

【注释】
〔1〕邪：古本等作"奸邪"，上下文均作"奸邪"，故王念孙云：当据补。译文从之。

【译文】

　　凡是所谓忠臣,都是力求使国家的法度政策清明,日夜辅佐君主深明国家的法度政策的道理,以便治理天下的。奸邪之臣知道法度政策明确国家必然安定,国家安定奸臣的处境就困迫,而注重国家法度政策的忠臣便地位显赫。因此奸邪之臣所力求的事情,是使国家的法度不清明,君主不觉悟,而自己就能为所欲为。公正的臣得到进用,奸邪之臣就处境困迫而受到妨碍了,这就是公正之臣与奸邪之臣不能两相进用的形势。奸邪之臣在君主的身侧,就不能不憎恨忠臣。正因为他们憎恨忠臣,就必然窥伺君主的嫌隙而日夜危害他们。如果君主不能觉察而听用了他们的话,忠臣就无罪受迫害而死,奸臣就无功而富贵起来。所以《明法》篇说:"忠臣常常无罪而困死,奸臣常常无功而起家。"

　　富贵尊显,久有天下,人主莫不欲也。令行禁止,海内无敌,人主莫不欲也。蔽欺侵凌,人主莫不恶也。失天下,灭宗庙,人主莫不恶也。忠臣之欲明法术以致主之所欲而除主之所恶者,奸臣之擅主者,有以私危之,则忠臣无从进其公正之数矣。故《明法》曰:"所死者非罪,所起者非功,然则为人臣者重私而轻公矣。"

【译文】

　　富贵而权重位显,长久地拥有天下,君主没有不向往的。令出而行有禁即止,四海之内无敌,君主没有不向往的。受蒙蔽被欺骗遭侵犯而有人凌驾于上,君主没有不厌恶的。失掉天下,毁灭祖庙,君主没有不厌恶的。忠臣想使国家的法度政策清明来达到君主所向往的目标而除掉君主所厌恶的事,奸臣专权,就有办法用私术来危害他们,忠臣便无法进献他们公正的策略了。所以《明法》篇说:"困死的人无罪,起家的人无功,这样做人臣的就重视私交而轻视公法了。"

　　乱主之行爵禄也,不以法令案功劳;其行刑罚也,不以法令案罪过,而听重臣之所言。故臣有所欲赏,主为赏之；臣欲有所罚，主为罚之。废其公法，专听重臣。如此，故群臣皆务其党，重臣而忘其主，趋重臣之门而不庭。故《明法》曰："十至于私人之门，不一至于庭。"

【译文】

　　昏乱君主施行爵禄的赏赐，不根据法度政令考察功劳；施行刑罚，不根据法度政令核实罪过，而只是听信权臣的话。所以权臣有想赏赐的人，君主就替他赏赐；权臣有想惩罚的人，君主就替他惩罚。废除公法，专听信权臣的话。像这样，群臣都结私党，看重权臣而忘了君主，奔走于权臣的家门而不上朝廷了。所以《明法》篇说："十次奔走于私家豪门，而一次也不到朝廷上来。"

　　明主之治也，明于分职，而督其成事。胜其任者处官，不胜其任者废免。故群臣皆竭能尽力以治其事。乱主则不然，故群臣处官位，受厚禄，莫务治国者，期于管国之重而擅其利，牧渔其民以富其家。[1]故《明法》曰："百虑其家，不一图其国。"

【注释】

　　[1]牧渔其民：犹言鱼肉百姓。郭沫若案："'牧'有养畜之义，然养畜之乃所以为衣食之利也。"

【译文】

　　圣明君主管理群臣，明分职责，督促他们完成职事。能胜任的就再安排官位，不能胜任的就废弃罢免。所以群臣都竭能尽力来管理职事。昏乱的君主却不是这样，所以群臣就占据着官位，接受丰厚的俸禄，不做治国的事，只期望能掌管国家的重要职事而能独占好处，鱼肉百姓而能暴富自己的家。所以《明法》篇说："百般地谋虑自己的家庭，却一点儿也不为国家图谋。"

　　明主在上位，则竟内之众尽力以奉其主，[1]百官分职致治以安国家。乱主则不然，虽有勇力之士，大臣私之，而非以奉其主也；虽有圣智之士，大臣私之，非以治其国也。[2]故属数虽众，不得进也；百官虽具，不得制也。如此者，有人主之名而无其实。故《明法》曰："属数虽众，非以尊君也；百官虽具，非以任国也，此之谓国无人。"

【注释】
　　〔1〕竟：通"境"，境内，即国内。 〔2〕李哲明云："以上句例之，'非以'上当挩'而'字。"

【译文】
　　圣明君主处在朝廷的上位，国内的民众就尽力侍奉他们的君主，百官分职治理安定国家。昏乱的君主却不是这样，虽然国有勇力之士，但大臣把他们当成自己的，不是用来侍奉君主；虽然国有圣智之士，但大臣把他们当成自己的，不是用来治理国家。所以君主的属臣数量虽然众多，却不能进用；百官虽然具备，却不能控制。像这样，他虽然有君主的名声却无君主的实权。所以《明法》篇说："属臣的数量虽然众多，却不是用来侍奉君主的；百官虽然具备，却都不是用来承担国事的，这叫做国家无人。"

　　明主者，使下尽力而守法分，故君臣务尊主而不敢顾其家；臣主之分明，上下之位审，故大臣各处其位而不敢相贵。乱主则不然，法制废而不行，故群臣得务益其家；君臣无分，上下无别，故群臣得务相贵。如此者，非朝臣少也，众不为用也。故《明法》曰："国无人者，非朝臣衰也，家与家务相益，不务尊君也，大臣务相贵，而不任国也。"

【译文】
　　圣明君主，要求臣下尽力国事而以法守本分，所以臣下努力侍奉君主而不敢私顾他们的家；臣下君主的身份分明，上下的权位清楚，所以大臣各处在他们的职位上而不敢相互夸耀。昏乱君主却不是这样，法制废弃而不推行，所以群臣努力增多他们的家财。君臣的身份没有区分，上下的权位没有区别，所以群臣就能相互夸耀。像这样，不是朝臣少了，而是众多的臣子不为君主所用。所以《明法》篇说："国家无人，并非朝臣大减，而是私家间相互求得发展，却不侍奉君主，大臣们互相求得贵重，而不承担国事。"

　　人主之张官置吏也，非徒尊其身厚奉之而已也，使之奉主之法，行主之令，以治百姓而诛盗贼也。是故其所任官者大，则爵尊而禄厚；其所任官者小，则爵卑而禄薄。爵禄者，人主之所以使吏治官也。乱主之治也，[1]处尊位，受厚禄，养所与佼，而不以官为务。如此者，则官失其能矣。故《明法》曰："小臣持禄养佼，不以官为事，故官失职。"

【注释】
　　〔1〕治：郭沫若案："此'治'字与辞通，谓官司也。"译文从郭说。

【译文】
　　君主设置官吏，不只是让他们养尊处优而已，而是要让他们遵照君主的法度，推行君主的政令，管理百姓惩罚盗贼。因此他们担任的官职大，就爵位高贵俸禄优厚；他们担任的官职小，就爵位卑下俸禄微薄。爵位和俸禄，是君主用来使用和管理官吏的。祸乱君主的官吏，处在高贵的爵位，接受优厚的俸禄，而供养着自己的党羽，不把官职当作一回事。像这样，官吏就丧失了他的职能了。所以《明法》篇说："小臣们拿着俸禄培养私交，却也不把官职当作大事，所以官职就丧失了它的职能。"

明主之择贤人也，言勇者试之以军，言智者试之以官。试于军而有功者则举之，试于官而事治者则用之。故以战功之事定勇怯，以官职之治定愚智。故勇怯愚智之见也，如白黑之分。乱主则不然，听言而不试，故妄言者得用；任人而不官，[1]故不肖者不困。故明主以法案其言而求其实，以官任其身而课其功，专任法不自举焉。故《明法》曰："先王之治国也，使法择人不自举也。"

【注释】

〔1〕"任人"句：王念孙云："'不官'当依《治要》作'不课'，任人而不课其功，则贤否无由而见，故不肖者不困也。"译文从王说。

【译文】

圣明君主选择贤良人才，对号称有勇气的人就用军事来测试他，对号称有才能的人就用官职来测试他。军事上测试有成绩的就举用他，官职上测试有成绩的就任用他。所以用战争功劳的事实来评定勇敢和胆怯，用官职治理的业绩来评定愚蠢和聪明，这样勇敢胆怯愚蠢聪明的显现，就如同白黑一样的分明。昏乱君主却不是这样，听言论而不试验，所以吹牛的人就得到了进用；任用人才不试验，所以不贤良的人也就没有遇到困难。因此圣明君主依照法度根据人的言论来考察他的实际，把官职压在他身上来考核他的能力，只凭借法度选用人才而不私自推举。所以《明法》篇说："先王治理国家，使用法度选择人才，不私自推举。"

凡所谓功者，安主上利万民者也。夫破军杀将，战胜攻取，使主无危亡之忧，而百姓无死虏之患，此军士之所以为功者也。奉主法，治竟内，使强不凌弱，众不暴寡，万民欢尽其力而奉养其主，此吏之所以为功也。匡主之过，救主之失，明理义以道其主，主无邪僻之行、蔽欺之患，此臣之所以为功也。故明主之治也，明分职而课功劳，有功者赏，乱治者诛，诛赏之所加，各得其宜，而主不自与焉。故《明法》曰："使法量功，不自度也。"

【译文】
　　凡是所谓功劳，是指保障君主安全和有利百姓的劳绩。破敌军杀敌将，战能胜攻有取，使君主没有危亡的忧虑，百姓没有被杀或做俘虏的祸患，这是军士可用来立功的劳绩。奉行君主的法令，治理国内，使强的不敢欺凌弱的，人多的不能施暴于人少的，万民百姓都欢快地尽自己的力量奉养君主，这是官吏可用来立功的劳绩。匡正君主的过错，补救君主的失误，申明理义来引导君主，使君主没有邪僻的行为，没有受蒙蔽和受欺骗的忧患，这是臣子可用来立功的劳绩。所以圣明君主治国，明分职责又考核功效劳绩，有功劳的受赏，乱治理的受罚，罚赏的施加，各得其所，而君主不私自参与。所以《明法》篇说："使用法度衡量功绩，不私自度量。"

　　明主之治也，审是非，察事情，以度量案之。合于法则行，不合于法则止。功充其言则赏，不充其言则诛。故言智能者，必有见功而后举之；言恶败者，必有见过而后废之。如此，则士上通而莫之能妒，[1]不肖者困废而莫之能举。故《明法》曰："能不可蔽而败不可饰也。"

【注释】

〔1〕士：猪饲彦博云：应为"贤士"。译文从之。上：指君主。《礼记·儒行篇》："上通而不困。"郑《注》："上通，谓仕道达于君也，既仕则不困于道德不足也。"

【译文】

圣明君主治国，分清是非，考察事实，用法度衡量。符合法度的就推行，不符合法度的就禁止。功绩与他的说法相一致的就行赏，与他的说法不相一致的就惩罚。所以称有智能的人，必定见到功绩而后才举用他；称有劣迹败德的人，必定见到过错而后才废弃他。像这样，贤士就能与君主相通而没有人能嫉妒他，不贤良的人就受困迫遭废弃而没有人能推举他。所以《明法》篇说："智能之士不会被埋没，不肖之徒也不能伪饰。"

明主之道，立民所欲以求其功，故为爵禄以劝之；立民所恶以禁其邪，故为刑罚以畏之。故案其功而行赏，案其罪而行罚。如此，则群臣之举无功者，[1]不敢进也；毁无罪者，不能退也。故《明法》曰："誉者不能进而诽者不能退也。"

【注释】

〔1〕举无功者：猪饲彦博云："'举'当为'誉'，言有虚誉而无实功之臣。"译文从之。

【译文】

圣明君主的治国方法，是设立百姓所需要的来要求他们立功，所以设立爵位俸禄来勉励他们；设立百姓所厌恶的来禁止他们的邪行，所以设立刑罚来威慑他们。因此按照他们的功绩来行赏，按照他们的罪过来行罚。像这样，群臣中有空头名誉的无功者，也就不敢进用；有遭诽谤的无罪者，也就不能废退。所以《明法》篇说："有空头名誉的人不能进用而遭诽谤的人也不能废退。"

制群臣，擅生杀，主之分也；县令仰制，[1]臣之分也。威势尊显，主之分也；卑贱畏敬，臣之分也。令行禁止，主之分也；奉法听从，臣之分也。故君臣相与，高下之处也，如天之与地也；其分画之不同也，如白之与黑也。故君臣之间明别，则主尊臣卑。如此，则下之从上也，如响之应声；臣之法主也，如景之随形。[2]故上令而下应，主行而臣从，以令则行，以禁则止，以求则得。此之谓易治。故《明法》曰："君臣之间明别，则易治。"

【注释】

〔1〕县：通"悬"。仰：敬慕。 〔2〕景：同"影"，影子。

【译文】

控制群臣，专断生杀，是君主的职分；敬奉法令，是臣子的职分。权势高贵显赫，是君主的职分；卑下低贱惶恐恭敬，是臣子的职分。令出而行有禁即止，是君主的职分；奉行法令听从君主，是臣子的职分。所以君臣相处，有高下的地位差别，像天与地一样的悬殊；有分划界限的不同，像白色与黑色一样地分明。所以君臣之间有了明显的区别，就能显出君主高贵而臣子卑贱。像这样，下听从上，就像反响顺应声音一样；臣效法君，就像影子跟随形体一样。因此上面发令而下面响应，君行令而臣听从，有令必行，有禁必止，有求必得。这叫做容易治理。所以《明法》篇说："君臣之间有了明显的区别，国家就容易治理了。"

明主操术任臣下，使群臣效其智能，[1]进其长技。故智者效其计，能者进其功。以前言督后事，所效当则赏之，不当则诛之。张官任吏治民，案法试课成功。守法而法之，身无烦劳而分职。[2]故《明法》曰："主虽不身下为，而守法为之可也。"

【注释】

〔1〕效：献出，尽力。 〔2〕分职：陶鸿庆云：应为"分职明"，本篇前文云："明主之治也，明于分职，而督其成事"，又云："明主之治也，明分职而课功劳"，是其证。译文从陶说。

【译文】

圣明君主运用法度任用臣下，使群臣能贡献他们的智慧才能，发挥他们的专长。所以有才智的贡献他们的计策，有能力的发挥他们的作用。用他们前面的言论来监察后面的事实，所贡献出来的切合事实就赏他，不切合事实就罚他。设官府用官吏来统治百姓，根据法度来考核成事的功效。能坚持法度来衡量，自己就不烦劳而职责分明。所以《明法》篇说："君主虽不亲自到下面办事，坚持法度办事就可以了。"

管子轻重

臣乘马第六十八

【题解】

　　臣乘马之"臣"，或作"巨"，或作"匡"，当有误。何如璋云："'巨'字无义，后人乃改为'臣'。按'臣'亦费解，当是'筞'（即策）之误。本文有'策乘马之数求尽'句可证。"何说可从。"策乘马"指经济筹划的策略。

　　本篇围绕经济筹划的策略，即国家控制物价高低的"高下之策"展开论述。先论政令失宜，民失农时，君藉无止，造成"谷地数亡"，动乱纷起。然后提出"策乘马"的方法是在"王者不夺民时"的基础上，运用"高下之策"使农夫"力归于上"、女工"织归于府"。最后说明"高下之策"的具体做法：国家春时以货币向百姓发放贷款；秋后谷价下跌，"以币准谷"收回贷款藏于仓库；待谷价上涨，再"以谷准币"购入器械；从而使国家"谷器皆资，无藉于民"。

　　桓公问管子曰："请问乘马。"管子对曰："国无储在令。"[1]桓公曰："何谓国无储在令？"管子对曰："一农之量壤百亩也，[2]春事二十五日之内。"[3]桓公曰："何谓春事二十五日之内？"管子对曰："日至六十日而阳冻释，[4]七十日而阴冻释。[5]阴冻释而秋稷，[6]百日不秋稷，故春事二十五日之内耳也。[7]今君立扶台，[8]五衢之众皆作。[9]君过春而不止，民失其二十五日，则五衢之内阻弃之地也。[10]起一人之繇，[11]百亩不举；[12]起十人之繇，千亩不举；起百人之繇，万亩不举；起千人之繇，十万亩不举。春已失二十五日，而尚有起夏作，[13]是春失其地，夏失其苗，[14]秋起繇而无止，此之谓谷地数亡。谷失于时，君之衡藉而无止，[15]民食什伍之谷，则君已藉九矣，[16]有衡求币焉，[17]此盗暴之所以起，刑罚之所以众也。随之以暴，[18]谓之内战。"[19]

【注释】

〔1〕"国无"句：安井衡云："国无储蓄，在政令失宜。" 〔2〕"一农"句：马非百云："量，数量也。壤，田地也。""《山至数篇》云：'地量百亩，一夫之力也。'" 〔3〕春事：何如璋云："'春事'，春耕之事。" 〔4〕日至：太阳运行至黄道南北的极点，有冬至、夏至，此指冬至。阳冻：向阳的冻土。 〔5〕猪饲彦博云："'七十'下盖脱'五'字。"译文从之。阴冻：背阴的冻土。 〔6〕秋：同"萩"，种植。稷：谷物名。 〔7〕刘绩云："言七十日阴冻释，萩稷，若百日则过时不萩矣。是萩种惟在二十五日之内。"张佩纶云："''耳也'之'也'疑衍。" 〔8〕扶台：假设的建筑。 〔9〕五衢之众：马非百云："《尔雅·释宫》：'四达谓之衢。'"五衢谓四通八达之道路，此处指五方。五衢之众"犹《礼记·王制》之言'五方之民'矣"。作：指服徭役。 〔10〕阻弃之地：被弃不耕之地。 〔11〕起：征发。繇：同"徭"。 〔12〕不举：指不得耕种。 〔13〕有：同"又"。下"有衡求币焉"之"有"亦同。 〔14〕"是春"二句：安井衡云："失地谓不耕，失苗谓不芸。" 〔15〕衡藉：丁士涵云：衡读如横。郭沫若云：除正赋之外，又横取附加税。而，犹乃也。 〔16〕"民食"二句：郭沫若云："民所食仅及收入之半，而上除正税外复赋籍其九，是民所食者远不逮其收入十分之一也。" 〔17〕求币：指要求以货币纳税，不要实物。 〔18〕暴：指统治者以暴力对付百姓的反抗。 〔19〕内战：因暴力对抗引起的动乱。

【译文】

桓公问管子说："请问经济筹划方面的问题。"管子回答说："国家没有粮食储备，主要是政令不当。"桓公问："为什么国家没有粮食储备是由于政令不当?"管子回答说:"一个农夫能耕种百亩土地,而春耕的农事要在二十五天内完成。"桓公问:"为什么春耕的农事要在二十五天内完成?"管子回答说:"冬至以后六十天向阳的土地解冻,七十五天背阴的土地解冻。等背阴的土地解冻后,就应该播种稷了,超过冬至后一百天就不能种稷,因此春耕春种的时间不过就是二十五天而已。现在君主修筑扶台,五方的百姓都来服徭役。君主过了春天还不停止,农夫失去了二十五天内的春耕春种时间,这样五方的土地都得不到耕种而被废弃。征发一个农夫服役,百亩土地就不得耕种;征发十个农夫服役,千亩土地就不得耕种;征发百个农夫服役,万亩土地就不得耕种;征发千个农夫服役,十万亩土地就不得耕种。春天已经失去二十五天的耕种时间,夏天又要征发徭役,这样春天损失土地,夏天损失禾苗,秋天再无止境地征役,这就叫谷物和土地多次遭受损失。谷物种植耽误了农时,君主的强征暴敛又无止境,农夫的食粮只占收成的十分之五,但君主却要征收十分之九的赋税,再加上强令用货币纳税,这就必然引起盗贼暴乱,刑罚滥施,如果再以暴力对付,国家就会陷入大规模的动乱。"

桓公曰:"善哉!""策乘马之数求尽也。[1]彼王者不夺民时,故五谷兴丰;[2]五谷兴丰,则士轻禄,民简赏。[3]彼善为国者,使农夫寒耕暑耘,力归于上,女勤于纤微,[4]而织归于府者,非怨民心,伤民意,高下之策不得不然之理也。"[5]

【注释】

〔1〕王念孙云:"'策'上当有'管子曰'三字。"译文从王说。安井衡云:"'求'当为'未'字之误。"译文从之。 〔2〕兴丰:兴盛繁茂。 〔3〕简:简慢,轻视。 〔4〕纤微:指从事纺织一类精细劳动。〔5〕高下之策:指国家控制物价高低的政策。郭沫若云:"自'桓公曰善哉'以下至'高下之策不得不然之理也'八十四字当在本篇之末,承接'此有虞氏之策乘马也',错简于此。"此说可供阅读时参考。

【译文】

桓公说:"好啊!"管子说:"筹划经济的策略不仅仅如此。那些成就王业的君主,不耽误百姓的农时,因而五谷兴盛繁茂;五谷兴盛繁茂,那么士兵就会轻视爵禄,百姓就会看轻赏赐。所以善于治国的君主,能使农夫寒暑耕耘,其收获归于君主;能使妇女辛勤纺织,其成品归于国库。他所用的方法,不是损伤民心民意,而是运用国家控制物价高低的政策,使他们不得不这样。"

桓公曰:"为之奈何?"管子曰:"虞国得策乘马之数矣。"桓公曰:"何谓策乘马之数?"管子曰:"百亩之夫,予之策,[1]'率二十七日为子之春事,[2]资子之币。[3]春秋子谷大登,[4]国谷之重去分。'[5]谓农夫曰:'币之在子者,以为谷而廪之州里。'[6]国谷之分在上,[7]国谷之重再十倍。[8]谓远近之县、里、邑百官,[9]皆当奉器械备,[10]曰:'国无币,以谷准币。'[11]国谷之朸,[12]一切什九。[13]还谷而应谷,[14]国器皆资,无藉于民,[15]此有虞之策乘马也。"

【注释】

〔1〕予之策:向他们发布命令。 〔2〕率:大率,大约。王引之云:"'七'当为'五'。"译文从王说。 〔3〕资子之币:资,贷款。此谓给你们发放贷款。 〔4〕春秋:王念孙云:春秋当为"泰秋"。泰,同"大"。登:成熟。 〔5〕去分:安井衡云:"分,半也。去分,减半也。"〔6〕以为谷:指折算成谷物。廪:仓廪,此指交纳入仓库。 〔7〕在上:指掌握在国家手中。 〔8〕再十倍:二十倍。 〔9〕百官:马非百云:"'官'为'工'之借字。百官即百工。"译文从马说。 〔10〕"皆当"句:马非百云:"器械兼农业生产工具及兵器而言。……谓器械乃国家必需之物,皆当由百工供奉备用。" 〔11〕准:折合。 〔12〕朸:谷价。闻一多云:"《管》书言朸,盖谓政府专卖谷类之价格也。" 〔13〕一切什九:马非百云:"谷之原价本仅为一,由于为国家所收藏,藏则重,故

坐长加十。除原价外，获利九倍。"〔14〕还谷：郭沫若云："'还谷'者指假币于民而使之以谷偿还，'应谷'者指以谷代币，购置器械以备公用。承上两事而言……"〔15〕"国器"二句：郭沫若云："言谷物与器用皆足，而不增加税籍。'谷器皆资'，'谷'字原作'国'，因音近而讹。"译文从郭说。

【译文】

　　桓公问："那么该怎么办呢？"管子说："据说虞国掌握了这种经济筹划的策略。"桓公问："这种策略是怎样的呢？"管子说："向拥有百亩土地的农夫发布命令：'大约二十五天是你们春耕春种的时间，给你们发放贷款。秋后你们的谷物成熟了，国家的谷价就降低一半。'又对农夫说：'你们得到的贷款，折合成谷物交纳到州里的仓库。'国家收成的一半入了仓库，谷物的价格就可涨二十倍。国家又要求远近县、里、邑的工匠，都要供应农具、兵器以备公用，并说：'国家已没有钱币，只能用谷物折算。'国家掌握了谷物的专卖价格，就能获利十分之九。这样，国家用货币收谷、以谷代币的方法，使谷物和器用都很充足，而不必再向百姓征税。这就是虞国经济筹划的策略。"

乘马数第六十九

【题解】

乘马数指经济筹划的具体办法。

本篇可视作《臣乘马》的续篇，进一步阐述经济筹划的种种办法。文章先提出治国"以时行"事的原则，要求"出准之令，守地用人策"。然后阐述"守始"之法，主张控制物价，"岁藏三分"，积贮粮食，以工代赈，救济灾民；"持流"之法，主张"田策相员"，因时制宜；"相壤定籍"之法，主张让各等级土地互补，以安定百姓。文章还阐述了粮食与万物交换的关系，即所谓"谷重而万物轻，谷轻而万物重"。

桓公问管子曰："有虞策乘马已行矣，吾欲立策乘马，为之奈何？"管子对曰："战国修其城池之功，[1] 故其国常失其地用。[2] 王国则以时行也"[3] 桓公曰："何谓以时行？"管子对曰："出准之令，[4] 守地用人策，[5] 故开阖皆在上，无求于民。"

【注释】

〔1〕战国：好战之国。功：同"工"。工事，工程。 〔2〕地用：土地之用，指农业。 〔3〕王国：成就王业之国。以时行：指因时制宜而行事。 〔4〕出准之令：指进退出处都依照政令。 〔5〕人策：即人谋，指经济谋略。

【译文】

桓公问管子说:"虞国已经推行了经济筹划的策略,我也打算设立经济筹划的策略,该怎么做呢?"管子回答说:"好战的国家把国力都放在修筑城池上,因而这些国家的农业生产常常受到影响。成就王业的国家则根据因时制宜的原则行事。"桓公问:"什么叫因时制宜而行事?"管子回答说:"行事都依照政令,控制好农业生产和经济谋略,这样经济上的放和收都掌握在君主手中,也不需要向百姓索取。"

霸国守分上分下,[1]游于分之间而用足。王国守始,[2]国用一不足则加一焉,国用二不足则加二焉,国用三不足则加三焉,国用四不足则加四焉,国用五不足则加五焉,国用六不足则加六焉,国用七不足则加七焉,国用八不足则加八焉,国用九不足则加九焉,国用十不足则加十焉。人君之守高下,岁藏三分,十年则必有五年之余。[3]若岁凶旱水泆,民失本,则修宫室台榭,以前无狗后无彘者为庸。[4]故修宫室台榭,非丽其乐也,[5]以平国策也。[6]今至于其亡策乘马之君,春秋冬夏,不知时终始,作功起众,[7]立宫室台榭。民失其本事,君不知其失诸春策,又失诸夏秋之策数也。[8]民无糇卖子数矣。[9]猛毅之人淫暴,[10]贫病之民乞请,君行律度焉,[11]则民被刑僇而不从于主上。[12]此策乘马之数亡也。

【注释】

〔1〕霸国:成就霸业之国。马非百云:"'分上分下',指财物之轻重贵贱而言。"〔2〕守始:指控制财货产生的开始。〔3〕王引之云:"'五'当为'三'。岁藏十分之三,至十年则余三十分。每十分而当一年,故三十分而为三年之余也。"译文从王说。〔4〕"以前"句:安井

衡云："前无狗，后无彘，言贫甚也。狗守门，故云前；彘居牢，故云后。"庸，佣工。 〔5〕丽：尹桐阳云："'丽'同'觑'，观也。" 〔6〕马非百云：平国策云者，盖后世以工代赈之法。 〔7〕起众：征发民工。 〔8〕马非百云："此处'数'字乃'策'字之注文，写者误以入正文者。"译文从马说。 〔9〕无饘：没有粥喝。饘，糜也。数：马非百云：当作自然之理讲。 〔10〕猛毅之人：指年富力强而又刚毅之人。淫暴：暴乱反抗。 〔11〕律度：法律制度。 〔12〕僇：同"戮"。

【译文】

　　成就霸业的国家控制物价的贵贱高低，利用物价的涨跌的收入就可满足国家的财用。成就王业的国家则运用轻重之术控制财货产生的开始，这样国家财用一分不足就增补一分，二分不足就增补二分，三分不足就增补三分，四分不足就增补四分，五分不足就增补五分，六分不足就增补六分，七分不足就增补七分，八分不足就增补八分，九分不足就增补九分，十分不足就增补十分。君主控制物价的涨跌，每年可贮藏粮食收成的十分之三，这样十年就有了三年的粮食积余。如果遇上水旱灾荒，百姓丢失了本业，君主就可以修造官殿台榭，招雇那些一贫如洗的人做工。因而这种修造官殿台榭，并不是为了观赏的快乐，而是实行国家的特殊经济政策。至于那些不懂经济筹划策略的君主，一年四季，无止息地大兴土木，征发民工，建造官殿台榭。百姓被耽误了农时，君主还不知道他们失去了春耕的时节，又失去了夏耘、秋收的时节。这样，百姓因喝不上粥而卖儿卖女就是很自然的了。勇猛刚毅的人起而暴乱，贫病交加的人乞食为生，君主即使动用法律进行处置，百姓受刑被杀也不归顺君主。这就是不懂得经济筹划策略的结果。

　　"乘马之准，〔1〕与天下齐准。彼物轻则见泄，〔2〕重则见射。〔3〕此斗国相泄，〔4〕轻重之家相夺也。〔5〕至于王国，则持流而止矣。"〔6〕桓公曰："何谓持流？"管子对曰："有一人耕而五人食者，有一人耕而四人食者，有一人耕而三人食者，有一人耕而二人食者。此齐力而功地，田策相员，〔7〕此国策之时守也。〔8〕君不守以策，则民且守于上,[9]此国策流已。"

【注释】

〔1〕乘马之准:指经济筹划的标准。这里指物价标准。 〔2〕泄:泄散。 〔3〕射:射利。 〔4〕斗国:相争斗之国。 〔5〕轻重之家:指精通轻重之术的行家。 〔6〕持流:即守流,控制流通。 〔7〕"此齐"二句:郭沫若云:"'齐力而功地'者谓齐民力以攻治土地。'田策相员'者谓以土地与农业政策相辅而行,员犹运也。" 〔8〕时守:郭沫若云:"'时守'乃守时之倒言耳。" 〔9〕上:猪饲彦博云:"当作'下'。"译文从"下"。

【译文】

"筹划物价标准,要与天下各国的物价齐平。物价标准偏低就会造成货物泄散各国,偏高各国就会运入货物射利。这便是敌对国家相互倾销货物、精通轻重之术的行家相互争夺利益的根本所在。至于成就王业的国家,只要控制货物的流通就行了。"桓公问:"什么叫控制货物流通?"管子回答说:"有的一人耕地可供五人吃粮,有的一人耕地可供四人吃粮,有的一人耕地可供三人吃粮,有的一人耕地可供二人吃粮。这就要集中民力来耕治田地,并使土地收益和物价政策结合起来。这就是因时制宜的治国策略。君主不用这种策略来进行控制,富商大贾就将进行控制,经济筹划的策略就要流产了。"

桓公曰:"乘马之数尽于此乎?"[1]管子对曰:"布织财物,皆立其赀。[2]财物之赀与币高下。谷独贵独贱。"[3]桓公曰:"何谓独贵独贱?"管子对曰:"谷重而万物轻,谷轻而万物重。"

【注释】

〔1〕马非百云:"'乘马'上当脱'策'字。"译文从马说。
〔2〕立其赀:安井衡云:"立,定。赀,价也。立其赀,犹言定其价。"
〔3〕独贵独贱:指单独定其贵贱。

【译文】

桓公问:"经济筹划的办法就这些吗?"管子回答说:"还要对布帛和各种财物进行合理定价。财物的价格要和币值的高低相符合。粮食则要单独决定价格的高低。"桓公问:"为什么要单独定价?"管子回答说:"粮价高则万物跌价,粮价低则万物涨价。"

公曰:"贱策乘马之数奈何?"[1]管子对曰:"郡县上臾之壤守之若干,[2]间壤守之若干,[3]下壤守之若干。故相壤定籍,而民不移;振贫补不足,下乐上。故以上壤之满补下壤之众,[4]章四时,[5]守诸开阖,民之不移也,如废方于地。[6]此之谓策乘马之数也。"

【注释】

〔1〕贱:尹桐阳云:"'贱'同'践',行也。" 〔2〕上臾之壤:上等肥沃的土地。臾,同"腴"。 〔3〕间壤:中等土地。 〔4〕俞樾云:"疑本作'补下壤之虚','虚'与'满'相对。"译文从"补下壤之虚"。 〔5〕章:马非百云:"章"读如"障",谓障而守之也。 〔6〕废方:猪饲彦博云:"废犹置也,方谓方物。"

【译文】

桓公问:"实行经济筹划策略的办法该怎样呢?"管子回答说:"对郡县的上等肥沃土地、中等土地、下等土地,要分别掌握它们的若干收成。根据土地的等级来决定征税的数量,百姓就不会迁移;赈济贫困,补助不足,百姓就拥护君主。所以君主善于用上等土地的丰盛补下等土地的欠缺,控制四时的物价,掌握市场的放收,百姓不愿迁移,就如将方物置于平地那样安定。这就是经济筹划策略的办法。"

事语第七十一

【题解】

本篇论述治国的经济策略，使用管仲对齐桓公问的体例，以"事之至数"开篇，故篇题为"事语"。

本篇认为"不定内不可以持天下"，主张积蓄为治国的经济策略。分为两段：第一段论述不能用奢侈散财而必须用积蓄聚财的方法治国；第二段论述不能依靠他国的财力、人力治国，而必须依靠自己发展生产，积蓄粮食，才能成为战无不胜的强国。

桓公问管子曰："事之至数，[1]可闻乎？"管子对曰："何谓至数？"桓公曰："秦奢教我曰：[2]'帷盖不修，衣服不众，则女事不泰。[3]俎豆之礼不致牲，[4]诸侯太牢，大夫少牢；[5]不若此，则六畜不育。[6]非高其台榭，[7]美其宫室，则群材不散。'此言何如？"管子曰："非数也。"桓公曰："何谓非数？"管子对曰："此定壤之数也。[8]彼天子之制，壤方千里，齐诸侯方百里，[9]负海子七十里，[10]男五十里。若胸臂之相使也。故淮徐疾嬴不足，[11]虽在下也不为君忧。[12]彼壤狭而欲举与大国争者，[13]农夫寒耕暑耘，力归于上，女勤于缉绩徽织，[14]功归于府者，非怨民心、伤民意也。非有积蓄不可以用人，非有积财无以劝下。泰奢之数，不可用于危隘之国。"[15]桓公曰:"善。"

【注释】

〔1〕至数:马非百云:"至数即善计。"犹言良策。〔2〕秦奢:据姚永概说,秦奢即后文之泰奢,"秦"为"泰"之误字。"此篇之泰奢、佚田皆是寓名,非实有其人也"。〔3〕女事:女工生产之事。泰:通也。〔4〕俎豆:祭祀时盛物的器具。不:猪饲彦博云:不当作"必"。〔5〕太牢、少牢:致牲的等级。《国语·楚语》:"诸侯祀以太牢,大夫祀以少牢。"《大戴礼记·曾子天圆》:"诸侯之祭牲牛曰太牢,大夫之祭牲羊曰少牢。"〔6〕六畜:指马牛羊鸡狗猪。〔7〕榭(xiè 谢):台有屋叫榭。〔8〕定壤:分封土地。〔9〕齐诸侯:猪饲彦博云:"齐,中也,谓中国诸侯。"中国,中原。〔10〕负海:马非百云:"《轻重乙篇》云:'东方之萌带山负海,北方之萌衍处负海。'《汉书·地理志》:'太公以齐地负海舄卤。'此盖借用之为边远地区之代名词。"子:与下句的男,均为分封的等级,周制分封有公、侯、伯、子、男五等。〔11〕准:平准,调节。徐疾:缓急。赢:多余,富余。〔12〕在下:指财货在民间流通。〔13〕举:起兵。〔14〕缉绩徽织:泛指女工之事,纺线织布。〔15〕危隘:许维遹案:危当作"厄"。厄隘即"狭隘"。

【译文】

桓公问管仲说:"治国的良策,能说给我听听吗?"管仲回答说:"什么叫良策?"桓公说:"泰奢教我说:'车子的帐幕和顶盖不讲究豪华,衣服不多,女工的事业就不会发达。祭祀的礼品必须用牺牲,诸侯要用牛,大夫要用羊;不如此,六畜就不会繁多。不把亭台造得高高的,不把宫室装修得华美,众多的材料就得不到利用。'这种说法如何?"管仲说:"这不是治国的策略。"桓公问:"为什么说不是治国的策略?"管仲回答说:"这是天子分封土地的策略。那天子的制度,天子拥有土地一千平方里,中原的诸侯是一百平方里,边远地区的子级诸侯是七十平方里,男级的是五十平方里。天子控制诸侯就像心指挥手那样自如。所以天子可采用命令来调节货用的缓急、富余或不足。即使货物在下面流通也不必为天子担忧。至于那些领土少,而又想起兵与大国争雄的诸侯国就不同了,农夫冒着寒暑耕耘,而必须把粮食汇集到君主手里,女子辛勤纺织,而必须把产品汇集到国家的府库里,这不是要百姓生怨,也不是要伤害百姓的意愿。而是因为没有粮食的积蓄就不能使用人力，没有货财的积聚就无法勉励臣下。泰奢的策略，不能用于领土少的诸侯国。"桓公说："好。"

桓公又问管子曰："佚田谓寡人曰：'善者用非其有，[1]使非其人，何不因诸侯权以制天下。'"[2]管子对曰："佚田之言非也。彼善为国者，壤辟举则民留处，仓廪实则知礼节。[3]且无委致围，城脆致冲。[4]夫不定内不可以持天下。佚田之言非也。"管子曰："岁藏一，[5]十年而十也。岁藏二，五年而十也。谷十而守五，绨素满之，[6]五在上。故视岁而藏，县时积岁，[7]国有十年之蓄。富胜贫，勇胜怯，智胜愚，微胜不微，[8]有义胜无义，练士胜殴众，凡十胜者尽有之。[9]故发如风雨，动如雷霆，独出独入，莫之能禁止，不待权与。故佚田之言非也。"桓公曰："善。"

【注释】

〔1〕善者：善为国者。非其有：与下句的"非其人"，是指别国的货财、别国的人。 〔2〕因：依靠。权以：王绍兰云："'权以'犹权与也。"本篇下文："不待权与。"闻一多案："'权'读为劝。《广雅·释诂》二'劝，助也'。""'与'，亦助也。" 〔3〕壤辟举：即《牧民》中的"地辟举"，地尽辟。仓廪：粮库。 〔4〕刘绩云："委，委积也，无食则人欲围而取之。'脆'，不坚也。'冲'，冲车也，城不坚则人思毁之。" 〔5〕一：指当年粮食收获的一成。 〔6〕绨素：丁士涵认为绨素即"夷疏"，夷疏与绨素同声。夷，有剪取之意，疏，即蔬菜。详见《轻重甲》篇"夷疏而积粟"条。 〔7〕县时：何如璋云："犹旷日也。县而积之，则国有十年之蓄矣。" 〔8〕微：隐匿。此引申为守机密。 〔9〕十胜：犹全胜。

【译文】

桓公又问管仲说:"佚田对我说:'善于治国的人,可以利用他国的资财,可以使用他国的百姓,为什么不依靠诸侯的帮助而控制天下?'"管仲回答说:"佚田的话是错误的。那些善于治国的人,土地开发得多,百姓就会留下来安居;仓库里粮食充足,百姓就会懂得礼节。况且国无积聚就会受到敌国的围攻,城不坚固就会遭到敌军的冲击。不安定国家的内部,就不可能主持天下。佚田的话是错误的。"管仲又说:"每年贮藏一成粮,十年就贮到可用一年的粮了。每年贮藏二成粮,五年就贮到可用一年的粮了。国家掌握住一年谷子的十分之五,用蔬菜来满足百姓的缺粮,那十分之五的谷子就在国君手里了。所以看年成的情况来贮藏粮食,只要长期地一年年地坚持,国家就会有可用十年的粮食贮蓄。富有的战胜贫穷的,勇敢的战胜怯懦的,聪敏的战胜愚蠢的,机密的战胜不机密的,有义的战胜无义的,训练有素的士卒战胜乌合之众,凡是全胜的条件都已具有。所以一出发犹如风雨那样猛烈,一运动犹如雷霆那样快速,独出独入,没有人能禁止,不必等待帮助。所以佚田的话是错误的。"桓公说:"好。"

海王第七十二

【题解】

海王,尹知章谓"以负海之利而王其业",即凭借濒海之利(指产盐)而成就王霸之业。但从全篇内容看,还包括凭借依山之利(指产铁),故马非百认为标题当作"山海王"。

本篇阐述国家垄断盐铁专卖,从而"王天下"的主张。由于盐铁是百姓日常生活所必需,故作者主张"官山海",即国家垄断专卖,加价出售,寓税于价,这样既能满足国家的财政需求,又能消除百姓的不满情绪。本篇是"轻重之术"在税收方面的一种运用,但这种做法在先秦文献中均未见记载,至汉武帝时才开始推行。桓宽的《盐铁论》是专门论述盐铁专卖政策的专著,可参看。

桓公问于管子曰:"吾欲藉于台雉,[1]何如?"管子对曰:"此毁成也。"[2]"吾欲藉于树木?"管子对曰:"此伐生也。""吾欲藉于六畜?"[3]管子对曰:"此杀生也。""吾欲藉于人,[4]何如?"管子对曰:"此隐情也。"[5]桓公曰:"然则吾何以为国?"管子对曰:"唯官山海为可耳。"[6]

【注释】

〔1〕藉:同"籍"。下同。籍谓税,这里指征税。台雉:王引之云:台雉二字意义不伦。台下之字亦当为宫室之名,雉盖𫊸之讹也,𫊸与射

同,即榭字之假借。这里泛指房屋。籍于台榭谓征收房屋税。〔2〕毁成:毁坏已建房屋。 〔3〕六畜:指牛、马、羊、豕、鸡、犬。〔4〕藉于人:征收人头税。〔5〕隐情:收闭情欲,不育儿女。〔6〕官山海:何如璋云:"设官于山以管铁,设官于海以课盐也。"马非百云:"'官'即'管'字之假借。"

【译文】

桓公问管子说:"我打算向百姓征收房屋税,你看怎么样?"管子回答说:"这样使百姓拆毁已建的房屋。""我打算征收树木税呢?"管子回答说:"这将使百姓砍去生长的树木。""我打算征收六畜之税呢?"管子回答说:"这将使百姓杀死喂养的禽畜。""我打算征收人头税,你看怎么样?"管子回答说:"这将使百姓收闭情欲,不育儿女。"桓公说:"那么我靠什么来治理国家呢?"管子回答说:"只有掌握了山海的资源才行啊!"

桓公曰:"何谓官山海?"管子对曰:"海王之国,谨正盐策。"[1]桓公曰:"何谓正盐策?"管子对曰:"十口之家,十人食盐;百口之家,百人食盐。终月,[2]大男食盐五升少半,[3]大女食盐三升少半,吾子食盐二升少半,[4]此其大历也。[5]盐百升而釜。[6]令盐之重,[7]升加分强,[8]釜五十也;升加一强,釜百也;升加二强,釜二百也;钟二千,十钟二万,百钟二十万,千钟二百万。万乘之国,[9]人数开口千万也,[10]禺策之,[11]商日二百万,[12]十日二千万,一月六千万。万乘之国,正九百万也,[13]月人三十钱之籍,为钱三千万。今吾非籍之诸君吾子,[14]而有二国之籍者六千万。使君施令曰'吾将籍于诸君吾子',则必嚣号,[15]今夫给之盐策,则百倍归于上,[16]人无以避此者,数也。"[17]

【注释】

〔1〕谨：谨慎，注重。正盐策：闻一多云：正读为"征"。正盐策谓征收盐税之策。指由国家经营盐的生产，将盐税加入盐价，实行专卖。〔2〕终月：全月。 〔3〕大男：成年男子。下文"大女"指成年女子。少半：少于一半。五升少半谓五升多一些，但不到五升半。 〔4〕吾子：尹知章云："谓小男小女也。"俞樾云："'吾'当读为牙。"牙子即童子。 〔5〕大历：大略，大致数字。 〔6〕百升而釜：马非百云："本书量名计有钘、釜、钟、升、斗、石等字。""以意推之，本书当是以四升为豆，五豆为钘，五钘为釜。如此则一钘二十升，一釜一百升，恰合'百升而釜'之数。"又十釜为钟。 〔7〕重：加重，这里指加价。〔8〕升加分强：谓每升加价半钱。分，半。强同"镪"，指钱。 〔9〕乘（shèng 圣）：古时兵车一车四马为一乘。万乘之国指大国。 〔10〕开口：谓开口而食。 〔11〕禺策之：郭沫若云："'禺'读为偶然之偶，'偶策之'犹尝试算之也。" 〔12〕商：于者吾云：商本应作"啇"，"啇"古适字。 〔13〕正九百万："九"当作"人"。"正人"为载在户籍应纳税的人口。俞樾云："《揆度篇》曰'万乘之国为户百万户，为开口千万人，为当分者百万人'，是万乘之国'正人'止百万而已，故曰'正人百万也'。" 〔14〕诸君：指成年人，即上文大男、大女。〔15〕嚣号：喧嚣号叫，指强烈不满。 〔16〕百倍归于上：陶鸿庆云："'百'当为'自'之误，言不必籍于诸君吾子而自然得其倍数也。"〔17〕数：术，方法。

【译文】

桓公问："什么叫掌握山海资源？"管子回答说："依靠大海之利成就王业的国家，应该注重征收盐税的政策。"桓公问："什么叫注重征收盐税的政策？"管子回答说："十口之家就有十人吃盐，百口之家就有百人吃盐。以一月计，成年男子吃盐五升有余，成年女子吃盐三升有余，小孩吃盐二升有余，这是大致的数字。盐百升为一釜。使盐的价格每升增加半钱，一釜就多五十钱；每升增加一钱，一釜就多一百钱；每升增加二钱，一釜就多二百钱。这样，一钟就是二千，十钟就是二万，百钟就是二十万，千钟就是二百万。一个万乘的大国，开口吃粮的人数约是千万人，试算算这千万人所吃的盐加价的收入，恰好每日可得二百万，十日就是二千万，一月就是六千万。一个万乘大国，应纳人头税的人口约是百万，每人每月征税三十钱，总共得钱三千万。现在我不向成人小孩征人头税，就可收入相当于两个万乘大国的税款六千万。假如君上您下令说'我将对所有的成人小孩征税'，那么百姓一定会喧闹不满；而如今利用征收盐税的政策，加倍的税款就自然而然地归于您君上，百姓也无法逃避这项政策，这就是税收的妙法啊！"

"今铁官之数曰：一女必有一针、一刀，若其事立；[1]耕者必有一耒、一耜、一铫，[2]若其事立；行服连、軺、輂者，[3]必有一斤、一锯、一锥、一凿，若其事立。不尔而成事者，天下无有。令针之重加一也，三十针一人之籍；[4]刀之重加六，五六三十，五刀一人之籍也；耜铁之重加七，[5]三耜铁一人之籍也；其余轻重皆准此而行。[6]然则举臂胜事，[7]无不服籍者。"

【注释】
〔1〕若：尹知章云："犹然后。" 〔2〕耒（lěi垒）：即犁。耜（sì四）：即铧。铫（yáo姚）：即大锄。三者都是古代翻土的农具。 〔3〕行服：从事，制作。连：指用人推挽的车。軺（yáo姚）：指轻便的小马车。輂：指运货的大马车。三者都是古代的运输工具。 〔4〕"令针"二句：猪饲彦博云："言每一针加价一钱而征之，则三十针而得三十钱，是当一人一月之籍也。" 〔5〕七：猪饲彦博云："'七'当作'十'。"译文从"十"。 〔6〕轻重：这里指加价多少。 〔7〕胜事：胜任工作。

【译文】
"如今铁的官营专卖可用这样的办法：每个女子必须有一根针、一把剪刀，然后她的女工之事才能做成；每个农夫必须有一部犁、一个铧、一把大锄，然后他的耕作之事才能做成；每个工匠必须有一把斧子、一把锯子、一个锥子和一根凿子，然后他的造车之事才能做成。没有上述工具而能做成事情的，天下找不到。使每根针的价格增加一钱，三十根针的加价就相当于一个人一个月应纳之税；每把刀的价格增加六钱，五六得三十，五把刀的加价就相当于一个人一个月应纳之税；每个铁铧的价格增加十钱，三个铁铧的加价就相当于一个人一个月应纳之税；其他铁制工具的加价多少可依此类推。这样，只要是举手从事生产劳动的人，实际上就没有不纳税的了。"

桓公问："然则国无山海不王乎？"管子曰："因人之山海假之。[1]名有海之国雠盐于吾国，[2]釜十五，吾受而官出之以百。我未与其本事也，[3]受人之事，[4]以重相推，[5]此人用之数也。"[6]

【注释】

〔1〕假：借助，利用。 〔2〕名有：丁士涵云："'名'与'命'同……'有'乃'负'字误。"译文从丁说。雠：同"售"。 〔3〕本事：指盐的生产。 〔4〕受人之事：指买进别国之盐。 〔5〕以重相推：用加价向百姓推销。 〔6〕人用：当作"用人"。尹知章云："彼人所有而皆为我用之。"

【译文】

桓公问："那么没有山海资源的国家就不能称王天下了吗？"管子说："可以借助别国的山海资源而加以利用。例如，让靠海之国将盐卖给我国，假如每釜十五钱，我国买进后就可以以百钱的官价出售给百姓。虽然我们没有参与盐的生产，但进口别国之盐再加价推销，这就是借助别国资源为我所用的方法啊！"

国蓄第七十三

【题解】

　　国蓄指国家的财政积蓄,又本篇首言"国有十年之蓄",因此篇名既切合全篇内容,又关合首句。本篇在"轻重"诸篇中有特殊地位。何如璋云:"轻重各篇惟《国蓄》是管子经言。"马非百云:"本篇乃全书之理论纲领,其他诸篇所提出之种种具体问题及其讨论与解决问题之种种方法,或则就此纲领中之原理原则加以补充发挥,或则提出与纲领相反之意见,或则将此纲领中之特别术语加以解释。"又指出:"其他诸篇中,往往有若干段文字与本篇或完全相同,或大同小异。"

　　本篇较全面地阐述了"轻重"理论的基本内容。文章提出,君主治理天下,就要"富能夺,贫能予",完全掌握百姓的命运,做到"予之在君,夺之在君,贫之在君,富之在君"。因此,国家必须将关系国计民生的粮食和货币牢牢控制在手中,进而根据粮食、货币和万物的不同比价,运用"轻重"之术调通民利。国家应设立一定的平准基金,在物价下落时收进,在物价上涨时抛出,春荒时向农民贷款,秋收后按市价折收实物。这样,既打击了"大贾蓄家"操纵市场的行为,稳定了物价,又使国家从中获取了"十倍之利"。国家的财政收入,不必向百姓强令征税,而可以从控制物价的涨落中取得,做到"不求于万民而籍于号令"。因此,广泛运用"轻重"之术,实现"利出一孔",是关系治国的重要问题。

　　国有十年之蓄,[1]而民不足于食,皆以其技能望君之禄也;[2]君有山海之金,[3]而民不足于用,是皆以其事业交接于君上也。[4]故人君挟其食,[5]守其用,[6]据有余而制不足，故民无不累于上也。[7]五谷食米，民之司命也；[8]黄金刀币，民之通施也。[9]故善者执其通施以御其司命，[10]故民力可得而尽也。

【注释】

〔1〕"国有"句：何如璋云："《通典·食货》十二引此有'管子曰：富能夺，贫能予，乃可以为天下'三句，在'国有十年之蓄'上，当是原文，宋刻脱去者。"译文从何说补出。　〔2〕古本"皆"上有"是"。望：期待。此谓百姓都用各种技能求取君主俸禄。　〔3〕山海之金：指盐铁专卖所得财货。参阅《海王》篇。　〔4〕事业：职业。交接：交换。此谓百姓都用自己职业换取君主财货。　〔5〕挟其食：指控制粮食。〔6〕守其用：指掌握财货。　〔7〕累：猪饲彦博云："累，附系也。"〔8〕司命：生命的主宰。　〔9〕通施：何如璋云："'通施'犹通移也，谓金币为百姓交易流通之用也。"　〔10〕善者：善于治国之君主。执：掌握。御：操纵。

【译文】

　　管子说：能剥夺富家的财货，能抚恤穷人的贫困，这样的君主才能治理天下。国家拥有十年的粮食储备，百姓却缺乏食粮，就都用各种技能去求取君主的俸禄；君主拥有盐铁的专卖收入，百姓却缺乏财用，就都用各自职业去换取君主的钱币。因而君主控制了百姓的食粮，掌握了百姓的财货，凭借国家的富余来控制百姓的不足，所以百姓没有不依附于君主的。五谷食粮是百姓生命的主宰，黄金货币是百姓交易流通的工具。善于治国的君主，掌握交易流通的工具来操纵百姓的命运，因此就能最大限度地利用民力。

　　夫民者亲信而死利，[1]海内皆然。民予则喜，夺则怒，民情皆然。[2]先王知其然，故见予之形，不见夺之理，[3]故民爱可洽于上也。[4]租籍者，所以强求也；[5]租税者，所虑而请也。[6]王霸之君去其所以强求，废其所虑而请，[7]故天下乐从也。

【注释】
〔1〕亲信：古本作"信亲"。谓信任亲己之人。死利：为利而死，指舍命追逐财利。 〔2〕民情皆然：张佩纶云："'民情皆然'当作'人情皆然'。"译文从张说。 〔3〕见：同"现"。此谓显现给予利益的形迹，掩盖剥夺利益的本质。 〔4〕民爱：百姓爱戴之心。洽：尹知章云："洽，通也。" 〔5〕租籍：郭沫若云："当以作'征籍'为是。'征籍'乃格外税，临时附加，为上所强求于民者。"译文从郭说。 〔6〕谋虑。请：求。此谓租税为君主经谋虑而求之于民，即所谓"不见夺之理"。 〔7〕废：放置，保留。与"去"相对。

【译文】
百姓总是信任亲己之人，而舍命追逐财利的，四海之内都是这样。百姓又总是给予他好处就欢喜，剥夺他利益就发怒，人情也都是这样。先王懂得这个规律，因而显现给予百姓好处的形迹，掩盖剥夺百姓利益的本质，这样百姓爱戴之心就通达到君主。额外的征籍，是君主强迫向百姓求索的；正常的租税，是君主经过谋虑向百姓求取的。成就王霸之业的君主，废除强迫索求的，保留正常求取的，因此天下的百姓就乐于服从他了。

利出于一孔者，[1]其国无敌；出二孔者，其兵不诎；[2]出三孔者，不可以举兵；出四孔者，其国必亡。先王知其然，故塞民之羡，[3]隘其利途。[4]故予之在君，夺之在君，贫之在君，富之在君。[5]故民之戴上如日月，亲君若父母。

【注释】
〔1〕"利出"句：安井衡云："孔，穴也，犹言门。出于一孔，专出于君也。"马非百云："利出一孔，谓利益从一条渠道流出，此处引申为

经济利益应完全由封建国家统一掌握。" 〔2〕其兵不诎：许维遹云："'不'当为'半'，字之误也。'其兵半诎'犹言其兵半数力屈，半数未力屈。"译文从许说。 〔3〕"故塞"句：马非百云："'养'当为'羡'字之讹也。《盐铁论·错币篇》大夫云：'禁溢羡，厄利途。'……塞民之羡，即禁民溢羡之意。"译文从马说。 〔4〕隘：限制，阻止。 〔5〕马非百云：此言予夺贫富之权，均应由国家掌握。

【译文】
　　财利专出于一条渠道，这样的国家无敌天下；财利分出于两条渠道，军队的半数力屈不战；财利分出于三条渠道，国家就无力出兵作战；财利分出于四条渠道，这样的国家必然灭亡。先王懂得这个道理，就禁止富商大贾牟取暴利，限制他们获利的途径。因而，给予百姓好处由君主决定，剥削百姓利益由君主决定，使百姓贫穷由君主决定，让百姓富足也由君主决定。所以，百姓爱戴君主如同日月，亲近君主如同父母。

　　凡将为国，不通于轻重，不可为笼以守民；[1]不能调通民利，不可以语制为大治。[2]是故万乘之国有万金之贾，千乘之国有千金之贾。然者何也？国多失利，[3]则臣不尽其忠，士不尽其死矣。岁有凶穰，[4]故谷有贵贱；令有缓急，[5]故物有轻重。然而人君不能治，故使蓄贾游市，[6]乘民之不给，百倍其本。分地若一，[7]强者能守；分财若一，智者能收。智者有什倍人之功，愚者有不赓本之事。[8]然而人君不能调，故民有相百倍之生也。[9]夫民富则不可以禄使也，贫则不可以罚威也。法令之不行，万民之不治，贫富之不齐也。且君引锱量用，[10]耕田发草上，得其数矣。[11]民人所食，人有若干步亩之数矣，[12]计本量委则足矣。[13]然而民有饥饿不食者何也？谷有所藏也。人君铸钱立币，民庶之通施也，人有若干百千之数矣。然而人事不及、[14]用不足者何也？利有所并藏也。[15]然则人君非能散积聚，钧羡不足，[16]分并财利而调民事也，[17]则君虽强本趣耕，[18]而自为铸币而无已，[19]乃今使民下相役耳，[20]恶能以为治乎？

【注释】
〔1〕笼：指鸟笼，此喻对经济的垄断。〔2〕语制：讲求对经济的控制。〔3〕失利：散失财利。〔4〕穰(ráng瓤)：指丰收。〔5〕缓急：马非百云：指国家征收期限有宽有紧而言。〔6〕蓄贾：《汉书》颜师古注云："蓄贾谓贾人之多蓄积者。"游市：指在市场兴风作浪。〔7〕分地：同"份地"，指个人占有的土地。〔8〕不赓本：尹知章云："赓，犹偿也。"马非百云："'不赓本'，犹今俗言'不够本''不顾本'也。"〔9〕安井衡云："生，产也。人君不能调和贫富而均一之，故民产至有相差百倍者也。"〔10〕缀(zhuì缀)：尹知章云："缀，筹也。"指计数的筹码。〔11〕郭沫若云："'上'当为'土'，'草土'连文，本书习见。'数'当为'谷'……"译文从郭说。〔12〕丁士涵云："'矣'字衍。"数：定数。〔13〕尹知章云："委，积也。"马非百云："计本量委，谓计算生产，估量贮存。"〔14〕尹知章云："民事谓常费也。"马非百云："据此，则'人事'当作'民事'。"'及'与'给'同。"译文从尹说。常费，指日常费用。〔15〕王念孙云："'藏'字涉上文'谷有所藏'而衍。'并'与'屏'同，屏即藏也。"译文从王说。〔16〕钧：同"均"。羡：尹知章云：羡，余也。〔17〕猪饲彦博云："《轻重甲篇》无'利'字，是。"〔18〕本趣：尹知章云：本谓农业。趣读为促。〔19〕自：吴志忠云："'自'疑'日'字误。"译文从"曰"。〔20〕"乃今"句：马非百云："'乃今'犹言'今乃'。'下相役'……谓贫弱之人为豪富所奴役。"

【译文】
　　大凡准备治国，不精通权衡轻重，就不能垄断经济来控制百姓；不善于调整利益，就不能讲求控制来达到大治。因而万乘兵车的国家会出现拥有万金的商人，千乘兵车的国家会出现拥有千金的商人，造成这种现象的原因是什么呢？因为国家财利大量流失，造成臣下不愿尽忠，兵士不愿效命。年成有歉收、有丰收，因而谷价有贵、有贱；政令有缓慢、有急迫，因而物价有低、有高。但是如果君主不能控制好，就会使巨商操纵市场，利用百姓的不足，牟取百倍的暴利。假如个人土地相同，强者往往能长久保有；假如个人财富相同，智者往往能多多获利。智者比常人能多获十倍之利，愚者却会做出不够本钱的蠢事。但是如果君主不能调节好，就会使百姓的财富相差百倍之多。百姓过于富足，就难以用利禄来奴役；百姓过于贫穷，就难以用刑罚来威慑。法令不得推行，万民不能治理，都是因为贫富不均啊！况且君主用筹码计量用度，估算开发多少土地，能收获多少粮食。百姓的口粮，每人需要若干土地的出产是个定数，计算收成、估量贮存是充足的。但是百姓还是有挨饿吃不饱的，这是什么原因呢？因为粮食被收聚囤积起来了。君主铸造钱币，是方便百姓的交易流通，每人需要几百几千也是个定数。但是百姓仍然有日用不充足的，这是什么原因呢？因为钱币被合并积聚起来了。因此，如果君主不能分散积聚的粮食，调剂有余不足，分流合并的钱币，调节消费高低，那么，即使君主加强农业，促进生产，每天不停地铸造钱币，也只能造成如今贫弱的百姓被豪富所奴役的现象，又怎么能治理好国家呢？

岁适美,[1]则市籴无予,[2]而狗彘食人食;[3]岁适凶,则市籴釜十缲,[4]而道有饿民。然则岂壤力固不足而食固不赡也哉?[5]夫往岁之籴贱，狗彘食人食，故来岁之民不足也。物适贱，则半力而无予,[6]民事不偿其本;[7]物适贵，则什倍而不可得，民失其用。[8]然则岂财物固寡而本委不足也哉？夫民利之时失，而物利之不平也。[9]故善者委施于民之所不足,[10]操事于民之所有余。[11]夫民有余则轻之,[12]故人君敛之以轻;[13]民不足则重之，故人君散之以重。敛积之以轻，散行之以重，故君必有什倍之利，而财之札可得而平也。[14]

【注释】

〔1〕适:遇,逢。美:指丰年。 〔2〕粜(tiào 跳):卖出粮食。无予:俞樾云:"《方言》'予,雠也'。此'予'当训为雠。雠即售字。……'无予'即无售也。" 〔3〕彘(zhì 志):猪。 〔4〕籴(dí 狄):买进粮食。釜:古计量单位,一釜为一百升。缗:同"䌶",钱。 〔5〕壤力:地力。赡:充裕。 〔6〕猪饲彦博云:"'半力而无予',谓物价适贱,仅偿工人勤力之半而无人买取之也。" 〔7〕民:指生产者。 〔8〕民:指消费者。 〔9〕"夫民"二句:马非百云:盖谓政府未能利用万物高下之时,以贱买贵卖之术调通民利,而人民又不能自为之,遂致物利有如此巨大之差别也。 〔10〕"故善"句:马非百云:"盖谓当百姓不足时,政府应以平日之所委积者平价出售,以资救济。" 〔11〕操事:把持,掌握。 〔12〕轻之:指低价出售。 〔13〕敛之以轻:指低价收购。 〔14〕圹:指政府专卖的物价。

【译文】

年成逢丰收,市场上粮食多得卖不出,猪狗都吃人的食粮;年成逢歉收,市场上粮价一釜值十贯,路途上到处有饥民。这难道是地力本来不足而粮食本来不充裕吗?这是因为头一年粮价太低,连猪狗都吃人食,因此第二年百姓的口粮就不够了。物价逢下降,按工本的一半出售也卖不掉,生产者本钱也不能偿还;物价逢上涨,出十倍的高价也买不到,消费者需要都不能满足。这难道是财物本来太少而生产贮存本来不足吗?这是因为丧失了调通民利的时机,而造成了物价的巨大差别。因此善于治国的君主总是用贮存的货物来弥补民用的不足,而用收购的方法来掌握民用的富余。百姓货物有余就低价售出,而君主就低价购进;百姓货物不足就高价购进,而君主就高价售出。用低价收购,以高价抛售,君主必定可以获得十倍的盈利,而市场的物价也可以得到平抑。

凡轻重之大利,以重射轻,以贱泄平,[1]万物之满虚随财准平而不变,[2]衡绝则重见。[3]人君知其然,故守之以准平。使万室之都,必有万钟之藏,藏缗千万;使千室之都,必有千钟之藏,藏缗百万。春以奉耕,[4]夏以奉芸,[5]耒耜械器、种饷粮食,[6]毕取赡于君,故大贾蓄家不得豪夺吾民矣。[7]然则何?[8]君养其本谨也。[9]春赋以敛缯帛,夏贷以收秋实,[10]是故民无废事,而国无失利也。[11]

【注释】

〔1〕"以重"二句:何如璋云:"欲射其轻也,则敛之以重而轻者至。欲泄其重也,则散之以贱而贵者平。"此谓物轻则贱,政府应稍高其价而收敛,使归于上;民不足则贵,政府宜稍低其价而发散,使物价平衡。〔2〕财准平:马非百云:"以今语释之,即所谓'平准基金'者也。"变:波动。 〔3〕衡绝:供求平衡遭破坏。重见:指显示出轻重。〔4〕奉:供奉,供应。 〔5〕芸:同"耘",除草。 〔6〕种镶:闻一多云:"颜师古云'种,五谷之种也。'"镶"字当作"穰"。"种穰"即种子。译文从闻说。 〔7〕蓄家:指囤积居奇者。豪夺:强横掠夺。〔8〕然则:马非百云:"'然则'当是'然者'之误。"译文从之。〔9〕君养其本谨:指君主格外重视农业。 〔10〕"春赋"二句:尹知章云:"盖方春蚕家阙乏,而赋与之,约收其缯帛也。方夏农人阙乏,亦赋与之,约取其谷实也。"赋:给予,发放。 〔11〕"是故"二句:马非百云:"'民无废事',谓生产者能维持其再生产。'国无失利',谓政府能独占高利贷之收入。"

【译文】

　　大凡实行轻重之术的最大好处,在于物贱时用较高价格收敛以垄断货物,物贵时用较低价格发散以平抑物价。这样,万物的供应盈缺靠着国家的平准基金而不会上下波动,而供求关系一旦遭到破坏,物价就会出现涨落。君主懂得这个道理,因而要保持一定的平准基金,使万户人家的都市储藏万钟粮食和千万贯钱币,千户人家的城市储藏千钟粮食和百万贯钱币。春天用来供应春耕需要,夏天用来供应夏锄需求,所有的农具、种子、口粮,都由君主来满足要求,因而大贾富商就不能强行掠夺百姓了。为什么会这样呢?这是因为君主特别重视农业。春天向蚕农发放贷款,用以收取他们的丝绸织品;夏天向农夫发放贷款,用以收取他们的秋粮谷物,因此百姓不会有荒废的农事,国家也不会有流失的财利。

凡五谷者，万物之主也。[1]谷贵则万物必贱，谷贱则万物必贵。两者为敌，则不俱平。[2]故人君御谷物之秩相胜，[3]而操事于其不平之间。故万民无籍而国利归于君也。[4]夫以室庑籍，[5]谓之毁成；以六畜籍，谓之止生；[6]以田亩籍，谓之禁耕；[7]以正人籍，[8]谓之离情；[9]以正户籍，谓之养赢。[10]五者不可毕用，故王者遍行而不尽也。故天子籍于币，诸侯籍于食。[11]中岁之谷，粜石十钱。[12]大男食四石，月有四十之籍；大女食三石，月有三十之籍；吾子食二石，月有二十之籍。岁凶谷贵，籴石二十钱，则大男有八十之籍，大女有六十之籍，吾子有四十之籍。是人君非发号令收啬而户籍也，[13]彼人君守其本委谨，而男女诸君吾子无不服籍者也。一人廪食，十人得余；[14]十人廪食，百人得余；百人廪食，千人得余。夫物多则贱，寡则贵，散则轻，聚则重。人君知其然，故视国之羡不足而御其财物，谷贱则以币予食，布帛贱则以币予衣，[15]视物之轻重而御之以准，[16]故贵贱可调而君得其利。

【注释】

〔1〕主：主宰。马非百云："万物价格之高下，全为谷价之高下所决定，故曰'万物之主'。" 〔2〕"谷贵"四句：马非百云："谓谷与万物之价互为反比例，故不得归于平衡也。" 〔3〕"故人"句：王念孙云："'秩'读为迭。迭，更也。谷贵则物贱，谷贱则物贵，是谷与物更相胜也。" 〔4〕无籍：不征税。 〔5〕室庑：尹知章云："小曰室，大曰庑。……是使人毁坏庐室。" 〔6〕"以六"二句：尹知章云："是使人不竞牧养也。" 〔7〕"以田"二句：尹知章云："是止其耕稼也。" 〔8〕以正人籍：按人征税。 〔9〕离情：背离人情。因为如此则民不愿多

育儿女。 〔10〕"以正"二句：姚永概云："计户而籍之也，计户则大户口多者利矣，故曰'养赢'。" 〔11〕籍于币、籍于食：指以币与食为施行轻重政策之本钱。 〔12〕中岁：正常年成。十钱：指加十钱。 〔13〕啬(sè色)：敛。 〔14〕马非百云：此处指向政府仓廪中籴取谷食而言，余谓盈利也。 〔15〕"谷贱"二句：刘绩云：随其所贱而以币易取之，则轻重贵贱由君上也。译文从刘说。 〔16〕准：平准。

【译文】

大凡五谷是万物的主宰，谷价贵万物必定贱，谷价贱万物必定贵。谷价和物价之间的对应，不可能归于平衡。因而君主要驾驭谷价、物价的交替涨落，在不平衡之间获利，这样即使不向万民征税，国家财利也统归于君主。假如征收房屋税，等于叫人毁坏房屋；假如征收六畜税，等于叫人不敢牧养；假如征收田亩税，等于叫人停止耕作；假如按人征税，等于背离人情；假如按户征税，等于有利大户。这五种征税方法不可能同时使用，因而成就王业的人都曾使用过，但没有实行到底。所以天子应该控制钱币来征税，诸侯应该控制粮食来征税。普通年成的粮食，出售时每石加价十钱。成年男子每月吃粮四石，等于交纳了四十钱的税；成年女子每月吃粮三石，等于交纳了三十钱的税；孩子每月吃粮二石，等于交纳了二十钱的税。灾荒年成谷价腾贵，百姓买入时每石加价二十钱，那么等于每月成年男子交纳了八十钱的税，成年女子交纳了六十钱的税，孩子交纳了四十钱的税。这样，君主就不必发布号令逐户征税，君主只要掌握了粮食的生产和储备，男人、女人和孩子就没有不纳税的了。一人向国库买粮，国家的盈利可分给十人；十人向国库买粮，国家的盈利可分给百人；百人向国库买粮，国家的盈利可分给千人。市场上的货物多价格就贱，货物少价格就贵，抛出时价格就落，囤积时价格就涨。君主懂得这个道理，因此根据国库储备的有余和不足，来控制钱币和货物。粮食价贱就将钱币投向粮食收购，布帛价贱就将钱币投向布帛收购。根据物价的涨落而用平准之法来控制，因此物价的高低可以得到调节，君主也可以从中得利。

前有万乘之国，而后有千乘之国，谓之抵国。[1]前有千乘之国，而后有万乘之国，谓之距国。[2]壤正方，四面受敌，谓之衢国。[3]以百乘衢处，谓之托食之君；[4]千乘衢处，壤削少半；万乘衢处，壤削太半。[5]何谓百乘衢处托食之君也？夫以百乘衢处，危慑围阻千乘万乘之间，[6]夫国之君不相中，[7]举兵而相攻，必以为扞挌蔽圉之用，[8]有功利不得乡。[9]大臣死于外，分壤而功；列陈系累获虏，[10]分赏而禄；是壤地尽于功赏，而税臧殚于继孤也。[11]是特名罗于为君耳，[12]无壤之有。号有百乘之守，而实无尺壤之用，故谓托食之君。然则大国内款，[13]小国用尽，何以及此？[14]曰：百乘之国，官赋轨符，[15]乘四时之朝夕，[16]御之以轻重之准，然后百乘可及也。千乘之国，封天财之所殖，[17]械器之所出，财物之所生，视岁之满虚而轻重其禄，[18]然后千乘可足也。万乘之国，守岁之满虚，乘民之缓急，正其号令而御其大准，然后万乘可资也。[19]

【注释】

　　[1]扺国：前有强敌之国。扺，同"牴"，牛角向前。 [2]距国：后有强敌之国。距，指雄鸡足后突出如趾的尖骨，用以击刺后方之敌。 [3]衢国：四面受敌之国。衢，指四通八达的道路。 [4]托食之君：寄食之君。 [5]陶鸿庆云："'少半''太半'当互易。上文云'以百乘衢处谓之托食之君'，明国愈小则削愈易也。"译文从陶说。 [6]危慑：受威胁。围阻：受包围。 [7]俞樾云："按'夫国'者彼国也。""以百乘之国视千乘万乘之国，则皆彼国耳。"不相中：指不相和睦。 [8]扞（hàn 汗）挌蔽圉：抵御。 [9]乡：刘绩云："'乡'一作'享'。"译文从'享'。 [10]列陈：指列阵之士，陈同"阵"。系累获虏：指俘虏。 [11]税臧：同"税藏"，指国家库藏。殚：尽。 [12]罗：猪饲彦博云："罗，列也。" [13]内款：尹桐阳云："'内款'，内空也。" [14]及：许维遹云："'及'与'给'通。" [15]轨符：马非百云：谓法定之借券，包括借钱与借物。 [16]朝夕：尹桐阳云："'朝夕'犹涨落也，今字作潮汐。" [17]封：尹桐阳云：

"封,界也,为界而使民不敢侵。" 〔18〕满虚:安井衡云:"犹丰凶也。" 〔19〕资:王引之云:"'资'乃'澹'之误字。"译文从王说。澹同"赡",丰足。

【译文】

前面有万乘之国,后面有千乘之国,这样的国家称为"抵国"。前面有千乘之国,后面有万乘之国,这样的国家称为"距国"。国土正方形,四面受敌,这样的国家称为"衢国"。百乘的小国处在四面受敌的位置,它的君主称为寄食之君;千乘的国家处在四面受敌的位置,土地将被削并大半;万乘的国家处在四面受敌的位置,土地将被削并小半。什么叫作百乘小国四面受敌君主寄食呢?那些只凭百乘的兵力四面受敌的国家,在千乘万乘的大国中受威胁、被包围,那些大国不和睦相处,发兵相互攻战,必然将小国作为防御的屏障,小国即使有功利也不能享用。小国的大臣战死在外,要分封土地来酬答他的功劳;列阵的将士俘获敌虏,要分别奖赏并增加他的俸禄。这样,土地都用在酬答功劳、奖赏加禄上,而国家库藏也都用于抚恤大臣将士的遗孤。这种小国之君只是徒有虚名,实际没有什么土地。虽然号称是百乘之国的君主,实际没有一尺土地的使用权,因此称为寄食之君。但是大国内部空虚,小国财力耗尽,怎样来进行补给呢?对于百乘之国,可以由国家发行债券,利用四时物价的涨落,用轻重之术来加以控制调节,这样百乘之国就可得到补给。对于千乘之国,可以封闭自然资源,由国家垄断手工业的原料和财利的源头,根据年成的丰歉,运用轻重之术调整臣下的俸禄,这样千乘之国就可得到满足。对于万乘之国,国家可以根据年成的丰歉,利用百姓需求的缓急,调整号令政策,控制国家供求的总体平衡,这样万乘之国就可以丰足了。

玉起于禺氏,[1]金起于汝汉,[2]珠起于赤野,[3]东西南北距周七千八百里,水绝壤断,舟车不能通。先王为其途之远,其至之难,故托用于其重,以珠玉为上币,以黄金为中币,以刀布为下币。三币握之则非有补于暖也,食之则非有补于饱也,先王以守财物,以御民事,而平天下也。[4]

【注释】

〔1〕禺氏：即月氏，古族名，以产玉著称。王国维《月氏未西徙大夏时故地考》有详细考证。　〔2〕汝汉：为当时黄金的主要产地，有认为即今汝水、汉水流域。　〔3〕赤野：所在不详。马非百认为可能在今广东合浦一带。　〔4〕刘绩云："《通典》引此'天下也'下有'是以命之曰衡，衡者使物一高一下，不得有调也'，《注》'若五谷与万物平，则人无其利，故设为上中下之币而行轻重之术，使一高一下，乃可权制利门，悉归于上'。"译文从刘说。

【译文】

宝玉出产在禺氏，黄金出产在汝汉，珍珠出产在赤野。这些地区分布在东西南北，距离周朝国都七千八百里，水土隔绝，舟车不通。先王因为这些珍宝路途遥远，得来困难，所以就借用了它们贵重的价值，将珠玉列为上等币，黄金列为中等币，刀布列为下等币。这三种货币握在手中不能取暖，不能吃下肚里充饥，先王是用它们来控制财物，驾驭百姓，治理天下，因此称它们为衡。所谓衡是指使物价一高一低，不能固定不变。

今人君籍求于民，[1]令曰十日而具，则财物之贾什去一；[2]令曰八日而具，则财物之贾什去二；令曰五日而具，则财物之贾什去半；朝令而夕具，则财物之贾什去九。先王知其然，故不求于万民而籍于号令也。[3]

【注释】

〔1〕籍求：指强令征税。此承上文论货币，故指征收货币税。　〔2〕贾：同"价"。　〔3〕籍于号令：指通过政令调节物价，运用轻重之术来取得税款，与上述"籍求"不同。

【译文】

　　现在君主向百姓强令征税,税款规定十天交齐,财物的价格就要下降十分之一;规定八天交齐,财物的价格就要下降十分之二;规定五天交齐,财物的价格就要下降一半;早上下令规定晚上交齐,财物的价格就要下降十分之九。先王懂得这个道理,因此不直接向万民强行征税,而是通过号令,运用轻重之术来取得税款收入。

山国轨第七十四

【题解】

　　对于篇名"山国轨"的解释,诸家说法不一。马非百云:"轨与会通。本篇共有三十个轨字,而所言皆属于会计之事。而在《山至数篇》则直谓之'会'。……梁启超所谓'轨即统计',最为近之。"据此,"国轨"当指国家的统计工作而言。"山"字在此当为衍文,《山国轨》及以下《山权数》《山至数》三篇名中,"山"字均无义。

　　本篇阐述运用国家统计的手段,实现轻重之权的主张。文章首先指出"国轨"的重要性,即"不通于轨数而欲为国,不可",并举例说明了实行统计的内容和方法。文中主张,在调查统计田亩、人口、粮食、布帛等基本经济数据的基础上,国家依次运用发放农业贷款、收购女工织帛、向富家高利贷者借款、收购抛售万物等方法,使市场谷价、物价和币值之间的轻重关系不断变化,并从中获取十倍以至数十倍之利;国家控制自然资源,囤积生活和生产资料向农民发贷,以免被富商乘机牟利;实行森林国营政策,使木材"非山无所仰",进而用价格调节社会的贫富。文章提出,可用盐铁专卖的收入作为统计官府的借贷资金,来为国家谋利。由此可见,"国轨"是"轻重之术"的一项具体内容,统计工作是调控经济的具体手段之一。

　　桓公问管子曰:"请问官国轨。"[1]管子对曰:"田有轨,人有轨,用有轨,乡有轨,[2]人事有轨,[3]币有轨,县有轨,国有轨。不通于轨数而欲为国,[4]不可。"

【注释】

〔1〕官国轨：官同"管"。此谓管理国家统计工作。 〔2〕张佩纶云："'乡有轨'句似当在'县有轨'上。"译文从张说。 〔3〕人事：即民事，指常费。见《国蓄》。 〔4〕轨数：数即术。轨术指统计之法。

【译文】

桓公问管子说："请问有关国家统计工作的管理问题。"管子回答说："土地要有统计，人口要有统计，财用要有统计，常费要有统计，货币要有统计，乡要有统计，县要有统计，国家也要有统计。不明白统计的方法而想治理好国家，是不行的。"

桓公曰："行轨数奈何？"对曰："某乡田若干？人事之准若干？[1]谷重若干？曰：某县之人若干？田若干？币若干而中用？[2]谷重若干而中币？终岁度人食，其余若干？曰：某乡女胜事者终岁绩，[3]其功业若干？以功业直时而枟之，[4]终岁，人已衣被之后，余衣若干？别群轨，[5]相壤宜。"[6]桓公曰："何谓别群轨，相壤宜？"管子对曰："有莞蒲之壤，[7]有竹箭檀柘之壤，[8]有氾下渐泽之壤，[9]有水潦鱼鳖之壤。[10]今四壤之数，君皆善官而守之，则籍于财物，不籍于人。亩十亩之壤，[11]君不以轨守，则民且守之。民有过移长力，不以本为得，此君失也。"[12]

【注释】

〔1〕准：标准。 〔2〕中：合，相当。 〔3〕女胜事者：指有劳动力的女工。 〔4〕直时而枟：马非百云："谓按照当时市价加以计算。" 〔5〕别群轨：马非百云："'群轨'指上文八轨而言，即'诸会计事'之意。" 〔6〕相壤宜：马非百云："指下文'四壤之数'而言，谓土壤对于民居及种植之物各有所宜，故为国必先以调查统计之方法辨别而利用

之。"相,指观察、调查。 〔7〕莞蒲:两种水草,可用以织席,多生于沼泽。 〔8〕箭:箭竹,竹之一种。檀柘:两种优质木材。多产于山地。〔9〕氾下渐泽:指低下潮湿多水。 〔10〕水潦:积水。 〔11〕亩十亩:宋本作"亩十鼓"。译文从之。马非百云:"亩十鼓,谓每地一亩可产谷十鼓。"鼓,《地数篇》尹注:"十二斛也。" 〔12〕"民有"三句:王念孙云:"'过'当为'通'。"译文从之。马非百云:通移,"货币之代名词。'长'读上声",谓尚也,重也。"力即财力。长力者,谓百姓手中握有货币,势必以财力为尚,而不肯以本农为计之得,是人君之失策也。"

【译文】

桓公问:"怎样实行统计之法呢?"管子回答说:"比如:某乡土地多少?日常费用的标准多少?收获谷物的价值多少?又如:某县人口多少?土地多少?货币多少才够流通?谷价多少才合币数?估计除去一年口粮,粮食还余多少?再如:某乡女工终年纺织,她们的成品有多少?按当时的市价折算,除去一年的穿衣盖被所需,布匹还余多少?区分了以上多种统计,还要调查土地适宜生长的不同情况。"桓公问:"为什么区分了以上多种统计,还要调查土地适宜生长的不同情况呢?"管子回答说:"因为有适宜生长莞蒲的沼泽地,有适宜长生竹箭檀柘的山地,有低下潮湿的涝洼地,有生长鱼鳖的池塘。这四种土地,如果君主都善于管理和控制,就可以从它们的出产中获得收益,而不必再向百姓征税。至于亩产达到十鼓的良田,君主如果不利用统计之法掌握在手中,富裕的百姓就要去控制。他们手中有货币,又崇尚财力,不愿从事农业,这就是君主的失策了。"

桓公曰:"轨意安出?"[1]管子对曰:"不阴据其轨,皆下制其上。"[2]桓公曰:"此若言何谓也?"管子对曰:"某乡田若干,食者若干,某乡之女事若干,余衣若干。谨行州里,[3]曰:'田若干,人若干,人众田不度食若干。'曰:'田若干,余食若干。'必得轨程,[4]此谓之泰轨也。[5]然后调立环乘之币。[6]田轨之有余于其人食者，谨置公币焉。[7]大家众，小家寡。山田、间田，[8]曰终岁其食不足于其人若干，则置公币焉，以满其准。[9]重岁丰年，[10]五谷登。谓高田之萌曰：[11]'吾所寄币于子者若干，乡谷之柌若干，请为子什减三。'[12]谷为上，币为下。[13]高田抚，[14]间田山不被，[15]谷十倍。山田以君寄币，振其不赡，未淫失也。[16]高田以时抚于主上，坐长加十也。女贡织帛，[17]苟合于国奉者，[18]皆置而券之。[19]以乡柌市准曰：[20]'上无币，有谷，以谷准币。'环谷而应策，[21]国奉决。谷反准，[22]赋轨币，[23]谷廪，[24]重有加十。[25]谓大家、委赀家曰：[26]'上且修游，[27]人出若干币。'谓邻县曰：'有实者皆勿左右，[28]不赡，则且为人马假其食民。'[29]邻县四面皆柌，[30]谷坐长而十倍。上下令曰：'赀家假币，皆以谷准币，直币而庚之。'[31]谷为下，币为上。百都百县轨据，[32]谷坐长十倍。环谷而应假币。国币之九在上，一在下。币重而万物轻，敛万物，应之以币。币在下，万物皆在上，万物重十倍。府官以市柌出万物，隆而止。[33]国轨布于未形，据其已成。乘令而进退，无求于民，谓之国轨。"

【注释】

〔1〕轨意安出：马非百云："'轨意安出'，犹言'以轨守之'之具体措施如何……" 〔2〕"不阴"二句：马非百云："阴，密也，犹言秘密。……'皆'当依元本作'者'。此谓为国者如不能将各种会计数字掌握在自己手中并严守秘密，便将为富商蓄贾所乘。" 〔3〕行：巡视。 〔4〕轨程：马非百云："轨程即调查统计所得之标准数据。" 〔5〕调：

猪饲彦博云："'调'疑当作'谓'。"译文从"谓"。泰：马非百云："本书'泰''大'常通用。……大会即大计。"译文从之。〔6〕环乘之币：马非百云："此'乘'字亦当作计算讲。环者周也。'环乘'犹言'统筹'。'环乘之币',谓统筹所得之货币数据……"〔7〕置：郭沫若云："预置之,亦犹寄也。"马非百云："置与寄皆放也。'置币''寄币'犹言以货币借贷于人民。"公币：指国家铸造的货币,相对私人铸造的"私币"而言。〔8〕山田、间田：根据下文"高田",当时将土地分为三等：高田为上,间田次之,山田为下。〔9〕满其准：指满足其最低生活标准。〔10〕何如璋云："重岁丰年,谓大熟也。重犹丰也。"〔11〕萌：刘绩曰："萌,田民也。"〔12〕马非百云："此时谷价必贱,故政府对于高田之民所贷之款,一律按照现行价格折债为谷。'请为子什减三'者,即政府将贷款本利,按十分之七折谷收回,其余三分则仍责令其以货币偿还之。"〔13〕"谷为"二句：马非百云："依照散轻聚重之原则,谷必重而居于上风,货币必轻而退居下风。"〔14〕高田抚：此谓高田余粮被官府掌握。抚,据有。〔15〕郭沫若云："'山'下夺一'田'字耳。""被,及也。"译文从郭说。不被：指没有余粮。〔16〕淫失：过度损失。〔17〕女贡：张佩纶云："贡、工通。"即女工。〔18〕国奉：马非百云："国奉谓供国家之用。"〔19〕置而券之：马非百云："券即契约。"置犹言购买。"'置而券之'即定价收购,订立合同。"〔20〕"以乡"句：马非百云："乡枑,指谷价言。市准,指女贡织帛之价言。"〔21〕环谷而应策：环谷即还谷,策即券。此谓用谷物支付合同的货款。〔22〕反准：返回原先的价格。此指以谷准币后,谷散入民间,由重返轻。〔23〕赋轨币：马非百云：赋,贷予也。"轨币即由调查统计而得出之一定数量的货币,亦即合于所谓'轨程'之货币。"〔24〕谷廪：指以轨币购入谷物而囤积之。〔25〕有：同"又"。〔26〕大家、委赘家：马非百云："'大家'指地主。'委赘家'……盖以高利贷为业者……"〔27〕修：戴望云："元本'修'作'循'。"译文从之。循同"巡"。〔28〕"有实"句：安井衡云："实,谷实也。勿左右,不许出粜也。"〔29〕"则且"句："食"下当有"于"字。〔30〕四面皆枑：四面都受物价影响。〔31〕庚：偿还。〔32〕"百都"句：马非百云："……百都百县,乃统全国之都县而言之也。'轨据'谓按照'轨程'所揭示之数据而管制之……"〔33〕隆：俞樾云："'隆'当作'降',古字通用。"译文从"降"。

【译文】

桓公问:"利用统计之法掌握良田的具体办法是怎样的呢?"管子回答说:"不秘密掌握各种统计数据,那么君主就会被富民控制。"桓公问:"这话是什么意思呢?"管子回答说:"比如先了解某乡土地多少,吃粮者多少,某乡从事纺织的女工多少,剩余的布帛多少。再认真巡视州里,有的报告:'土地多少,人口多少,人多地少缺粮多少。'有的报告:'土地多少,余粮多少。'这种调查一定要得出一个标准数据。这就称作总体统计。然后计算设立一笔经过统筹所得的货币。对于土地产量超过口粮的农户,官府借贷给他们公币,大户人家多贷,小户人家少贷。对于终年口粮不足的耕种山田、间田的农户,官府就借贷给他们公币,来满足他们最基本的生活标准。秋后大丰收,五谷丰登,官府就对耕种高田的农户说:'我借贷给你们的钱币是多少,现在乡中谷物的市价是多少,请将十分之七折算成谷物偿还,其余的仍还钱币。'这样,谷物涨价占据上位,货币贬值退居下位。高田的余粮就这样掌握在官府手中,间田、山田则没有余粮,这样谷价上涨十倍。山田农户由于官府给予贷款赈济不足,未受过多损失;而高田余粮按时为官府所据有,因此谷价坐涨了十倍。女工织的布帛,如果合于国用的规格,官府都订立合同收购。但此时将布帛之价折算成谷价,并说:'官府没有钱币,只有谷物,一律用谷代币支付布帛之价。'官府用谷物支付了合同的货款,国用所需的布帛就此解决了。当谷价回落到原先的水准,官府再次贷放经过统筹的货币,购入谷物,加以囤积。这样,谷价又重新上涨十倍。这时,官府通告富家和高利贷者说:'君主将来巡游,各家应出若干钱备用。'又对邻县下令说:'有存粮的都不准自由买卖,君主巡游中粮食不足,将为人马食粮向百姓借粮。'邻县四周都受到物价影响,谷价坐涨了十倍。这时,官府再下令说:'向富家、高利贷者所借的钱,都以谷代币,一律以粮食偿还。'这样,谷价下跌居于下位,货币增值转居上位。推及全国的百都百县,都可按统计数据进行统制,使谷价坐长十倍,然后以谷物偿还借款。这样,国内流通货币的十分之九归于官府,只有十分之一散在民间。货币升值,万物跌价,官府支付货币大量收购万物,使币值下跌,万物涨价,甚至达到十倍。官府再用市价抛售万物,使物价回降直到平衡。可见,国家的统计工作应在事先就进行,依据它就能达到成功。君主运用国家的政策号令或进或退,不必向百姓直接征税。这就叫国家统计工作的成效。"

桓公问于管子曰："不籍而赡国，[1]为之有道乎？"管子对曰："轨守其时，[2]有官天财，[3]何求于民？"桓公曰："何谓官天财？"管子对曰："泰春民之功绪；[4]泰夏民之令之所止，令之所发；[5]泰秋民令之所止，令之所发；泰冬民令之所止，令之所发。此皆民所以时守也。[6]此物之高下之时也，此民之所以相并兼之时也，君守诸四务。"[7]桓公曰："何谓四务？"管子对曰："泰春，民之且所用者，君已廪之矣；[8]泰夏，民之且所用者，君已廪之矣；泰秋，民之且所用者，君已廪之矣；泰冬，民之且所用者，君已廪之矣。泰春功布日，[9]春缣衣，[10]夏单衣，捍笼纍箕胜籯屑粮，[11]若干日之功，用人若干。无赀之家皆假之械器胜籯屑粮公衣，功已而归公衣，折券。[12]故力出于民，而用出于上。春十日不害耕事，夏十日不害芸事，秋十日不害敛实，冬二十日不害除田。[13]此之谓时作。"[14]

【注释】
〔1〕赡国：满足国家财政的需要。〔2〕轨守其时：指运用统计方法掌握时机。〔3〕有官：同"又管"。天财：指自然资源。〔4〕泰：同"大"。下同。功绪：指农事和徭役。〔5〕尹知章云："谓山泽之所禁发。"指自然资源的封禁和开发。〔6〕时守：指掌握时机。〔7〕四务：四时所务。尹知章云："四时人之所要。"〔8〕廪：藏。〔9〕功布日：农事公布之日。〔10〕缣衣：安井衡云："缣，兼也。兼衣，谓表里具者。"即今谓夹衣。〔11〕捍：王引之云：捍盖"桿"字之误。桿为囷属。笼：古本作"笼"。纍：指绳索。箕：畚箕。胜：王念孙云：胜当为"媵"。《说文》："媵，囊也。"籯：筐类。屑：张佩纶云：屑当为"筲"。筲以盛饭。粮：洪颐煊云：粮即"稷"字之误。张佩纶云："稷以束禾。"马非百云："即《国蓄篇》所谓'耒耜械器种饟粮食'之

属……"〔12〕猪饲彦博云:"'衣'字衍。言民功既毕,而器械之属皆归之于公,折毁其券也。"译文从之。 〔13〕除田:指整治土地。〔14〕时作:马非百云:谓及时而作。

【译文】
　　桓公问管子说:"不向百姓征税,却能满足国家的财政需求,有这样的办法吗?"管子回答说:"运用统计方法掌握好时机,管理好自然资源,何必还要向百姓索求呢?"桓公问:"什么叫管理好自然资源?"管子回答说:"春天百姓忙于农事和徭役,夏天、秋天和冬天,都要明令规定百姓封禁和开发山泽资源的时间。这都是富民大贾所以要掌握时机的原因。这是物价上涨下落的时候,也是百姓相互兼并的时候,君主必须控制好四时该做的事。"桓公问:"什么叫四时该做的事?"管子回答说:"春季,百姓将要使用的物品,君主要预先储备好,夏季、秋季和冬季,也都是这样。春季安排农事之时,春天穿的夹衣,夏天穿的单衣,各种农用器械物品,要使用多少天,要用多少人,都要有统计。无钱的农家都能借贷到各种农用器械物品,农事结束后归还公家,并销毁掉借贷凭证。因此劳力出自百姓,物品出自君主。由于准备充分,春季有十天就不妨碍耕种,夏季有十天就不妨碍锄草,秋季有十天就不妨碍收获,冬季有二十天就不妨碍整治土地。这就叫及时农作。"

　　桓公曰:"善。吾欲立轨官,〔1〕为之奈何?"管子对曰:"盐铁之策,〔2〕足以立轨官。"桓公曰:"奈何?"管子对曰:"龙夏之地,〔3〕布黄金九千,〔4〕以币赀金,〔5〕巨家以金,小家以币。周岐山至于峥丘之西塞丘者,〔6〕山邑之田也,布币称贫富而调之。周寿陵而东至少沙者,〔7〕中田也,据之以币,巨家以金,小家以币。三壤已抚,〔8〕而国谷再什倍。梁渭、阳琐之牛马满齐衍。〔9〕请驱之颠齿,〔10〕量其高壮,曰:'国为师旅、战车,驱就敛子之牛马,上无币,请以谷视市栌而庚子。'牛马为上,粟二家。〔11〕二家散其粟,〔12〕反准,牛马归于上。"

【注释】

〔1〕轨官：指专司统计工作的部门。 〔2〕盐铁之策：指盐铁专卖政策，它可为"轨官"提供必要的资金。 〔3〕龙夏：马非百云：龙夏疑即"龙门大夏"。此等地名皆系著者任意假设之词，初不必有事实根据。龙夏之地当为上等土地。 〔4〕布：散布，贷放。 〔5〕以币赀金：马非百云："赀者助也。……谓以货币为黄金之辅也。" 〔6〕周岐山：指岐山四周。岐山在今陕西境内，向西为山区下等土地。 〔7〕寿陵：疑指汉代寿陵，在今陕西咸阳，向东为中等土地。 〔8〕抚：据有，垄断。 〔9〕梁渭、阳琐：疑为两地名。满齐衍：张佩纶云："《周礼·大司徒》'坟衍'《注》'下平曰衍'，言牛马满于齐之衍也。" 〔10〕驱之颠齿：猪饲彦博云："'驱'疑当作'区'，言区别马之颠齿，以相其长壮也。"译文从"区"。颠，头顶。 〔11〕张佩纶云："'二家'当作'为下'。牛马为上，粟为下。"译文从张说。 〔12〕二家：张佩纶云："'二家'谓'巨家''小家'。"

【译文】

桓公说："好。我准备设立专司统计的部门，该怎么做呢？"管子回答说："实行盐铁专卖的政策，就足以有资金设立专司统计的部门了。"桓公问："这个机构该怎么做呢？"管子回答说："在龙夏地区，贷放黄金九千，用钱币作为黄金的辅助，大户人家贷给黄金，小户人家贷给钱币。从岐山四周直到崢丘以西塞丘这片土地，都是山地，贷款数要根据贫富情况加以调节。从寿陵周围向东直至少沙地区，都是中等土地，要用掌握的货币，大户贷给黄金，小户贷给钱币。三种土地出产的粮食都经贷款预售被垄断在手中，谷价就可以上涨二十倍。梁渭、阳琐出产的牛马遍布齐国的平原，请去区分牛马的头顶和牙齿，测量它们的高度和体重，然后对百姓说：'国家要建立军队，配备战车，赶着你们的牛马来让国家收购。国家没有钱币，只能用粮食按市价折合偿付给你们。'这样，牛马之价占据上位，粮价退据下位。大户、小户人家将得到的粮食出售，粮价就回落到原先的水准，而牛马就落到了国家的手里。"

管子曰："请立赀于民，[1]有田倍之。[2]内毋有，[3]其外外皆为赀壤。[4]被鞍之马千乘，[5]齐之战车之具，具于此，无求于民。此去丘邑之籍也。[6]国谷之朝夕在上,[7]山林廪械器之高下在上,[8]春秋冬夏之轻重在上。行田畴,[9]田中有木者,谓之谷贼。[10]宫中四荣,[11]树其余曰害女功。宫室械器非山无所仰。[12]然后君立三等之租于山,[13]曰:握以下者为柴楂,把以上者为室奉,[14]三围以上为棺椁之奉。柴楂之租若干,室奉之租若干,棺椁之租若干。"

【注释】

〔1〕赘:一种罚款制度。《说文》:"赘,小罚以财自赎也。"汉律有民不繇,赘钱二十三。 〔2〕倍:张佩纶云:"倍,反也,如《论语》'必使反之'之反,盖覆之也。" 〔3〕内毋有:指在限定的土地面积内不罚款。 〔4〕许维遹云:"两'外'字衍其一。"译从。 〔5〕被鞍之马;指可用的战马。 〔6〕丘邑之籍:丘邑为区域的单位,此谓丘邑应交的军赋。 〔7〕朝夕:郭沫若云:"朝夕即潮汐,犹言涨落。" 〔8〕猪饲彦博云:"'廪'字衍。"译从。 〔9〕行:巡行。田畴:指田地。谷田曰田,麻田曰畴。 〔10〕谷贼:种粮之害。 〔11〕宫:泛指房屋。荣:屋翼。宫中四荣谓房屋四周宜种桑树。 〔12〕"宫室"句:马非百云:仰,"恃也,资也。此盖谓田间及房屋之四侧皆不得种植树木,使宫室械器之原料非山无所仰……" 〔13〕租:马非百云:"此处指木料价格。" 〔14〕"握以"二句:安井衡云:"只手所围曰握。楂,槎也,衺斫曰槎,故以为小木之称。把,亦握也,此盖谓两手所围。奉,供也。"

【译文】

管仲说:"请设立百姓不服徭役的罚款制度,有田地的地方都要覆盖到。在限定的范围内可不罚,此外都为执行罚款制度的地方。这样,就有了能用的战马上千匹,齐国所用的战车,都可利用这一制度配备齐全,不必向百姓求索。这就是免除丘邑的军赋的办法。国家谷价的涨落取决于君主,山林械器价格的高下取决于君主,春秋冬夏的物价轻重调节也取决于君主。在田地中巡行,田地当中的树木,称为种谷之害。房屋四周宜栽桑树,种其他树就会妨碍妇女养蚕纺织。使营建房屋、制造械器所需的木材，不是出于国家的山林就没有来源。然后君主可以在山里设立木材的三种价格：一握以下的作为小木材，一把以上的作为建筑用材，三围以上的作为棺椁用材。小木材的价格是多少，建筑用材的价格是多少，棺椁用材的价格是多少。"

管子曰："盐铁抚轨，[1]谷一廪十，君常操九。民衣食而籴，[2]下安无怨咎。[3]去其田赋，以租其山。[4]巨家重葬其亲者服重租，小家菲葬其亲者服小租；巨家美修其宫室者服重租，小家为室庐者服小租。上立轨于国，[5]民之贫富如加之以绳，谓之国轨。"

【注释】
〔1〕盐铁抚轨：马非百云："'盐铁抚轨'者，谓以盐铁收入为资金，而据守国轨也。盖即上文'盐铁之策足以立轨官'之意。" 〔2〕籴：同"由"，指来由、来源。 〔3〕"下安"句：戴望云："'安'训为乃。"马非百云："此节与上下文皆不衔接，疑当在上文'管子对曰：龙夏之地'以前，'桓公曰……为之奈何'之后，而其下又脱'桓公曰：此言何谓也'句。" 〔4〕"去其"二句：马非百云："谓政府应实行木材专卖，免收田亩税。"向百姓征收山林之租，方法是区别不同木材的价格。 〔5〕立轨：马非百云："轨即'轨程'，亦即指上述富家出重租，贫家出小租之差别租金而言。著者在此，显然认为此种差别租金之实行，乃是均贫富之一种具体措施。"

【译文】
管子说："用盐铁专卖的收入来进行统计工作，可以使粮食因国家的廪藏而一变为十，而国君可掌握其中的十分之九。百姓的衣食有了来源，因而没有怨恨。免除百姓的田赋，而通过木材价格向他们征收山林之租。富家重葬亲属的就要服重租，贫家薄葬亲属的就服轻租；富家建造华丽房屋的就要服重租，贫家建造简陋房屋的就服轻租。这样，君主在国内设立了经过统计的标准数据，百姓的贫富就像被君主用绳索控制着。这就叫做国家统计的成效。"

山权数第七十五

【题解】

　　所谓权数，指权衡轻重的方法。张佩纶云："《孟子》'权然后知轻重'，《墨子·大取》'于所体之中而权轻重之谓权'，《淮南·时则训》'冬曰权，权者，所以权万物也'，《公羊》桓十一年《传》注'权者，称也，所以别轻重'。权者，管子轻重之法。""山"为衍文，一说文中有"三权数"之说，故"山"疑作"三"。

　　本篇论述在经济活动中权衡轻重，乘时适变。共分为论国权、准道、君柄、国戒、乘时五节。"国权"指国家的权衡之法，即在天时调匀的前提下实行天、地、人"三权"，主张国家在丰年、凶年都要储藏粮食，控制粮价，从中获利；铸造货币，平抑物价，防止贫富悬殊。"准道"即平准之道，提出"轨守其数，准平其流"，运用政令的缓急、政策的放收，使"一可为十，十可为百"，并辗转投入赢利。"君柄"提出奖励七种专业能人，管好五种专门技能，将使用人才的权柄掌握在君主手中。"国戒"指国家的戒律，指出制订法令要量力而行，禁止邪恶以控制人心，从而巩固国家政权。"乘时"主张使用神龟宝物，国危出宝抵押，国安促进流通，与政令配合使用，控制时机。这五方面都是权衡轻重方法的具体运用。

　　桓公问管子曰："请问权数。"管子对曰："天以时为权，[1]地以财为权，[2]人以力为权，[3]君以令为权。失天之权，则人地之权亡。"桓公问："何为失天之权则人地之权亡？"[4]管子对曰："汤七年旱，禹五年水，民之无饘卖子者。[5]汤以庄山之金铸币,[6]而赎民之无饘卖子者;禹以历山之金铸币,而赎民之无饘卖子者。故天权失,人地之权皆失也。故王者岁守十分之参,[7]三年与少半成岁。[8]三十一年而藏十一年与少半。[9]藏参之一不足以伤民,而农夫敬事力作,故天毁埊,[10]凶旱水泆,[11]民无入于沟壑乞请者也。此守时以待天权之道也。"

【注释】
〔1〕时:指时令,包括气候、灾情。〔2〕地:指物产。〔3〕力:指能力。〔4〕为:闻一多云:"'为'当为'谓'。"译文从之。〔5〕王念孙云:"当依《通典·食货》八所引作'民之无饘,有卖子者'。言无饘之民有卖其子者也。"译文从之。饘(zhān 沾):同"馆",稠粥。〔6〕金:泛指金属。下同。〔7〕参:同"叁"。下同。〔8〕三年与少半:指三年多一点。〔9〕三十一年:俞樾云:"'三十一年'当作'三十七年'。"译文从俞说。〔10〕故天毁埊:尹知章云:"埊,古地字。"闻一多云:"'天灾行则地利失,是地为天所毁,故曰'天毁地'也。"〔11〕泆:同"溢"。

【译文】
桓公问管子说:"请问权衡轻重的方法。"管子回答说:"天以时令是否调匀作为权衡,地以物产的多少作为权衡,人以能力的大小作为权衡,君主以政令能否推行作为权衡。丧失了天时的调匀,人的能力和地的物产就都不存在了。"桓公问:"什么叫失去了天时的调匀,人的能力和地的物产都不存在了?"管子回答说:"商汤时遭遇七年大旱,夏禹时遭受五年大水,百姓没有粥吃,以至有卖儿卖女的人。商汤用庄山出产的金属铸成钱币,来赎救百姓中无食而出卖子女的人;夏禹用历山出产的金属铸成钱币,来赎救百姓中无食而出卖子女的人。可见丧失了天时的调匀,人的能力和地的物产就都丧失了。因此,君主每年要留存十分之三的收获作为储备,这样三年多一点时间就有了相当于一年收成的储备。三十七年就有了相当于十一年多一点的收成的储备。储备大约三分之一的收成不至于损伤百姓，反而使农夫专心农事，努力耕作。即使天时不调，发生大旱大水，百姓也不会饿死路途或四处乞食了。这就是控制时令等待天时调匀的方法。"

桓公曰："善。吾欲行三权之数，为之奈何？"管子对曰："梁山之阳靖绌、夜石之币，[1]天下无有。"管子曰：[2]"以守国谷，岁守一分，以行五年，国谷之重什倍异日。"管子曰："请立币，[3]国铜以二年之粟顾之，[4]立黔落。[5]力重与天下调，[6]彼重则见射，轻则见泄，故与天下调。泄者，失权也；[7]见射者，失策也。不备天权，[8]下相求备，准下阴相隶。[9]此刑罚之所起而乱之之本也。[10]故平则不平，[11]民富则不如贫，[12]委积则虚矣。此三权之失也已。"桓公曰："守三权之数奈何？"管子对曰："大丰则藏分，[13]阨亦藏分。"[14]桓公曰："阨者，所以益也，何以藏分？"管子对曰："隘则易益也，[15]一可以为十，十可以为百。以阨守丰，[16]阨之准数一上十，丰之策数十去九，则吾九为余，于数策丰，[17]则三权皆在君，此之谓国权。"

【注释】

〔1〕"梁山"句：猪饲彦博云："'靖绌'当作'蒨茜'，染赤草也。"译文从之。林圃云："夜邑即今山东掖县。……今掖县与莱阳县接壤，莱阳产莱阳石。……莱阳石既有色泽，石质较软，可琢为器物，或古人即以之为币也。"〔2〕马非百云："此处及下文两'管子曰'，皆衍文。"译从。此节中疑有脱文。〔3〕立币：指铸造钱币。〔4〕国铜：指国内铜矿。顾：同"雇"，雇佣。〔5〕黔落：郭沫若云："'黔落'殆冶铜铸币之场所。"〔6〕许维遹云："'力重'有脱误，疑当作'施轻重'。"译文从许说。〔7〕王念孙云："'泄者'上亦当有'见'字。

'见泄''见射'皆承上文而言。"译文从王说。〔8〕备天权：指防备水旱天灾。〔9〕准：等于。阴相隶：私下相互奴役。〔10〕王念孙云："'乱之本也'衍一'之'字。"〔11〕平则不平：马非百云："平则不平，指贫富悬殊而言。"〔12〕"民富"句：马非百云："民富则不如贫，富指富商大贾而言。谓在贫富悬殊情况之下，百姓太贫则不可以罚威，固非好事；但太富又不可以禄使……其危险性更为巨大。"〔13〕分：马非百云："此处'分'字仍当作'若干分'讲。"译文从马说。〔14〕陁：指凶岁，相对于"大丰"。〔15〕隘：同"厄"。〔16〕以陁守丰：指以凶年得利进而控制丰年。〔17〕"于数"句：马非百云："'于数策丰'，犹言策丰于数，谓守三权之道无他，在能运用轻重之策，以守陁岁者守丰岁，使无为富商蓄贾所乘，则政府必有十倍百倍之利矣。"

【译文】

桓公说："好。我准备实行'三权'的方法，应该怎么做呢？"管子回答说："梁山的南面出产染赤草和可制币的玉石，这都是天下别的地方所没有的。用它来购进谷物加以控制，使每年国库的粮食储备占到收成的十分之一，这样实行五年，国库的粮价就可比原先增长十倍。进而请铸造货币，国家的铜矿，要用两年的粮食储备雇人开采，设立冶炼铸造的工场。实施轻重之术，与各国的物价相平衡。本国物价高，别国就要来倾销并射利；本国物价低，别国就要来抢购而流泄。因此要与各国相平衡。物品外泄，等于本国失权；被人射利，等于本国失策。君主如果不能防备水旱天灾，百姓就相互求取防备，这就等于百姓私下相互役使。这就是刑罚起用的原因和国家动乱的根源。因而就造成贫富悬殊不平、富商比贫民更危险、国库的储备日益空虚等情况，这样'三权'就全部丧失了。"桓公问："要保持'三权'该怎么做呢？"管子回答说："丰收之年要储存收成的若干分，歉收之年也要储存收成的若干分。"桓公说："歉收之年正应该赈济救助，怎么能储备收成的若干分呢？"管子回答说："歉收之年粮价容易上涨，一可涨为十，十可涨为百。用歉收之年所得粮价控制丰收之年的粮食：歉收之年，卖出一分粮，可得十分价；丰收之年，买入十分粮，只需一分价，余下的九分就成为国家的盈余。只要运用轻重之策来控制丰年，这样'三权'就能保持在君主手中，这就叫国家的权衡。"

桓公问于管子曰："请问国制。"[1]管子对曰："国无制,[2]地有量。"[3]桓公问："何谓国无制、地有量？"管子对曰："高田十石，间田五石,[4]庸田三石,[5]其余皆属诸荒田。地量百亩，一夫之力也。粟贾一，粟贾十，粟贾三十，粟贾百。[6]其在流策者,[7]百亩从中千亩之策也。[8]然则百乘从千乘也，千乘从万乘也。故地有量，国无策。"[9]桓公曰："善。""今欲为大国,[10]大国欲为天下，不通权策，其无能者矣。"桓公曰："今行权奈何？"管子对曰："君通于广狭之数,[11]不以狭畏广；通于轻重之数，不以少畏多。此国策之大者也。"

【注释】
〔1〕国制：指国家的政策。〔2〕无制：指没有固定的、一成不变的政策。〔3〕量：指作物的产量。〔4〕间田：王念孙云："间田，中田也。"〔5〕庸田：安井衡云："庸，凡庸。庸田，下田也。"〔6〕"粟贾"四句：马非百云：此盖言上述四种田区之谷价，因产量有多少而贵贱不同。〔7〕在流策：指通过流通获利的策略。〔8〕从：赶上，上升。中：相当于。〔9〕地有量，国无策：猪饲彦博云："疑当作'地有量，国无制'。"译文从之。〔10〕张佩纶云："'欲为大国'上夺'小国'二字。'今小国欲为大国'以下，管子之言。"译文从张说。〔11〕广狭：指土地广狭。

【译文】
桓公问管子说："请问有关治国政策方面的问题。"管子回答说："国家没有固定的政策，土地却有一定的产量。"桓公问："什么叫国家没有固定的政策、土地却有一定的产量？"管子回答说："高田亩产十石，中田亩产五石，下田亩产三石，其余都属不毛之地的荒田。百亩土地的耕种，是一个农夫所能胜任的。如果高田谷价为一，中田谷价就是十，下田谷价就是三十，荒田谷价就是一百。掌握了通过流通获利的策略，百亩的收入就能上升到千亩的收入。那么，百乘的国力就能上升到千乘，千乘的国力就能上升到万乘。因此说土地有一定的产量，而国家却没有固定的政策。"桓公说："好。"管子说："如今小国想要成为大国，大国想要夺取天下，不精通权衡的策略，是不可能做到的。"桓公问："现在怎样实行权衡呢？"管子回答说："君主要通晓广和狭的道理，不因为土地狭小而畏惧土地广阔的；要通晓轻和重的道理，不因为财货贫乏而畏惧财货富足的。这就是治国策略的核心。"

桓公曰："善。盖天下，[1]视海内，[2]长誉而无止，为之有道乎？"管子对曰："有。曰：轨守其数，[3]准平其流，[4]动于未形，而守事已成。物一也而十，是九为用。徐疾之数，[5]轻重之策也，一可以为十，十可以为百。引十之半而藏四，以五操事，在君之决塞。"[6]桓公曰："何谓决塞？"管子曰："君不高仁，[7]则国不相被；[8]君不高慈孝，则民简其亲而轻过。此乱之至也。则君请以国策十分之一者树表置高，[9]乡之孝子聘之币，[10]孝子兄弟众寡不与师旅之事。树表置高而高仁慈孝，财散而轻。[11]乘轻而守之以策，则十之五有在上。[12]运五如行事，如日月之终复。[13]此长有天下之道，谓之准道。"[14]

【注释】

〔1〕盖：闻一多云："盖、盍通。《尔雅·释诂》'盍，合也'。" 〔2〕视海内：张佩纶云："'视海内'，犹言朝海内也。" 〔3〕轨守其数：马非百云："'轨守其数'谓以会计之术将一切谷物盈虚之数字据而守之。" 〔4〕准平其流：马非百云："'准平其流'谓以平准之法平衡一切谷物之价，以免'见射''见泄'之患。" 〔5〕徐疾：马非百云："'徐疾'指号令言。" 〔6〕决塞：开塞，指放与收。 〔7〕高：贵，敬。高仁指提倡仁爱。 〔8〕宋本"国"作"问"。闻一多云："'问'谓赠遗，'被'，加也。" 〔9〕十分之一：安井衡云：即上藏四以五操事

之余也。树表：树立表柱或牌坊。置高：建造高大门闾。皆为表示表彰的标志。〔10〕聘之币：以币聘问，即送钱币表示问候。〔11〕财散而轻：指因倡导仁爱慈孝、树表聘问，财物布散而价轻。〔12〕有：同"又"。〔13〕"运五"二句：马非百云："此谓政府既得此十分之五之财，又宜依照过去行事之成例，辗转运用，有如日月之往而复来，无有终止之时。"〔14〕准道：国准。马非百云："'准道'，平准之道，即'国准'也。"

【译文】

桓公说："好。有办法做到一统天下、臣服海内、永久地被称誉崇拜吗？"管子回答说："有。这就是：以统计之法掌握经济的基本数据，以平准之法平衡市场的财货流通，事先就进行筹划，控制它达到成功。一分财货能变成十分，其中的九分盈余就能为国家所用。运用政令的缓急和轻重的策略，一分财货可增值为十，十分财货可增值为百。在盈余的十分中，储藏一半中的四分，用另一半继续投入使用，这些都取决于君主的放收政策。"桓公问："什么叫放收政策？"管子说："君主不倡导仁爱，百姓就不会相互帮助；君主不倡导父慈子孝，百姓就会怠慢亲人而屡犯过错。这就是国家动乱的开端。君主应该用上述盈余的十分之一来树立标志，表彰仁孝，对乡里的孝子要赠币慰问，孝子的兄弟不管多少都可免除兵役。这样，树立标记，倡导仁爱，财货布散于社会，币值就会变轻。国家乘币轻之时运用轻重之策加以控制，十分之五的财货又被国家掌握。再用十分之五的盈余投入辗转运用，就像日月的往而复来。这就是长久地掌握天下的方法，也可称作平准之法。"

桓公问于管子曰："请问教数。"〔1〕管子对曰："民之能明于农事者，置之黄金一斤，直食八石；〔2〕民之能蕃育六畜者，置之黄金一斤，直食八石；民之能树艺者，置之黄金一斤，直食八石；民之能树瓜瓠荤菜百果使蕃衮者，〔3〕置之黄金一斤，直食八石；民之能已民疾病者，置之黄金一斤，直食八石；民之知时、曰岁且厄、曰某谷不登、曰某谷丰者，〔4〕置之黄金一斤，直食八石；民之通于蚕桑、使蚕不疾病者，皆置之黄金一斤，直食八石。谨听其言而藏之官，[5]使师旅之事无所与，此国策之者也。[6]国用相靡而足，[7]相困揲而譫。[8]然后置四限，高下令之徐疾，[9]驱屏万物，[10]守之以策。有五官技。"[11]桓公问："何谓五官技？"管子曰："诗者所以记物也，[12]时者所以记岁也，[13]春秋者所以记成败也，[14]行者道民之利害也，[15]易者所以守凶吉成败也，[16]卜者卜凶吉利害也。[17]民之能此者皆一马之田一金之衣。[18]此使君不迷妄之数也。六家者即见：[19]其时使豫先蚤闲之日受之，[20]故君无失时，无失策，万物兴丰；无失利，[21]远占得失，以为末教；[22]诗记人无失辞；[23]行殚道无失义；[24]易守祸福凶吉不相乱。此谓君棅。"[25]

【注释】

〔1〕教数：教育的方法。此谓优待有专业知识技能的人才，使之传授知识技能为国效力。 〔2〕马非百云："置，立也。直，当也。……谓设立奖金，定为黄金一斤或给以相当于黄金一斤之谷凡八石也。" 〔3〕荤菜：指葱蒜蔬菜。蕃袤：王念孙云："'袤'当作'袌'，字之误也。《玉篇》《广韵》'袌'字并与'裕'同。蕃裕犹蕃衍耳。" 〔4〕知时：通晓天时。曰：此指预言。 〔5〕其言：指上述农业、畜牧、林业、园艺、医药、时令、蚕桑七方面专业人才的知识和经验。藏之官：指予以记录保存。 〔6〕王念孙云："'国策'之下当有'大'字。"译文从王说。 〔7〕靡：指消费。 〔8〕王引之云："当为'相揲而澹'。《广雅》曰：'揲，积也。'言国用相积而赡也。"译文从王说。澹，古赡字也。 〔9〕高下：此指调节。 〔10〕驱屏：马非百云：谓驱而藏之。 〔11〕有五官技：马非百云："官即管，有即又。谓于奖励七能、设置四限之外，又当管制五种技能之人，使其皆为政府之财政经济政策服务也。"译文从马说。下同。 〔12〕诗者：掌握诗的人。 〔13〕时者：掌

握天时的人。〔14〕春秋者：掌握历史的人。春秋为古代史书的通称。〔15〕行者：掌祭行神的人。郭沫若云："古者道路有神，其名为'行'，冬季必祀之。出门则先祖之，軷之，以免凶咎。祖軷之祭又称为'道'……"〔16〕易者：掌握《易》的人。〔17〕卜者：掌握占卜的人。〔18〕一马之田一金之衣：马非百云："一马之田……乃指一匹马一日所能耕种之田土面积而言。"李哲明云："'金'疑'裣'之误。……'一裣之衣'犹言衣祇一领。"〔19〕六家：马非百云："六家：一诗，二时，三春秋，四行，五易，六卜。上言五技，此则六家者，朱长春云：'易、卜当为一官。'是也。"即见：指即刻显现效用。〔20〕此句疑有错乱，今译大意。〔21〕以下三句当指历史知识的功效，故此句上应脱"其春秋云云"。〔22〕"远占"二句：安井衡云："远占得失，豫占他日之得失也。'末'，后也。'为末教'为后日避害就利之教也。"〔23〕马非百云："失辞谓言语失当。"〔24〕殚：张佩纶云："'殚'字无义，当作'阐'。"阐，明也。译文从张说。〔25〕棅：同"柄"，指权柄，马非百云："……此段文字多有脱误，不可强解。大意谓政府对于六种专门人才，亦应分别加以管制。"使其"预先对百姓宣传讲授……可免失时失策失义之弊。而其指点之权，则完全操在封建统治者手中，故曰'此谓君柄'也"。

【译文】

　　桓公问管子说："请问教育方法方面的问题。"管子回答说："百姓中能精通农事的，奖赏他黄金一斤，或粮八石；能繁殖养育六畜的，奖赏他黄金一斤，或粮八石；能植树造林的，奖赏他黄金一斤，或粮八石；能种植瓜果蔬菜并使其蕃衍不绝的，奖赏他黄金一斤，或粮八石；能治愈百姓疾病的，奖赏他黄金一斤，或粮八石；能通晓天时，预知年成将歉收、某类谷物将不熟、某类谷物将丰收的，奖赏他黄金一斤，或粮八石；能精通种桑养蚕，使蚕不得病的，奖赏他黄金一斤，或粮八石。国家要认真听取这些专业人才的知识和经验，并记录保存起来，不要让他们去服兵役打仗耽误了专业工作，这是一项重要的治国政策。国家的用度因消费和积累的相互作用而充足。然后设置四周的界限，调节政令的缓急，驱使万物入限而加入囤积，再用轻重之策加以控制，还要管理好五种有专门技能的人。"桓公问："什么叫管好五种有专门技能的人？"管子说："掌握诗的人可以用来记述事物，掌握天时的人可以用来记录年成，掌握历史的人可以用来记载兴亡成败，掌祭行神的人可以用来指导出行的利害，掌握《易》的人可用来预测凶吉成败，掌握占卜的人可以用来卜算凶吉利害。百姓中能掌握其中一种的都奖赏一块土地、一领衣服。这是使君主摆脱迷惑虚妄的好办法。上述六种技能都能即刻显现其效用：天时能使预先早作报告，因而君主能不失时机，不失对策，万物兴旺丰盛；历史能使君主不失财利，预测将来的得失，作为今后的借鉴；诗伎使记述人事时不致言辞不妥；行神使指明道路时不致误入歧途；《易》使掌握祸福凶吉时不致相互淆乱。这都取决于君主的权柄。"

桓公问于管子曰："权棣之数吾已得闻之矣，守国之固奈何？"[1] 曰："能皆已官，时皆已官，[2] 得失之数，万物之终始，君皆已官之矣。其余皆以数行。"[3] 桓公曰："何谓以数行？"管子对曰："谷者民之司命也，智者民之辅也。民智而君愚；[4] 下富而君贫，下贫而君富，此之谓事名二。[5] 国机，徐疾而已矣。[6] 君道，度法而已矣。[7] 人心，禁缪而已矣。"[8] 桓公曰："何谓度法？何谓禁缪？"管子对曰："度法者，量人力而举功；禁缪者，非往而戒来。[9] 故祸不萌通而民无患咎。"[10] 桓公曰："请闻心禁。"管子对曰："晋有臣不忠于其君，虑杀其主，谓之公过。[11] 诸公过之家毋使得事君，此晋之过失也。齐之公过，坐立长差。[12] 恶恶乎来刑，善善乎来荣，[13] 戒也。此之谓国戒。"

【注释】

〔1〕守国之固：指巩固国家政权。〔2〕张佩纶云："'时'当作'技'。'能皆已官'谓能明农事之类，'技皆已官'谓五家之类。"译文从张说。官同"管"。〔3〕以数行：指以一般方法进行管理，相对于上述专业人才的专门管理而言。〔4〕猪饲彦博云："疑脱'民愚而君智'一句。"张佩纶云："'民智而君愚，民愚而君智'当作'君智而民愚，

君愚而民智'十字。"译文从之。〔5〕事名二：马非百云："……所谓'事名二'者，乃古时本有此语。至其内容，则可随各人自作解释。此处明是以'谷'与'智'为'事名二'……"〔6〕"国机"二句：马非百云："此谓国家之机要，在于掌握号令之徐疾。"〔7〕度法：指制定法令。〔8〕禁缪：同"禁谬"，指禁止邪恶。〔9〕非往而戒来：马非百云：非，罪也。"非往而戒来，犹言惩前毖后。"〔10〕"故祸"句：马非百云："萌，萌芽。通，通达，犹言发展。……'患咎'当作'怨咎'。……祸不萌通，承'非往而戒来'句言。民无怨咎，承'量人力而举功'句言。"〔11〕公过：郭沫若云："犹今言政治犯也。"〔12〕坐立长差：马非百云："定罪为坐。长犹长幼之长。差，次也。坐立长差，即罪定首从之意。"亦即治罪分主从，不搞连坐。〔13〕"恶恶"二句：尹桐阳云："《公羊传》'善善及子孙，恶恶止其身也'。来同赉，予也。"

【译文】

桓公问管子说："运用权柄的方法我已听你说过了，要达到国家的巩固该怎么办呢？"管子说："专业的能人都已得到管理，专门的技能都已得到管理，掌握得失规律、万物始终的人才，君主也都已管起来了。其余的只要按一般方法管理就行了。"桓公问："什么叫按一般方法管理？"管子回答说："谷物是百姓生命的主宰，智慧是百姓立身的辅佐。君主控制了智慧，一般百姓就愚蠢，君主愚蠢，一般百姓就利用智慧；百姓富足，君主就贫穷，百姓贫穷，君主就富贵。这就是谷物（百姓）和智慧（君主）二者之间的矛盾对立。治国的关键，在于政令的缓急；君主的治理，在于制订法令；人心的控制，在于禁止邪恶。"桓公问："什么叫制订法令？什么叫禁止邪恶？"管子回答说："制订法令，要量力办事；禁止邪恶，要惩前毖后。这样，祸患就不会萌芽发展，百姓就没有忧虑抱怨。"桓公说："请再说说控制人心的问题。"管子回答说："晋国有个臣子不忠于君主，甚至谋划杀害君主，这是重大的政治罪犯。晋国一律不准罪犯的家属再任职事君，这就是晋国的过失了。齐国对待政治罪犯，则按主从分别治罪。惩治坏人该用刑罚，表彰善人该用荣誉，这就是警戒人心的方法。这也称为国家的戒律。"

桓公问管子曰："轻重准施之矣，[1]策尽于此乎？"

管子曰："未也。将御神用宝。"[2]桓公曰："何谓御神用宝？"管子对曰："北郭有掘阙而得龟者，[3]此检数百里之地也。"[4]桓公曰："何谓得龟百里之地？"管子对曰："北郭之得龟者，令过之平盘之中。[5]君请起十乘之使，[6]百金之提，[7]命北郭得龟之家曰：'赐若服中大夫。'[8]曰：'东海之子类于龟，托舍于若，[9]赐若大夫之服以终而身，劳若以百金。'之龟为无赀，[10]而藏诸泰台，[11]一日而衅之以四牛，[12]立宝曰无赀。还四年，伐孤竹。[13]丁氏之家粟可食三军之师行五月，[14]召丁氏而命之曰：'吾有无赀之宝于此，吾今将有大事，请以宝为质于子，以假子之邑粟。'丁氏北乡再拜，[15]入粟，不敢受宝质。桓公命丁氏曰：'寡人老矣，为子者不知此数，终受吾质。'丁氏归，革筑室，赋籍藏龟。[16]还四年，伐孤竹，谓丁氏之粟中食三军五月之食。[17]桓公立贡数，文行中七，年龟中四千金，黑白之子当千金。[18]凡贡制，中二齐之壤策也。[19]用贡：国危出宝，国安行流。"[20]桓公曰："何谓流？"[21]管子对曰："物有豫，[22]则君失策而民失生矣。故善为天下者，操于二豫之外。"[23]桓公曰："何谓二豫之外？"管子对曰："万乘之国，不可以无万金之蓄饰；[24]千乘之国，不可以无千金之蓄饰；百乘之国，不可以无百金之蓄饰。以此与令进退，此之谓乘时。"[25]

【注释】

〔1〕轻重准：即轻重之准，运用轻重之术实行平准。 〔2〕御神用

宝:安井衡云:"御,驱使之也。神犹怪也。"此谓驱使神怪,运用宝物。〔3〕掘阙:张佩纶云:"'掘阙'当作'掘阅',古阅、穴通。"译文从张说。 〔4〕"此检"句:尹知章云:"检犹比也。以此龟为用者,其数可比百里之地。" 〔5〕过之平盘:尹知章云:"过之,犹置之也。平盘者,大盘也。" 〔6〕起:尹知章云:"起,发也。"即派遣。 〔7〕提:张佩纶云:"《说文》'提,挈也',言挈百金。" 〔8〕"赐若"句:马非百云:"谓可以服中大夫之服……乃虚有其名,非真除之为中大夫也。"若,你。 〔9〕"东海"二句:尹知章云:"东海之子其状类龟,假言此龟东海之子耳。东海之子者,海神之子也。托舍,犹寄居也。" 〔10〕"之龟"句:尹知章云:"之,是也。……无赀,无价也。" 〔11〕泰台:尹知章云:"泰台,高台也。" 〔12〕衅:血祭。 〔13〕孤竹:古代北方国名。 〔14〕丁氏:尹知章云:"丁氏,齐之富人,所谓丁惠也。" 〔15〕乡:同"向"。 〔16〕"革筑"二句:尹知章云:"革,更也。赋,敷也。籍,席也。"指改建房舍、铺设席子。 〔17〕何如璋云:"此十九字文与上复,《通典》引作'孤竹之役,丁氏之粟中食三军五月之食',此当据改。"译从。 〔18〕"文行"三句:张佩纶云:"'文行'当作'文龟'。……'中七'下脱'千金'二字,与下文句例合。'年'当作'冉'。……此冉龟即元龟,'黑白之子'即子龟也。"译文从张说。 〔19〕"中二"句:马非百云:谓相当二倍齐国领土之数。 〔20〕"国危"二句:马非百云:谓当发生战争之时,则出其宝物。平安之时,则促进万物之流通。二者皆所谓贡制,皆足以当二倍齐地之数者也。 〔21〕马非百云:"'流'字上脱'行'字。" 〔22〕马非百云:豫犹诳也。物有豫者,谓富商蓄贾虚定物价以诳人,而牟取暴利也。 〔23〕二豫:马非百云:"'二豫'者,指工商相豫而言。……谓政府此时不能以豫对豫,在二豫之中与之竞争,而应在二豫之外,运用轻重之策,从根本上加以解决。" 〔24〕蓄饰:何如璋云:即指无赀之宝言。 〔25〕乘时:马非百云:乘时,即守时。

【译文】

桓公问管子说:"以轻重之术实现平准已经施行,权衡轻重的办法就用完了吗?"管子说:"没有。还有驱使神怪,运用宝物。"桓公问:"什么叫驱使神怪,运用宝物。"管子回答说:"北郭地方有人挖掘洞穴得到一只神龟,它的价值就相当于百里土地。"桓公问:"什么叫一只神龟的价值就相当于百里土地?"管子回答说:"北郭得龟的人,被命令将龟安置在大盘中。君主派遣特使,乘坐十乘马车,携带百斤黄金,见到得龟者说:'赐予你穿戴中大夫服饰的荣誉。'又说:'东海之神的儿子形貌似龟,寄居在你家中,现在赐你终身穿戴中大夫服饰,还赏你黄金百斤。'于是,这只龟成为无价之物,珍藏在高台,一日杀四头牛来祭祀它,称之为无价之宝。四年后,君主准备征伐孤竹国,听说富家丁氏所藏粮食,可供三军吃五个月,就召来丁氏并对他说:'这里有件无价之宝,我现在准备出征,想将宝物作为抵押,借用你家的粮食。'丁氏朝北再三拜谢,将粮食交给国家,但不敢接受宝物的抵押。君主对丁氏说:'我已经老了,儿子也搞不清借你多少粮食,你还是接受我的抵押吧!'丁氏收下了宝物,特意改建了房舍,铺设了席子,珍藏起来。在孤竹之役中,丁氏贡献的粮食果然供给三军吃了五个月。桓公也可以这样利用宝物:规定进贡宝物的价格:文龟七千金,年龟四千金,黑白的子龟一千金。进贡宝物制度的收益,可相当于两倍齐国领土的收入。宝物的使用原则是:国家危难,就用作抵押;国家安定,就促进流通。"桓公问:"什么叫促进流通?"管子回答说:"市场出售物品出现欺骗行为,君主缺少办法,百姓断了生路。因而善于治理天下的君主,就应在实行欺骗之术的工、商两方面之外采取措施。"桓公问:"怎么叫在工、商两方面之外采取措施?"管子回答说:"万乘国力的国家,不可以没有价值万金的宝物;千乘国力的国家,不可以没有价值千金的宝物;百乘国力的国家,不可以没有价值百金的宝物。用这些宝物和国家的政令配合使用,这就叫控制时机。"

山至数第七十六

【题解】

黄巩云："'至数'言轻重之极致也。'山'字衍文。"据此，本篇篇题指：运用轻重之术的最高水准。

本篇分为互不相连的十一节文字，对轻重之术在各方面的具体运用进行了论述。第一节驳斥梁聚"轻赋税而肥籍敛"的观点，主张运用轻重之术，"使民无有不用不使"。第二节驳斥请士"官百能"的主张，指出其"不通于轻重，谓之妄言"。第三节论述天子失权的原因主要在于大夫谋取私利。第四节论述终身享有天下的办法在于"以重藏轻"，"以轻重御天下"。第五节论述"国会"（国家会计之法）的意义及做法，主张藏富于民，夺大夫之粟，用轻重之术"乘时进退"。第六节批驳特提出的厚葬论。第七节论述分封制的弊端，主张"毋予人以壤，毋授人以财"，提出圣人的治国纲领应为"理之以徐疾，守之以决塞，夺之以轻重，行之以仁义"。第八节论述运用"币乘马"（货币计划）的方法，主张"人君操谷、币、金衡，而天下可定也"。第九节论述轻重之术在畜牧业中的应用。第十节论述针对不同地势运用轻重之术的方法。第十一节论述"遍有天下"的君主应采取"守大奉一"的政策。所有这些论题，都围绕着轻重之术这一中心展开。

桓公问管子曰："梁聚谓寡人曰：[1]'古者轻赋税而肥籍敛，[2]取下无顺于此者矣。'[3]梁聚之言何如？"管子对曰："梁聚之言非也。彼轻赋税则仓廪虚，肥籍敛则械器不奉。[4]械器不奉，而诸侯之皮币不衣；[5]仓廪虚则俸贱无禄。[6]外皮币不衣于天下，内国俸贱，梁聚之言非也。君有山，山有金，[7]以立币，以币准谷而授禄，故国谷斯在上。[8]谷贾什倍，农夫夜寝蚤起，不待见使；五谷什倍，[9]士半禄而死君，农夫夜寝蚤起，力作而无止。彼善为国者，不曰使之，使不得不使；不曰贫之，[10]使不得不用，故使民无有不得不使者。[11]夫梁聚之言非也。"桓公曰："善。"

【注释】

〔1〕梁聚：假托的人名。　〔2〕肥：丁士涵云："肥，古'㿺'字。《集韵》曰'㿺，薄也。'"译文从丁说。　〔3〕取下：指向百姓征税。顺：顺利，适宜。　〔4〕不奉：指不够供应。　〔5〕郭沫若云：即"诸侯穿不成皮币"，指齐国无皮币输出。币，指帛。　〔6〕俸：同"士"。下同。　〔7〕金：指铜。　〔8〕"故国"句：马非百云："犹言国谷皆为国家所独占。"　〔9〕马非百云："'五谷什倍'与'谷贾什倍'不同。后者指五谷之价格而言，前者则谓五谷之生产量。"　〔10〕贫：猪饲彦博云："贫，《揆度》作'用'，是。"译文从之。　〔11〕不得不使：丁士涵云："'不得不使'疑当作'不用不使'。"译文从"不用不使"。

【译文】

桓公问管子说："梁聚告诉我：'古时候轻赋税，少征敛，向百姓征税没有比这样更顺当的了。'梁聚的话对不对？"管子回答说："梁聚的话不对。赋税征得轻，国库就空虚了；杂税收得少，兵械工具就不够供应。械具不够供应，诸侯就穿不上皮帛衣料；国库空虚，就发不起士兵的俸禄。对外皮帛衣料不能大量输出，对内国家的卫士地位低贱，因此，梁聚的话是不对的。君主拥有国中群山，山中产铜，以铜铸币，以币折算粮食来支付俸禄，这样，国内的粮食就都被国君独占。谷价由此上涨十倍，农夫早起晚睡，不需要去督促。五谷的总量提高十倍，士兵领到一半俸禄也愿为君主捐躯，农夫更加起早贪黑，努力耕作不愿止歇。那些善于治国的君主，不称役使百姓，但让百姓不得不被役使，不称利用百姓，但让百姓不得不被利用，因而使得百姓没有不被君主利用和役使的。所以说，梁聚的办法是错误的。"桓公说："好。"

桓公又问于管子曰："有人教我，谓之请士。[1]曰：'何不官百能？'"[2]管子对曰："何谓百能？"[3]桓公曰："使智者尽其智，谋士尽其谋，百工尽其巧。若此则可以为国乎？"[4]管子对曰："请士之言非也。禄肥则士不死，[5]币轻则士简赏，万物轻则士偷幸。[6]三怠在国，何数之有？[7]彼谷十藏于上，[8]三游于下，谋士尽其虑，智士尽其知，勇士轻其死。请士所谓妄言也。不通于轻重，谓之妄言。"

【注释】

〔1〕请士：假托的人名。 〔2〕官：同"管"。 〔3〕闻一多云："'百'上脱'官'字。"译文从闻说。 〔4〕"使智"四句：马非百云："'使智者'三句，是桓公述请士之吾。'若此'云云，方是桓公问语。" 〔5〕肥：戴望云："此肥字亦当训薄，与上'肥籍敛'义同。"译文从戴说。 〔6〕偷幸：偷安，侥幸。 〔7〕"三怠"二句：马非百云：三怠指士不死、士简赏、士偷幸而言。谓国有三怠，虽欲管制百能，亦不能有良好结果也。 〔8〕十：猪饲彦博云："'十'当作'七'。"译文从"七"。

【译文】

桓公又问管子说："有个叫请士的人教我：'为什么不将各种能人管起来？'"管子问："怎样叫把各种能人管起来？"桓公说："让智者全部贡献出他的智慧，谋士全部贡献出他的谋略，百工全部贡献出他的技巧。这样就可以治国了吗？"管子回答说："请士的话是不对的。俸禄微薄，士兵就不肯死战；币值低下，士兵就轻视赏赐；物价低落，士兵就侥幸偷安。国家有了这三种怠惰现象，还有什么治国的办法呢？只有君主掌握了国内七成的粮食储备，民间流通的只有三成，这样，谋士就会全部贡献他的谋虑，智士就会全部贡献他的智慧，勇士就会奋不顾身地作战。

因此说，请士的说法是虚妄之言。不懂得轻重之术，只能称为虚妄之言。"

桓公问于管子曰："昔者周人有天下，诸侯宾服，名教通于天下，[1]而夺于其下，何数也？"管子对曰："君分壤而贡入，市朝同流。[2]黄金，一策也；江阳之珠，一策也；秦之明山之曾青，[3]一策也。此谓以寡为多，以狭为广，轨出之属也。"[4]桓公曰："天下之数尽于轨出之属也？""今国谷重什倍而万物轻，[5]大夫谓贾之：[6]'子为吾运谷而敛财。'谷之重一也，今九为余，谷重而万物轻。若此，则国财九在大夫矣。国岁反一，[7]财物之九者皆倍重而出矣。财物在下，币之九在大夫。然则币谷羡在大夫也，[8]天子以客行，[9]令以时出。[10]熟谷之人亡，[11]诸侯受而官之。连朋而聚与，[12]高下万物以合民用。[13]内则大夫自还而不尽忠，[14]外则诸侯连朋合与，熟谷之人则去亡，故天子失其权也。"桓公曰："善。"

【注释】

〔1〕"名教"句：马非百云："即号令贯彻于天下，言其势力之广大也。"〔2〕"君分"二句：马非百云："谓按照各地特产，定为贡品，使其在市场中流通也。"市朝，即市场。〔3〕曾青：据《荀子》杨倞注：为铜之精，形如珠者，色极青，可供绘画及化黄金。〔4〕轨出：郭沫若云："'轨出'乃'轻重'之残文耳。"译文从郭说。下句同。〔5〕戴望云："'今国谷'上脱'管子曰'三字。"马非百云："当作'管子对曰'，与上文同。"译文从之。〔6〕之：马非百云："'之'是'人'字之讹。"译文从"人"。〔7〕国岁反一：郭沫若云：谓国谷之价回复原状，即因大夫投出藏谷以收购财物，市场多谷故价跌。

〔8〕"然则"句：郭沫若云："大夫高价投出财物，故'财物在下，币之九在大夫'。结果则大夫既有多余之羡谷，又有多余之货币，故曰'然则币谷羡在大夫也'。"羡，盈余。　〔9〕"天子"句：马非百云："天子之主权为下所夺，是以主位而退居于客位也。"　〔10〕以：何如璋云："'以'字当作'不'字，言令不时出也。"译文从何说。　〔11〕熟谷之人：精通粮食交易的人。马非百云："疑指专作粮食投机生意之地主兼商人而言。"　〔12〕连朋聚与：连络、结聚朋党。与：党与，同党。〔13〕"高下"句：马非百云："犹言操纵物价，投机倒把矣。""合犹言兼并。"　〔14〕还：俞樾云："'还'当读为环，《韩非子·五蠹篇》曰'自还者谓之私'。"

【译文】
　　桓公问管子说："从前周人拥有天下，诸侯臣服，号令通行天下，但最终却被臣下夺取，这是什么缘故呢？"管子回答说："君主区分不同地区而确定贡品，而它们在市场上也同样可以流通。这样，买卖黄金是一种办法，买卖江阳的珍珠是一种办法，买卖秦地明山的曾青也是一种办法。这就叫数量以少变多，地域从狭变广，这也属于轻重之术的运用。"桓公问："天下的办法都属于轻重之术吗？"管子回答说："现在谷价上涨十倍而万物跌价，大夫就对商人说：'你去为我贩运粮食而聚敛财物。'谷的原价为一，现今九倍就是盈余，谷价涨万物就跌，这样，国家财物的十分之九为大夫所得。等到国内谷价回跌到一，再把十分之九的财物加倍抛售，财物销出，九倍的货币又落到大夫手中。这样，货币和粮食的盈余都被大夫掌握，天子处于客位，政令也不能按时发出。精通粮食交易的人员纷纷外逃，被诸侯各国接纳而任用。各国结交朋党，操纵物价，控制民用，大搞投机倒把。国内大夫自谋私利而不尽忠心，国外诸侯结聚党与，精通粮食交易的人员外逃，因而天子就失去了权柄。"桓公说："对。"

　　桓公又问管子曰："终身有天下而勿失，为之有道乎？"管子对曰："请勿施于天下，独施之于吾国。"〔1〕桓公曰："此若言何谓也？"管子对曰："国之广狭、壤之肥硗有数，〔2〕终岁食余有数。彼守国者，守谷而已矣。

曰：某县之壤广若干，某县之壤狭若干，则必积委币，[3]于是县州里受公钱。[4]泰秋，国谷去参之一，[5]君下令谓郡县属大夫，里邑皆籍粟入若干。[6]谷重一也，以藏于上者。国谷参分则二分在上矣。泰春，国谷倍重，数也。[7]泰夏，赋谷以市矿，[8]民皆受上谷以治田土。泰秋，田谷之存予者若干，今上敛谷以币。民曰：无币以谷。[9]则民之三有归于上矣。[10]重之相因，时之化举，无不为国策。[11]君用大夫之委，以流归于上。君用民，以时归于君。藏轻，出轻以重，数也。则彼安有自还之大夫独委之？彼诸侯之谷十，使吾国谷二十，则诸侯谷归吾国矣。诸侯谷二十，吾国谷十，则吾国谷归于诸侯矣。故善为天下者，谨守重流，[12]而天下不吾泄矣。彼重之相归，如水之就下，吾国岁非凶也，以币藏之，故国谷倍重，故诸侯之谷至也。是藏一分以致诸侯之一分，[13]利不夺于天下，大夫不得以富侈，以重藏轻，国常有十国之策也。故诸侯服而无正，[14]臣矿从而以忠，[15]此以轻重御天下之道也，谓之数应。"[16]

【注释】
〔1〕"独施"句：马非百云："谓应先从本国作起也。" 〔2〕"国之"句：马非百云："广狭指面积言，肥硗指质量言。硗音敲，瘠土也。有数即有轨……谓有通过调查统计而得之数据。" 〔3〕积委：马非百云："'积委'二字连用，谓储蓄也……" 〔4〕受公钱："受"同"授"。尹知章云："公钱即积委之币。"此谓发放贷款。 〔5〕去参之一：尹知章云："去，减也。"此谓减价三分之一。 〔6〕"里邑"句：马非百云："凡各里各邑均须按照曩昔所受公钱之数，以谷准币，而分别籍入之。" 〔7〕马非百云："聚则重，故一届泰春，则国谷之价必重于

泰秋，此乃一定之理也。" 〔8〕赋谷以市圹：按市价将谷贷给百姓。〔9〕"田谷"两句：宋本"予"作"子"。陶鸿庆："'田'当为'曰'。""'曰：谷之存子者若干，今上敛谷以币'二句，乃上令民之辞，与'民曰：无币以谷'，上下相应。"译文从之。 〔10〕民之三：指民有国谷之十分之三，即上云"国谷参分则二分在上"之余。有：同"又"。〔11〕"重之"三句：尹知章云："'重之相因'，若春时谷贵与谷也。'时之化举'，若秋时谷贱收谷也。因时之轻重，无不以术权之。"〔12〕重流：尹知章云："'重流'谓严守谷价，不使流散。" 〔13〕"是藏"句：马非百云："谓于国内藏谷一分，即可以吸收诸侯之一分。"〔14〕宋本"正"作"止"。译文从"止"。 〔15〕猪饲彦博云："'圹'字疑衍。"译文从之。 〔16〕马非百云："数应者，数谓定数，应谓效果。谓此乃实行轻重之策之必然效果也。"

【译文】

　　桓公又问管子说："终身享有天下而不丢失，有办法做到吗？"管子回答说："这种办法请先别在天下施行，只在我国施行。"桓公问："你这话是什么意思呢？"管子回答说："国土的广狭、土壤的肥瘠都有一定的统计数据，全年收成的消费和盈余也有一定的统计数据。因此，治理国家，就是控制好粮食罢了。某县土地是多大，某县土地是多小，都必须储备一笔货币，在县州里向农民发放贷款，到秋收后，谷价下降三分之一，君主就下令给郡县的属大夫，让里邑按贷款数字交售粮食，粮价与市价相同，使粮食都流入国库，这样，国内粮食的三分之二就被国家掌握了。第二年春天，粮食就会成倍上涨，这是必然的。夏天，再将粮食以市价贷给农民，百姓为了种地，都不得不接受了这些粮食。秋天，官府对百姓说：'当初贷给你们粮食若干，如今君主要求折合货币归还。'百姓说：'没有货币，只能交粮。'这样，百姓手里十分之三的余粮又归入国库。粮价的轮番上涨，季节的差价变化，无不是国家聚敛财富的办法。君主利用大夫的积粮，是通过流通而归于国家。君主利用百姓的余粮，是通过季节差价而归于国家。谷价低时贮藏囤积，谷价高时大量抛售，这就是国家控制粮食的方法，自营私利的大夫哪里还有独自囤积粮食的机会呢？对于国内外的粮食流通，如果各诸侯国的粮价为十，我国的粮价为二十，那么各诸侯国的粮食都会流入我国。如果各诸侯国的粮价为二十，我国的粮价为十，那么国内的粮食都会流向各诸侯国。因此善于治理天下的君主，应该严格控制粮价居高不下，这样天下就不会泄散我国的粮食。粮食流向高价之处，就同水流向低处一样。我国并没有遭受灾荒，而是故意用货币大量囤积粮食，因而谷价成倍上涨，各诸侯国的粮食就源源流来。这就是说我国囤积一分就会招引来诸侯国的一分，天下别想夺走我们的财利，国内大夫也别想乘机暴发。这种低价囤积、高价抛售控制粮食的政策，常使一国可拥有十国的财富，因此各诸侯国臣服而不敢背叛，大臣听从而忠心耿耿。这就是运用轻重之术驾驭天下的方法，也可以称为必然的效果。"

桓公问管子曰："请问国会。"[1]管子对曰："君失大夫为无伍，失民为失下。[2]故守大夫以县之策，[3]守一县以一乡之策，守一乡以一家之策，守家以一人之策。"桓公曰："其会数奈何？"[4]管子对曰："币准之数，[5]一县必有一县中田之策，一乡必有一乡中田之策，一家必有一家直人之用。[6]故不以时守郡为无与，[7]不以时守乡为无伍。"桓公曰："行此奈何？"管子对曰："王者藏于民，[8]霸者藏于大夫，残国亡家藏于箧。"桓公曰："何谓藏于民？""请散栈台之钱，散诸城阳；鹿台之布，散诸济阴。[9]君下令于百姓曰：'民富君无与贫，民贫君无与富。故赋无钱布，[10]府无藏财，赀藏于民。'[11]岁丰，五谷登，五谷大轻，谷贾去上岁之分，[12]以币据之。[13]谷为君，币为下，国币尽在下，币轻，谷重上分。[14]上岁之二分在下，下岁之二分在上，则二岁者四分在上，则国谷之一分在下，谷三倍重。[15]邦布之籍，[16]终岁十钱。人家受食，[17]十亩加十，是一家十户也。出于国谷策而藏于币者也。[18]以国币之分复布百姓，四减国谷，[19]三在上，一在下。复策也。[20]大夫聚壤而封，[21]积实而骄上，请夺之以会。"桓公曰：

"何谓夺之以会?"管子对曰:"粟之三分在上,谓民萌皆受上粟,[22]度君藏焉。五谷相靡而重去什三,[23]为余以国币谷准反行,大夫无什于重。[24]君以币赋禄,什在上。君出谷,什而去七。君敛三,上赋七,散振不资者,[25]仁义也。五谷相靡而轻,数也;以乡完重而籍国,[26]数也;出实财,散仁义,万物轻,数也。乘时进退。故曰:王者乘时,圣人乘易。"[27]桓公曰:"善。"

【注释】

〔1〕国会:马非百云:"国会,指有关国家财政经济之各种会计事而言。《史记·平准书》所谓'管诸会计事'是也。与《山国轨篇》之'国轨'及本篇下文之'国簿',意义全同……" 〔2〕失大夫、失民:指失去对大夫经济、百姓经济的控制。无伍:指失去部属。失下:指失去基础。 〔3〕守大夫:马非百云:"观下文'故不以时守郡为无与',则'守大夫'即'守郡'之意。" 〔4〕会数:即会计之术。 〔5〕币准之数:马非百云:"谓标准之货币数量。" 〔6〕马非百云:"中,当也。……直亦当也。"策,数也。"盖县乡所需之货币数量,须与各该县乡田地之广狭肥硗及谷物产量之有余不足相当。一家所需之货币数量,须与各该家人口之多寡与财富之大小相当。" 〔7〕不以时:指不把握时机。无与:与"失下"同义。 〔8〕藏之民:指藏富于民。下同。 〔9〕栈台、鹿台:假托的贮钱之地。城阳、济阴:齐地名,此皆指假托的放贷之地。布:布币,古钱之一种。 〔10〕赋无钱币:指国家不向百姓征敛钱币。 〔11〕赍:资财,指钱布、藏财。 〔12〕去上岁之分:马非百云:"'上岁'指去年。""'去分'谓其价减低若干分……" 〔13〕以币据之:马非百云:"据者守也。……'以币据之'犹言'以币藏之'。" 〔14〕上分:马非百云:"'上分'谓其价上涨若干分也。" 〔15〕"上岁"五句:马非百云:"'上岁'指去年,'下岁'指本年。四分国谷,上岁之二分在下,则二分在上。下岁之二分在上,则二分在下。二分加二分,共为四分,故曰'则二岁者四分在上'也。……而在下者则上年之二分早已消耗无存。……则仅为二分。在上之四分加在下之二分,合为六分。六分之中,在下者只二分,计为六分之二,即三分之一,

故曰'国谷之一分在下'也。" 〔16〕邦布之籍：指国家征收的人口税。〔17〕人家受食：指百姓向国家买粮为食。 〔18〕国谷策：指国家的谷专卖政策。 〔19〕四减国谷：马非百云："谓分国谷为四分也。"〔20〕复策：指反复运用这一方法。马非百云："以上论'以时守乡'之法。以下论'以时守郡'之法。" 〔21〕聚壤：戴望云："宋本作'旅壤'"，旅、列古同声。"今本作'聚'，必'裂'字之误。" 〔22〕民萌：民众。萌同"氓"。 〔23〕靡：分散。重去什三：指跌价十分之三。〔24〕"为余"二句：郭沫若云："其粟之余分在下者，则在谷价既平之后，反以国币准平价收购之，此之谓'余以国币谷准反行'。于是则大夫无法抬高谷价，即'大夫无计于重'。'计'误为'什'……"〔25〕资：马非百云：资当作"赡"。振：同"赈"。 〔26〕"以乡"句：马非百云："'完'疑'家'字之误。国即郡，指大夫封地。谓利用乡与家之谷之重，以籍敛大夫之谷。" 〔27〕圣人：此指圣明君主。安井衡云："易，变易也。"

【译文】
　　桓公问管子说："请问有关国家会计事务方面的问题。"管子回答说："君主对大夫失去控制就是失去部属，对百姓失去控制就是失去基础。因而控制大夫要用控制一县的办法，控制一县要用控制一乡的办法，控制一乡要用控制一家的办法，控制一家要用控制一人的办法。"桓公问："这种会计的方法是怎样的呢？"管子回答说："标准的货币流通数量，一县必有符合一县土地统计的数字，一乡必有符合一乡土地统计的数字，一家必有符合一家用度统计的数字。因此，国家不把握时机控制郡就会失去基础，不把握时机控制乡就会失去部属。"桓公问："怎样实行呢？"管子回答说："成就王业的将财富藏于百姓，成就霸业的将财富藏于大夫，残败之国、衰亡之家将财富藏于筐箧之中。"桓公问："什么叫将财富藏于百姓？"管子回答说："请将栈台的钱币放贷到城阳，将鹿台的布币放贷到济阴。君主对百姓下令说：'百姓富君主不可能穷，百姓穷君主不可能富，因此国家不征收钱币，国库不贮存财富，让资财都藏在百姓之中。'遇上丰年，五谷成熟，因而大减价，谷价比去年下跌若干分，国家就用放贷的钱币购入粮食囤积起来，这样，谷据上位，币据下位，国家钱币都散在民间，币散则轻，谷价就会上涨若干分。将一年的收成分为四分，君主和百姓各占二分，去年和今年都如此，合计两年君主占有四分，而百姓只占有一分，因而谷价就可上涨三倍。国家征收的人口税,每年一户不过十钱,如果百姓从国家买谷为食,十亩地国家获利十钱,这样一个百亩之家的获利相当于十户人口税。这就是运用国家的谷专卖政策将粮食贮藏在钱币中啊。用国家钱币的若干分再放贷给百姓,使粮食总量的四分之三掌握在国家手中,四分之一流散在民间。可以反复地运用这一方法。另一方面,大夫裂地封爵,积聚了粮食,就会对君上骄慢,请用会计之法收夺他们的粮食。"桓公问:"什么叫用会计之法收夺大夫的粮食?"管子回答说:"粮食的四分之三由国家掌握,国家应估计国库储备将粮食大量抛售给百姓,粮食分散,谷价就下跌十分之三。其余四分之一粮食国家在谷价平抑后再以钱币购入,于是大夫无法抬高谷价获利。君主再用钱币支付大夫的俸禄,这样一来,全部粮食就都被国家掌握。君主又将国库粮食留存十分之三,其余十分之七全都放贷出去,赈济不足的百姓,显示自己的仁义。所以,对付大夫,粮食分散导致谷价下跌,是一种办法;以乡、家的高价粮,来征敛大夫的粮食,是一种办法;投放粮食财货,散布仁义之名,平抑万物价格,也是一种办法。总之,一切都要把握时机而实行进退。因此说:成就王业的人善于把握时机,圣明的君主则善于把握变化。"桓公说:"对。"

桓公问管子曰:"特命我曰:[1]'天子三百领,泰啬。[2]而散大夫准此而行。'[3]此如何?"管子曰:"非法家也。[4]大夫高其垄,美其室,此夺农事及市庸,[5]此非便国之道也。民不得以织为缣绡而貍之于地。[6]彼善为国者乘时徐疾而已矣。谓之国会。"[7]

【注释】

〔1〕特:假托的人名。命:告诉。 〔2〕"天子"二句:马非百云:"此谓天子之葬衣仅以三百领为限,太过于吝啬。"泰,同"太"。 〔3〕散大夫:马非百云:"散者列也。散大夫即列大夫。" 〔4〕非法家:何如璋云:"非法家者,谓非轻重家之法也。" 〔5〕市庸:马非百云:此处"指在市场受雇制作衣衾及装饰墓室之手工业者而言"。 〔6〕缣绡:安井衡云:"缣,缣也。绡,绮属。貍……同埋。"缣绡用于装饰棺椁。 〔7〕谓之国会:马非百云:"谓此亦属于所谓'国计'之一例,不仅上述'夺之以会'之一事而已。"

【译文】

桓公问管子说:"特告诉我说:'天子的葬衣仅用三百领,过于吝啬了。列大夫也应照此办理。'你看这样做怎么样?"管子说:"这不是轻重家的方法啊!大夫们筑高他们的坟墓,装饰他们的墓室,这将夺走农业生产和市场雇工的劳力,这不是有利于国家的做法。百姓不应当用各种织物作装饰棺椁之用而埋到地下。那些善于治国的人,只要把握时机,调节政令的缓急,就能达到目的。这也属于国家会计事务的一例。"

桓公问管子曰:"请问争夺之事何如?"管子曰:"以戚始。"〔1〕桓公曰:"何谓用戚始?"〔2〕管子对曰:"君人之主,弟兄十人,分国为十;兄弟五人,分国为五。三世则昭穆同祖,〔3〕十世则为祏。〔4〕故伏尸满衍,〔5〕兵决而无止。〔6〕轻重之家复游于其间。〔7〕故曰:毋予人以壤,毋授人以财。〔8〕财终则有始,与四时废起。〔9〕圣人理之以徐疾,守之以决塞,夺之以轻重,行之以仁义,故与天壤同数。〔10〕此王者之大辔也。"〔11〕

【注释】

〔1〕戚:亲戚,近亲。 〔2〕用:同"以"。 〔3〕昭穆:古代宗法制度规定,宗庙或墓地的辈次排列,以始祖居中,二世、四世、六世位于左方称昭,三世、五世、七世位于右方称穆。后来用以泛指家族辈分。 〔4〕祏(shí 石):宗庙藏神主的石匣。 〔5〕衍:低平之地。 〔6〕兵决:马非百云:即决战,犹言武力解决。 〔7〕轻重之家:马非百云:"此处指善于囤积居奇、投机倒把之商贾而言。" 〔8〕财:指自然资源。 〔9〕废起:指更替。 〔10〕同数:指同寿、同存。 〔11〕大辔:指治国的根本纲领。

【译文】

桓公问管子说:"请问争权夺利之事是怎样发生的?"管子说:"是从亲戚间开始的。"桓公问:"什么叫从亲戚间开始?"管子回答说:"君主有十个兄弟，就分封十国；有五个兄弟，就分封五国。这些兄弟的后代，三世之内无论昭穆，还是同一祖宗，而十世之外的关系，只是祖先的神位放在一起罢了。因而一有争夺，就诉诸武力，横尸遍野而没有止境。轻重家还在其中挑拨以谋私利。因此说：不要封给他人土地，不要授予他人资源。万物终而复始，生生不息，与四时的更替相同。圣明的君主用政令的缓急来治理国家，用政策的放收来控制国家，用轻重之术来赢利，用仁义之道来推行，因而能与天地同存。这是成就王业的君主的根本纲领。"

桓公问管子曰："请问币乘马？"[1]管子对曰："始取夫三大夫之家，[2]方六里而一乘，二十七人而奉一乘。币乘马者，方六里，田之美恶若干，谷之多寡若干，谷之贵贱若干，凡方六里用币若干，谷之重用币若干。故币乘马者，布币于国，币为一国陆地之数，[3]谓之币乘马。"桓公曰："行币乘马之数奈何？"管子对曰："士受资以币，大夫受邑以币，人马受食以币，则一国之谷资在上，币赀在下。[4]国谷什倍，数也。万物财物去什二，策也。皮革、筋角、羽毛、竹箭、器械、财物，苟合于国器君用者，皆有矩券于上。[5]君实乡州藏焉。[6]曰：'某月某日，苟从责者，[7]乡决州决。'[8]故曰：就庸一日而决。[9]国策出于谷轨，[10]国之策货，[11]币乘马者也。今刀布藏于官府，巧币、万物轻重皆在贾之。[12]彼币重而万物轻，币轻而万物重，彼谷重而谷轻。[13]人君操谷、币、金衡，[14]而天下可定也。此守天下之数也。"

【注释】

〔1〕币乘马：马非百云："即货币计划之意，包括货币需要数量及货币政策之运用而言。"〔2〕王引之云："'大'字衍。'三夫之家'谓

三夫为一家也。"〔3〕"故币"三句：马非百云：全国用以购买谷物所需要之货币量，亦当与该国内陆地之大小为正比例。〔4〕币赀在下：马非百云：赀即资财。"此谓如能一切以货币开支，则一国之谷尽控制在政府手中，而一国之货币则皆散之民间。"〔5〕皆有矩券于上：安井衡云："矩，刻识也。刻识物与数于券上，故名矩券。"〔6〕"君实"句：马非百云："实"字"此处当作'谷'字讲。……谓政府所有之谷，本已分藏在各乡各州"。译文从马说。〔7〕责：尹知章云：责读曰债。〔8〕决：断，此指解除债务关系。〔9〕就庸：马非百云："就庸读为僦傭"，指雇佣运输。〔10〕谷轨：指粮食统计。〔11〕策贷：指用什倍之谷去获取什二之物。〔12〕"巧币"句：马非百云：之是人字之误。"'巧币'者谓巧法使用货币。"译文从马说。〔13〕"彼谷"句：马非百云："此当作'谷重而金轻，谷轻而金重'。'而'字下脱'金轻'二字，'谷轻'下脱'而金重'三字。"译文从马说。〔14〕"人君"句：马非百云："谷币金衡者，谓以谷、币、金三者衡万物而又互相衡也。"

【译文】

桓公问管子说："请问进行货币计划方面的问题？"管子回答说："可以先从三夫之家算起，方圆六里的土地要出兵车一乘，并配备二十七名随员。所谓进行货币计划，就是要调查方圆六里之中，良田、薄地各有多少，粮食产量有多少，谷价高低多少，需用货币多少，谷价上涨后需用货币多少。因而进行货币计划，就是以方圆六里作为基准，推算出全国土地需用的货币数字，这就是货币计划的工作。"桓公问："运用货币计划的方法是怎样的呢？"管子回答说："士的俸禄用货币支付，大夫采邑的租税用货币支付，官府的人、马开支也用货币支付，这样，一国的粮食就全部掌握在国家手中，货币则散布在民间。因而，谷价上涨十倍，万物跌价二成，都是必然的结果。对于皮革、筋角、羽毛、竹箭、器械和财物，如果符合国家规格和君主需要的，国家都与生产者订立收购合同。国家的粮食分藏在各乡各州，这时就对百姓说：'某月某日，凡是与国家有合同债务关系的，都到乡里州里以粮食结算。'这样，百姓雇佣车马，运来货物，运回粮食，一日之内就都可解决。国家政策的制订出于粮食统计，但国家以粮换货而获利，则是推行货币计划的结果。现今钱币却藏在官府，而巧用货币、操纵物价涨跌的都是商人。货币增值则万物贬值，货币贬值则万物增值；粮价上涨则金价下跌，粮价下跌则金价上涨。君主如果能掌握粮食、货币、黄金三者比价的平衡，就可以安定天下。这就是控制天下的方法。"

桓公问于管子曰："准衡、轻重、国会，吾得闻之矣。请问县数。"[1]管子对曰："狼牡以至于冯会之日，龙夏以北至于海庄，[2]禽兽羊牛之地也，何不以此通国策哉？"桓公问："何谓通国策？"管子对曰："冯市门一吏书赘直事，[3]若其事唐圉牧食之人养视不失扞殂者，[4]去其都秩与其县秩。[5]大夫不乡赘合游者，[6]谓之无礼义。大夫幽其春秋，[7]列民幽其门山之祠。[8]冯会、龙夏、牛羊牺牲月贾十倍异日。此出诸礼义，籍于无用之地，因扞牢策也。[9]谓之通。"[10]

【注释】

〔1〕县数：指与上述准衡、轻重、国会相关的办法。县同"悬"。维系，关联。　〔2〕日：吴志忠云："'日'乃'口'字误。"译文从"口"。狼牡、冯会、龙夏、海庄：都是假托的地名。　〔3〕冯：同"凭"，靠。赘直事：指牲畜所属之主及其价值。赘，属。直，同"值"。　〔4〕马非百云："事，从事。唐圉，何如璋云：'唐乃廋字，廋人圉人皆司牧者。'食通饲。""其事廋圉牧食之人，指在国营牧场从事畜牧之人。'养视'指放牧及饲养牛羊而言。""'殂'当作'阻'。'扞'者御其患，阻者防其逸。"　〔5〕秩：俸禄。　〔6〕乡赘合游：马非百云："犹言在乡村聚会牛马，进行配种。"　〔7〕幽其春秋：马非百云："幽者禁也，谓禁止其以牛羊牺牲供春享秋尝之用也。"　〔8〕门山之祠：马非百云："疑当作'出门之祠'。"指出门时的祭祀，要用牛羊牺牲。　〔9〕扞：丁士涵云：扞疑栏字误。译文从"栏"。马非百云：栏牢者所以管制牛马者也，借以形容国家垄断经济政策之意。　〔10〕闻一多云："'通'下当有'国策'二字。"译文从闻说。

【译文】

桓公问管子说:"平准之法、轻重之术、国家会计之策,我都已明白,请问与它们相关的办法。"管子回答说:"例如,从狼牡到冯会之口,从龙夏以北到海庄,都是禽兽出没、牛羊遍地的牧场,为什么不将畜牧业与治国之策相联系呢?"桓公问:"什么叫与治国之策相联系?"管子回答说:"在市场入口处设置一名官吏,专门登记牲畜的主人和价值,如果那些从事畜牧的人饲养牲畜没有病患和逃亡,就取消他都级俸禄而给予县级俸禄以示奖励。大夫、百姓不参加乡里聚会牛马、进行配种活动的,称为不讲礼义,要受惩罚:大夫禁止以其牲畜供春秋祭祀,百姓禁止以其牲畜供出门祭祀。这样一来,冯会、龙夏一带的牛羊牺牲的价格就会比往日高出十倍。这就是从祭祀礼义出发,向无用的牧地征取收入,进而垄断畜牧业的政策。这就叫与治国之策相联系。"

桓公问管子曰:"请问国势。"[1]管子对曰:"有山处之国,有氾下多水之国,有山地分之国,[2]有水泆之国,有漏壤之国。[3]此国之五势,人君之所忧也。山处之国常藏谷三分之一;氾下多水之国常操国谷三分之一;山地分之国常操国谷十分之三;水泉之所伤,水泆之国常操十分之二;漏壤之国谨下诸侯之五谷,[4]与工雕文梓器以下天下之五谷。[5]此准时五势之数也。"[6]

【注释】

〔1〕国:郭沫若云:"古国、域字通作'或',凡此所谓'国'均谓地域也。"译文从郭说。 〔2〕山地分:安井衡云:"山地分,山与平地相半也。" 〔3〕漏壤:安井衡云:"漏壤,水泉渗漏,不居地上。" 〔4〕谨下:指努力取得。 〔5〕"与工"句:梁启超云:"言当奖励工业,与外国以工艺品而易取其谷。"与:扶助。梓器:木器。 〔6〕准时:此指因时因地制宜。

【译文】

桓公问管仲说:"请问有关地势方面的问题。"管子回答说:"有多山之地,有低洼多水之地,有山陵、平地各半之地,有水淹之地,有漏水之地。这五种地势,都是君主所担忧的。多山之地要储备三分之一的粮食,低洼多水之地要储备三分之一的粮食,山陵、平地各半之地要储备十分之三的粮食,受水泉之害、水淹之地要储备十分之二的粮食,漏水之地则要努力取得其他诸侯国的粮食,可以发展手工业,用装饰精美的木器来换取天下的粮食。这就是因时因地制宜解决五种地势的方法。"

桓公问管子曰:"今有海内,县诸侯,[1]则国势不用已乎?"管子对曰:"今以诸侯为竽公州之饰焉,[2]以乘四时,行扪牢之策,[3]以东西南北相彼,[4]用平而准。故曰:为诸侯,则高下万物以应诸侯。遍有天下,则赋币以守万物之朝夕,调而已。利有足则行,不满则有止。[5]王者乡州以时察之,故利不相倾,县死其所。[6]君守大奉一,[7]谓之国簿。"[8]

【注释】

〔1〕县诸侯:以诸侯为郡县。 〔2〕竽:李哲明云:"'竽'是'筦'字之讹。"饰:郭沫若云:"'饰'当为'伤'。"译文从之。 〔3〕扪牢之策:即栏牢之策,指垄断政策。 〔4〕彼:戴望云:"'彼'疑'被'字误。"译文从"被"。 〔5〕利有足则行:张佩纶云:"'利有足则行',当作'利足则有行'。"译文从张说。马非百云:"谓某地谷物有余则决而行之,使其外出。某地谷物不足,则塞而止之,不使外流。" 〔6〕"王者"三句:安井衡云:"县,系也。王以时省察乡州,故百姓见利不相倾夺,各系死其所,不敢去乡。" 〔7〕奉一:指奉行利从上出、利出一孔的政策。 〔8〕国簿:马非百云:簿"犹言簿计。'国簿'与'国会''国轨',皆指国家诸会计事而言"。

【译文】

桓公问管子说:"如今拥有海内,以诸侯为郡县,那么解决各种地势的方法就无用了吗?"管子回答说:"现在是用诸侯来管理各州,整饬经济,要把握季节,推行垄断政策,用东西南北的出产相互补充,来达到平衡。因此说,在当诸侯国时,就用操纵谷价来对付其他诸侯国;在拥有天下时,就用货币来控制谷价涨落,使之调平。谷物充裕就使之调出,不足就制止外流。君主按时视察各乡各州,因而百姓在利益面前不相倾夺,安居至死,不愿离乡。君主控制大局,奉行利出一孔的政策,这就叫国家的簿计工作的原则。"

地数第七十七

【题解】
　　"地"指地理条件(包括矿产资源、盐业资源、地理位置等),"地数"即利用各种地理条件的谋略和方法。
　　本篇阐述在利用各种地理条件中运用轻重之术的方法。全篇共分五节。第一节总论天下土地矿山是种植五谷、制造兵器钱币的源泉,是历代君王兴亡得失的基础,并强调垄断矿产资源是避免战争、统一天下的重要手段。第二节论述金银铜铁等矿产为天财地利之所在,国家垄断这些资源,并进而控制货币的调节,就能凭借自然资源立功成名。第三节假托周武王提高粮价的故事,论述实行食盐专卖,通过提高盐价获利,以实现内守国财、外因天下的目标。第四节论述治国重要的不在"富本而丰五谷",而要时时注意国内外粮价的涨跌变化,采取适当的贸易政策。第五节论述利用四通八达、便于经商的优越地理位置,吸引各国游客富商,从而达到天下财宝为我用。在所有这些措施中,"令有徐疾,物有轻重"都是一以贯之的根本方法。

　　桓公曰:"地数可得闻乎?"管子对曰:"地之东西二万八千里,[1]南北二万六千里。其出水者八千里,[2]受水者八千里,[3]出铜之山四百六十七山,出铁之山三千六百九山。此之所以分壤树谷也,[4]戈矛之所发,刀币之所起也。能者有余,拙者不足。[5]封于泰山,禅于梁父,封禅之王七十二家,[6]得失之数,皆在此内。是谓国用。"桓公曰:"何谓得失之数皆在此?"[7]管子对曰:"昔者桀霸有天下而用不足,汤有七十里之薄而用有余。[8]天非独为汤雨菽粟,而地非独为汤出财物也。伊尹善通移轻重、开阖、决塞,[9]通于高下徐疾之策坐起之。[10]费时也,[11]黄帝问于伯高曰:[12]'吾欲陶天下而以为一家,[13]为之有道乎?'伯高对曰:'请刈其莞而树之,[14]吾谨逃其蚤牙,则天下可陶而为一家。'[15]黄帝曰:'此若言可得闻乎?'伯高对曰:'上有丹沙者下有黄金,[16]上有慈石者下有铜金,[17]上有陵石者下有铅、锡、赤铜,[18]上有赭者下有铁,[19]此山之见荣者也。[20]苟山之见其荣者,君谨封而祭之。[21]距封十里而为一坛,是则使乘者下行,行者趋。若犯令者,罪死不赦。然则与折取之远矣。'[22]修教十年,[23]而葛庐之山发而出水,[24]金从之,蚩尤受而制之,[25]以为剑、铠、矛、戟,是岁相兼者诸侯九。雍狐之山发而出水,金从之,蚩尤受而制之,以为雍狐之戟、芮戈,是岁相兼者诸侯十二。故天下之君顿戟一怒,伏尸满野,此见戈之本也。"[26]

【注释】

〔1〕此下至"刀币之所起也"一节,又见《山海经·中山经》及其他古籍,字句略有出入,今皆不改。 〔2〕出水者:指山地。此指水的源头。 〔3〕受水者:指河流、水域。 〔4〕分壤:指区别不同土壤。 〔5〕"能者"二句:马非百云:"能者当之则用有余,拙者当之则用不足。" 〔6〕参见本书《封禅篇》。 〔7〕丁士涵云:"'此'下脱'内'字,当据上文补。"译文从丁说。 〔8〕薄:安井衡云:"'薄','亳'假借字。" 〔9〕马非百云:"此处之'通移'则是动词,当作'转化'讲。盖谓伊尹善于促使轻重、开阖、决塞几对矛盾互相向与自己相反之

方向转化。……即善于运用轻重之策之意。"〔10〕坐起之:指占据、利用这些地理条件。起,起用。〔11〕费:马非百云:"疑是'昔'字之误……"译文从"昔"。〔12〕伯高:《黄帝内经·灵枢》中假托的人物,又作高柏。〔13〕"吾欲"句:马非百云:"陶即陶冶之陶。……陶天下为一家,即将国家团结为一……"〔14〕莞:马非百云:莞,草名。树:谓树立标记作为界限。〔15〕"吾谨"二句:马非百云:"……'蚤牙'即爪牙。……此盖谓山中矿产可制兵器与钱币,而兵器钱币之于人,犹禽兽之有爪牙。苟欲防其为乱,必先禁其擅管山海之利,去其爪牙,以免为虎附翼……而天下一家,自可陶埴而成矣。"〔16〕"上有"句:尹桐阳云:"凡黄金苗线多与痴人金相杂。痴人金黄色,在空气中与氧气相合则变丹色,经雨水冲刷成为碎粒,故曰'上有丹沙者下有黄金'。"〔17〕"上有"句:尹桐阳云:"慈之言挚也。慈石即长石。长石受水及空气之变化,渐成为土。复受植物酸化,消化其中杂质,即成为净磁土,多含铜铅锡银等矿。故曰'上有慈石者下有铜金'。"〔18〕陵石:尹桐阳云:"陵石谓有棱之石。凡火或石均有角度,如花岗石、长石等是也。此种石多产锡铅铜矿。"〔19〕"上有"句:尹桐阳云:"赭,赤土也,今称土珠。铁矿未与空气相会,为深蓝色。其表面铁矿与空中氧气相配者则为赭色,故曰'上有赭者下有铁'。"〔20〕荣:植物开花为荣,此喻矿苗。〔21〕谨封:马非百云:"封,积土为墙以为疆界也。谨,严也,谓郑重其事。"〔22〕"然则"句:钱文霈云:"言山不封禁,则听民折取。今封禁其山,则内守国财,与听民折取相去远矣。"折取,指开采。〔23〕修教:修令,行此政令。〔24〕发:开发。〔25〕蚩尤:相传为黄帝之臣。《尸子》:"造冶者蚩尤也。"《世本》:"蚩尤以金作兵。"蚩尤以作乱闻名。〔26〕见戈之本:马非百云:"戈者兵也。见戈之本谓兵争之根源也。"

【译文】

桓公说:"能谈谈利用地理条件治国的方法吗?"管子回答说:"四海之内的土地,东西长二万八千里,南北长二万六千里。其中山地八千里,水域八千里,产铜的山有四百六十七座,产铁的山有三千六百零九座。这些就是人们分别土壤种植五谷,锻造兵器,铸造钱币的源泉啊!对这些地理条件,善于利用的就财用有余,不善利用的就用度不足。到泰山、梁父封禅的君王有七十二家,他们兴亡得失的原因,都在其中。这就称为国家财用。"桓公问:"什么叫兴亡得失的原因都在其中?"管子回答说:"从前夏桀称霸天下却用度不足,商汤只有七十里的毫地但财用有余。上天并没有专为商汤落下粮食来,土地也没有单为商汤生出财物来。这全是伊尹善于转化轻重、开合、放收诸种矛盾,精通运用物价高低、政令缓急等轻重之术而利用这些地理条件的结果。从前黄帝问伯高说:'我想团结天下成为一家,有办法达到吗?'伯高回答说:'请割去野草,树立标记,严格管理好山海之利,根除作乱的帮凶,这样天下就可以团结成一家了。'黄帝问:'你这话可以说得具体些吗?'伯高回答说:'上有丹沙的山地下面就有黄金矿,上有慈石的山地下面就有铜金矿,上有陵石的山地下面就有铅、锡和赤铜矿,上有赭土的山地下面就有铁矿,这些都是显露的矿苗。如果山地显露出矿苗,君主就要严格地封禁起来并进行祭祀。距离封界十里筑起一座祭坛,命令乘车者过坛下车,步行者过坛趋拜。如有违犯禁令的人,判死罪不得赦免。这与听任随意开采的政策绝然不同。'推行这一政令十年以后,葛庐之山被开发,矿物随水流而暴露,蚩尤接管并垄断了矿藏,用它锻造出剑、铠、矛、戟等兵器,这一年诸侯相互兼并的就有九国。随后,雍狐之山又被开发,矿物随水流而暴露,蚩尤接受并垄断了矿藏,用它锻造出雍狐之戟、芮戈等兵器,这一年诸侯相互兼并的就有十二国。因此,天下的君主只要以戟顿地,发怒出兵,马上就是尸横遍野。这就是战争的根源。"

桓公问于管子曰:"请问天财所出,地利所在?"[1]管子对曰:"山上有赭者其下有铁,上有铅者其下有银。[2]一曰:上有铅者其下有钰银,上有丹沙者其下有钰金,上有慈石者其下有铜金。此山之见荣者也。苟山之见荣者,谨封而为禁。有动封山者,罪死而不赦;有犯令者,左足入左足断,右足入右足断。然则其与犯之远矣。[3]此天财地利之所在也。"桓公问于管子曰:"以天财地利立功成名于天下者谁子也?"[4]管子对曰:"文、武是也。"[5]桓公曰:"此若言何谓也?"管子对曰:"夫玉起于牛氏边山,[6]金起于汝汉之右洿,[7]珠起于赤野之末光。此皆距周七千八百里,其涂远而至难。

故先王各用于其重，[8]珠玉为上币，黄金为中币，刀布为下币。令疾则黄金重，令徐则黄金轻。先王权度其号令之徐疾，高下其中币而制下上之用，则文、武是也。"

【注释】

〔1〕"请问"二句：马非百云：天财地利并称，均指自然资源而言。〔2〕"上有"句：尹桐阳云："铅矿均含有银质，故铅矿可名为银矿"。〔3〕犯：许维遹云："犯，犹发掘也。" 〔4〕谁子：何人。 〔5〕文、武：指周文王、周武王。 〔6〕牛氏：《国蓄》作"禺氏"，均指月氏。〔7〕洿：同"污"，低洼地。 〔8〕"故先"句：马非百云："谓分别其轻重而用之。"

【译文】

桓公问管子说："请问自然资源都蕴藏在哪里？"管子回答说："有赭土的山地下面有铁矿，有铅矿的山地下面有银矿。另一种说法是：山上有铅，下面有钰银矿；山上有丹砂，下面有钰金矿；山上有慈石，下面就有铜金矿。这都是显露的矿苗。如果山地显露出矿苗，君主就要严格封山并下达禁令。有私自开挖封地资源的，判死罪不得赦免；有违犯禁令的，左脚跨入就斩断左脚，右脚跨入就斩断右脚。这与听任随意发掘的政策绝然不同。这就是自然资源之所在。"桓公问管子说："天下凭着自然资源立功成名的是谁人呢？"管子回答说："是文王、武王。"桓公问："你这话怎么讲？"管子回答说："宝玉出产在牛氏的边山，黄金出产在汝汉的洼地，珍珠出产在赤野的末光。这些地区距离周朝国都七千八百里，路途遥远，得来困难。因而先王分别轻重而借用它们的价值：将珠玉列为上等币，黄金列为中等币，刀布列为下等币。政令急则黄金增值，政令缓则黄金贬值。先王权衡政令的缓急，调节中等币的价值来控制下等币、上等币的流通，这就是文王、武王立功成名于天下的原因。"

桓公问于管子曰："吾欲守国财而毋税于天下，[1]而外因天下，[2]可乎？"管子对曰："可。夫水激而流渠，[3]令疾而物重。先王理其号令之徐疾，内守国财而外因天下矣。"桓公问于管子曰："其行事奈何？"管子对曰："夫昔者武王有巨桥之粟，贵籴之数。"[4]桓公曰："为之奈何？"管子对曰："武王立重泉之戍，[5]令曰：'民自有百鼓之粟者不行。'[6]民举所最粟以避重泉之戍，[7]而国谷二什倍，巨桥之粟亦二什倍。武王以巨桥之粟二什倍而市缯帛，军五岁毋籍衣于民；[8]以巨桥之粟二什倍而衡黄金百万，终身无籍于民。准衡之数也。"[9]

【注释】

〔1〕许维遹云："'欲'下脱'内'字。"译文从许说。税于天下：马非百云："谓国财为天下诸侯所得，如以租税奉之也。"〔2〕因：利用。〔3〕渠：猪饲彦博云："'渠'当作'遽'，疾也。"译文从之。〔4〕"夫昔"二句：尹知章云："武王既胜殷，得巨桥粟，欲使籴贵。"马非百云："此亦借武王为说明之例，非真有其事也。贵籴之数，犹言提高粟价之术。"〔5〕重泉：尹知章云：重泉，戍名也。假设此戍名，欲人惮役而竞收粟也。〔6〕鼓：量器。尹知章云："鼓，十二斛也。"〔7〕民举所最粟：马非百云："最，聚也。……此处'所'字指财物言。……谓人民尽出其所有财物以聚粟也。"〔8〕籍衣于民：为军用向百姓征衣。〔9〕准衡之数：指调节权衡的办法。

【译文】

桓公问管子说："我想要对内保住国家资源不被诸侯夺去，对外则要利用天下的资源，能做得到吗？"管子回答说："做得到。水势湍急则水流飞快，政令急迫则物价上涨。先王掌握号令的缓急，就做到了对内保住资源，对外利用天下。"桓公问管子说："先王是怎样做的呢？"管子回答说："从前武王不但拥有了巨桥的藏粮，而且使用了提高粮价的方法。"桓公问："怎样实行的呢？"管子回答说："武王设立了戍守重泉的兵役，并下令：'百姓凡自备百鼓粮食的可以免役。'百姓纷纷拿出财物去购粮储备，用来逃避戍守重泉的兵役，这样，国内粮价上涨了二十倍，巨桥的藏粮也涨价二十倍。武王用这笔粮款购买丝帛，军队五年不用向百姓征用军衣；用这笔粮款换取黄金百万，就可以终身不向百姓征取税收。这就叫调节权衡的方法。"

桓公问于管子曰:"今亦可以行此乎?"管子对曰:"可。夫楚有汝汉之金,齐有渠展之盐,[1]燕有辽东之煮。[2]此三者亦可以当武王之数。十口之家,十人咶盐;[3]百口之家,百人咶盐。凡食盐之数,一月丈夫五升少半,妇人三升少半,婴儿二升少半。盐之重,升加分耗而釜五十,[4]升加一耗而釜百,升加十耗而釜千。君伐菹薪煮沸水为盐,[5]正而积之三万钟,[6]至阳春请籍于时。"[7]桓公曰:"何谓籍于时?"管子曰:"阳春农事方作,令民毋得筑垣墙,毋得缮冢墓,丈夫毋得治宫室,[8]毋得立台榭。北海之众毋得聚庸而煮盐。[9]然盐之贾必四什倍。君以四什之贾,[10]修河、济之流,[11]南输梁、赵、宋、卫、濮阳。恶食无盐则肿,守圉之本,[12]其用盐独重。君伐菹薪煮沸水以籍于天下,然则天下不减矣。"[13]

【注释】
〔1〕渠展:尹知章云:"渠展,齐地。沸水所流入海之处,可煮盐之所也。" 〔2〕煮:指煮盐。 〔3〕咶:闻一多云:"'咶'读为啖,食也。" 〔4〕分耗:安井衡云:"'耗'读为好,同声假借字。好,孔也。分好,半钱也。" 〔5〕伐菹薪:指砍柴草。菹,枯草。沸水:马非百云:沸水云者,当即今之所谓卤水。 〔6〕正:同"征",指征盐。 〔7〕籍于时:在时令上取得收益。 〔8〕丈夫:洪颐煊云:"'丈夫'当为'大夫'。"译文从之。 〔9〕"北海"句:尹知章云:"北海之众,谓北海煮盐之人。本意禁人煮盐,托以农事,虑有妨夺。""庸,功也。" 〔10〕丁士涵云:"'四什'下脱'倍'字。"译文从丁说。 〔11〕修:王念孙云:"'修'当为'循',言循河济而南也。"译文从王说。

〔12〕本：许维遹云："本犹国也。" 〔13〕天下不减矣：张佩纶云："'天下不减矣'当依《山至数篇》作'天下不吾泄矣'，语意始明。"译文从张说。

【译文】

桓公问管子说："现在也可以实行这一办法吗？"管子回答说："可以。楚国汝汉出产黄金，齐国渠展出产海盐，燕国辽东出产煮盐，这三项资源也可以同武王的藏粮相当。一家十口人就有十人吃盐，一家百口人就有百人吃盐。吃盐的数量，每月成年男子约需五升，成年女子约需三升，小孩约需二升。盐的价格，如果每升提高半钱，一釜就增加五十钱；每升提高一钱，一釜就增加一百钱；每升提高十钱，一釜就增加一千钱。君主命令百姓砍伐柴草，烧煮卤水，制成食盐，征收并积累到三万钟，到阳春时节就可以在时令上获得收益。"桓公问："什么叫在时令上获得收益？"管子说："阳春时节农事刚开始，命令百姓不准修筑泥墙，不准修缮坟墓；命令大夫不准营建宫室，不准修造台榭；命令北海的盐民不准聚众煮盐。这样，盐价一定上涨四十倍。君主将涨价四十倍的盐，沿着黄河、济水南运到梁、赵、宋、卫、濮阳一带出卖，必获大利。粗食不加盐吃了就会浮肿，对于守卫国家的将士，食物加盐格外重要。君主通过砍柴煮盐而从天下获利，这样天下就不会泄散我国的资源了。"

桓公问于管子曰："吾欲富本而丰五谷，〔1〕可乎？"管子对曰："不可。夫本富而财物众，不能守，则税于天下。五谷兴丰，巨钱而天下贵，〔2〕则税于天下，然则吾民常为天下虏矣。夫善用本者，若以身济于大海，〔3〕观风之所起，天下高则高，天下下则下，天下高我下，则财利税于天下矣。"

【注释】

〔1〕本：指国。下同。 〔2〕巨钱：张佩纶云："'巨'当为'吾'之坏，'钱'当作'贱'。"译文从张说。 〔3〕身：戴望云："'身'疑'舟'字之误。"译文从"舟"。

【译文】

桓公问管子说:"我想通过五谷丰登而使国家富足,能做到吗?"管子回答说:"不行。国家富足就财物众多,如果君主不能控制,就会被天下各国所得。五谷兴盛丰收,我国粮价低而各国粮价高,粮食就会流向各国,这样,我们的百姓就要常被各国掳掠了。善于治国的君主,就像乘船渡过大海一样,时时观察风向的变化,各国粮价涨我也涨,各国粮价跌我也跌。如果各国粮价涨而我国粮价跌,我们的财利就要被天下各国享用了。"

桓公问于管子曰:"事尽于此乎?"管子对曰:"未也。夫齐衢处之本,[1]通达所出也,游子胜商之所道。[2]人求本者,[3]食吾本粟,因吾本币,骐骥黄金然后出。[4]令有徐疾,物有轻重,然后天下之宝壹为我用。善者用非有,使非人。"

【注释】

[1]衢处:地处交通要道。 [2]游子胜商:猪饲彦博云:"'游子胜商',《轻重乙》作'游客蓄商'。"译文从之。 [3]求:俞樾云:"'求'乃'来'字之误。"译文从俞说。 [4]"骐骥"句:马非百云:"盖皆指外人之来吾国者将其国之骐骥黄金输入吾国而言。"

【译文】

桓公问管子说:"利用地理条件的方法就这些吗?"管子回答说:"还有。齐国地处交通要道,道路四通八达,是游客富商必经之地。外人来到齐国,吃我国的粮食,用我国的货币,将他们的良马和黄金拿出来消费。因此,我们只要掌握政令的缓急、物价的涨跌,那么天下的财宝都可以为我所用。善于治国的君主,能利用不属于他的财物,能役使不属于他的百姓。"

揆度第七十八

【题解】

马非百云:"揆度犹言权衡、酌量、考虑、核计,盖汉人常用术语。……著者或以此名篇,或以此名人,皆指善于考虑核计轻重问题而言。"

一说,《轻重》以甲乙等分篇,天干之数应全,癸训揆度,故此篇当为《轻重癸》篇。

本篇将轻重之术广泛应用于治国策略的谋划之中。全篇共分各自独立的十六节。第一节追述了共工、黄帝、唐尧、虞舜运用轻重之术治理天下的不同方法。第二节运用阴阳五行学说解释权衡轻重之术,阐述治国的机要。第三节阐述以轻重之术治人之法。第四节说明轻重之术失去平衡的各种表现。第五节阐述"国衡",即君主掌握经济活动的本始,抑制富商大贾的投机钻营。第六节阐述利用轻重之术实行商业国营。第七节阐述轻重之术在战争中和诸侯归服后的不同运用。第八节阐述以轻重之术治民,能"使之不使,用之不用"。第九节阐述以轻重之术调剂货币流通量的多少。第十节阐述五谷、刀币、号令在治国中的重要地位。第十一节阐述用轻重之术使珍贵物产变成货币。第十二节阐述用轻重之术控制币值的涨跌。第十三节分别说明大小不同的国家的国力和贸易问题。第十四节阐述优抚鳏寡孤独、奖勤罚懒等治国措施。第十五节阐述"轻重不调"将导致亡国。第十六节阐述赈济荒年的办法。以上各节,有用桓管问答,有用"管子曰",也有用直叙,当是由多种资料汇集成篇。

齐桓公问于管子曰:"自燧人以来,[1]其大会可得而闻乎?"[2]管子对曰:"燧人以来,未有不以轻重为天下也。共工之王，水处什之七，陆处什之三，乘天势以隘制天下。[3]至于黄帝之王，谨逃其爪牙，[4]不利其器，[5]烧山林，破增薮，[6]焚沛泽，[7]逐禽兽，实以益人，然后天下可得而牧也。至于尧、舜之王，所以化海内者，北用禺氏之玉，南贵江汉之珠，其胜禽兽之仇，以大夫随之。"[8]桓公曰："何谓也？"管子对曰："令：'诸侯之子将委质者，[9]皆以双武之皮，[10]卿大夫豹饰，[11]列大夫豹襜。'[12]大夫散其邑粟与其财物以市虎豹之皮，故山林之人刺其猛兽若从亲戚之仇。[13]此君冕服于朝，而猛兽胜于外。大夫已散其财物，万人得受其流。此尧、舜之数也。"

【注释】
〔1〕燧人：即燧人氏，相传为发明钻木取火者。马非百云："此所谓燧人、共工云云，亦是著者假托之词。" 〔2〕大会：马非百云：会，会计。大会，犹言大计。指重大的计算、筹划。 〔3〕隘制：限制。〔4〕谨逃其爪牙：指小心地躲避野兽的爪牙。 〔5〕不利其器：指没有锋利的器具。 〔6〕增：猪饲彦博云："'增'疑当作'橧'，巢也。言破禽兽所寝。"译文从"橧"。 〔7〕沛：尹知章云："沛，大泽也。一说水草兼处曰沛。" 〔8〕王引之云："'之仇'二字盖因下文'若从亲戚之仇'而衍。"郭沫若云："'其胜禽兽，以大夫随之'者，言禽兽既胜……则大夫亦随禽兽而被克制也。" 〔9〕委质：指献礼称臣。质，同"贽"。古代见面所献之礼。 〔10〕双武之皮：尹知章云："双虎之皮以为裘。"武，讳虎。 〔11〕卿大夫：尹知章云："卿大夫，上大夫也。袖谓之饰。" 〔12〕列大夫：尹知章云："列大夫，中大夫也。襟谓之襜。"〔13〕从亲戚之仇：许维遹云："从，逐也。'亲戚'犹父母也，言若追逐父母之仇雠也。"

【译文】
齐桓公问管子说："能谈谈从燧人氏以来，历代的重大经济筹划吗？"管子回答说："自从燧人氏以来，没有不用轻重之术来治理天下的。共工氏治理天下时，天下水域占十分之七，陆地占十分之三，他就利用这种自然地势来控制天下的。黄帝治理天下时，还没有锋利的器具，只能小心地躲避禽兽爪牙的伤害，他就带领百姓焚烧山林、大泽，破坏野兽的巢穴，驱逐野兽，使百姓得以安身，然后才能统治天下。至于唐尧、虞舜治理天下时，所以能达到大治，是因为他们使用了禺氏的宝玉和江汉的珍珠作为货币，因此不但战胜了禽兽，同时也控制了大夫们。"桓公问："这是什么意思？"管子回答说："当时号令：'诸侯之子来朝献礼称臣的，都要奉上双虎之皮制成的皮袤；卿大夫都要献饰有豹皮衣袖的皮袤；列大夫都要献饰有豹皮衣襟的皮袤。'于是大夫们就只能售出家中的粮食和财物，来收购虎豹之皮，而山林中的猎户捕杀猛兽就如同追逐父母的仇敌一样。这就是君主身着礼服安坐于朝廷，猛兽就被制服于山林，大夫们耗散了他们的财物，万民百姓获得了利益。这也就是唐尧、虞舜的方法。"

桓公曰："'事名二、正名五而天下治'，[1]何谓事名二？"对曰："天策阳也，壤策阴也，[2]此谓事名二。""何谓正名五？"对曰："权也，衡也，规也，矩也，准也，此谓正名五。[3]其在色者，青黄白黑赤也。其在声者，宫商羽徵角也。其在味者，酸辛咸苦甘也。二五者，童山竭泽，[4]人君以数制之人。[5]味者所以守民口也，声者所以守民耳也，色者所以守民目也。[6]人君失二五者亡其国，大夫失二五者亡其势，民失二五者亡其家。此国之至机也，谓之国机。"[7]

【注释】
〔1〕"事名"句：马非百云："'事名二、正名五而天下治'，是古时成语……本篇著者对此语另有解释，故特分别提出以相讨论。"
〔2〕"天策"二句：马非百云："天策壤策，犹言天数地数。" 〔3〕"权也"六句：马非百云："《汉书·律历志》云：衡，平也。权，重也。衡所以任权而均物、平轻重也。其道如砥，以见准之正，绳之直。左旋见

规，右旋见矩。……权与物钧而生衡。衡运生规，规圆生矩，矩方生绳，绳直生准。准正则平衡而钧权矣。是为五则。……所谓五则，与此处所谓'正名五'内容全同。"可知这里所谓"事名二、正名五"实指运用阴阳五行之说来解释权衡轻重之术。〔4〕陈奂云："'二五者'下不应有'童山竭泽'四字。"译文从陈说。〔5〕"人君"句：马非百云："'人'字应属下读，乃'夫'字之误。……谓当以轻重之策管制之也。"〔6〕俞樾云："'味者所以守民口也'三句当在'二五者人君以数制之'之上。"译文从俞说。〔7〕国机：马非百云："机，机要。国机，治理国家之机要。"

【译文】

桓公问："俗话说：'掌握了事理的名数二、矫正的名数五，就能治理天下。'什么叫事理的名数二呢？"管子回答说："天数为阳，地数为阴，这就是事理的名数二。""什么叫矫正的名数五呢？"管子回答说："秤锤、平衡、圆规、方矩、准绳，这就是矫正的名数五。它们表现在颜色上，就是青、黄、白、黑、赤五色；表现在声音上，就是宫、商、羽、徵、角五声；表现在味觉上，就是酸、辛、咸、苦、甘五味。五味是用来控制人们口味的，五声是用来控制人们听觉的，五色是用来控制人们视觉的。所谓'事名二、正名五'就是君主运用轻重之策来控制人们。因此，君主丢掉了轻重之策就会导致亡国，大夫丢掉了轻重之策就会失去权势，百姓丢掉了轻重之策就会难以持家。这是治国最重要的关键，称之为治国的机要。"

轻重之法曰：[1]"自言能为司马不能为司马者，[2]杀其身以衅其鼓；[3]自言能治田土不能治田土者，[4]杀其身以衅其社；自言能为官不能为官者，劓以为门父。"[5]故无敢奸能诬禄至于君者矣。[6]故相任寅为官都，[7]重门击柝不能去，[8]亦随之以法。

【注释】

〔1〕轻重之法：马非百云："'轻重之法'谓轻重之家所立之法典也。

《史记·齐太公世家》"索隐"云：'管子有《理人轻重之法》七篇。'此处明标'轻重之法曰'云云，当与所谓《理人轻重之法》有关。"〔2〕司马：掌管军事的武官。〔3〕衈：血祭。〔4〕治田土：指主管农事的农官。〔5〕劓：张佩纶云："'劓'当为'刖'，字之误也。《周礼·秋官·司刑》：'刖者使守门。'"门父即守门之人。〔6〕奸能诬禄：马非百云："'奸能诬禄'疑当作'诬能奸禄'。"《荀子》王先谦注云：'诬能，自以为能。'……'奸禄'即'干禄'。"译文从"诬能奸禄"。〔7〕相任寅：相互保举引进。张佩纶云："'任寅'当作'任举'，本书屡见。"都：疑为"者"。〔8〕"重门"句：俞樾云："'去'乃'者'字之误。……'重门击柝'犹言抱关击柝。"拆当为"柝"，指巡夜报更的木梆。

【译文】
　　轻重家的法典上说："自荐能担任司马之职，结果不称职的，杀死他用血祭祀战鼓；自荐能担任农官之职，结果不称职的，杀死他用血祭祀土地神；自荐能担任一般官职，结果不称职的，砍去他的双脚去当守门人。"这样，就不会有到君主面前自吹自擂以干求俸禄的小人了。因此，从相互保举引进任官职的，到守门击柝的小吏，只要不称职，也都应依法处置。

　　桓公问于管子曰："请问大准。"[1]管子对曰："大准者，天下皆制我而无我焉。[2]此谓大准。"桓公曰："何谓也？"管子对曰："今天下起兵加我，臣之能谋厉国定名者，[3]割壤而封；臣之能以车兵进退、成功立名者，割壤而封。然则是天下尽封君之臣也，非君封之也。天下已封君之臣十里矣，天下每动，重封君之民二十里。[4]君之民非富也，[5]邻国富之。邻国每动，重富君之民，贫者重贫，富者重富。大准之数也。"桓公曰："何谓也？"管子对曰："今天下起兵加我，民弃其耒耜，[6]出持戈于外，然则国不得耕。此非天凶也，此人凶也。君朝令而夕求具，民肆其财物与其五谷为雠，[7]厌而去。[8]贾人受而廪之，然则国财之一分在贾人。师罢，民反其事，万物反其重。贾人出其财物，国弊之少分廪于贾人。[9]若此则币重三分，财物之轻重三分。[10]贾人市于三分之间，[11]国之财物尽在贾人，而君无策焉。民更相制，[12]君无有事焉。此轻重之大准也。"

【注释】

〔1〕大准：张佩纶云："'大准'均当作'失准'。"本节下皆同。失准指轻重之术失去平衡。 〔2〕"天下"句：马非百云：即一切皆为人所制而不能自主。 〔3〕厉国定名：俞樾云："厉读为利，厉国即利国也。"何如璋云："定名，言定主尊显之名。" 〔4〕重：增加。民：郭沫若云："指下文'贾人'而言。言有职之臣，既因战事而得裂土分封，而无职之富商蓄贾，亦因战事而囤积居奇，所获利润更多一倍。" 〔5〕"君之"句：陶鸿庆云："本作'君之民非君富之也'，与上文'非君封之也'语意一律。"译文从陶说。 〔6〕民：百姓，指农民。 〔7〕"民肆"句：马非百云：肆，陈货鬻物之所。雠，售也。 〔8〕郭沫若云：古本等"作'厌分而去'，是也。分犹半，'厌分而去'者谓满半价而去"。译文从古本。 〔9〕弊：当作"币"。马非百云："此处'少分'与上文'一分'之分，均当作'半'字讲。"译文从之。 〔10〕郭沫若云："当衍'重'字，盖贾人投出其囤积则物价跌。" 〔11〕"贾人"句：马非百云：谓贾人利用币重物轻之机会，以上涨十分之三之货币，收购下跌十分之三之财物。 〔12〕民更相制：马非百云：更者递也。制即控制。此谓百姓中富者贫者相互控制役使。

【译文】

桓公问管子说："请问有关轻重之术失去平衡的问题。"管子回答说："所谓失去平衡，就是指自己的一切都被别人控制而不能自主，这就叫轻重之术失去平衡。"桓公问："这是什么意思呢？"管子回答说："比如现在天下各国发兵进攻我们，对于臣子中能有利国家、使君尊显的，您就要割地封爵；能率兵迎战、成就功名的，您也要割地封爵。这样,实际上都是天下各国在封赏您的臣子,而不是君主您自己封赏的。天下已使您把十里土地都封给臣子了,而天下每次动兵,您又要将二十里土地增封给富商大贾。这些富商大贾实际上不是君主您使他们致富的,而是邻国使他们致富的。邻国每次动兵,就会增加您的富商大贾们的财富,并使穷的更穷,富的更富,这就是失去平衡的表现。"桓公问:"这还有什么意思呢?"管子回答说:"再比如现在天下各国发兵进攻我们,百姓放下农具,拿起兵器投入战斗,这样土地就因得不到耕种而荒芜。这不是天灾,而是人祸。君主征税的命令早上颁发,晚上就要求齐备,百姓只能把财物和粮食拿到市场出售,只要卖到一半价格就肯出手。商人乘机买进并囤积起来,这样,国家财物的一半就掌握在商人手中。战争一旦结束,百姓返回故里从事农业,万物的价格也恢复到原先的水准。商人此时抛出财物,就能将国家货币的将近一半掌握在手中。这样就造成货币增值十分之三,万物跌价十分之三,商人用上涨三成的货币购买下跌三成的货物,使国家的财货都落入他们的手中,而君主却对此束手无策。百姓中富人穷人相互控制,君主对此也无能为力。这就是轻重之术失去平衡的情况。"

管子曰:"人君操本,民不得操末;[1]人君操始,民不得操卒。其在涂者,籍之于衢塞;[2]其在谷者,守之春秋;[3]其在万物者,立赘而行。[4]故物动则应之。故豫夺其涂,则民无遵;君守其流,则民失其高。[5]故守四方之高下,国无游贾,贵贱相当,[6]此谓国衡。以利相守,则数归于君矣。"[7]

【注释】

〔1〕民:指富商大贾。本节"民"皆同。〔2〕"籍之"句:马非百云:"衢塞谓通衢要塞。……此谓凡百财物必先于通衢要塞尚未登途之前,预为布置,若至途中再行征敛,则已无及矣。"〔3〕"其在"二句:马非百云:"春时谷贵,以钱贷民,秋时谷贱,按照市价,以谷准币,收回本利。"〔4〕立赘而行:指万物均用订立合同实行预购。〔5〕"君守"二句:马非百云:"守流,即'谨守重流'之意……'则民

无遵'，'则民失其高'，即《史记·平准书》所谓'富商大贾无所牟大利'之意，故下文曰'国无游贾'也。" 〔6〕贵贱相当：指物价得到平抑。 〔7〕"以利"二句：马非百云："当作'以数相守，则利归于君矣'。"译文从马说。

【译文】

　　管子说："君主掌握了根本，富商大贾连末梢也得不到；君主掌握了开端，富商大贾连尾端也得不到。对即将流入市场的货物，在通衢要塞就要控制它；对于谷物，要在春秋二季控制它；对于其他货物，可以订立预购合同来控制它。总之货物一有萌动之势就要有对策应付。预先在登途前控制货物，富商大贾就无能为力；君主控制了流通，富商大贾就无利可图。因此控制四方物价的涨跌，国内就不会有专营投机的商贾，物价的高低相当，这就叫国家的平准之策。用这种方法来控制国家，财利就都归于君主了。"

　　管子曰："善正商任者省有肆，〔1〕省有肆则市朝闲，〔2〕市朝闲则田野充，田野充则民财足，民财足则君赋敛焉不穷。今则不然：民重而君重，重而不能轻；民轻而君轻，轻而不能重。〔3〕天下善者不然，民重则君轻，民轻则君重。〔4〕此乃财余以满不足之数也。〔5〕故凡不能调民利者，不可以为大治；不察于终始，不可以为至矣。动左右以重相因，〔6〕二十国之策也。盐铁二十国之策也，锡金二十国之策也。五官之数，〔7〕不籍于民。"

【注释】

　　〔1〕"善正"句：马非百云：商任指商旅任车而言。正，征也。正商任，即算商车之意。 〔2〕市朝：马非百云："市朝即市场……此处指自由市场。" 〔3〕"民轻"二句：马非百云：谓不善正商者不能实行商业

国营,对于物价之或贵或贱,一听商人之自由垄断,政府毫无控制之能力。 〔4〕"民重"二句:马非百云:"即《国蓄篇》'民有余则轻之,人君敛之以轻。民不足则重之,人君散之以重。敛积之以轻,散行之以重'。" 〔5〕财:猪饲彦博云:"'财'当作'裁'。"译文从之。 〔6〕"动左"句:郭沫若云:谓衡(天平)也。此以衡喻轻重之术。指国家控制市场物价的涨跌。 〔7〕五官:指上述五种官营专卖,即"省有肆"、盐、铁、锡、金。

【译文】
　　管子说:"善于获取市场收入,国家就应有自己的商业;国家经营商业,自由市场就萧条;自由市场萧条,田野中劳力就充足;农业劳力充足,百姓财用就充裕;百姓财用充裕,君主征税就取之不尽。现在却不是这样:市场卖价高,国家也不愿抛出,高居的物价就不会下跌;市场卖价低,国家也不愿购进,低下的物价就不会上涨。天下善于经商的就不是这样,市场物价高,国家就低价抛出;市场卖价低,国家就高价购进。这就是损减有余来补充不足的办法。因而,凡是不善于调剂百姓财利的,就不能达到大治;不明察货物流通始终的,就不能达到完善。国家控制市场物价的涨跌,这是使年收入增加二十倍的好办法,盐铁专卖、锡金专卖,也都是能使国家年收入增加二十倍的好办法。掌握了这五种官营专卖,就不必向百姓直接征税了。"

　　桓公问于管子曰:"轻重之数恶终?"管子对曰:"若四时之更举,[1]无所终。国有患忧,[2]轻重五谷以调用,积余臧羡以备赏。天下宾服,有海内,以富诚信仁义之士,[3]故民高辞让,[4]无为奇怪者。[5]彼轻重者,诸侯不服以出战,诸侯宾服以行仁义。"

【注释】
　　〔1〕更举:更迭往来。 〔2〕患忧:指战争。 〔3〕富:加富,奖赏。 〔4〕高:崇尚。辞让:谦让。 〔5〕奇怪:指异常。

【译文】

桓公问管子说:"轻重之术的运用有没有终结?"管子回答说:"如同四时的交替往来,没有终结的时候。国家有了战事时,可以控制粮价的涨跌来调剂军用,积藏物资盈余以备封赏。天下归顺,海内一统时,就可以奖赏诚信仁义的人士,这样,百姓就会崇尚谦让,再无异常行为。可见在各国诸侯不归顺时,轻重之术可用于战争;在各国诸侯归顺后,轻重之术就可用来推行仁义之道。"

管子曰:"一岁耕,五岁食,粟贾五倍。[1]一岁耕,六岁食,粟贾六倍。二年耕而十一年食。夫富能夺,贫能予,乃可以为天下。且天下者,处兹行兹,若此而天下可壹也。夫天下者,使之不使,用之不用。故善为天下者,毋曰使之,使不得不使;毋曰用之,用不得不用也。"[2]

【注释】

〔1〕粟贾五倍:指将粮价提高五倍来促进粮食增产。 〔2〕宋本作"使不得不用也"。译文从宋本。

【译文】

管子说:"要做到一年耕种,五年够吃,就要将粮价提高五倍。要做到一年耕种,六年够吃,就要将粮价提高六倍。这样,耕种两年的收成,就够十一年吃了。做到富者能进行剥夺,贫者能实行赈济,才可以治理天下。如果天下都能做到这样,那么就可以统一天下了。对于天下的百姓,役使他们但不要显出役使的痕迹,利用他们但不要露出利用的企图。因此,善于治理天下的君主,从不说役使百姓,却要使百姓不得不受役使;从不说利用百姓,却要使百姓不得不被利用。"

管子曰:"善为国者,如金石之相举,重钧则金倾。[1]故治权则势重，治道则势羸。[2]今谷重于吾国，轻于天下，则诸侯之自泄，如原水之就下。故物重则至，轻则去，有以重至而轻处者，[3]我动而错之，[4]天下即已于我矣。[5]物臧则重，发则轻，散则多。币重则民死利，[6]币轻则决而不用。故轻重调于数而止。"[7]

【注释】
〔1〕"如金"二句：马非百云："金指黄金。钧、石皆衡名。《汉书·律历志》云：……'三十斤为钧，四钧为石。'此处皆指秤锤言。举，秤也。……《太平御览》八三引《慎子》云：'君臣之间犹权衡也。权，左轻则右重，右轻则左重。轻重迭相橛，天地之经也'。"
〔2〕"故治"二句：马非百云："从权变之术以治之，则其势重，从经常之道以治之，则其势羸。" 〔3〕"故物"三句：马非百云："物本为重至而轻去者，今则虽以重至而轻亦留而不去，故曰'有以重至而轻处'也。" 〔4〕错：同"措"。 〔5〕已：马非百云："当是'泄'之坏字。"译文从"泄"。 〔6〕死利：为利而死。 〔7〕"故轻"句：马非百云："数谓数量。轻重调于数而止者，谓政府对于货币流通之数量，必随时视其轻重而调剂之，使其适合于社会之需要。"

【译文】
管子曰："善于治理国家的，就如同将黄金和秤锤放在天平上称，称锤一端加重了，黄金一端就必然倾斜。因而用权变之术治国，国势就加强；用经常之道治国，国势就削弱。现在我国粮价高，天下各国粮价低，那么诸侯各国的粮食就如源头之水下泄一样流入我国。可见货物价高就聚集，价低就散离，如果有因价高流入而价低后又散不出的，我立即购进加以控制，这样，天下的财利就归于我了。万物囤积就涨价，抛售就跌价，发散出去就数量充足。货币增值时百姓肯为利而死，货币贬值时百姓弃而不用。因此必须以轻重之术调剂货币数量到合适的时候才能停止。"

"五谷者，民之司命也；刀币者，沟渎也；号令者，徐疾也。'令重于宝，社稷重于亲戚'，[1]胡谓也?"对曰:"夫城郭拔，社稷不血食，[2]无生臣。[3]亲没之后，无死子。此社稷之所重于亲戚者也。故有城无人，谓之守平虚。[4]有人而无甲兵而无食，谓之与祸居。"

【注释】

〔1〕亲戚:指父母。 〔2〕血食:指祭祀，古代要杀牲取血。〔3〕无生臣:指国灭后臣子都要殉难。 〔4〕虚:同"墟"。

【译文】

"五谷是百姓生命的主宰，货币是货物流通的渠道，号令可以用来调节流通的缓急。'号令比宝物重要，国家比父母重要'，这话是什么意思呢?"回答说:"当城市被攻陷，宗庙不能再进行祭祀，臣子都应殉难。而父母死了之后，儿子则不必殉死。这就是国家比父母重要的实例。因此在保卫国家时，有城而无人去守，就等于空守废墟;有人而没有兵器和粮食，就等于与灾祸同居。"

桓公问管子曰:"吾闻海内玉币有七策，[1]可得而闻乎?"管子对曰:"阴山之礝碈，[2]一策也;燕之紫山白金，[3]一策也;发、朝鲜之文皮，[4]一策也;汝、汉水之右衢黄金，一策也;江阳之珠，一策也;秦明山之曾青，一策也;禺氏边山之玉，一策也。此谓以寡为多，以狭为广。天下之数尽于轻重矣。"

【注释】

〔1〕玉币:马非百云:玉者珍也。"玉币，谓以各种珍贵物产为货币也。" 〔2〕礝碈:猪饲彦博云:"'礝碈'与'瑌珉'同，美石次玉者。" 〔3〕白金:马非百云:"白金，银也。《尔雅》:'白金谓之银。'" 〔4〕发、朝鲜之文皮:马非百云:发，国名，一名北发。此以

发与朝鲜连言,则北发当在朝鲜附近。文皮,虎豹之皮。

【译文】
桓公问管子说:"我听说利用海内的珍贵物产作为货币有七种办法,能说来听听吗?"管子回答说:"利用阴山出产的美石是一种办法,利用燕地紫山出产的银是一种办法,利用北发、朝鲜出产的虎豹皮是一种办法,利用汝水、汉水右衢出产的黄金是一种办法,利用江阳出产的珍珠是一种办法,利用秦地明山出产的精铜是一种办法,利用禹氏边山出产的宝玉也是一种办法。这七种珍宝用作货币,都是数量上以少变多,地域上从狭变广。因此,天下的各种办法都可包括在轻重之术中了。"

桓公问于管子曰:"阴山之马具驾者千乘,[1]马之平贾万也,[2]金之平贾万也。吾有伏金千斤,[3]为此奈何?"管子对曰:"君请使与正籍者,[4]皆以币还于金,[5]吾至四万,此一为四矣。吾非埏埴摇炉橐而立黄金也,[6]今黄金之重一为四者,数也。珠起于赤野之末光,黄金起于汝、汉水之右衢,玉起于禹氏之边山。此度去周七千八百里,[7]其涂远,其至阨。故先王度用其重而因之,珠玉为上币,黄金为中币,刀布为下币。先王高下中币,利下上之用。"[8]

【注释】
〔1〕具驾者:具备载驾兵车要求的马。千乘:指四千匹,一乘四马。〔2〕平贾:马非百云:"此乃汉人通用术语,指封建国家规定之官价而言。"〔3〕伏金:马非百云:"伏,藏也。伏金即藏金。"〔4〕与正籍者:马非百云:"与读为预,正读如征。与征籍者,谓预于纳税人之列,即负有纳税义务之人也。"〔5〕"皆以"句:马非百云:谓政府下令于民,凡纳税者均须以黄金交纳。但人民手中无黄金,必须用重价向市场收买,如此则市场之金价必坐涨四倍,政府藏金亦因之坐涨四倍。〔6〕橐:

安井衡云："'橐'当为'橐'，冶氏炽炭之器，摇其柄则风生。"埏埴：用水和粘土，此指冶炼黄金的坩埚。〔7〕度：许维遹云："'度'当作'皆'。"译文从之。〔8〕利：戴望云："元本'利'作'制'。"译文从"制"。

【译文】

桓公问管子说："阴山出产的马可用于驾驶兵车的有四千匹，一匹马的官价是一万钱，一斤黄金的官价也是一万钱。我只有藏金一千斤，要买下四千匹马该怎么办？"管子回答说："君主可以命令所有的纳税人都将钱币折合成黄金交纳，我们会让金价上涨到四万钱，这样就是一变成四了。我们不用设置坩埚、摇动风箱来冶炼黄金，现在黄金的价格一变为四，是运用了轻重之术。珍珠产于赤野的末光，黄金产于汝水、汉水的右衢，宝玉产于禺氏的边山。这些地方都距离周朝都城七千八百里，路途遥远，得来不易。因而先王估计它们的价值分别加以利用，将珠玉作为上等货币，黄金作为中等货币，刀布作为下等货币。先王通过中等货币币值的涨跌，来控制下等货币和上等货币的使用。"

百乘之国，中而立市，东西南北度五十里。一日定虑，〔1〕二日定载，〔2〕三日出竟，〔3〕五日而反。百乘之制轻重，〔4〕毋过五日。百乘为耕田万顷，为户万户，为开口十万人，〔5〕为分者万人，〔6〕为轻车百乘，〔7〕为马四百匹。千乘之国，中而立市，东西南北度百五十余里。二日定虑，三日定载，五日出竟，十日而反。千乘之制轻重，毋过一旬。千乘为耕田十万顷，为户十万户，为开口百万人，为当分者十万人，为轻车千乘，为马四千匹。万乘之国，中而立市，东西南北度五百里。三日定虑，五日定载，十日出竟，二十日而反。万乘之制轻重，毋过二旬。万乘为耕田百万顷，为户百万户，为开口千万人，为当分者百万人，为轻车万乘，为马四万匹。

【注释】

〔1〕定虑：马非百云："定虑谓制定计划。"　〔2〕定载：马非百云："定载谓装载货物。"　〔3〕竟：同"境"。指国境。　〔4〕百乘之制轻重：指百乘之国运用轻重之术在对外贸易中控制物价涨跌。　〔5〕开口：马非百云：开口谓人口总数。　〔6〕据下文，"分"上应有"当"字。马非百云："分读如'名分''职分'之分。'当分者'指负有纳税义务之人而言。"　〔7〕轻车：即战车。

【译文】

在百乘之国中央设立市场，距离四周边境估计各五十里。用一天时间制订贸易计划，两天装载货物，三天运出国境，五天就可成交返回。因而百乘之国要在对外贸易中控制物价涨跌，不超过五天就能奏效。百乘之国拥有耕地一万顷，户数一万户，人口十万人，纳税人一万人，兵车一百乘，战马四百匹。在千乘之国中央设立市场，距离四周边境估计各一百五十余里。用两天时间制订贸易计划，三天装载货物，五天运出国境，十天就可成交返回。因而千乘之国要在对外贸易中控制物价涨跌，不超过十天就能奏效。千乘之国拥有耕地十万顷，户数十万户，人口百万人，纳税人十万人，兵车一千乘，战马四千匹。在万乘之国中央设立市场，距离四周边境估计各五百里。用三天时间制订贸易计划，五天装载货物，十天运出国境，二十天就可成交返回。因而万乘之国要在对外贸易中控制物价涨跌，不超过二十天就能奏效。万乘之国拥有耕地一百万顷，户数一百万户，人口一千万人，纳税人一百万人，兵车一万乘，战马四万匹。

管子曰："匹夫为鳏，匹妇为寡，老而无子者为独。君问其若有子弟师役而死者，父母为独，[1]上必葬之，衣衾三领，木必三寸，[2]乡吏视事，葬于公壤。若产而无弟兄，[3]上必赐之匹马之壤。[4]故亲之杀其子以为上用，不苦也。君终岁行邑里，[5]其人力同而宫室美者，良萌也，力作者也，[6]脯二束、[7]酒一石以赐之。力足荡游不作，老者谯之，[8]当壮者遣之边戍。[9]民之无本者贷之囷强。[10]故百事皆举,无留力失时之民。此皆国策之数也。"

【注释】

〔1〕父母为独:马非百云:"谓阵亡将士之父母,亦得以'无子曰独'论也。"问:馈赠,指优待。 〔2〕木必:马非百云:木必者,必通囮,闭也。木囮即木棺。 〔3〕"若产"句:张佩纶云:"言止生一子也。" 〔4〕匹马之壤:即一马之地,指一匹马所能耕种的田地。 〔5〕终岁:安井衡云:"终岁,岁终也。"行:巡视。 〔6〕力:马非百云:"两'力'字不同。上'力'字指劳动力,下'力'字指勤劳。"张文虎云:"'萌'即民也,《说文》'民,众萌也'。" 〔7〕脯:肉干。二束:二十条。 〔8〕谯:责备。 〔9〕当壮:闻一多云:"当壮即丁壮。" 〔10〕囷强:囷,园囷。指土地。强同"镪",钱币。

【译文】

管子说:"独身男子称为鳏,独身女子称为寡,年老无子称为独。君主优待那些因子弟服兵役战死者的父母也作为独,国家负责安葬死者,衣衾要有三领,棺木要厚三寸,由乡中官吏亲自办理,葬在公家墓地里。如果死者是独生子,国家还要赐予他父母一匹马所能耕种的田地。因此,双亲即使因为儿子为君主效力而战死,也不会受苦。君主每到年终都要巡行邑里,看到百姓中劳力相同而房舍齐整的,就肯定他是好百姓,是努力耕作的农民,还奖赏他肉干二十条、酒一石。对那些劳力充足却游手好闲的人,年老的进行责备,壮年则派去戍守边疆。对于百姓中没有立身之本的人,就贷给他土地和钱币。这样,国家就百废俱兴,没有好吃懒做和丧失农时的百姓。这些都是治国之策的具体办法。"

上农挟五,[1]中农挟四,下农挟三。上女衣五,中女衣四,下女衣三。农有常业,女有常事。一农不耕,民有为之饥者;一女不织,民有为之寒者。[2]饥寒冻饿,必起于粪土,[3]故先王谨于其始。事再其本,[4]民无糟者卖其子。[5]三其本,若为食。[6]四其本,则乡里给。五其本，则远近通，然后死得葬矣。事不能再其本，而上之求焉无止，然则奸涂不可独遵，[7]货财不安于拘，[8]随之以法，则中内撕民也。[9]轻重不调，无糭之民不可责理，[10]鬻子不可得使。[11]君失其民，父失其子，亡国之数也。

【注释】

〔1〕上农挟五：猪饲彦博云："挟疑当作食。言农之善力者，一人生五人之食。下仿此。"译文从之。 〔2〕"一农"四句之意，又见《吕氏春秋》《淮南子》等引"神农之教"，当是假托神农氏的农家的言论。〔3〕粪土：于鬯云："'粪土'当是古语，盖懒惰之谓也。" 〔4〕事再其本：梁启超云："事再其本，谓人民生产事业所获之赢利能倍于其资本也。下仿此。" 〔5〕郭沫若云："'无'下当有重文，即是'民无无糭者卖其子'。" 〔6〕若：马非百云：若犹然后。此谓三其本，然后衣食足也。 〔7〕"然则"句：马非百云："指各地百姓反抗蜂起，以致道路发生阻塞，独身无法通行。"遵，行也。 〔8〕拘：郭沫若云："此'拘'当为'抱'之讹。……即不安于怀抱也。"译文从郭说。 〔9〕中内撕民：马非百云：中者，当也。撕之言芰也。"中内撕民，谓相当于从内部自杀其百姓也。" 〔10〕责理：督责管理。 〔11〕鬻子：指被卖之子。不可得使：指其父母不可得使。

【译文】

　　上等农夫可供五人吃饭，中等农夫可供四人吃饭，下等农夫可供三人吃饭。上等女工可供五人穿衣，中等女工可供四人穿衣，下等女工可供三人穿衣。农夫有固定的耕作任务，女工有固定的纺织任务。一个农夫不从事耕作，百姓中就有因此挨饿的；一个女工不从事纺织，百姓中就有因此受冻的。挨饿受冻，必然都起因于懒惰，因此先王十分重视百姓懒惰的苗头。耕作纺织的收益达到成本的两倍，百姓中才没有卖儿卖女的饥民；达到三倍，才能足衣足食；达到四倍，才能乡里家给人足；达到五倍，才能远近流通，死者才得以安葬。如果耕作纺织的收益达不到成本的两倍，而君主的征敛又没有止境，那么奸民就会群起作乱，路途无法独行，拥有财货也不得安宁。如果再用刑法进行处置，那就等于从内部残害自己的百姓。因此，轻重之术运用调节不当，君主对饥民就难以进行管理，父母对被卖子女就不能使唤。君主失去百姓，父母失去子女，这是国家灭亡的征兆。

管子曰："神农之数曰：'一谷不登，减一谷，谷之法什倍。[1]二谷不登，减二谷，谷之法再什倍。'夷疏满之，[2]无食者予之陈，[3]无种者贷之新，故无什倍之贾，[4]无倍称之民。"[5]

【注释】

〔1〕"一谷"三句：马非百云："一谷不熟，即减少一谷之收获。依照多则贱少则贵之物价定律，其谷之价必涨至十倍。下仿此。"〔2〕夷疏：割取蔬菜。疏同"蔬"。〔3〕陈：指陈谷，与下句新谷对举。〔4〕什倍之贾：指赢利十倍的富商。〔5〕倍称之民：指利息加倍的高利贷者。《汉书·食货志》如淳注："取一偿二为倍称。"

【译文】

管子说："神农氏的教导说：'一种谷物不熟，就减少一种谷物的收成，按谷价的规律就要上涨十倍。两种谷物不熟，就减少两种谷物的收成，按谷价规律就要上涨二十倍。'让百姓用蔬菜来补充口粮的不足，国家对没有存粮的贷给陈谷，对没有种子的贷给新谷，这样，就不会有赢利十倍的富商大贾，也不会有利息加倍的高利贷者。"

国准第七十九

【题解】

　　国准指国家的平准政策，它也属于轻重之术的一部分。

　　本篇提出国准的原则是"视时而立仪"，即根据时势而制订法度的政策。文章列举了黄帝、虞、夏、商、周五代的实例，说明五代的做法各异，但都是"视时而立仪"，因而各有其效用，此所谓"五家之数殊而用一"。文章还提出当今之世，君主应兼用五家之数而勿尽，主张兼采并用，又不拘泥。文章并对"来世之王者"提出了"好讥而不乱，亟变而不恋。时至则为，过则去"的要求，强调适时而变。全篇论题集中，条理清晰，在"轻重"篇中颇有特色。

　　桓公问于管子曰："国准可得闻乎？"[1]管子对曰："国准者，视时而立仪。"[2]桓公曰："何谓视时而立仪？"对曰："黄帝之王，谨逃其爪牙。[3]有虞之王，枯泽童山。夏后之王，烧增薮，焚沛泽，不益民之利。[4]殷人之王，诸侯无牛马之牢，[5]不利其器。[6]周人之王，官能以备物。[7]五家之数殊而用一也。"[8]桓公曰："然则五家之数，籍何者为善也？"管子对曰："烧山林，破增薮，焚沛泽，猛兽众也。童山竭泽者，君智不足也。烧增薮，焚沛泽，不益民利，逃械器，[9]闭智能者，辅己者也。诸侯无牛马之牢，不利其器者，曰淫器而一民心者也。[10]以人御人，逃戈刃，[11]高仁义，乘天固以安己者也。[12]五家之数殊而用一也。"

【注释】

〔1〕国准：国家的平准政策。〔2〕视时而立仪：指根据时势来制定政策，因时制宜。仪，政策。〔3〕逃其爪牙：指逃避猛兽爪牙的伤害。〔4〕不益民之利：指不让百姓增加财利。〔5〕诸侯无牛马之牢：指不让诸侯拥有牛栏马圈，以从事畜牧业生产。〔6〕不利其器：指不让使用锋利的器具。〔7〕官能：设立官职，任用贤能。〔8〕用一：指视时而立仪的原则一致。〔9〕逃械器：指不采用器械工具。〔10〕曰淫器：张佩纶云："当作'毋淫器'，《月令》'毋作淫巧以荡上心'是也。"译文从张说。一民心：使民心专一务农。〔11〕逃戈刃：指避免杀戮。〔12〕天固：指天道稳固。

【译文】

桓公问管子说："能谈谈国家的平准政策吗？"管子回答说："国家平准政策的原则，就是根据时势来确立法度。"桓公问："什么叫根据时势来确立法度？"管子回答说："黄帝治理天下时，小心地躲避猛兽的爪牙的伤害。有虞氏治理天下时，抽干水泽，伐尽山林。夏后氏治理天下时，点燃草甸，焚毁大泽，不让百姓增加财利。殷人治理天下时，不让诸侯拥有牛栏马圈，不让使用锋利的器具。周人治理天下时，设立官职，任用贤能，储备货物。五家的做法不同，但原则是一致的。"桓公问："但是这五家的做法，借用哪一家为好呢？"管子回答说："烧山林，毁草甸，焚大泽，这是因为猛兽太多。伐尽山林，抽干水泽，这是因为君主智力不足。点燃草甸，焚毁大泽，不让百姓增加财利，还不让使用器械工具，闭塞百姓智能，这是因为要加强自己。不让诸侯拥有牛栏马圈，不让使用锋利的器具，这是因为不许制造淫巧的器物而要使百姓一心务农。设立官职，任用贤能，避免杀戮，倡导仁义，这是因为要利用天道稳固来安定自己。因此说，五家的做法不同，但原则是一致的。"

桓公曰："今当时之王者立何而可？"管子对曰："请兼用五家而勿尽。"[1]桓公曰："何谓？"管子对曰：

"立祈祥以固山泽,[2]立械器以使万物,天下皆利而谨操重策。[3]童山竭泽,益利搏流。[4]出山金立币,存菹丘,[5]立骈牢,[6]以为民饶。彼菹菜之壤,[7]非五谷之所生也,麋鹿牛马之地,春秋赋生杀老,[8]立施以守五谷。[9]此以无用之壤臧民之赢。[10]五家之数皆用而勿尽。"

【注释】

〔1〕"请兼"句:马非百云:"谓五家之数皆可采用其意,而不必全泥其法,犹今人之言灵活运用矣。" 〔2〕祥:闻一多云:"'祥'当作'羊'。"译文从"羊"。固:同"锢",禁闭。 〔3〕谨操重策:指严格掌握物价政策。 〔4〕益利搏流:宋本搏作"扥(搏)"。搏流,马非百云:"与'持流''守流''夺流'同义。""'益利搏流'即上文'天下皆利而谨操重策'之意。" 〔5〕存菹丘:指设立牧场。 〔6〕立骈牢:指建立并列的牛栏马圈。 〔7〕菹菜:王念孙云:"'菹菜'当为'菹莱'。"菹,生草之地。译文从王说。 〔8〕"春秋"句:马非百云:"谓春则以新生驹犊贷予于人民,秋则杀其老者以供祭祀而资食用。" 〔9〕立施:指铸造货币。施即"通施",指货币。 〔10〕"此以"句:安井衡云:"臧、藏同。'赢'当为'赢'。"译文从之。何如璋云:"化无用为有用,而可藏民余谷也。"

【译文】

桓公问:"当今的君主应该采用哪家的方法?"管子回答说:"五家的方法可以兼采并用,但又不可拘泥。"桓公问:"这是什么意思?"管子回答说:"设立祭神用羊来封禁山泽资源,制造器械工具来利用万物,让天下百姓都能得利,但要严格掌握物价政策。伐尽山林,抽干水泽,让百姓增加财利,又要控制流通。开采铜矿铸造货币,设立牧场,建造牛栏马圈,用这些使百姓富裕起来。那些长满野草的土地,不能生长五谷,却是放牧麋鹿牛马的牧场。春季繁殖幼畜贷给百姓,秋季杀掉老畜供祭祀食用,再造出货币来控制粮食。这就相当于将无用的土地来储藏百姓的余粮。因此,五家的方法都兼采并用了,而又没有拘泥于任何一家。"

桓公曰:"五代之王以尽天下数矣,[1]来世之王者可得而闻乎?"管子对曰:"好讥而不乱,[2]亟变而不变。[3]时至则为,过则去。[4]王数不可豫致。[5]此五家之国准也。"

【注释】

〔1〕以:安井衡云:"以,已也。" 〔2〕讥:安井衡云:"'讥',察也。"指观察调查。 〔3〕变:郭沫若云:"下'变'字当为'娈'字之误。"娈字通作"'恋'。……'亟变而不娈'者谓当变即变,不稍留恋"。译文从郭说。 〔4〕"时至"二句:马非百云:指一个时代有一个时代之具体政策,适合于时代需要者则为之,不适合于时代需要者则去之。 〔5〕"王数"句:马非百云:"王数犹言帝王之政策。'不可豫致'谓不能事先作出决定。"

【译文】

桓公问:"以上五代治理天下,已经用尽了各种方法,能谈谈今后要成就王业的君主该怎样做吗?"管子回答说:"善于观察调查而不搞乱原则,善于随机应变而不留恋过去。政策适应时代就应当推行,落后时代就应当丢弃。君王的政策不可能都预先设计好。这就是五代君王平准政策的原则。"

轻重甲第八十

【题解】

　　本书专论"轻重"的一组文章以天干为序分别题名，这是第一篇，题为《轻重甲》。

　　本篇从各个角度阐述了轻重之术的具体运用，共分为各自独立的十七节。第一节阐述运用轻重之术"来天下之财，致天下之民"。第二节阐述夏桀失天下和商汤得天下的原因。第三节阐述通过"战衡、战准、战流、战权、战势"五战而学习用兵之法。第四节阐述运用轻重之术赈济阵亡者家属，激励将士奋勇作战。第五节阐述运用轻重之术从事物资结聚，减轻百姓负担。第六节阐述聘用专家，解决弓弩弯曲不合用的难题。第七节阐述"厌宜乘势，计议因权"的原则，主张借祭神而征税。第八节阐述挖水池、练游水以击败越人的"水豫"之法。第九节阐述北泽着火而农夫有百倍之利的道理。第十节阐述帮助北郭贫民摆脱贫困的方法。第十一节阐述齐国运用轻重之术先后控制食盐、黄金以至万物的获取地利的方法。第十二节阐述运用轻重之术控制山林草泽资源，发放蚕贷农贷，以抑制富商，吸引百姓。第十三节阐述百姓事不反本，君主征敛不止，必然导致百姓流散，国家败亡。第十四节阐述运用轻重之术"散积聚、调高下、分并财"，防止豪门与国君争权。第十五节阐述运用轻重之术提高粮价，解决庞大的军费开支。第十六节阐述使用重禄重赏，使大臣尽忠，士兵效死。第十七节阐述将四夷宝物作为货币，达到互利，从而使四夷臣服。

　　桓公曰："轻重有数乎？"[1]管子对曰："轻重无数。物发而应之，闻声而乘之。故为国不能来天下之财，致天下之民，则国不可成。"桓公曰："何谓来天下之财？"管子对曰："昔者桀之时，女乐三万人，端噪晨乐闻于三衢，[2]是无不服文绣衣裳者。伊尹以薄之游女工文绣纂组，[3]一纯得粟百钟于桀之国。[4]夫桀之国者，天子之国也。桀无天下忧，饰妇女钟鼓之乐，故伊尹得其粟而夺之流。[5]此之谓来天下之财。"桓公问："何谓致天下之民？"管子对曰："请使州有一掌，里有积五窌。[6]民无以与正籍者予之长假，[7]死而不葬者予之长度。[8]饥者得食，寒者得衣，死者得葬，不资者得振，[9]则天下之归我者若流水。此之谓致天下之民。故圣人善用非其有，使非其人，[10]动言摇辞，[11]万民可得而亲。"桓公曰："善。"

【注释】

〔1〕数：定数，规律。 〔2〕端噪：孙星衍云："《太平御览》四百九十二引作'晨噪于端门，乐闻于三衢'，此有脱误。"译文从孙说。端门，王都南面之门。 〔3〕伊尹：商初大臣，曾助商汤攻灭夏桀。薄：即"亳"。游女：闲散之女。纂组：赤色绶带。 〔4〕一纯：《史记》索隐云："凡丝绵布帛等一段谓一纯。"犹今言一匹。 〔5〕流：指流通。〔6〕"请使"二句：马非百云：掌当是古时仓名。窌同窖。谓每州必有一掌，每里必有积藏五谷之窖五处。 〔7〕"民无"句：马非百云："谓民之无产业、无纳税能力者，由政府以国有苑囿公田池泽长期假之。"假，贷也。 〔8〕"死而"句：马非百云："言死而不葬者，即由政府以所谓长度者予之，使其持向所在地官府支取官钱，作为购备棺衾之用。"长度指领款凭据。 〔9〕不资：王引之云："宋本'资'作'赡'。""资、赡皆'澹'字之误。"澹同赡，不赡者指贫者。振：同"赈"，赈济。〔10〕用非其有，使非其人：张文虎云："'用非其有'，即所谓来天下之财也。'使非其人'，即所谓致天下之民也。" 〔11〕动言摇辞：马非百云："谓发号施令也。"

【译文】

桓公问:"轻重之术的运用有规律吗?"管子回答说:"轻重之术的运用没有规律。事物萌发就要作出反应,听到声息就要加以利用。因此,治理国家而不能吸引天下的财富、招引天下的百姓,国家就难以成立。"桓公问:"什么叫吸引天下的财富?"管子回答说:"以前夏桀的时候,设有女乐三万人,清晨在端门奏乐喧闹,三条大街外都能听到声音,这些人无不穿着华丽的衣裳。伊尹依靠亳地善于刺绣织带的闲散女子,一匹织带便可从夏朝换得百钟粮食。夏朝是天子之国,夏桀不为治理天下忧劳,只追求声色的享乐,这就使伊尹夺得了夏朝的粮食,并控制了它的流通。这就叫吸引天下的财富。"桓公问:"什么叫招引天下的百姓?"管子回答说:"请在每一州设一座粮仓,每一里积贮五窖存粮。凡无纳税能力的百姓给予长期借贷,死后无钱安葬的百姓给予凭据领钱买棺。做到饥饿的有饭吃,受冻的有衣穿,死亡的有棺葬,贫困的有救济,这样,天下百姓归附我们就会像流水一般涌来。这就叫招引天下的百姓。因此,贤明的君主善于利用别国的财富、役使别国的百姓,只要发号施令,就能获得万民和他的亲近。"桓公说:"对。"

桓公问管子曰:"夫汤以七十里之薄,兼桀之天下,其故何也?"管子对曰:"桀者冬不为杠,[1]夏不束柎,[2]以观冻溺;[3]弛牝虎充市,[4]以观其惊骇。至汤而不然。夷竞而积粟,[5]饥者食之,寒者衣之,不资者振之,天下归汤若流水。此桀之所以失其天下也。"桓公问:"桀使汤得为是,其故何也?"管子曰:"女华者,[6]桀之所爱也,汤事之以千金;曲逆者,[7]桀之所善也,汤事之以千金。内则有女华之阴,外则有曲逆之阳,阴阳之议合,而得成其天子。此汤之阴谋也。"

【注释】

〔1〕杠(gāng 刚):小桥,独木桥。《说文》段注:"凡独木者曰杠,骈木者曰桥。" 〔2〕何如璋云:"束柎者,以木为桴,相比束之,浮水

以渡也。夏水大，故须束树。"柎，即木筏。 〔3〕许维遹云："'观'下夺'其'字。"此谓以观看百姓受冻溺水作乐。 〔4〕弛：放纵。〔5〕夷竞：丁士涵云："'竞'疑本是'疏'字，故对粟言之。"疏同"蔬"。夷，芟夷，割取。 〔6〕女华：据《竹书纪年》载，岷山进献二女于桀，其一为女华。 〔7〕曲逆：未详，当为桀之佞臣。

【译文】
　　桓公问管子说："商汤凭借着方圆七十里的亳地，就兼并了夏桀的天下，这是什么原因呢？"管子回答说："夏桀在寒冷的冬天不造桥，在水大的夏天不造筏，以观看百姓受冻遭溺为乐；他放纵雌虎进入集市，以观看百姓惊恐万状为乐。商汤就不是这样。他收取蔬菜，积贮粮食，挨饿的给粮食吃，受冻的给衣服穿，贫困的给予救济，天下百姓归附商汤就像水归大海。这就是夏桀之所以失去天下的原因。"桓公问："夏桀让商汤能达到这样的目的，又是什么原因呢？"管子说："女华是夏桀宠爱的嫔妃，商汤用千金进行了贿赂；曲逆是夏桀宠幸的近臣，商汤也用千金进行了贿赂。宫廷内有女华暗中出力，朝廷上有曲逆公开相助，暗中和公开的议论相互配合，商汤才能最终成为天子。这是商汤暗中所使的计谋。"

　　桓公曰："轻重之数，国准之分，〔1〕吾已得而闻之矣，请问用兵奈何？"管子对曰："五战而至于兵。"〔2〕桓公曰："此若言何谓也？"管子对曰："请战衡、战准、战流、战权、战势，〔3〕此所谓五战而至于兵者也。"桓公曰："善。"

【注释】
　　〔1〕国准之分：关于国家平准措施的区分。见《国准》篇。〔2〕五战而至于兵：指经过五方面经济策略上的战斗，就能够学会用兵。〔3〕衡：平衡供求。准：指调节物价。流：货物流通。权：权衡得失。势：指利用形势。

【译文】

桓公说:"轻重方法的掌握,平准措施的区分,我已经知道了,请问该怎样用兵?"管子回答说:"经过经济策略上五方面的战斗,就能学会用兵了。"桓公问:"你这话是什么意思呢?"管子回答说:"请在平衡供求上作战,在调节物价上作战,在流通货物上作战,在权衡得失上作战,在利用形势上作战。这就是经过经济策略上五方面的战斗,就能学会用兵的道理。"桓公说:"好。"

桓公欲赏死事之后,[1]曰:"吾国者,衢处之国,馈食之都,[2]虎狼之所栖也。[3]今每战舆死扶伤如孤,[4]荼首之孙,[5]仰割戟之宝,[6]吾无由与之,为之奈何?"管子对曰:"吾国之豪家,迁封、食邑而居者,[7]君章之以物则物重,[8]不章以物则物轻;守之以物则物重,不守以物则物轻。故迁封、食邑、富商、蓄贾、积余、藏羡、跱蓄之家,[9]此吾国之豪也。故君请缟素而就士室,[10]朝功臣、世家、迁封、食邑、积余、藏羡、跱蓄之家,曰:'城脆致冲,[11]无委至围,[12]天下有虑,齐独不与其谋?子大夫有五谷菽粟者勿敢左右,请以平贾取之子。'与之定其券契之齿。[13]釜钘之数,[14]不得为侈弇焉。[15]困穷之民闻而籴之,釜钘无止,远通不推。[16]国粟之贾坐长而四十倍。君出四十倍之粟以振孤寡,牧贫病,[17]视独老穷而无子者,靡得相鬻而养之,勿使赴于沟浍之中。[18]若此,则士争前战为颜行,[19]不偷而为用,舆死扶伤,死者过半,此何故也?士非好战而轻死,轻重之分使然也。"[20]

【注释】

〔1〕死事之后：马非百云："死事之后，谓阵亡将士遗族。"〔2〕馈食：指依靠别国供应粮食。〔3〕虎狼之所栖：马非百云："虎狼所栖，言山多田少。"〔4〕舆死扶伤：指车载死者，人扶伤者。如：刘绩云："'如'字当作'之'字。"〔5〕荼首：指白首，即白发老人。〔6〕"仰剸"句：马非百云："'宝'当是'寡'字之误。""剸戟"当作持戈之士讲。言依靠持戈之丈夫以为食也。译文从马说。〔7〕何如璋云："迁者，登也，升也。迁封犹言迁官。"食邑：指收取封地的赋税。居：积蓄，囤积。〔8〕章之以物：郭沫若云："'章'当读为障，藏也，与守字义近。'章之以物'即使之障物……"〔9〕跱蓄：安井衡云："跱、峙同，积也。"〔10〕缟素：指丧服。士室：指基层官吏的办公之处。〔11〕脆：宋本作"肥"，同"飞"，薄也。〔12〕委：委积，积蓄。〔13〕"与之"句：马非百云："古人立契，中分为二，其分处必有齿，以便合验。……犹言订立合同。"〔14〕釜钘之数：釜、钘均为量器名称。此谓收购的数量。〔15〕侈弇：马非百云："此谓钟口大而中央小者谓之侈，钟口小而中央大者谓之弇。引申之即夸大或缩小之意。"〔16〕远通不推：张佩纶云："'通'当作'近'。不推即不推而往，不召而来，即远近籴之者大至也。"译文从张说。〔17〕牧：戴望云："'牧'当从朱本作'收'。"收指收养。〔18〕沟浍：马非百云："沟浍即沟洫，此处作沟壑讲。"〔19〕颜行：前行。文颖云："颜行犹雁行。在前行，故曰颜也。"〔20〕分：马非百云："分读如本分之分，有必然之意。"

【译文】

桓公准备优抚阵亡将士的家属，说："我们齐国是一个四通八达、四面受敌的国家，是一个依靠别国进口粮食的国家，是一个山多田少的国家。现在每次战争之后，死伤将士的遗孤，白发老人的孙子，依仗丈夫养活的寡妇，我都没有能力来抚恤，该怎么办呢？"管子回答说："我国的豪富之家，那些因升官加封、食取采邑而囤积财富的人家，君主让他们贮藏财物，财物就涨价，不让他们贮藏就跌价；让他们控制财物，财物就涨价，不让他们控制就跌价，因而那些升官加封、食取采邑、富商大贾、积存余财、贮藏盈利、囤积粮食的人家，都是我国的豪富。君主可以穿上丧服到地方官府去，召集那些有功之臣、世家大族、升官加封、食取采邑、积存余财、贮藏盈利、囤积粮食的豪富之家，对他们说：

'城墙薄弱就会被攻破，国无积蓄就会被围困，天下都在为此担忧，难道独有齐国不必担心吗？你们家中储存的粮食都不能自由买卖，国家用平价向你们收购。'然后同他们分别订立合同，各家的存粮数量，不许任意夸大或缩小。这样，贫困缺粮的百姓听到消息就会前来买粮，多买少买，络绎不绝，远路近路不请自来。国内的粮价因此上涨四十倍。君主拿出粮价上涨的收入来赈济孤儿寡妇，收养贫病百姓，照顾贫穷无子的孤老，使他们不至于卖身为奴而得以奉养，不让他们因贫病而死于沟壑。如果做到这样，战士们就会在战场上奋勇争先，冲锋向前，绝无贪生怕死，乐于为国效命。他们为什么在死伤过半的情况下仍不惜牺牲呢？战士们不是生性好战而不顾惜生命，这是实行轻重之术的必然结果。"

桓公曰："皮、干、筋、角之征甚重。[1]重籍于民而贵市之皮、干、筋、角，非为国之数也。"管子对曰："请以令高杠柴池，[2]使东西不相睹，南北不相见。"桓公曰："诺。"行事期年，而皮、干、筋、角之征去分，民之籍去分。桓公召管子而问曰："此何故也？"管子对曰："杠池平之时，夫妻服辇，[3]轻至百里。今高杠柴池，东西南北不相睹，天酸然雨，[4]十人之力不能上；广泽遇雨，[5]十人之力不可得而恃。夫舍牛马之力所无因，[6]牛马绝罢，[7]而相继死其所者相望。皮、干、筋、角徒予人而莫之取。牛马之贾必坐长而百倍。天下闻之，必离其牛马而归齐若流。故高杠柴池，所以致天下之牛马而损民之藉也。[8]《道若秘》云：[9]'物之所生，不若其所聚。'"[10]

【注释】
〔1〕皮、干、筋、角：干指肋骨。四者均为制造弓箭等兵器的材料。
〔2〕高杠柴池：戴望云：柴乃"罙"字之误，罙即"深"。此谓筑高桥深

池。〔3〕服：王引之云："服之言负也。""'箄'盖'荤'字之伪。""夫妻服荤者，言杠池平之时，民间夫妻服荤而行，不用牛马，亦不假多人輓之也。"〔4〕酸：洪颐煊云："'酸'通作'霰'。《说文》云'霰，小雨也'。"〔5〕马非百云："广泽指深池言。"广泽遇雨，当指大雨言。大雨则池水必满，满则洼下地中之道路必为泥泞所阻，故池深则十人之力不可得而恃。〔6〕王念孙云："'所无因'当作'无所因'。人力不足恃，则必借牛马之力。"译文从王说。〔7〕罢：同"疲"。〔8〕损民之藉：减少对百姓的征税。藉，同"籍"。〔9〕安井衡云："'道若秘'盖书名也。"〔10〕"物之"二句：马非百云："其书盖亦言轻重之策者，'物之所生，不若其所聚'，即书中语……盖谓直接经营生产活动所获收入，不如通过囤积居奇方式所得利润之大。"

【译文】

桓公说："现在对皮革、肋骨、牛筋、牛角的征收太急，加重对百姓的征敛而使市场上这些物资的价格上涨，这不是治国的好办法。"管子回答说："请下令修筑高桥深池，使人在桥东看不见桥西，在桥南看不见桥北。"桓公说："好的。"桥池建成一年，皮革、肋骨、牛筋、牛角的征收量就减少了一半，百姓要交的赋税也减少了一半。桓公召见管子问他说："这是什么原因呢？"管子回答说："桥和池平坦之时，夫妻两人拉车，可以轻松地行走百里。如今造起了高桥深池，东西南北相互看不见，天下小雨路滑，十个人的力量也不能拉车上桥；大雨漫出深池，在泥泞中赶路，十个人的力量也靠不住。因此，除了依靠牛马的力量，就别无他法。这样，牛马疲惫不堪，相继累死在路途，牛马的皮干筋角白送人也没有要。因而，牛马的价格必然上涨百倍，天下各国听到这个消息，必然会像流水一般将牛马赶来齐国出售。因此，修筑高桥深池，就是用来招引天下的牛马，从而减轻对百姓的征敛。正如《道若秘》上所说：'从事物资的生产，不如从事物资的聚集。'"

桓公曰："弓弩多匡枉者，[1]而重籍于民，奉缮工，[2]而使弓弩多匡枉者，其故何也？"管子对曰："鹅鹜之舍近，[3]鹍鸡鹄鸨之通远，[4]鹄鹍之所在，[5]君请式璧而聘之。"[6]桓公曰："诺。"行事期年，而上无阙者，前无趋人。[7]三月解㧴,[8]弓弩无匡㧁者。召管子而问曰:"此何故也?"管子对曰:"鸧鹖之所在,君式璧而聘之,菹泽之民闻之,越平而射远,[9]非十钧之弩不能中鹍鸡鸧鲍。[10]彼十钧之弩,不得辈撒不能自正。[11]故三月解㧴而弓弩无匡㧁者,此何故也?[12]以其家习其所也。"[13]

【注释】
〔1〕匡㧁(qǐ启):匡,邪枉。尹知章云:"㧁,碍也。"谓弓弩弯曲不合用。 〔2〕缮工:指修缮弓弩的工匠。 〔3〕鹜:同"鹜",鸭。 〔4〕"鹍鸡"句:安井衡云:"鹍鸡似鸡而大。鸧大于雁,羽毛白泽。鲍同鹎,似雁而大,无后趾,毛有豹文。通犹道也。" 〔5〕鸧鹖之所在:马非百云:鸧鹖所在,指射取鸧鹖之人家而言。 〔6〕式璧:尹知章云:"式,用也。璧,石璧也。聘,问也。赐之以璧,仍存问之。" 〔7〕郭沫若云:"'上'当为'工',谓缮工也。'前'当为'箭'。弓不待缮,故缮工足用。弓不偏戾,故箭不误伤人。"译文从郭说。 〔8〕俞樾云:"字书无'㧴'字,疑'医'字之误。《说文·匚部》'医,盛弓弩矢器也,从匚从矢'。"译文从俞说。 〔9〕平:何如璋云:"平,近也。越平射远,欲得鹍鸧也。" 〔10〕钧:三十斤。 〔11〕辈撒:矫正弓弩的工具。 〔12〕王念孙云:"'此何故也'四字涉上文而衍。"译文从王说。〔13〕所:安井衡云:"所,犹事也。"

【译文】
桓公问:"国内的弓弩很多弯曲不合用,只能加重对百姓征税,奉养一批工匠进行修治。使得弓弩弯曲不合用的原因是什么呢?"管子回答说:"鹅、鸭的窝很低,鹍鸡、天鹅、鸧鸟却飞得很高。君主请用玉璧为礼去访问聘请专门射猎天鹅、鹍鸡的人家。"桓公说:"好的。"聘用了一年,国内就不再缺少缮工,射箭也不再误伤旁人了。三月后打开盛器,再也找不到弯曲不合用的弓弩了。桓公召见管子问他说:"这是什么原因呢?"管子回答说:"君主用玉璧为礼去访问聘请专门射猎天鹅、鹍鸡的人家,住在水草丰茂的湖泽旁的百姓听说了,都舍近求远,而没有十钧拉力的硬弓是不能射中鹥鸡、天鹅、鸨鸟的。那些十钧的硬弓，不使用矫正的工具是不会自然准直的。因而三月之后打开盛器而弓弩没有弯曲不合用的，是因为那些猎户人家熟习这项技术的缘故。"

桓公曰："寡人欲藉于室屋。"管子对曰："不可，是毁成也。""欲藉于万民。"管子曰："不可，是隐情也。""欲藉于六畜。"管子对曰："不可，是杀生也。""欲藉于树木。"管子对曰："不可，是伐生也。""然则寡人安藉而可？"管子对曰："君请藉于鬼神。"桓公忽然作色曰：[1]"万民、室屋、六畜、树木且不可得藉，鬼神乃可得而藉夫？"管子对曰："厌宜乘势，事之利得也；计议因权，事之囷大也。[2]王者乘势，圣人乘幼，[3]与物皆宜。"桓公曰："行事奈何？"管子对曰："昔尧之五吏五官无所食，[4]君请立五厉之祭，[5]祭尧之五吏。春献兰，秋敛落，[6]原鱼以为脯，[7]鲵以为殽。[8]若此，则泽鱼之正伯倍异日，[9]则无屋粟邦布之藉。[10]此之谓设之以祈祥，[11]推之以礼义也。然则自足，何求于民也？"

【注释】

〔1〕忽然：王念孙云："'忽然'非作色之貌。'忽然'当作'忿然'。"译文从王说。 〔2〕于省吾云："'厌宜'与'计议'对。……'厌宜'即'合宜'。'囷'应读作侑……侑之通诂训助。" 〔3〕幼：丁士涵云："'幼'读为幽。"指鬼神。 〔4〕闻一多云："'五官'二字疑衍。"译文从闻说。无所食：指无人祭祀。 〔5〕厉：何如璋云："'厉'谓前代有功之人而无主后者，立祀以报其功，使无归之鬼不为厉也。" 〔6〕春献兰，秋敛落：何如璋云："兰，花之最贵，故春以为献。落，果实也，秋熟而敛之。" 〔7〕"原鱼"句：马非百云：原鱼者，当是不加

烹调，即用生鱼作为鱼脯，以为牺牲也。脯指肉干。 〔8〕鲵：小鱼。殽：指鱼肉等荤菜。 〔9〕正伯倍：猪饲彦博云："'正伯倍'当作'征百倍'。"译文从之。 〔10〕屋粟：有田不耕的罚款办法。《周礼·地官》注："屋粟，民有田不耕所罚三夫之税粟。"邦布：指人口税。〔11〕祈祥：同"祈羊"。

【译文】

桓公说："我打算征收房屋税。"管子回答说："不行，这等于毁坏房屋。""我打算征收人口税。"管子回答说："不行，这等于抑制百姓的情欲。""我打算征收牲畜税。"管子回答说："不行，这等于宰杀幼畜。""我打算征收树木税。"管子回答说："不行，这等于砍伐林木。""那么我该征收什么税呢？"管子回答说："请君主向鬼神征税。"桓公怒气冲冲地说："人口税、房屋税、牲畜税、树木税尚且都不能征收，难道能向鬼神征税吗？"管子回答说："符合时宜，因势利导，办事就能得到好处；深谋远虑，善于权变，办事就能得到帮助。王者善于利用时势，圣人善于利用幽灵，万物无不合宜。"桓公问："该怎么做呢？"管子回答说："从前尧有五个贤臣至今无人祭祀，请君主设立五人鬼魂的祭祀，让百姓都来祭拜尧时的贤臣。春天献上兰花，秋天收集果实，用生鱼制成的鱼干和小鱼做成的菜肴作为祭品。这样，国家的鱼税收入就可以比过去增加百倍，那就不必再征收不耕地的罚款和人口税了。这就叫做既设立了祭祀，又推行了礼义。既然税收已经丰足，还要向百姓索求什么呢？"

桓公曰："天下之国，莫强于越。今寡人欲北举事孤竹、离枝，〔1〕恐越人之至，为此有道乎？"管子对曰："君请遏原流，〔2〕大夫立沼池，令以矩游为乐，〔3〕则越人安敢至？"桓公曰："行事奈何？"管子对曰："请以令隐三川，〔4〕立员都，〔5〕立大舟之都。大身之都有深渊，〔6〕垒十仞。〔7〕令曰：'能游者赐千金。'〔8〕未能用金千，齐民之游水，不避吴越。"〔9〕桓公终北举事于孤竹、离枝，越人果至，隐曲蔷以水齐。〔10〕管子有扶身之士五万人，[11]以待战于曲菑，大败越人。此之谓水豫。[12]

【注释】

〔1〕孤竹、离枝：北方古国名。离枝又作"令支"。〔2〕何如璋云："原流"谓原山之流，即甾水之源也。遏而堤之，可为沼池也。〔3〕矩游：于省吾云："'矩'应读作'距'。""'距游'即在水距跃游泳之意也。"译文从于说。〔4〕隐：同"偃"。孙诒让云："'隐'读为'匽'。"〔5〕员都：安井衡云："员、圆，都、潴，皆通。潴，水所聚也。"〔6〕大身之都：王念孙云："'大身之都'亦当为'大舟之都'。"译文从王说。〔7〕马非百云："垒与累同。……累十仞，谓不止一个十仞，盖极言其深也。"〔8〕吴闿生云："据'未能用金千'句，则此上句'赐千金'，'千'乃'十'字之误。"译从。〔9〕避：让。〔10〕蓄：戴望云："'蓄'为'菑'字之误。"译文从戴说。水：淹，灌。〔11〕扶身之士：安井衡云："扶，读为浮。"浮身之士指习水善游之士。〔12〕水豫：水战的预备。

【译文】

桓公问："天下各国，没有比越国更强的。现在我想北伐孤竹、离枝，又怕越人从背后袭来，对此有什么办法对付吗？"管子回答说："请君主阻遏原山的水流，让大夫筑成大水池，使百姓把在水中跳跃游泳作为乐趣，这样越人怎么还敢来呢？"桓公问："该怎么做呢？"管子回答说："请下令阻塞三条河川，建立起圆形的水池和能通大船的湖泊。通行大船的湖泊深度要超过十仞。再下令：'能游水的赏给十金。'还没到用去千金，齐国百姓的游水技术就一点不比吴越人差了。"桓公终于率兵北伐孤竹、离枝，而越人果然从背后袭来，并堵塞曲菑之水来灌淹齐国。管子已备有善于游水的兵士五万人，在曲菑以逸待劳，终于大败越人。这就叫水战的预备。

齐之北泽烧，[1]火光照堂下。管子入贺桓公曰："吾田野辟，农夫必有百倍之利矣。"是岁租税九月而具，粟又美。桓公召管子而问曰："此何故也？"管子对曰："万乘之国、千乘之国，不能无薪而炊。今北泽烧，莫之续，[2]则是农夫得居装而卖其薪荛，[3]一束十倍。则春有以剿耜，[4]夏有以决芸。[5]此租税所以九月而具也。"

【注释】
〔1〕"齐之"句：尹知章云："猎而行火曰烧。" 〔2〕莫之续：指柴草接续不上。 〔3〕居装：马非百云：居，积也。装，束也。谓农夫得以积其束薪而卖之也。薪荛：尹知章云："大曰薪，小曰荛。" 〔4〕剿耜：马非百云：谓以耜插入田中而翻其土也。 〔5〕决芸：马非百云："决，去也。芸，《说文》'草也'。决芸，谓决去田中之草也。"

【译文】
齐国北部的沼泽因打猎而起火，火光直照到朝堂之下。管子入见桓公祝贺说："我国的田地得到开辟，农夫必定会得百倍的财利。"这一年的租税九月就交纳齐备，粮食又获丰收。桓公召见管子问他说："这是什么原因呢？"管子回答说："无论是万乘之国，还是千乘之国，做饭不能不烧柴草。今年北部沼泽起火，做饭用柴接续不上，这样农夫就能积聚柴草拿去出卖，一捆柴草可涨价十倍。因而农夫春天就有能力耕好地，夏天就有能力锄好草。这就是租税九个月交纳齐备的原因。"

桓公忧北郭民之贫，召管子而问曰："北郭者，尽屦缕之甿也，[1]以唐园为本利，[2]为此有道乎？"管子对曰："请以令，禁百钟之家不得事鞼，[3]千钟之家不得为唐园，去市三百步者不得树葵菜。若此，则空闲有以相给资，[4]则北郭之甿有所雠，[5]其手搔之功，[6]唐园之利，故有十倍之利。"

【注释】

〔1〕屦缕之甿:颜昌峣云:"'屦缕之甿'盖谓捆屦缉缕为生者耳。"屦(jù 巨),鞋。甿同"氓",民也。 〔2〕唐园:于省吾云:"'唐园'即'场园'。"场园专指种植菜蔬的菜园。 〔3〕鞼:安井衡云:"'鞼'同'屏',草屦也。事谓作之。" 〔4〕空闲:郭沫若云:"'空闲'当指失业者。" 〔5〕雠:马非百云:"雠者售也。" 〔6〕手搔之功:马非百云:"手搔之功,指屦缕及葵菜等手工生产物而言。"搔,同"爪"。

【译文】

桓公为北郭百姓的贫苦生活而担忧,召见管子问他说:"北郭的百姓都是以编织草鞋为业的贫民,有的以经营菜园为生,有办法帮助他们摆脱贫困吗?"管子回答说:"请下令:有百钟存粮的人家不准编织草鞋,有千钟存粮的人家不准经营菜园,离开集市三百步以内的人家不准种植蔬菜。如果这样,失业的人们就能得到资助,北郭的贫民就能销售产品,他们的手工劳动成果和经营菜园的获利,就能因此而增加十倍。"

管子曰:"阴王之国有三,[1]而齐与在焉。"桓公曰:"此若言可得闻乎?"管子对曰:"楚有汝、汉之黄金,而齐有渠展之盐,燕有辽东之煮,此阴王之国也。且楚之有黄金,中齐有菑石也。[2]苟有操之不工,用之不善,天下倪而是耳。[3]使夷吾得居楚之黄金,[4]吾能令农毋耕而食,女毋织而衣。今齐有渠展之盐,请君伐菹薪,煮沸水为盐,[5]正而积之。"[6]桓公曰:"诺。"十月始正,至于正月,成盐三万六千钟,[7]召管子而问曰:"安用此盐而可?"管子对曰:"孟春既至,农事且起,大夫无得缮冢墓,理宫室,立台榭,筑墙垣,北海之众无得聚庸而煮盐。[8]若此,则盐必坐长而十倍。"桓公曰:"善,行事奈何?"管子对曰:"请以令粜之梁、赵、宋、卫、濮阳，彼尽馈食之也。国无盐则肿，守圉之国，用盐独甚。"桓公曰："诺。"乃以令使粜之，得成金万一千余斤。桓公召管子而问曰："安用金而可？"管子对曰："请以令使贺献出正籍者必以金，[9]金坐长而百倍。运金之重以衡万物，尽归于君。故此所谓用若挹于河海，[10]若输之给马。[11]此阴王之业。"

【注释】

〔1〕阴王之国：马非百云："《揆度篇》云：'天策阳也，壤策阴也。'齐、楚、燕三国各据有自然特产为其他各国所无，足以造成独占之局势，以操纵天下，所谓得地独厚者，故谓之'阴王'。" 〔2〕"中齐"句：王念孙云："'蔷'亦当为'蕾'。中，当也。" 〔3〕"用之"二句：马非百云："'倪'同'睨'。……谓虽有黄金及蕾石，然如不善于运用，则与土同价耳。与土同价，则天下俯拾即是，岂足贵乎？" 〔4〕夷吾：管子之字。居：蓄积。 〔5〕沸水：当作"沛水"，即卤水。 〔6〕正：同"征"。下同。 〔7〕马非百云："'成盐'上脱'得'字。成犹善也。谓善盐善金，犹言纯盐纯金。译文从之。 〔8〕"北海"句：尹知章云："本意禁人煮盐，托以农事，虑有妨夺，先自大夫起，欲人不知其机，斯为权术。"庸，功也。 〔9〕"请以"句：马非百云："贺即朝贺，献即贡献。谓诸侯王通侯之来朝献者及人民缴纳各种租税，皆须一律用金，不得以钱为代也。" 〔10〕若挹于河海：马非百云："挹，酌也。言国用之多，如酌水于河海之中，取之不竭也。" 〔11〕若输之给马：马非百云："马指用以计数之筹码而言。言有如输入筹码，取给无穷也。"

【译文】

管子说："独得地利的国家有三个，齐国也名列其中。"桓公问："你这话可说来听听吗？"管子回答说："楚国有汝水、汉水出产的黄金，而齐国有渠展出产的盐，燕国有辽东出产的盐，这就是独得地利的国家。然而楚国有黄金，相当于齐国有蕾石，如果加工不精，使用不当，天下也不以为贵重。假如我管仲能拥有楚国的黄金，就可以使农夫不耕地而有粮吃,妇女不纺织而有衣穿。如今齐国有渠展产盐,请君主下令砍伐柴草,烧煮卤水成盐,并由国家征收而积存起来。"桓公说:"好的。"从十月开始征收,到第二年正月,共收存纯盐三万六千钟,桓公召见管子问他说:"该怎样使用这些盐呢?"管子回答说:"等初春一到,农事即将开始,命令大夫之家不准修缮坟墓、修理房屋、建立台榭、筑砌墙垣,再命令北海的百姓不准聚集劳力煮盐,如果这样,盐价必定坐涨十倍。"桓公问:"好,再怎样做呢?"管子回答说:"请下令将盐运到梁、赵、宋、卫、濮阳去出售,这些都是靠输入食盐为生的国家。没有盐吃人就要浮肿,对于主要是防守的国家,盐的储备特别重要。"桓公说:"好。"就下令运盐出售,获纯金一万一千多斤。桓公又召见管子问他说:"该怎样使用这些金呢?"管子回答说:"请下令凡朝贺献礼和交纳租税一律使用黄金,这样金价就会坐涨百倍。掌握高价的黄金来控制万物,天下万物就都归于君主了。这就是所谓财用像酌水于河海一样取之不竭,像送来筹码一样用之不尽。这就是利用地利的事业。"

管子曰:"万乘之国必有万金之贾,千乘之国必有千金之贾,百乘之国必有百金之贾,非君之所赖也,君之所与。[1]故为人君而不审其号令,则中一国而二君二王也。"[2]桓公曰:"何谓一国而二君二王?"管子对曰:"今君之籍取以正,[3]万物之贾轻去其分,皆入于商贾,此中一国而二君二王也。故贾人乘其弊以守民之时,贫者失其财,是重贫也;农夫失其五谷,是重竭也。故为人君而不能谨守其山林、菹泽、草莱,不可以立为天下王。"桓公曰:"此若言何谓也?"管子对曰:"山林、菹泽、草莱者,薪蒸之所出,[4]牺牲之所起也。故使民求之,使民藉之,[5]因以给之。私爱之于民,若弟之与兄,子之与父也,然后可以通财交殷也。[6]故请取君之游财而邑里布积之。[7]阳春,蚕桑且至,请以给其口食筲曲之强。[8]若此,则缣丝之籍去分而敛矣。[9]且四方之不至，六时制之：[10]春日剗耕，[11]次日获麦，次日薄芋，[12]次日树麻，次日绝菑，[13]次日大雨且至，趣芸壅培。六时制之，臣给至于国都。[14]善者乡因其轻重，[15]守其委庐，[16]故事至而不妄。然后可以立为天下王。"

【注释】

〔1〕"非君"二句：马非百云："也"字当在"君之所与"下。赖，利也。与，谓亲与也。盖谓国有万金千金百金之贾皆于国家不利。译文从马说。 〔2〕二君二王：马非百云："'二君二王'连文，义不可通。'二王'当是'之正'二字之讹。"下仿此。译文从马说。 〔3〕"今君"句：马非百云：指直接征敛于百姓而言。 〔4〕薪蒸：《诗经·小雅·无羊》："以薪以蒸"，朱《传》："粗曰薪，细曰蒸。"指柴草。出：生产。 〔5〕藉：闻一多云："一作'籍'，《说文》：'籍，刺也'。"指刺捕牺牲。 〔6〕交殷：王念孙云："'殷'当为'叚'（即今假字）。交叚谓交借财也。"译文从王说。 〔7〕游财：马非百云：游，犹浮也。浮财犹言多余之财。谓以多余之财分别积藏于邑里之中，以为举行蚕贷之准备。 〔8〕筐曲：安井衡云："'筐'疑当为'筐'。"马非百云："'曲'同'笛'。《说文》：'笛，蚕簿也。'"筐，受桑器。强：同"镪"，指钱。 〔9〕马非百云：此谓蚕功毕后，所生产之缣丝必多，多则贱，乃令民以缣丝折合货币而偿还蚕贷，政府可获得廉价之缣丝。缣，粗丝。 〔10〕六时：指六个农事生产季节。 〔11〕张佩纶云："六'日'字均当作'曰'，即所谓'六时'也。"译文从之。剗耕：以耙插地，指耕种。 〔12〕薄芋：宋本"芋"作"芋"。李哲明云：薄芋犹"敷芋"也，言布种也。译文从"芋"。 〔13〕绝菑：指除草。 〔14〕马非百云："'臣'当作'㠯'，即'以'字。""给"即贷款。此就上文蚕贷之例而更推及其余之各种农贷。译文从马说。 〔15〕乡：同"向"，向来。 〔16〕委庐：马非百云："当作'委虚'，犹满虚也。"译文从之。

【译文】

管子说："万乘国力的国家必定有万金财富的商人，千乘国力的国家必定有千金财富的商人，百乘国力的国家必定有百金财富的商人，他们都是对君主不利的。因而君主如果不审慎地发号施令，那么一国之中就会出现两个君主向百姓征税。"桓公问："什么叫一国之中有两个君主征税？"管子回答说："现今君主直接向百姓征税，万物的价格就会下跌若干分，商人乘机低价聚敛，等于百姓向商人部分纳税，结果万物都入于商人之手，这就是一国之中有两个君主征税。商人乘百姓的困弊而控制他们的时机，使贫者丧失财物，更加贫困，农夫丧失五谷，加倍枯竭。因此君主如果不能严格控制山林、沼泽、草场等资源，就不可能掌握整个天下。"桓公问："你这话是什么意思？"管子回答说："山林、沼泽、草场，是出产柴草和牛羊祭品的地方，国家让百姓砍伐柴草，刺捕牺牲，借以谋生，使他们能自给。君主对百姓的爱护，如同兄长爱护弟弟，父亲爱护儿子，然后可以互通财利的有无。请君主拿出多余的货币积藏在邑里，阳春时节，当蚕桑之事即将开始，请将这些货币贷给蚕农购买口粮和蚕簿桑筐等生产工具。这样，在产丝之后，百姓用蚕丝折抵贷款，使国家获得了廉价的蚕丝。如果四方百姓不来归顺，君主要掌握好六个生产季节：春季的耕地，其次是收麦，其次是布种，其次是种麻，其次是除草，其次是大雨将到，抓紧锄草培土。根据六个季节青黄不接的特点发放贷款，就能使百姓都来国都归顺。因此，善于治国的君主，向来是凭借轻重之术去控制收成的了，所以临事不会迷失方向，这样才可能掌握整个天下。"

管子曰："一农不耕，民或为之饥；一女不织，民或为之寒。故事再其本，则无卖其子者；事三其本，则衣食足；事四其本，则正籍给；事五其本，则远近通，死得藏。[1]今事不能再其本，而上之求焉无止，是使奸涂不可独行，遗财不可包止。[2]随之以法，则是下艾民。[3]食三升，[4]则乡有正食而盗；[5]食二升，则里有正食而盗；食一升，则家有正食而盗。今操不反之事，[6]而食四十倍之粟，而求民之毋失，不可得矣。且君朝令而求夕具，有者出其财，无有者卖其衣屦，农夫粜其五谷，三分贾而去。[7]是君朝令一怒，[8]布帛流越而之天下。[9]君求焉而无止，民无以待之，[10]走亡而栖山阜。持戈之士顾不见亲，家庭失而不分，[11]民走于中而士遁于外，此不待战而内败。"

【注释】
〔1〕藏：许维遹云：藏犹"葬"也。 〔2〕郭沫若云："'遗财'当依《揆度篇》作'货财'。……'包'与'抱'通。……言货财无法把持也。"译文从郭说。 〔3〕许维遹云：下，阴也。芟与刈通。"'下芟民'犹言暗中害民耳。" 〔4〕张佩纶云："升非升斗之升。《穀梁》襄二十四年《传》：'一谷不升谓之嗛，二谷不升谓之饥，三谷不升谓之馑，四谷不升谓之康，五谷不升谓之大侵。'食三升，二谷不升也。二升，三谷不升也。一升，四谷不升也。"升，指谷熟。 〔5〕正：王引之云："'正'当为'乏'，乏者匮也，绝也。"译文从王说。 〔6〕不反：何如璋云："'不反'谓农收不反其本也。" 〔7〕"三分"句：梁启超云："谓将其所有贱而售之，仅得价十分之三也。" 〔8〕怒：俞樾云："按怒读为弩。《方言》：'凡人语而过，在齐谓之剑，或谓之弩。'" 〔9〕流越：流散。 〔10〕待：许维遹云："待，备也。此言民不能供给。" 〔11〕失而不分：马非百云："谓夫妇失散，不能复相配偶也。"

【译文】
管子说："一个农夫不从事耕作，百姓中就有因此挨饿的；一个女工不从事纺织，百姓中就有因此受冻的。因而耕作纺织的收益达到成本的两倍，百姓就没有出卖子女的；达到三倍，就能足衣足食；达到四倍，就能交纳征税；达到五倍，就能远近流通，死者得以安葬。如今耕作纺织的收益达不到成本的两倍，君主的征敛又没有止境，就使奸民群起作乱，路途无法独行，拥有财货无法保持。如果再用刑法进行处置，那就等于暗中残害自己的百姓。五谷中二谷不熟，每乡就有因缺粮而偷盗的；三谷不熟，每里就有因缺粮而偷盗的；四谷不熟，每家就有因缺粮而偷盗的。如今百姓们干着收益不抵成本的职事，却吃着涨价四十倍的粮食，要想他们不流散，是不可能的。而且君主征税的命令早上发布，晚上就要交齐，这样，有钱的拿出财物，无钱的变卖衣物，农夫出售粮食，往往只能收到价值的十分之三。这样，君主早上的命令一过头，财货就散入商人之手而流向天下。君主的征敛没有止境，百姓无力交纳，只能逃亡栖息山林。战士不能见到亲人，家庭失散不能团圆，百姓流亡国中，士人逃亡国外。这样，国家不经战争内部就会败亡。"

管子曰："今为国有地牧民者，务在四时，守在仓廪。国多财则远者来，地辟举则民留处，仓廪实则知礼节，衣食足则知荣辱。今君躬犁垦田，耕发草土，得其谷矣。民人之食，有人若干步亩之数，[1]然而有饿馁于衢间者何也？谷有所藏也。今君铸钱立币，民通移，人有百十之数，然而民有卖子者何也？财有所并也。故为人君不能散积聚，调高下，分并财，君虽强本趣耕、发草立币而无止，民犹若不足也。"桓公问于管子曰："今欲调高下，分并财，散积聚。不然，则世且并兼而无止，蓄余藏羡而不息，贫贱鳏寡独老不与得焉。散之有道，分之有数乎？"管子对曰："唯轻重之家为能散之耳，请以令轻重之家。"桓公曰："诺。"东车五乘，[2]迎癸乙于周下原。[3]桓公问四因与癸乙、管子、宁戚相与四坐。[4]桓公曰："请问轻重之数。"癸乙曰："重籍其民者失其下，数欺诸侯者无权与。"管子差肩而问曰：[5]"吾不籍吾民，何以奉车革？[6]不籍吾民，何以待邻国？"癸乙曰："唯好心为可耳。[7]夫好心则万物通，万物通则万物运，万物运则万物贱，万物贱则万物可因。[8]知万物之可因而不因者，夺于天下。[9]夺于天下者，国之大贼也。"桓公曰："请问好心万物之可因。"癸乙曰："有余富无余乘者，责之卿诸侯。[10]足其所，不赂其游者，责之令大夫。[11]若此则万物通，万物通则万物运,万物运则万物贱,万物贱则万物可因矣。故知三准同策者能为天下,[12]不知三准之同策者不能为天下。故申之以号令,抗之以徐疾也,[13]民乎其归我若流水。此轻重之数也。"

【注释】

〔1〕"有人"句:王念孙云:"当依《国蓄篇》作'人有若干步亩之数'。"译文从王说。 〔2〕东车:丁士涵云:"'东'乃'束'字误。束车,约车也。"译文从丁说。 〔3〕癸乙:假托的轻重之家人名。 〔4〕猪饲彦博云:"'问四'二字疑衍。"译文从之。宁戚:与管仲同时辅佐桓公的大臣,此借用其名。 〔5〕差肩:安井衡云:"差肩,肩差在后也。癸乙为宾,故差肩而问焉。" 〔6〕革:指甲胄。 〔7〕好心:郭沫若云:"'好'当训为空。……'好'乃环璧等之中孔。是则'好心'即空其中之意。卿大夫与附庸诸侯,在国内居心腹地,务使其财不蓄聚,以妨坐大。直说不便,故为此'好心'之隐语耳。"好心即谓散空豪门的积财。 〔8〕因:利用。 〔9〕夺:流失。 〔10〕"有余"二句:马非百云:谓家有余富者,必使其有余乘,否则责使卿诸侯补而足之,以免此余富之囤积与冻结。 〔11〕"不赅"二句:马非百云:此谓有游于外或外人来游者,则责使令大夫以己财分而予之。 〔12〕三准:尹桐阳云:"三准者,一调高下,二分并财,三散积聚也。" 〔13〕抗:安井衡云:"抗,举也。"

【译文】

管子说:"现今统治国家、拥有土地、治理百姓的君主,必须重视四时的农事,控制粮食的储备。国家财富众多,远方百姓就会归附;土地开发,本国百姓就会安居;仓库充盈,百姓就懂得礼节;丰衣足食,百姓就知道荣辱。如今君主亲自扶犁耕田,种植庄稼,收获五谷。百姓的口粮,平均每人都有一定面积的土地供给,但是为什么街头巷尾还有忍饥挨饿的人呢?这是因为粮食被收藏囤积起来了。如今君主铸造钱币,百姓用来流通,平均每人都有百十的数量,但是为什么百姓中还有卖儿卖女的人呢?这是因为钱财被兼并积聚起来了。因而如果不能发散囤积的粮食,调节物价的高低,分散积聚的钱财,即使君主不断地加强农业、督促耕种、开发土地、铸造钱币，百姓仍然不会富足。"桓公问管子说："现在我打算调节物价的高低，分散积聚的钱财，发散囤积的粮食。不然的话，世上将无止息地兼并钱财、蓄藏粮食，贫苦百姓、鳏夫寡妇以及孤老将一无所得。但是这种发散有什么方法吗？"管子回答说："只有精通轻重之术的行家能实行这种发散，请下令召见精通轻重之术的行家。"桓公说："好的。"于是准备好车马五乘，到周的下原地方迎来了癸乙。桓公同癸乙、管子、宁戚依次入座。桓公说："请问关于轻重之术的问题。"癸乙说："君主对内征税过重，就会失去百姓的支持；对外失信过多，就会失去诸侯的帮助。"管子在他的身后问道："我们不向百姓征税，拿什么来置备战车甲胄？不向百姓征税，拿什么来防备邻国进犯？"癸乙说："只有散空豪富家的积财才是唯一可行的办法。散空豪门的积财，万物才可流通，万物流通才可变化，万物变化才可降价，万物降价才可利用。懂得万物可以利用而不去利用，财货就会流失到天下，财货流失到天下是国家最大的祸害。"桓公说："请问关于散空豪门积财，而利用万物的办法。"癸乙说："卿诸侯家有积财畜足但不肯负担战车的置备，要责令他们交出钱财；令大夫家有积财富足但不肯负担交游的费用，要责令他们分出钱财。这样万物就可流通，万物流通才可变化，万物变化才可降价，万物降价才可利用。因而懂得三种措施是同一策略的人能治理天下，不懂三种措施是同一策略的人不能治理天下。所以要将三种措施用政令加以申明，分缓急加以推行，天下百姓就会如流水般地归顺我们。这就是轻重之术。"

桓公问于管子曰："今剗戟十万，[1]薪菜之靡日虚十里之衍；[2]顿戟一噪，[3]而靡币之用日去千金之积。[4]久之，且何以待之？"管子对曰："粟贾平四十，[5]则金贾四千。[6]粟贾釜四十则钟四百也，十钟四千也，二十钟者为八千也。金贾四千，则二金中八千也。然则一农之事终岁耕百亩，百亩之收不过二十钟，一农之事乃中二金之财耳。故粟重黄金轻、黄金重而粟轻，两者不衡立。[7]故善者重粟之贾，釜四百，则是钟四千也，十钟四万，二十钟者八万。金贾四千，则是十金四万也，二十金者为八万。故发号出令，曰一农之事有二十金之策。[8]然则地非有广狭，国非有贫富也，通于发号出令，审于轻重之数然。"

【注释】

〔1〕戟戟：即持戟之士，指战士。 〔2〕靡：消耗。虚：用空。衍：平地。 〔3〕顿戟一噪：指进行一次作战。噪，喧嚷。 〔4〕靡币：张佩纶云："'靡币'当作'靡敝'。"指消耗。 〔5〕平：猪饲彦博云："'平'当依下文作'釜'。"译文从之。 〔6〕则：何如璋云："'则'字当作'而'，文义始顺。"译文从之。 〔7〕衡：马非百云："衡，平也。……即今语所谓'互为反比例'者也。" 〔8〕曰：闻一多云："疑'曰'为'而'之误。"译文从"而"。

【译文】

桓公问管子说："如今供养十万士兵，每天柴草蔬菜的消耗就要用空十里平地的出产；一旦发生战事，每天财用的消耗更要花费千金的积蓄。天长日久，我们将怎样负担呢？"管子回答说："粮价每釜四十钱，金价每斤四千钱。粮食每釜四十钱，每钟是四百钱，十钟是四千钱，二十钟是八千钱。黄金每斤四千钱，两斤合八千钱。一个农夫每年能耕种百亩土地，而百亩地的收获不过二十钟，这样，一个农夫一年的耕作才合两斤金的价值。粮价上涨黄金就跌价，金价上涨粮食就跌价，两者涨跌的趋势恰恰相反。因此，善于治国的君主就要抬高粮价，每釜涨价到四百钱，每钟就是四千钱，十钟是四万钱，二十钟是八万钱。金价每斤四千钱，十斤是四万钱，二十斤是八万钱。因而君主只要发布提高粮价的号令，一个农夫一年的耕作就上升到二十斤金的价值。这样看来，土地不在于宽广或狭小，国家不在于贫困或富足，治国的关键在于善于发号施令，通晓轻重之术。"

管子曰："浑然击鼓，[1]士忿怒；铿然击金，[2]士帅然。[3]策桐鼓从之，[4]舆死扶伤，争进而无止。口满用，手满钱，[5]非大父母之仇也，[6]重禄重赏之所使也。故轩冕立于朝，[7]爵禄不随，臣不为忠；中军行战，[8]委予之赏不随，士不死其列陈。然则是大臣执于朝，[9]而列陈之士执于赏也。故使父不得子其子，兄不得弟其弟，妻不得有其夫，唯重禄重赏为然耳。故不远道里，而能威绝域之民；不险山川，而能服有恃之国。发若雷霆，动若风雨，独出独入，莫之能圉。"

【注释】

〔1〕湻然：击鼓声。〔2〕铮然：击钟声，同"锵"。〔3〕帅然：郭沫若云：肃然也。〔4〕桐：张佩纶云："'桐'当为'枹'。……《说文》'枹，击鼓杖也'。……策，杖也。"译文从"枹"。〔5〕"口满"二句：张登云云："用，食用也。言人勇于攻战，死而不顾者，为有重禄而口满食用，有重赏而手满钱，为利所动也。"马非百云："此二句当在'非大父母之仇也'句下。"译文从马说。〔6〕"非大"句：马非百云："言非有大于父母之仇而赴之。"〔7〕轩冕：君主的车服，借指君主。〔8〕中军：指主将。〔9〕朝：猪饲彦博云："'朝'疑当作'禄'。"译文从"禄"。执：马非百云："有系累之义。"

【译文】

管子说："击鼓咚咚，战士怒气冲冲；击钟锵锵，战士整肃待命。随着进攻的鼓声，战士们不顾死伤，争先冲锋，不停顿地进击。他们不是为报比杀死父母更大的仇恨，而是受了口食有粮、手花有钱的重禄重赏的驱使。因而君主主持朝政，如果没有高爵厚禄，大臣就不会尽忠；主将指挥作战，如果没有优厚封赏，士兵就不会死战。这样看来，大臣是被爵禄所系累而尽忠，士兵是被封赏所系累而死战。因此，要使父亲愿意失去儿子，兄长愿意失去弟弟，妻子愿意失去丈夫，只有用重禄重赏才能做到。这样，将士们才能不怕路途遥远，去威慑边疆的百姓；不顾山川艰险，去征服险峻的邻国。用兵像雷霆一般凶猛，像风雨一般迅疾，神出鬼没，没有力量能够阻挡。"

桓公曰："四夷不服，[1]恐其逆政游于天下而伤寡人,〔2〕寡人之行为此有道乎?"〔3〕管子对曰:"吴越不朝,珠象而以为币乎!〔4〕发、朝鲜不朝,请文皮、毳服而以为币乎!〔5〕禺氏不朝,请以白璧为币乎!昆仑之虚不朝,请以璆琳、琅玕为币乎!〔6〕故夫握而不见于手,含而不见于口,而辟千金者,〔7〕珠也;然后,八千里之吴、越可得而朝也。一豹之皮,容金而金也;〔8〕然后,八千里之发、朝鲜可得而朝也。怀而不见于抱,夹而不见于掖,〔9〕而辟千金者,白璧也;然后,八千里之禺氏可得而朝也。簪珥而辟千金者,璆琳、琅玕也;然后,八千里之昆仑之虚可得而朝也。故物无主,事无接,远近无以相因,则四夷不得而朝矣。"

【注释】
〔1〕四夷:东夷、西戎、南蛮、北狄的统称,古代中原对华夏以外各族的鄙称。下文中分别以发、朝鲜(东)、昆仑之虚(西)、吴越(南)、禺氏(北)为其代表。〔2〕逆政:指落后的政治。游:流。〔3〕闻一多云:"'行'字衍。"译文从闻说。〔4〕王念孙云:"'珠象'上脱'请'字。"译文从王说。〔5〕毳服:尹知章云:毳,落毛也。毳服谓以落毛之皮为衣服。〔6〕璆琳、琅玕:皆美玉之名。〔7〕辟:张佩纶云:"辟、擘通。……言一珠一皮如千金。"〔8〕"一豹"二句:姚永概云:"以上下文例之,当作'一豹之皮而辟千金也',乃可读。"译文从姚说。〔9〕掖:同"腋"。

【译文】
桓公问:"四夷诸国不肯臣服,我怕他们的落后政治流行天下而伤害我国,我们对付它有办法吗?"管子回答说:"吴、越不来朝见,请用南方出产的珍珠、象牙作为货币吧!发、朝鲜不来朝见,请用东方出产的虎豹皮、皮衣作为货币吧!禺氏不来朝见,请用北方出产的白玉璧作为货币吧!昆仑之虚不来朝见,请用西方出产的美玉璆琳、琅玕作为货币吧！那些握在手里、含在口中而不显眼的价值相当千金的东西是珍珠，用它作货币，八千里外的吴、越就会来朝见了。一张豹皮，价值相当千金，用它作货币，八千里外的发、朝鲜就会来朝见了。放在怀里、夹在腋下而不起眼的价值相当千金的是白玉璧，用作货币，八千里外的禺氏就来朝见。用作发簪耳环，价值相当千金的，是美玉璆琳、琅玕，用它作货币，八千里外的昆仑之虚就会来朝见。因此，这些宝物如果无人作主，如果无人联系，远近国家如果不能互利，这样，四夷诸国就不会前来朝见。"

轻重乙第八十一

【题解】

这是本书专论轻重问题的第二篇专文，题为《轻重乙》。

本篇多方阐述运用轻重之术的方法，共分为各自独立的十四节。第一节针对天下土地辽阔，主张设立土地分级管辖制度，实行层层治理。第二节阐述利用齐国的有利位置，控制黄金价格的涨跌，以解决国家财用。第三节主张让百姓自由经营铁器，国家和百姓都能得利。第四节阐述运用轻重之术，利用不同土壤条件的方法，主张君主"见予之形，不见夺之理"。第五节阐述运用轻重之术，"夺然后予，高然后下，喜然后怒"的治民方法。第六节阐述强本节用不能存国，只有运用轻重之术，"天下下我高，天下轻我重，天下多我寡"，才能"朝天下"。第七节阐述"善因天时，辨于地利"而开辟大都市的方法。第八节阐述预许行赏、战胜敌国的计谋。第九节阐述运用轻重之木，偿还战争借款。第十节阐述"籍于号令"，征购百姓藏粮，解决国用不足。第十一节阐述运用轻重之术，招引邻国的粮食。第十二节阐述运用轻重之术，削减商人赢利，发展农业生产。第十三节阐述平衡供求没有定数的道理和掌握物价涨跌的时机。第十四节阐述建造客舍，以优惠待遇吸引商人，解决货物缺乏的办法。

桓公曰："天下之朝夕可定乎？"[1]管子对曰："终身不定。"桓公曰："其不定之说，可得闻乎？"管子对曰："地之东西二万八千里，南北二万六千里，天子中而立，国之四面，面万有余里，民之入正籍者亦万有余里。故有百倍之力而不至者,[2]有十倍之力而不至者,有倪而是者,[3]则远者疏,疾怨上。边竟诸侯受君之怨民,与之为善,缺然不朝,是天子塞其涂。熟谷者去,[4]天下之可得而霸。"[5]桓公曰:"行事奈何?"管子对曰:"请与之立壤列天下之旁,[6]天子中立,地方千里,兼霸之壤三百有余里,[7]妣诸侯度百里,[8]负海子男者度七十里。若此则如胸之使臂,臂之使指也。然则小不能分于民,准徐疾、羡不足,[9]虽在下不为君忧。夫海出沸无止,山生金木无息,草木以时生,器以时靡币,[10]沸水之盐以日消。终则有始,[11]与天壤争。[12]是谓立壤列也。"

【注释】

〔1〕天下之朝夕:马非百云:"'朝夕'即潮汐,指物价涨落。""'天下之朝夕,谓天下万物价格之涨落也。"　〔2〕不至:指到不了天子所居之地。　〔3〕有倪而是者:马非百云:"倪同睨。此处当作'转瞬即至'讲,极言其路之近也。"　〔4〕熟谷者:指精通粮食交易的人。〔5〕之:猪饲彦博云:"'之'当作'不'。"译文从"不"。　〔6〕立壤列天下之旁:马非百云:"'旁'与'方'通。……谓立壤列于天下之四方也。"壤列即地列,指土地分级管辖。　〔7〕兼霸之壤:马非百云:此兼霸之壤"指《汉书·刑法志》所谓'一封三百一十六里'之'千乘之国'"。　〔8〕妣诸侯:马非百云:妣读如眥,可通齐。齐诸侯即列侯。　〔9〕准:平准,调节。　〔10〕靡币:同"靡敝",指损毁。〔11〕有:同"又"。　〔12〕与天壤争:指与天地争斗无止息。

【译文】

　　桓公问:"天下物价的涨落会趋于稳定吗?"管子回答说:"永远不会趋于稳定。"桓公问:"这不会稳定的道理可说来听听吗?"管子回答说:"天下土地东西距离二万八千里,南北距离二万六千里,天子居于中央，国土的四周每面距边境都有一万余里，百姓交纳赋税有的也要跑一万多里。因而有花了百倍的劳力还送不到国都的，有花了十倍的劳力还送不到国都的，也有近到转瞬就可送到的。这样距离远的就与君主疏远，甚至怨恨天子。而边境地区的诸侯接受了这些抱怨天子的百姓，善待他们，逐渐就缺席不去国都朝见。这是天子自己堵塞了百姓亲近的途径。如果精通粮食交易的人一离开，就不可能继续称霸天下了。"桓公问："该怎么去做呢？"管子回答说："请在天下四方设立土地分级管辖制度。天子居于中央，管辖方圆千里的土地，大诸侯管辖三百多里土地，列侯大约管辖百里土地，靠海的子爵、男爵大约管辖七十里土地。这样就像胸部带动臂部、臂部带动手指一样，一层管辖一层。各诸侯的势力微小无法与天子争夺百姓，他们在国内调节政令缓急、收入盈余不足，都不会成为天子的忧患。大海出产盐卤没有止境，山地产金属和木材不会停息，草木按一定季节成长，器物按一定周期损毁，卤水炼出的盐一天天消耗。用完了又重新开始，与天地的运动变化一样生生不息。这就叫设立土地分级管辖制度。"

武王问于癸度曰：[1]"贺献不重，身不亲于君；左右不足，友不善于群臣。[2]故不欲收稽户籍而给左右之用，[3]为之有道乎？"癸度对曰："吾国者衢处之国也，远秸之所通，[4]游客蓄商之所道，财物之所遵。故苟入吾国之粟，[5]因吾国之币，然后载黄金而出。[6]故君请重重而衡轻轻，[7]运物而相因，则国策可成。故谨毋失其度，未与？民可治？"[8]武王曰："行事奈何？"癸度曰："金出于汝汉之右衢，珠出于赤野之末光，玉出于禺氏之旁山。此皆距周七千八百余里，其涂远，其至厄。故先王度用于其重，因以珠玉为上币，黄金为中币，刀布为下币。故先王善高下中币，制下上之用，而天下足矣。"

【注释】

〔1〕癸度：假托的人名。本节假托武王和癸度的问答进行阐述。〔2〕"友不"句：马非百云："友仍当作'支'。即肢，谓四肢也，与'身'对文。……'身'指封建国君自己，'支'指国君左右，'君'指天子，'群臣'指天子大臣"。译文从马说。〔3〕收穑：马非百云："'收穑'即'亩穑'之讹。"亩穑户籍指按亩按户征收租税。〔4〕秸：猪饲彦博云："'秸'疑当作'近'。"译文从"近"。〔5〕入：猪饲彦博云："'入'当作'食'。"译文从之。〔6〕"然后"句：马非百云："谓外国商人从其国向吾国输入黄金。"〔7〕"故君"句：马非百云："指以黄金之重衡万物之轻而言。"〔8〕"故谨"三句：郭沫若云："原文当读为'故谨毋失其度。未与(欤)？民可(何)治？'古文例以'与'为'欤'，'可'为'何'。"译文从郭说。

【译文】

武王问癸度说："对天子的献礼不丰厚，自己就不会被天子亲近；对群臣的馈赠不充足，左右就不会与群臣结好。因此如果不打算直接向百姓征税而又要满足左右的用度，有办法做到吗？"癸度回答说："我国是一个四通八达的国家，远近大道都从这里通过，游客富商都从这里经过，各种财货都在这里周转。因而只要进入我国吃我们的粮食，用我们的货币，就一定会向我国输入黄金。请君主控制黄金的高价来调节万物的低价，再掌握万物而相互利用，这样，解决国家财用的策略就成功了。因此要谨慎地注意不失分寸，不然，怎么能治理百姓？"武王说："该怎么做呢？"癸度说："黄金出产在汝水、汉水的右旁，珍珠出产在赤野的末光，宝玉出产在禺氏的旁山。这些地方都距离周朝七千八百里，路途遥远，运来困难。因而先王估计它的贵重程度而分别加以利用，将珠玉作为上等币，黄金作为中等币，刀布作为下等币。先王善于调整黄金价格的涨跌，用来控制刀布和珠玉的使用，这样天下就满足了。"

桓公曰："衡谓寡人曰：[1]'一农之事，必有一耜、一铫、一镰、一鎒、一椎、一铚，[2]然后成为农；一车必有一斤、一锯、一釭、一钻、一凿、一铢、一轲，[3]然后成为车；一女必有一刀、一锥、一箴、一铢，[4]然后成为女。请以令断山木，鼓山铁，[5]是可以毋籍而用足。'"管子对曰："不可。今发徒隶而作之，[6]则逃亡而不守；发民，则下疾怨上，边竟有兵则怀宿怨而不战。未见山铁之利而内败矣。故善者不如与民，[7]量其重，计其赢，民得其十，[8]君得其三。有杂之以轻重，[9]守之以高下。若此，则民疾作而为上虏矣。"[10]

【注释】
〔1〕衡：假托的人名。〔2〕镰：即镰，镰刀。耨：又作"耨"，小锄。椎：即櫌，平土农具。铚：短镰。〔3〕釭：车轮中受轴的铁制品。銶：凿。軻：轴上包铁部分，与釭合套。〔4〕箴：同"针"。鈠：长针。〔5〕安井衡云："断山木，以为炭也。鼓山铁，鼓橐铸铁也。"〔6〕徒隶：刑徒、奴隶。〔7〕"故善"句：马非百云：犹言放任百姓自由经营也。〔8〕十：安井衡云："'十'当为'七'，字之误也。"译文从"七"。〔9〕有：同"又"。〔10〕疾：马非百云："疾，力也。……谓民之力作，有如俘虏者然，虽欲不为上用而不可得。"

【译文】
桓公说："衡对我说：'一个农夫的耕作，必须有犁、大锄、镰、小锄、平土器、短镰等农具，才能进行农业生产；一个车工的制作，必须有斧、锯、铁釭、钻、凿、包铁等工具，才能造出车辆；一个女工的缝纫，必须有剪刀、锥子、针、长针等工具，才能缝成衣服。请下令在山中伐木烧炭，鼓炉铸铁，这样就可以不必向百姓征税而国家财用充足了。'"管子回答说："不行。现在如果征发刑徒、奴隶去做这项工作，他们会大批逃亡，难以控制；如果征发百姓去做这项工作，百姓就会怨恨君主，一旦边境发生战事，他们就会心怀旧怨而不去打仗。这样，还没得到山铁的好处，国内就因混乱而导致败亡。因此善于治国的君主不如让百姓自由经营铁器制造，国家估量他们的价值，计算他们的赢利，百姓得十分之七，君主得十分之三。再将轻重之术运用其中，控制铁器价格的涨落，这样，百姓就会竭尽全力、心甘情愿地像君主的俘虏一样劳作。"

桓公曰："请何壤数。"〔1〕管子对曰："河坳诸侯，亩钟之国也。〔2〕碛，〔3〕山诸侯之国也。河坳诸侯常不胜山诸侯之国者，豫戒者也。"桓公曰："此若言何谓也？"管子对曰："夫河坳诸侯，亩钟之国也，故谷众多而不理，固不得有。至于山诸侯之国，则敛蔬藏菜。〔4〕此之谓豫戒。"桓公曰："壤数尽于此乎？"管子对曰："未也。昔狄诸侯，〔5〕亩钟之国也，故粟十钟而锱金。〔6〕程诸侯，山诸侯之国也，故粟五釜而锱金。故狄诸侯十钟而不得剸戟，〔7〕程诸侯五釜而得剸戟，十倍而不足，〔8〕或五分而有余者，〔9〕通于轻重高下之数。国有十岁之蓄，而民食不足者，皆以其事业望君之禄也。君有山海之财，而民用不足者，皆以其事业交接于上者也。故租籍，〔10〕君之所宜得也；正籍者，〔11〕君之所强求也。亡君废其所宜得而敛其所强求，故下怨上而令不行。民夺之则怒，予之则喜，民情固然。先王知其然，故见予之所，〔12〕不见夺之理。故五谷粟米者，民之司命也；黄金刀布者，民之通货也。先王善制其通货以御其司命，故民力可尽也。"

【注释】

〔1〕壤数：指利用土壤条件的方法。 〔2〕猪饲彦博云："坳、淤同。水中可居者曰淤。言近河之国为沃土，每亩收粟一钟也。" 〔3〕何如璋云："碛当作碛，谓山地，土兼沙石也。山地谷少，故能戒惧而豫力之备也。" 〔4〕蔬：张佩纶云："'蔬'当为'疏'，《诗·召旻》'彼疏斯粺'，《笺》'疏，粗也，谓粝米也'。" 〔5〕狄诸侯：假托的诸侯国名，下"程诸侯"同。 〔6〕锱：重量单位，六铢为一锱。 〔7〕剸戟：马非百云：此指建立军队。 〔8〕王念孙云："'十倍'上亦

当有'或'字，与下句对文。"十倍，指十钟。〔9〕五分：指五釜，为十分之五即半钟。〔10〕租籍：指租税，即正常征取的税收。〔11〕正籍：指征税，即额外征取的税收。〔12〕所：猪饲彦博云："'所'，《国蓄》作'形'，是。"译文从"形"。

【译文】

桓公说："请谈谈利用土壤条件的方法。"管子回答说："近河的诸侯国，拥有亩产一钟粮的肥田沃土，而沙石地，则是山地诸侯国的土壤。但是近河诸侯国的国力往往比不上山地诸侯国，其原因在于后者作了预先准备。"桓公问："你这话是什么意思？"管子回答说："那些近河的诸侯国，亩产粮食一钟，因而粮食虽多却不善管理，固然国力就弱。至于山地诸侯国，则注重聚敛粗米，贮藏瓜菜，这就叫预先准备。"桓公问："利用土壤条件的方法就这些吗？"管子回答说："还不止。从前狄诸侯是亩产一钟粮的国家，因而十钟粮才可换一镒黄金。程诸侯是个山地国家，因而五釜粮就可换一镒黄金。然而狄诸侯粮多却不能建立军队，而程诸侯粮少却能建立军队，前者有十倍之粮而嫌国力不足，后者仅一半之粮而国力有余，这是因为程诸侯精通轻重之术和物价调节的方法。国家拥有十年的粮食储备，百姓却缺乏食粮，就都用各自的职业求取君主的俸禄；君主拥有盐铁的专卖财利，百姓却缺乏财用，就都用各自的职业换取君主的钱币。因而正常的租税是君主应该征取的，而额外的征籍是君主强迫向百姓索求的。亡国的君主废除应该征取的租税，而聚敛强迫索求的征籍，因而百姓怨恨君主而政令无法推行。百姓总是剥夺他的利益就发怒，给予他好处就欢喜，人情都是这样。先王懂得这个规律，因而显现给予好处的形迹，掩盖剥夺利益的本质。五谷粮食是百姓生命的主宰，黄金钱币是百姓交易流通的工具，先王善于掌握交易流通的工具来操纵百姓的命运，因而能最大限度地利用民力。"

管子曰："泉雨五尺，其君必辱。[1]食称之国必亡，[2]待五谷者众也。[3]故树木之胜霜露者不受令于天，[4]家足其所者不从圣人。[5]故夺然后予，高然后下，喜然后怒，天下可举。"

【注释】

〔1〕"泉雨"二句：安井衡云："言雨泽入地五尺，百谷必穰，如此则其君必辱。……所以然者何也？备五谷者众，令不行于下也。"〔2〕"食称"句：马非百云："谓其国所生产之五谷与其国人口之多寡相当。"　〔3〕待：猪饲彦博云："待、峙同，储也。"　〔4〕露：王念孙云："'露'当为'雪'。木胜霜雪，则经冬而不凋，故曰'不受令天下'。"　〔5〕"家足"句：马非百云："人民皆家给人足，则无求于人，虽圣人亦无能役使之。"

【译文】

管子说："泉水雨水充沛，君受辱令难行。粮食充足的国家必然灭亡，是因为储备粮食的百姓多了。所以不怕霜雪的树木，不受季节的影响；百姓家给人足，圣人的话也不会听从。因此对百姓，就要先夺取然后给予；对物价，就要先抬高然后降低；对士兵，就要先使他喜悦然后将他激怒。这样就可以掌握天下。"

桓公曰："强本节用，可以为存乎？"〔1〕管子对曰："可以为益愈，〔2〕而未足以为存也。昔者纪氏之国强本节用者，其五谷丰满而不能理也，四流而归于天下。〔3〕若是，则纪氏其强本节用，适足以使其民谷尽而不能理，为天下虏，〔4〕是以其国亡而身无所处。故可以益愈而不足以为存。故善为国者，天下下我高，天下轻我重，天下多我寡。然后可以朝天下。"

【注释】

〔1〕存：指生存。　〔2〕益愈：郭沫若云："'益愈'即差可之意……"　〔3〕四流：流散四方。　〔4〕为天下虏：何如璋云："为天下虏者，强本节用则谷多，多而上不能守，则价轻，为人所泄，而谷流于天下。是我民力农而邻国坐而食也。非奴虏而何？"郭沫若云："'而不能理'四字当依上文在'强本节用'下……"译从。

【译文】

桓公问:"加强农业,节约用度,能保证国家的长存吗?"管子回答说:"可以使国家状况稍好一些,但不能保证国家的长存。从前纪氏的国家就是加强农业、节约用度的典型,它的粮食充裕但不善于管理,结果流散四方而归于各国之手。这样,纪氏的加强农业、节约用度但又不善管理,恰好使百姓的粮食散尽而被天下奴役,最终纪氏国亡而无存身之处。所以说加强农业,节约用度可以使国家状况稍好一些,但不能保证国家的长存。因此,善于治国的君主,总是在天下物价低时,我使它高;天下万物轻时,我使它重;天下货物多时,我使它少。这样才能制服整个天下。"

桓公曰:"寡人欲毋杀一士,毋顿一戟,而辟方都二,〔1〕为之有道乎?"管子对曰:"泾水十二空,汶渊洙浩满三之,〔2〕于乃请以令使九月种麦,日至日获,〔3〕则时雨未下而利农事矣。"桓公曰:"诺。"令以九月种麦,日至而获。量其艾,〔4〕一收之积中方都二。〔5〕故此所谓善因天时、辩于地利而辟方都之道也。〔6〕

【注释】

〔1〕方都:马非百云:"方都即大都。" 〔2〕宋本"浩"作"沿"。"渊"当作"泗"。郭沫若云:"疑'泾水十二空'当为'泾水上下控'。……小水为泾。小水因地形之高下加以控制,不使流失。汶、泗、洙、沿之水量因而丰满,可增加三倍。"译文从郭说。 〔3〕日至:猪饲彦博云:"日至,夏至也。下'日'字当作'而'。"译从。 〔4〕艾:丁士涵云:"'艾'与'刈'同。"译文从丁说。 〔5〕一收:马非百云:"'一收'谓一岁之收获也。" 〔6〕辩:同"辨"。

【译文】

桓公问:"我打算不死一名士兵,不损一件兵器,就开辟两个大都市,有办法做到吗?"管子回答说:"将小水流按地形的高低加以控制,就可以使汶、泗、洙、沿几条河流的水量增加三倍,然后再下令让百姓九月种麦,第二年夏至收割,这时虽然雨季未到但庄稼仍能得到灌溉。"桓公说:"好的。"于是就下令在九月种麦,第二年夏至收割。计算收获的总量,一年的收成的积蓄恰与两个大都市的需要量相当。这就是所谓善于利用天时,明辨地利来开辟大都市的方法。

　　管子入复桓公曰:[1]"终岁之租金四万二千金,请以一朝素赏军士。"[2]桓公曰:"诺。"以令至鼓期于泰舟之野期军士。[3]桓公乃即坛而立,宁戚、鲍叔、隰朋、易牙、宾胥无皆差肩而立。管子执枹而揖军士曰:[4]"谁能陷陈破众者,赐之百金。"三问不对。有一人秉剑而前,问曰:"几何人之众也?"管子曰:"千人之众。""千人之众,臣能陷之。"赐之百金。管子又曰:"兵接弩张,谁能得卒长者,赐之百金。"问曰:"几何人卒之长也?"管子曰:"千人之长。""千人之长,臣能得之。"赐之百金。管子又曰:"谁能听旌旗之所指,而得执将首者,[5]赐之千金。"言能得者垒千人,[6]赐之人千金。其余言能外斩首者,[7]赐之人十金。一朝素赏,四万二千金廓然虚。桓公惕然太息曰:[8]"吾曷以识此?"[9]管子对曰:"君勿患,且使外为名于其内,乡为功于其亲,[10]家为德于其妻子。若此,则士必争名报德,无北之意矣。吾举兵而攻,破其军,并其地,则非特四万二千金之利也。"五子曰:"善。"桓公曰:"诺。"乃诫大将曰:"百人之长,必为之朝礼;千人之长,必拜而送之,降两级。其有亲戚者,必遗之酒四石、肉四鼎;其无亲戚者,必遗其妻子酒三石、肉三鼎。"行教半岁,父教其子,兄教其弟,妻谏其夫,曰:

"见其若此其厚,[11]而不死列陈,可以反于乡乎?"桓公终举兵攻莱,战于莒必市里,[12]鼓旗未相望,众少未相知,而莱人大遁,故遂破其军、兼其地而虏其将。故未列地而封,[13]未出金而赏,破莱军,并其地,禽其君,[14]此素赏之计也。

【注释】
〔1〕入复:马非百云:入复犹今言向上汇报。 〔2〕素:安井衡云:"素,空也。无功而赏,故曰素。"亦即预许之赏。 〔3〕至鼓期:张佩纶云:"'至'当为'致'。'期'当为'旗'。""致鼓旗"指召集鼓旗。"期军士"谓会集军士。 〔4〕枹:鼓槌。 〔5〕执将:俞樾云:执将即主将。 〔6〕垒千人:何如璋云:"'垒'当为'累'。'千人'当作'十人'。"译文从何说。 〔7〕外:安井衡云:"外,出列迫敌也。" 〔8〕惕然:马非百云:"惕然,惊惧貌。" 〔9〕识:马非百云:识即了解之意,犹言我不解所谓。 〔10〕内,乡:安井衡云:"'内乡'当为'乡内'。"译文从之。 〔11〕见其:姚永概云:"'见其'之'其'当作'期'。"期,待也。即见待如此其厚。译文从姚说。 〔12〕必市里:马非百云:"必市里,莒地名。此亦假托之词。" 〔13〕列:同"裂"。 〔14〕禽:同"擒"。

【译文】
　　管子向桓公汇报说:"全年的地租收入有四万二千斤黄金,请一次将它们预许分赏士兵。"桓公说:"好的。"于是就下令在泰舟之野集中旗鼓,召集军队。桓公登坛站立,宁戚、鲍叔、隰朋、易牙、宾胥无都依次站立两旁。管子手执鼓槌向士兵拱手行礼说:"谁能攻入敌阵、击败敌众的,赏赐百金。"问了三遍无人答应。一个士兵持剑前行问道:"多少敌众呢?"管子说:"一千人的敌众。""一千人的敌众,我能击败它。"于是就许赐百金。管子又说:"兵器交接,弓弩开张,谁能在混战中俘获敌军的卒长,赏赐百金。"有人问道:"多少人的卒长?"管子说:"一千人的卒长。""一千人的卒长,我能抓过来。"于是也许赐百金。管子又说:"谁能按旌旗所指方向,斩获主将首级的,赏赐千金。"自报能斩获的共有十人,于是每人许赐千金。其他自报能杀敌斩首的,每人许赐十金。这样，一次预许分赏，四万二千斤黄金一扫而空。桓公惊疑地叹息说："这该怎么理解呢？"管子回答说："君主不必忧虑。让士兵在外显名于乡里，在内报功于双亲，在家建德于妻子。这样，战士竞争名声，报效恩德，再无临阵败退的念头。我们发兵进攻，击破敌军，兼并土地，就不仅是四万二千斤黄金的小利了。"五个臣子都说："好。"桓公也说："好吧。"于是又告诫军中的大将说："凡统领百人的校尉来进见，一定要按访问的礼节相待；凡统领千人的校尉来进见，一定要走下两级台阶礼拜送行。他们中有父母的，一定要赠送酒四石、肉四鼎；父母已亡的，一定要赠送他们妻子酒三石、肉三鼎。"命令推行半年，父亲教诲儿子，兄长教育弟弟，妻子劝告丈夫，都说："君主待我们这样优厚，你们再不在前线拼命死战，还有脸回故乡来吗？"桓公终于发兵攻打莱国，在莒的必市里交战。双方旗鼓还没看见，军队多少还未知晓，莱人就拼命逃跑了。于是就趁势击破莱军，兼并莱国土地，俘虏莱国将领。因此，还没有裂地封爵，也没有出钱行赏，就攻破了莱军，兼并了莱地，擒获了莱君。这就是预许行赏的计谋。

桓公曰："曲防之战，民多假贷而给上事者，寡人欲为之出赂，[1]为之奈何？"管子对曰："请以令，令富商蓄贾百符而一马，无有者取于公家。[2]若此，则马必坐长而百倍其本矣，是公家之马不离其牧皂，[3]而曲防之战赂足矣。"

【注释】

〔1〕出赂：何如璋云："出赂，欲代民还所贷也。" 〔2〕张佩纶云："管子此策，商贾有二百券者许之乘车，盖传古者取舍好让之科，以一马准百符，命民偿之。其无马者取诸公家。如此则贾人以得乘车为荣，而公私均无偿债之耗。" 〔3〕牧皂：马非百云："即今言养马槽。"

【译文】

桓公问："曲防之战时，百姓中多有向富商大贾借贷而供给军用的，我现在打算替他们还债，该怎么办呢？"管子回答说："请下命令：凡富商大贾握有百张借券的可上交国家以换取使用一马驾车的权利，没有马的可以向国家购买。这样，马价一定会上涨百倍，而国家的马还没有离开马槽，曲防之战的债务已经可偿还了。"

桓公问于管子曰："崇弟、蒋弟、丁惠之功世，[1]吾岁罔，[2]寡人不得籍斗升焉，去。[3]菹菜、咸卤、斥泽、山间堽埌不为用之壤，[4]寡人不得籍斗升焉，去一。列稼缘封十五里之原，强耕而自以为落，[5]其民寡人不得籍斗升焉。则是寡人之国，五分而不能操其二，是有万乘之号而无千乘之用也。以是与天子提衡，争秩于诸侯，[6]为之有道乎？"管子对曰："唯籍于号令为可耳。"桓公曰："行事奈何？"管子对曰："请以令发师置屯籍农，[7]十钟之家不行，百钟之家不行，千钟之家不行。行者不能百之一，千之十，而困窌之数皆见于上矣。[8]君案困窌之数，令之曰：'国贫而用不足，请以平价取之子，皆案困窌而不能挹损焉。'[9]君直币之轻重以决其数，使无券契之责，[10]则积藏困窌之粟皆归于君矣。故九州无敌，竟上无患。"令曰：[11]"罢师归农，无所用之。"管子曰："天下有兵，则积藏之粟足以备其粮；天下无兵，则以赐贫甿，[12]若此则菹菜、咸卤、斥泽、山间堽埌之壤无不发草。此之谓籍于号令。"

【注释】
〔1〕崇弟、蒋弟、丁惠：假托的姓氏。功世：功臣的后代。〔2〕吾岁罔：俞樾云："'吾岁罔'者，即吾岁无也。"〔3〕俞樾云："此文凡三云'寡人不得籍斗升焉'，句下当并有'去一'两字。言如此则是去其一分也。"译文从俞说。〔4〕"菹菜"句：马非百云："'菹菜'乃

'菹莱'之讹。'咸卤'，碱地。""斥泽"，斥，咸碱之地。"堁垎"，不平也。"不为用"，言不可耕。译文从马说。〔5〕"列稼"二句：马非百云："稼，稼穑，此处指农田。缘，边缘。封，封疆。原，平地。此谓靠近封疆边缘宽达十五里之平地，皆为无数大小不等之农田所布满。此等农田皆为强人所私垦而自成村落者……"〔6〕"以是"二句：马非百云："此谓与天子并驾驰驱，争先后位序于诸侯。"〔7〕"请以"句：马非百云："置屯即立戍。……籍农，谓登记农民藏谷之数。"〔8〕囷窌：圆仓和藏谷的地窖。〔9〕挹损：何如璋云："挹损犹言加减，谓必如其所存之数也。"〔10〕"使无"句：马非百云："谓政府以现款按市价支付之，不再负债于藏谷之家也。"〔11〕令曰：马非百云："'令曰'当作'公曰'。"译文从马说。〔12〕赐贫甿：指贷款于贫民。

【译文】

桓公问管子说："崇弟、蒋弟、丁惠等功臣的后代使我年年没有收入，征收不到一斗一升的租税，总收入就减少了一分。荒草地、盐碱地、盐碱水泽和高低山地都不能耕种，我也征收不到一升一斗的租税，总收入又减少了一分。靠近边境十五里平地上布满农田，但都是强行开垦而自成村落的，对这些百姓我也征收不到一斗一升的租税，总收入再减少一分。这样，我对自己的国家，五分收入还掌握不到二分，徒有万乘之国的名声，而无千乘之国的实际。假如我还打算与天子并驾齐驱，同诸侯争夺位次，有什么办法吗？"管子回答说："只有依靠发号施令才有办法。"桓公问："该怎样做呢？"管子回答说："请下令征发军队，屯戍边疆，并登记百姓的藏粮数，规定凡家藏十钟粮的可以不去，家藏百钟粮的也可以不去，家藏千钟粮的更可以不去。这样，百姓中去戍边的百人中不到一人，千人中不到十人，而百姓家粮仓的藏粮数都被国家掌握了。君主按照各家的藏粮数，下令说：'国家贫穷，财用不足，要用平价向你们购粮，各家都按照藏粮数交纳，不得增减。'君主按购粮所值钱币的多少当场付清，使国家不背上券契形式的债务，这样，百姓粮仓里的粮食就都归于君主了。因此就可以天下无敌，边境安宁。"桓公说："解散军队，回家种地，这些粮食就没有什么用了。"管子说："天下发生战争，积藏的粮食就可以备作军粮；天下没有战争，就可以将藏粮借贷给贫民，这样，荒草地、盐碱地、盐碱水泽和高低山地都可以开辟出来耕种。这就叫依靠发号施令的办法。"

管子曰："滕、鲁之粟釜百,[1]则使吾国之粟釜千,滕、鲁之粟四流而归我,若下深谷者。非岁凶而民饥也,辟之以号令,[2]引之以徐疾,施平其归我若流水。"[3]

【注释】
〔1〕釜百:一釜百钱。 〔2〕辟:安井衡云:"辟,召也。"指招引。
〔3〕施平:安井衡云:"'平'当为'乎','施乎',舒行貌。"译文从安说。

【译文】
管子说:"滕国、鲁国的粮价每釜百钱,如果使我国的粮价涨到每釜千钱,滕国、鲁国的粮食就会像水流入深谷那样流归我国。这不是因为我们年成不好百姓饥荒,而是我们运用国家号令和供求缓急来招引,因此使粮食如流水般汩汩流入我国。"

桓公曰:"吾欲杀正商贾之利而益农夫之事,[1]为此有道乎?"管子对曰:"粟重而万物轻,粟轻而万物重,两者不衡立。故杀正商贾之利而益农夫之事,则请重粟之价金三百。[2]若是则田野大辟,而农夫劝其事矣。"桓公曰:"重之有道乎?"管子对曰:"请以令与大夫城藏,[3]使卿诸侯藏千钟,令大夫藏五百钟,列大夫藏百钟,富商蓄贾藏五十钟。内可以为国委,[4]外可以益农夫之事。"桓公曰:"善。"下令卿诸侯、令大夫城藏。农夫辟其五谷,[5]三倍其贾,则正商失其事,而农夫有百倍之利矣。

【注释】

〔1〕杀正商贾：何如璋云："杀，减也。正谓世业商者。"马非百云："'正商贾'即有市籍之商贾，犹言正式商贾也。" 〔2〕金三百：丁士涵云："元本作'釜三百'是也，谓每釜加价三百，下文所谓'三倍其贾也'。"译从。 〔3〕何如璋云："'令'下脱'卿诸侯'三字。"城藏者，于城中筑仓廪。译文从何说。 〔4〕委：委积。 〔5〕"农夫"句：马非百云："言农夫因受谷价高涨之刺激，争相开辟草莱，扩大耕地，以期增加五谷产量也。"

【译文】

桓公问："我打算削减商人的赢利来发展农业生产，有什么办法做到吗？"管子回答说："粮食价高，万物价就低；粮食价低，万物价就高，两者的关系正相对立。因而要削减商人的赢利来发展农业生产，就请将粮价每釜提高三百钱。这样就会田地广为开辟，农夫勤勉农事了。"桓公问："提高粮价用什么方法？"管子回答说："请下令卿诸侯与大夫们都筑仓储粮，规定卿诸侯藏粮千钟，令大夫藏粮五百钟，列大夫藏粮百钟，富商大贾藏粮五十钟。这样，内可以作为国家的储备粮，外可以促使发展农业生产。"桓公说："好。"就下令叫卿诸侯、令大夫都筑仓储粮。粮价一涨，农夫努力增产，使粮价上涨三倍，于是商人的赢利大减，而农夫得到了百倍的利益。

桓公问于管子曰："衡有数乎？"[1]管子对曰："衡无数也。衡者使物一高一下，不得常固。"桓公曰："然则衡数不可调耶？"[2]管子对曰："不可调。调则澄，[3]澄则常，常则高下不贰，高下不贰则万物不可得而使固。"[4]桓公曰："然则何以守时？"[5]管子对曰："夫岁有四秋，[6]而分有四时。[7]故曰：农事且作，[8]请以什伍农夫赋耟铁，[9]此之谓春之秋。大夏且至，丝纩之所作，此之谓夏之秋。而大秋成，[10]五谷之所会，此之谓秋之秋。大冬营室中，[11]女事纺绩缉缕之所作也，此之谓冬之秋。故岁有四秋,而分有四时。已有四者之序,发号出令,物之轻重相什而相伯。[12]故物不得有常固。故曰衡无数。"

【注释】

〔1〕衡:平衡,此指平衡供求关系。数:定数。 〔2〕调:郭沫若云:"'调'是划一物价之意。" 〔3〕澄:静止。 〔4〕使固:郭沫若云:"'使用','用'字误作'固'……"译文从之。 〔5〕守时:马非百云:"守时,即守物之高下之时。" 〔6〕岁有四秋:马非百云:"秋者成也,收也。四时皆有所收成,故曰'岁有四秋'也。" 〔7〕分有四时:王念孙云:"按此言以四秋分属四时也。'分'下不当有'有'字。"译文从王说。 〔8〕何如璋云:"'农事且作'上脱'大春'二字,宜补,与下三句一例。"译文从何说。 〔9〕"请以"句:马非百云:"言令农夫什伍相保而贷之以农器也。" 〔10〕王念孙云:"大秋"上衍"而"字。 〔11〕"大冬"句:马非百云:"言大冬正营室星出现之时。" 〔12〕相伯:马非百云:"'伯'古本作'百'。相什谓十倍,相百谓百倍。"译文从"百"。

【译文】

桓公问管子说:"平衡供求有定数吗?"管子回答说:"平衡供求没有定数。平衡供求就是使物价或高或低,不能经常固定。"桓公问:"那么平衡供求的标准不可以划一吗?"管子回答说:"不可以划一,因为划一就会静止,静止就会固定,固定就没有涨跌,没有涨跌万物就不能被掌握进而利用。"桓公问:"那么怎么掌握物价涨跌的时机呢?"管子回答说:"一年有四个能有收获的时节,分属于四季。这就是:春天农事将开始,请让农夫相互担保,并贷给他们农具,这就叫春天的收获时节。夏天将临,农夫忙于收茧抽丝,这就叫夏天的收获时节。秋天万物成熟,五谷丰登,这就叫秋天的收获时节。冬天营室星出现,妇女们忙于纺线织布,这就叫冬天的收获时节。因而一年中有四个收获时节,分属于四季,掌握了这四者的顺序,就可以依靠发号施令,使物价的涨跌相差十倍、百倍。因此,物价不能让它经常固定。所以说,平衡供求没有定数。"

桓公曰:"皮、干、筋、角、竹箭、羽毛、齿、革不足,为此有道乎?"管子曰:"惟曲衡之数为可耳。"[1]桓公曰:"行事奈何?"管子对曰:"请以令为诸侯之商贾立客舍,一乘者有食,三乘者有刍菽,[2]五乘者有伍养。[3]天下之商贾归齐若流水。"

【注释】
〔1〕"惟曲"句:郭沫若云:据下文所解,"所谓'曲衡之数'即'将欲取之,必先予之'之意"。 〔2〕刍菽:喂牲口的饲料。 〔3〕养:指供役使之人。

【译文】
桓公问:"我们缺乏兽皮、肋骨、牛筋、牛角、竹箭、羽毛、象牙和皮革等货物,有办法得到它们吗?"管子说:"只有用曲折隐蔽的办法才能得到。"桓公问:"该怎么做呢?"管子回答说:"请下令为诸侯各国的商人建造客舍。客商有货车一乘的,供给饮食;有货车三乘的,并供给饲料;有货车五乘的,并供给五名役使仆人。这样,天下的商人都会像流水般涌向齐国。"

轻重丁第八十三

【题解】

这是本书专论轻重问题的第四篇专文，题为《轻重丁》。

本篇阐述各种运用轻重之术的计谋，共分为各自独立的十五节。前两节有标题，疑后人所加。第一节《石璧谋》阐述控制石璧生产，利用天子号令，使天下财物归齐的计谋。第二节《菁茅谋》阐述控制菁茅产地，利用天子号令，使天下黄金归周的计谋。第三节阐述运用轻重之术，利用君主号令，为四方贫民偿还高利贷债务的计谋。第四节阐述莱人失利于周人的原因和"因天下以制天下"的计谋。第五节阐述用齐东丰收救助齐西水灾的方法。第六节阐述控制百姓低价变卖货物，以防商贾得利。第七节阐述借助上天威势震慑天下诸侯的计谋。第八节阐述利用上天灾异索取天下财物的计谋。第九节阐述用惩罚手段使功臣之家实行仁义的计谋。第十节阐述用表彰方法使放债者放弃债权的计谋。第十一节阐述引诱商人玩乐，削减商人财富，使农民逐渐富裕的计谋。第十二节阐述剪枝消除树荫，不准百姓玩乐，使贫民专力务农的计谋。第十三节阐述鼓励建造粮仓，使百姓普遍藏粮的计谋。第十四节阐述控制农事开始的时机。第十五节(两段)阐述控制物资生产的开始、物价的高低、号令的缓急等计谋，以解决齐国土地贫乏的矛盾。

桓公曰："寡人欲西朝天子而贺献不足，为此有数乎？"管子对曰："请以令城阴里，[1]使其墙三重而门九袭。[2]因使玉人刻石而为璧，[3]尺者万泉，[4]八寸者八千，七寸者七千，珪中四千，[5]瑗中五百。"[6]璧之数已具,管子西见天子曰:"弊邑之君欲率诸侯而朝先王之庙,[7]观于周室。请以令使天下诸侯朝先王之庙、观于周室者,不得不以彤弓石璧,[8]不以彤弓石璧者,不得入朝。"天子许之曰:"诺。"号令于天下。天下诸侯载黄金、珠玉、五谷、文采、布泉输齐以收石璧,[9]石璧流而之天下,天下财物流而之齐。故国八岁而无籍,阴里之谋也。

右石璧谋。[10]

【注释】

〔1〕城阴里:尹知章云:"城者,筑城也。阴里,齐地也。"〔2〕袭:尹知章云:"袭亦重也。欲其事密而人不知,又先托筑城。"〔3〕刻石:尹知章云:"刻石,刻其菑石。"菑石当作菑石,齐地出产。〔4〕万泉:万钱。以下八千、七千等皆指钱。 〔5〕珪:圭璧,瑞信之物。中:值。 〔6〕瑗:大孔璧,孔大于边。 〔7〕弊邑:同"敝邑"。〔8〕彤弓:尹知章云:"彤弓,朱弓也。" 〔9〕泉:王念孙云:"'泉'当为'帛'。"译文从之。 〔10〕石璧谋:指利用石璧的计谋。

【译文】

桓公说:"我打算西去朝拜周天子,但献礼的费用不足,有办法解决吗?"管子回答说:"请下令在阴里地方筑城,要有三重城墙、九重城门。再让玉匠在城里雕刻菑石制成石璧,一尺长的定价一万钱,八寸长的定价八千钱,七寸长的定价七千钱,圭璧定价四千钱,大孔璧定价五百钱。"各种规格的石璧数量都已完成,管子就西行先朝见周天子说:"敝国的君主打算率领各国诸侯来朝拜先王宗庙,并到周朝观礼。请下令给准备来朝拜先王宗庙、并到周朝观礼的各国诸侯,要求必须带彤弓和石璧,不带彤弓、石璧的一律不准入朝。"天子答应说:"好的。"就向天下发布了这一号令。于是,天下诸侯纷纷用车载着黄金、珠玉、粮食、锦绣、布帛输入齐国,用以收购石璧,石璧流散到天下,天下的财物则流归于齐国。因此齐国连续八年没有征收赋税,这就是在阴里筑城制造石璧的计谋。

以上"石璧谋"。

桓公曰:"天子之养不足,号令赋于天下则不信诸侯,[1]为此有道乎?"管子对曰:"江淮之间有一茅而三脊毌至其本,[2]名之曰菁茅。请使天子之吏环封而守之。夫天子则封于太山,禅于梁父,号令天下诸侯曰:'诸从天子封于太山、禅于梁父者,必抱菁茅一束以为禅籍,[3]不如令者不得从。'"天子下诸侯载其黄金,[4]争秩而走。[5]江淮之菁茅坐长而十倍,其贾一束而百金。故天子三日即位,[6]天下之金四流而归周若流水。故周天子七年不求贺献者,菁茅之谋也。

右菁茅谋。[7]

【注释】

〔1〕"号令"句:马非百云:"此谓号令赋于天下,则不为诸侯所信,犹言诸侯不肯服从也。"　〔2〕毌:俞樾云:"古贯字,贯者通也。谓茅之三脊,由其末梢以通至于本根也。"　〔3〕籍:王念孙云:"'籍'当为'藉'。藉,荐也。《史记·封禅书》:'江淮之间一茅三脊,所以为藉也。'是其证。"译文从王说。　〔4〕王引之云:"'天下诸侯'连读",其"子"字衍。译文从之。　〔5〕争秩:马非百云:"秩即次序。争秩,犹言争先恐后。"　〔6〕即位:就座,指不离座席。　〔7〕菁茅谋:指利用菁茅的计谋。

【译文】

桓公问:"周天子的奉养财用不足,命令向天下征租,各国诸侯又都不服从,有办法解决吗?"管子回答说:"长江、淮水之间,出产一种三条脊脉直贯根部的茅草,名叫菁茅。请让周天子的属吏将菁茅产地周围封闭起来,并派人看守。周天子则到泰山祭天,到梁父祭地,并对天下诸侯下令说:'准备跟从天子到泰山祭天、到梁父祭地的各国诸侯,必须带一捆菁茅作为祭祀用的垫席,不照命令办的不准跟从。'"于是,天下诸侯装载着黄金,争先恐后地奔向菁茅产地。长江、淮水之间的菁茅价格上涨了十倍,一捆菁茅就值百金。这样,天子只用了三天,甚至没离座席,天下的黄金就如流水般从四方流归周朝。因此,周天子连续七年没向诸侯索求献礼,这就是要求诸侯贡献菁茅的计谋。

以上"菁茅谋"。

桓公曰:"寡人多务,令衡籍吾国之富商蓄贾、称贷家,[1]以利吾贫萌农夫,[2]不失其本事。反此有道乎?"[3]管子对曰:"惟反之以号令为可耳。"桓公曰:"行事奈何?"管子对曰:"请使宾胥无驰而南,隰朋驰而北,宁戚驰而东,鲍叔驰而西。四子之行定,夷吾请号令谓四子曰:'子皆为我君视四方称贷之间,[4]其受息之氓几何千家,[5]以报吾。'"鲍叔驰而西,反报曰:"西方之氓者,带济负河,[6]菹泽之萌也。渔猎取薪蒸而为食。其称贷之家多者千钟,少者六七百钟。其出之,钟也一钟。[7]其受息之萌九百余家。"宾胥无驰而南,反报曰:"南方之萌者,山居谷处,登降之萌也。[8]上斫轮轴,下采抒栗,[9]田猎而为食。其称贷之家多者千万,少者六七百万。其出之,中伯伍也。[10]其受息之萌八百余家。"宁戚驰而东,反报曰:"东方之萌,带山负海,若处,上断福,[11]渔猎之萌也。治葛缕而为食。[12]其称贷之家丁惠、高国,[13]多者五千钟,少者三十钟。[14]其出之,中钟五釜也。其受息之萌八九百家。"隰朋驰而北,反报曰:"北方之萌者,衍处负海,[15]煮沸为盐,梁济取鱼之萌也。[16]薪食。其称贷之家多者千万，少者六七百万。其出之，中伯二十也。受息之氓九百余家。"凡称贷之家出泉参千万，出粟参数千万钟，受子息民参万家。[17]四子已报，管子曰："不弃我君之有萌中一国而五君之正也，[18]然欲国之无贫，兵之无弱，安可得哉？"桓公曰："为此有道乎？"管子曰："惟反之以号令为可。请以令贺献者皆以镣枝兰鼓，[19]则必坐长什倍其本矣。君之栈台之职亦坐长什倍。[20]请以令召称贷之家，君因酌之酒，太宰行觞。桓公举衣而问曰：[21]'寡人多务，令衡籍吾国。闻子之假贷吾贫萌，使有以终其上令。[22]寡人有镣枝兰鼓，其贾中纯万泉也。[23]愿以为吾贫萌决其子息之数，使无券契之责。'称贷之家皆齐首而稽颡曰：[24]'君之忧萌至于此，请再拜以献堂下。'桓公曰：'不可。子使吾萌春有以剗耨，夏有以决芸。寡人之德子无所宠，[25]若此而不受，寡人不得于心。'故称贷之家曰皆：[26]'再拜受。'所出栈台之职未能参千纯也，而决四方子息之数，使无券契之责。四方之萌闻之，父教其子，兄教其弟曰：'夫垦田发务，[27]上之所急，可以无庶乎？[28]君之忧我至于此！'此之谓反准。"[29]

【注释】

〔1〕马非百云："'衡'，主掌财政之官。……称贷谓举债。……称贷家谓以放高利贷为业者。" 〔2〕萌：同"氓"，民。 〔3〕反此：与此相反，即改变籍法。 〔4〕马非百云："视谓视察，犹言调查。间者，泛指其处所之谓也。" 〔5〕受息之氓：马非百云："'受息之氓'与'称贷之家'对文。后者指放债者，前者指借债者。借债须接受利息之

条件，故曰'受息'。" 〔6〕带济负河：依托济水、背靠黄河。〔7〕钟也一钟：张佩纶云："'钟也一钟'，贷以一钟，息亦一钟。"〔8〕登降之萌：马非百云："山居须登，谷处须降，故曰'登降之萌'。"〔9〕宋本"斫"作"断"。马非百云："'断'，截断。谓上山砍伐树木以为制造车轮及车轴之用。杼栗……小栗也。" 〔10〕中伯伍：张佩纶云："'中伯伍'者贷百而息五十。" 〔11〕宋本"若"作"苦"。马非百云："《尔雅·释言》：'碱，苦也。'注：'苦即大碱。'是'苦处'意为土地碱卤，不生五谷。……'上断福'即'上断辐'。……'苦处'承'负海'言，'上断辐'承'带山'言。"译从。 〔12〕葛缕：马非百云："葛缕，以葛藤纤维为线，织之为衣履。贫民所服。" 〔13〕丁惠、高国：皆指功臣世家。 〔14〕十：戴望云："'十'字误，当依宋本作'千'。"译文从之。 〔15〕马非百云："此处衍字则当作'译'字讲。《小尔雅》云'泽之广者谓之衍'是也。'衍处'谓处于卑湿之地。" 〔16〕梁济取鱼：马非百云：梁，鱼梁也。"'梁济取鱼'者，言为梁于济水之中以捕取其鱼也。" 〔17〕参：同"叁"。下同。"参万家"当作"参千家"。 〔18〕吴志忠云："'弃'乃'意'字误。"译文从吴说。马非百云：此盖言东西南北四方之民，除对国家负担租税外，尚须负担高利贷之利息，直与同时应五君之征者等耳。 〔19〕马非百云："故镞枝兰鼓当是一种美锦之特有名称。其取义之由或因其上织有象形'镞枝兰鼓，之花纹耳。"张佩纶谓当作"鼓镞枝兰"，鼓镞为乐器，枝兰为兵器。 〔20〕职：马非百云："职者，主也，亦有藏义。"〔21〕举衣而问：马非百云："举者提也，犹摄也。'举衣而问'即摄衣起立而问，所以示尊敬宾客之意。"桓公：这里称呼不妥，应为第二人称，下同。 〔22〕终：王寿同云："'终'当为'给'。"译文从王说。〔23〕纯：马非百云：纯乃丝绵布帛等匹端之名。 〔24〕齐首而稽颡：马非百云：齐首，首与地齐；稽首，以额叩地。 〔25〕宠：于省吾云："宠谓荣宠。……此言寡人之德子，而对子无所荣宠也。" 〔26〕闻一多云："'曰皆'二字当互易。"译文从之。 〔27〕务：马非百云：务与荞同。荞即发草。 〔28〕庶：马非百云："'庶'当作'度'……"译文从之。 〔29〕马非百云：反准云者，即提高物价以偿民债之意。反准谓返回平准。

【译文】

桓公问："我的事务很多，只能派税务官去向国内的富商大贾和高利贷者直接征税,来扶助贫民农夫从事农业。不这样的话还有别的办法吗?"管子回答说:"只有借助号令来达到这一目标才是可行的。"桓公问:"该怎么做呢?"管子回答说:"请派宾胥无去南方,隰朋去北方,宁戚去东方,鲍叔去西方。四位臣子的方向决定后,我就向他们宣布号令说:'你们都去为君主调查四方放贷的情况,借债的贫民有几千家,回来向我报告。'"鲍叔奔往西方,回来报告说:"西方的百姓,是依托济水,背靠黄河,居住在草泽地区的百姓,他们靠捕鱼、打猎和砍柴为生。那里的高利贷者放债多的有上千钟粮,少的也有六七百钟。他们贷出一钟的利息也是一钟。而借债的贫民有九百多家。"宾胥无奔往南方,回来报告说:"南方的百姓,是居住在山谷中,登山下谷的百姓。他们以上山砍材制轮轴、采集小栗和打猎为生。那里的高利贷者放债多的有上千万钱,少的也有六七百万。他们贷出一百钱,利息五十。而借债的贫民有八百多家。"宁戚奔往东方,回来报告说:"东方的百姓,依山靠海,土地盐碱不生五谷,是以上山砍材制辐和捕鱼打猎为业的百姓。他们以编织葛藤为生。那里放高利贷的丁惠、高国二家,放债多的有五千钟粮,少的也有三千钟。他们贷出一钟,利息五釜。而借债的贫民有八九百家。"隰朋奔往北方,回来报告说:"北方的百姓,是住在靠海低地,煮卤为盐,筑梁捕鱼的百姓,靠打柴为生。那里的高利贷者放债多的有上千万钱,少的也有六七百万。他们贷出一百,利息二十。而借债的贫民有九百多家。"总计四方高利贷者共贷出钱三千万、粮三千多万钟,借债的贫民三千多家。四位臣子报告以后,管子说:"想不到我国的百姓隶属一国而要承担五国君主的征敛,这样要国家不贫穷,军队不困弱,怎么能实现呢?"桓公问:"有办法解决吗?"管子说:"只有借助号令才能达到这一目标。请下令凡献礼的人都必须贡献织有乐器兵器花纹的美锦,这样,美锦的价格就会上涨十倍,君主栈台所藏的这种美锦也涨价十倍。请再下令召见高利贷者,君主设酒宴招待,太宰一一敬酒。您就提衣起立说:'我的事务很多,只能派税务官在国内征税。听说你们将钱粮借贷给贫民,使他们能按要求纳税。我有一些织有乐器兵器花纹的美锦,每匹价值有万钱,我愿用这些美锦为我的贫民偿还借贷的本息,使他们不再对你们负债。'高利贷者都叩首下拜说:'君主如此体恤百姓,请让我们将体现债务的券契献于堂下。'您就说:'那不行。你们使我国贫民春天能够耕种,夏天能够除草。我很赞赏你们,但对你们没什么恩宠,如果这些美锦你们还不肯接受,我是不能安心的。'于是高利贷者都说:'我们再拜接受了。'这样,从栈台取出的美锦还不到三千匹,都偿还了四方贫民借贷的本息,使他们不再负债。四方的贫民听说了，一定会父教子，兄教弟地说：'耕田除草，这是国家的急事，能不放在心上吗？君主是这样体恤我们啊！'这就叫代民偿债、返回平准。"

管子曰："昔者癸度居人之国，[1]必四面望于天下。[2]天下高亦高，天下高我独下，必失其国于天下。"桓公曰："此若言曷谓也？"管子对曰："昔莱人善染，练茈之于莱纯锱，绋绶之于莱亦纯锱也。[3]其周，中十金。[4]莱人知之，闻纂茈空。[5]周且敛马作见于莱人操之，[6]莱有推马。[7]是自莱失纂茈而反准于马也。[8]故可因者因之，乘者乘之，此因天下以制天下。此之谓国准。"[9]

【注释】

〔1〕癸度：假托的人名。 〔2〕"必四"句：马非百云："谓须随时注意国内及国际之经济情况。" 〔3〕练茈：猪饲彦博云："'练茈'当作'茈练'。茈，染紫草也。言莱国多茈草，故其人善染紫。染练绢一束，仅得一锱金也。'绋绶'《后汉书·舆服志注》云'紫绶名绋，其色青紫'。"译从。 〔4〕"其周"二句：章炳麟云："在周则贾中十金也。" 〔5〕"莱人"二句：何如璋云："纂者集也。"马非百云："此谓莱国商人既知周国价贵，争以收集染织物为事，故全国为之一空。" 〔6〕"周且"句：马非百云：马犹言筹码。此处盖指某种通行于国际间之临时票据而言。作见即作证见，犹言抵押。操，持也，亦据也，即占有之意。〔7〕莱有推马：王寿同云："'推'乃'准'之误。"译文从之。马非百云："'准马'即'以马准币'之意。'莱有准马'者，谓货由周操，马归莱有也。" 〔8〕"是自"句：马非百云："当作'是莱自失纂茈而反准于马'。反准者，前为以马准币，今则以币准马。"译文从马说。〔9〕国准：马非百云：此处"国准"二字，犹今人之言国际贸易平衡矣。

【译文】

管子说："从前癸度去到别的国家，一定要全面地了解天下的物价情况。天下物价高，我也随之高，如果天下物价高，我独物价低，必然使自己国家难以生存。"桓公问："你这话是什么意思？"管子回答说："从前莱国人善于染色，在莱国，紫色的丝练每束只值金一锱，紫色的绶带也是同样的价格。而在周地，则要值到十斤金。莱国商人听到这个消息，将紫练紫绶争相收购一空。周人就收集大量通用的筹码作抵押，占有了莱人手中的紫练紫绶，而莱人只得到可兑换货币的筹码。这是莱人自己丢掉了紫练紫绶，而只能收回货币。由此可见，可以利用的就要利用，可以乘机的就要乘机，这就是利用天下来控制天下。这叫做国际的贸易平衡。"

桓公曰："齐西水潦而民饥，齐东丰庸而粜贱，[1] 欲以东之贱被西之贵，为之有道乎？"管子对曰："今齐西之粟釜百泉，则锺二十也。齐东之粟釜十泉，则锺二钱也。请以令籍人三十泉，得以五谷菽粟决其籍。若此，则齐西出三斗而决其籍，齐东出三釜而决其籍。然则釜十之粟皆实于仓廪，[2] 西之民饥者得食，寒者得衣，无本者予之陈，[3] 无种者予之新。若此，则东西之相被，远近之准平矣。"

【注释】

〔1〕庸：尹知章云："庸，用也。谓丰稔而足用。" 〔2〕釜十之粟：俞樾云："'釜十之粟'者，乃一釜十泉之粟，指齐东而言。" 〔3〕古本"本"作"食"。译文从"食"。

【译文】

桓公问："齐国西部发生水灾而百姓挨饿，齐国东部丰收足用而粮价低贱。我打算用东部的低价粮去补助西部的高价粮，有办法解决吗？"管子回答说："如今齐国西部的粮价每釜百钱，每锺二十钱。东部的粮价每釜十钱，每锺二钱。请下令向齐国每人征税三十钱，允许用各种粮食折价交纳。这样，西部的百姓每人只出三斗粮就纳完了税，东部的百姓每人要出三釜粮才能完税。因而东部十钱一釜的粮食就都进了粮仓，而西部的百姓挨饿的有饭吃，受冻的有衣穿，国家对没吃的贷给陈粮，无种的贷给新粮。这样，齐国东西部相互得到补助，远近各地的差别也调节平衡了。"

桓公曰："衡数吾已得闻之矣，请问国准。"管子对曰："孟春且至，沟渎阬而不遂，[1]溪谷报上之水不安于藏，[2]内毁室屋坏墙垣，外伤田野残禾稼，故君谨守泉金之谢物，[3]且为之举。[4]大夏，帷盖衣幕之奉不给，[5]谨守泉布之谢物，[6]且为之举。大秋，甲兵求缮，弓弩求弦，谨丝麻之谢物，[7]且为之举。大冬，任甲兵，[8]粮食不给，黄金之赏不足，谨守五谷、黄金之谢物，且为之举。已守其谢，富商蓄贾不得如故。此之谓国准。"

【注释】

〔1〕阬：猪饲彦博云："'阬'疑当作'阨'，塞也。"译文从"阨"。〔2〕报：王引之云："'报'当为'郭'。"译文从之。〔3〕马非百云："'谢物'二字连文，谓代谢之物，即因新需要而谢去之旧物……"〔4〕举：马非百云："举即《史记·仲尼弟子列传》'子贡好废举'之举，《索隐》引刘氏云：'废谓物贵而卖之，举谓物贱而买之。'"〔5〕帷盖衣幕：马非百云："帷、盖、衣、幕，皆军用品，乃女工所织。……不足即不给。"〔6〕泉布：王念孙云："'泉布'当为'帛布'。"译文从王说。〔7〕猪饲彦博云："'谨'下脱'守'字。"译文从之。〔8〕任：马非百云："'任'疑是'作'字之误。"译文从"作"。

【译文】

桓公说："平衡供求的方法我已经听说了，请再谈谈国家平准的措施。"管子回答说："初春将到，沟渠阻塞不畅通，溪谷堤坝中的水泛滥开来，流入村内毁坏房屋、墙垣，流出村外损伤农田、庄稼，因而迫切需要兴修水利，国家要小心控制好百姓为交纳水利税而被迫变卖的东西，并且将它们收购下来。夏天，军队的帷盖衣幕供应不足，要小心控制好百姓为交纳布帛而被迫变卖的东西，并且将它们收购下来。秋天，铠甲兵器需要修理，弓弩需要安装弓弦，要小心控制好百姓为交纳丝麻而被迫变卖的东西，并且将它们收购下来。冬天，需要打造铠甲兵器，粮食不足，用作赏赐的黄金也不足，要小心控制好百姓为交纳粮食、黄金而被迫变卖的东西，并且将它们收购下来。这样，君主控制了百姓变卖的各种低价货物，富商大贾就不能从中得利。这就叫国家的平准措施。"

龙斗于马谓之阳牛山之阴。[1]管子入复于桓公曰："天使使者临君之郊，请使大夫初饬，[2]左右玄服，天之使者乎![3]天下闻之曰：'神哉齐桓公！天使使者临其郊。'不待举兵，而朝者八诸侯。此乘天威而动天下之道也。故智者役使鬼神而愚者信之。"

【注释】

〔1〕古本"谓"作"请"。张佩纶云："'请'与'谓'皆'渎'字之讹。'马渎'即马车渎也。""马渎"与下文"牛山"皆假托的地名。〔2〕初饬：陶鸿庆云："'饬'读为'饰'。'初'乃'构'之误字，本作'裧'。《说文》：'裧，玄服也。'……龙为水族之长，故必里服以将事也。"译文从陶说。〔3〕猪饲彦博云："'天之使者'上疑脱'迎'字。"译文据此补出。

【译文】

两龙在马渎以南、牛山以北相斗。管子向桓公报告说："上天派使者降临君主的郊野，请派大夫穿上黑衣服，左右也穿上黑衣服，去迎接上天的使者吧！天下人听到此事一定会说：'齐桓公真是神啊！上天派使者降临他的郊野了。'这样，不必用兵，来齐国朝见的就有八国诸侯。这就是借助上天的威势来震慑天下诸侯的方法。因此，智慧者可以役使鬼神来达到目的，而愚笨者就会相信。"

桓公终神，[1]管子入复桓公曰："地重，投之哉兆，[2]国有恸。风重，投之哉兆。国有枪星，[3]其君必辱；国有彗星，必有流血。[4]浮丘之战，彗之所出，必服天下之仇。今彗星见于齐之分，[5]请以令朝功臣世家，号令于国中曰：'彗星出，寡人恐服天下之仇。请有五谷菽粟、布帛文采者，皆勿敢左右。[6]国且有大事，请以平贾取之。'功臣之家、人民百姓皆献其谷菽粟泉金，[7]归其财物，[8]以佐君之大事。此谓乘天菑而求民邻财之道也。"[9]

【注释】

〔1〕终神：马非百云：终，卒也。神者，祀神之事也。终神犹言祭神完竣。 〔2〕重：何如璋云："'重'字疑当作'动'。"译文从"动"。投之哉兆：郭沫若云："'投'乃'疫'之坏字。……《说文》'疫，人皆疾也'。《史记·天官书》'氐为天根，主疫'。此与地动兆疫或不无关系，盖地动则天根为之不宁也。"译文从郭说。安井衡云："哉、栽通。"即灾。 〔3〕猪饲彦博云："'国'谓其国之分野。"许维遹云："'枪'即天枪，《隋书·天文志》'天枪主捕'，故云'其君必辱'。" 〔4〕许维遹云："《晋书·天文志》'彗星所谓埽星，或竟天见则兵起'，故云'必有流血'。" 〔5〕分：马非百云："分，分野也，谓星宿所当之区域。" 〔6〕勿敢左右：指不得自由买卖。 〔7〕陶鸿庆云："'谷'上当有'五'字。"译文从陶说。 〔8〕归：同"馈"。 〔9〕菑：同"灾"。邻：指近臣。

【译文】

桓公祭神完毕，管子向桓公报告说："地动是疫病的征兆，国家将有灾难。风暴也是疫病的征兆。某国的分野出现天枪星，国君必将受辱；出现彗星，流血战争必将发生。浮丘大战时，彗星就曾出现，预示着一定要征服天下的仇敌。现在彗星又出现在齐国的分野，请下令召集功臣世家，并对国内发布号令说：'彗星出现，我恐怕又要去出征天下仇敌。

请藏有各种粮食、布匹的人家,都不准自由买卖。国家将有战事,要用平价收购这些物资。'功臣世家和人民百姓都会将他们的粮食、钱币和黄金献给国家,把财物赠给君主,帮助你完成大业。这就叫利用上天的灾异来索求近臣百姓财物的方法。"

桓公曰:"大夫多并其财而不出,[1]腐朽五谷而不散。"管子对曰:"请以令召城阳大夫而请之。"[2]桓公曰:"何哉?"管子对曰:"'城阳大夫嬖宠被绨绤,[3]鹅鹜含余秣,[4]齐钟鼓之声,吹笙箎,[5]同姓不入,[6]伯叔父母、远近兄弟皆寒而不得衣,饥而不得食。子欲尽忠于寡人,能乎?故子毋复见寡人。'[7]灭其位,[8]杜其门而不出。功臣之家皆争发其积藏,出其资财,以予其远近兄弟。以为未足,又收国中之贫病孤独老不能自食之萌,皆与得焉。[9]故桓公推仁立义,功臣之家兄弟相戚,骨肉相亲,国无饥民。此之谓缪数。"[10]

【注释】

〔1〕并:戴望云:"'并'与'屏'同。"屏,藏也。 〔2〕王念孙云:"'请之'当为'谪之'。"译文从王说。 〔3〕嬖宠:指宠妾。绨绤:精制丝绸。 〔4〕鹅鹜:鹅鸭。余秣:剩饭。 〔5〕姚永概云:"脱'之音'二字。" 〔6〕同姓不入:马非百云:"即同一族姓之人亦不得参加也。" 〔7〕马非百云:"自'城阳大夫'至'故子毋复见寡人'一段文字,皆管子教桓公'请罪'城阳大夫词。"译从。 〔8〕灭其位:马非百云:"谓取消其在朝列应有之位次也。" 〔9〕与得:指分得资财。 〔10〕缪数:尹知章云:"缪读曰谬,假此术以陈其事也。"马非百云:缪,诈也。犹言诈术。

【译文】

桓公说:"大夫们都藏匿他们的财货而不肯献出,宁愿粮食腐败也不肯发散给饥民。"管子回答说："请下令召见城阳大夫并予以谴责。"桓公问："该怎么说呢？"管子回答说："可以说：'城阳大夫，你的宠妾穿着丝绸，鹅鸭吃着剩饭，家中钟鼓齐鸣，笙篪吹奏，奢侈到极点，但你的同姓却不得进门，你的伯叔父母、远近兄弟都在受冻挨饿。你这样做能对我尽忠心吗？你再不要来见我。'然后取消他的地位，封闭他的门户不让出去。这样，功臣世家都会争着发散储藏，拿出财物，去接济远近兄弟。还觉不够，就会收罗国内的贫病孤老不能自食其力的贫民，都让他们分得财物。因此桓公推行仁义，使功臣世家兄弟骨肉相亲相爱，国内没有饥民。这就叫巧诈的方法。"

桓公曰："峥丘之战，民多称贷负子息，以给上之急，度上之求。寡人欲复业产，此何以洽？"[1]管子对曰："惟缪数为可耳。"桓公曰："诺。"令左右州曰："表称贷之家，[2]皆垩白其门而高其闾。"[3]州通之师执折箓曰：[4]"君且使使者。"桓公使八使者式璧而聘之，以给盐菜之用。[5]称贷之家皆齐首稽颡而问曰："何以得此也？"使者曰："君令曰：寡人闻之《诗》曰：恺悌君子，[6]民之父母也。寡人有峥丘之战。吾闻子假贷吾贫萌，使有以给寡人之急，度寡人之求。使吾萌春有以剗耨，夏有以决芸，而给上事，子之力也。是以式璧而聘子，以给盐菜之用。故子中民之父母也。"称贷之家皆折其券而削其书，发其积藏，出其财物，以赈贫病。分其故赍，[7]故国中大给，峥丘之谋也。此之谓缪数。

【注释】

〔1〕"寡人"二句：尹知章云："业产者，本业也。洽，通也。言百姓为戎事失其本业，今欲取之，何以通于此也。" 〔2〕表：尹知章云："旌，表也。" 〔3〕垩：粉刷。闾：里门。 〔4〕通之师：马非百云：

师，乡师也。通即向上级汇报，谓州长旌表既毕，乃以其事汇报于乡师。折箓指官府命令。〔5〕"桓公"二句：尹知章云："令使者赍石璧而与，仍存问之，谦言盐菜之用。"〔6〕恺悌：和乐平易貌。〔7〕赀：财物。

【译文】

桓公问："峥丘大战时，很多百姓都借债欠息，来供给君主的急用，考虑君主的需求。现在我打算恢复他们的本业，怎样达到这个目标呢？"管子回答说："只有使用巧诈的方法才可以。"桓公说："好吧。"就命令左右各州说："表彰那些放债人家，一律刷白他们的门墙，增高他们的里门。"州长将结果汇报乡师后拿着官府命令对放债人家说："君主即将派使者来。"桓公派出八名使者带着石璧来慰问，说是给一点盐菜的费用。放债人家都俯首叩头，问道："为什么给我们这样高的待遇？"使者说："君主这样说：我听说《诗经》中讲：和乐平易的君子，是百姓的父母。我曾打了峥丘大战，听说你们借债给贫民，使他们有能力供给我的急用，考虑我的需求，使他们春天能够耕种，夏天能够除草，并供给国家所需，这些都是你们的功劳啊！因此送上石璧来慰问你们，算是给一点盐菜的费用。你们都可算是百姓的父母啊！"放债人家听了都毁掉了债券和文书，发散储藏，拿出财物，用来赈济贫民病人。由于分散了他们的积财，所以国内普遍丰足。这都是利用峥丘之战的计谋的作用。这就叫巧诈的方法。

桓公曰："四郊之民贫，商贾之民富。寡人欲杀商贾之民以益四郊之民，[1]为之奈何？"管子对曰："请以令决瓈洛之水，[2]通之杭庄之间。"[3]桓公曰："诺。"行令未能一岁，而郊之民殷然益富，[4]商贾之民廓然益贫。[5]桓公召管子而问曰："此其故何也？"管子对曰："决瓈洛之水通之杭庄之间，则屠酤之汁肥流水，[6]则蟊虻巨雄、翡燕小鸟皆归之，[7]宜昏饮，此水上之乐也。贾人蓄物而卖为雠，买为取，[8]市未央毕，[9]而委舍其守列，[10]投𧊒蚳巨雄。[11]新冠五尺请挟弹怀丸游水上，[12]弹翡燕小鸟，被于暮。故贱卖而贵买。四郊之民卖贱，[13]何为不富哉？商贾之人，何为不贫乎？"桓公曰："善。"

【注释】

〔1〕杀：马非百云：杀，削减。四郊之民即农民。 〔2〕马非百云："瀀洛之水，犹言洼地之积水。"瓁同"瀀"。 〔3〕马非百云："杭"当作"抗"。抗，对也。《尔雅·释宫》云："六达谓之庄。"抗庄即两庄对立，如雁之有两翅也。指两条相对的大道。 〔4〕郭沫若云："'而'即'四'字之误。"译文从之。殷然：满盈貌。 〔5〕廓然：空寂貌。 〔6〕屠：屠户。酤：酒家。 〔7〕𧊒蚳、巨雄、翡燕：马非百云："𧊒蚳"当作"𧊒母"。𧊒母即今之蚊母鸟，大如鸡，食蚊虻羽蚁。"巨雄"与"小鸟"对文，巨雄者大鸟也，指𧊒母而言。"翡"即"翡翠"。翡翠与燕皆不如𧊒母之大，故曰小鸟也。译文从马说。 〔8〕"贾人"二句：猪饲彦博云："谓卖者速售，买者速取也。" 〔9〕市未央毕：马非百云：央者，半也。谓买卖尚未完成其半数也。 〔10〕委舍其守列：马非百云："委舍谓弃去之。……守列即坐列，犹今日之言'站柜台'矣。" 〔11〕投：指以矢石扔掷。 〔12〕新冠：尹桐阳云："年二十曰新冠。五尺谓五尺之童。"安井衡云："新冠少年，五尺童子皆请其父兄，挟弹怀丸弹小鸟于水上，以及昏暮。" 〔13〕卖贱：陶鸿庆云："'卖贱'当为'买贱'，'原文当作'卖贵而买贱'，此与上文商贾之人'贱卖而贵买'事正相因。"译文从陶说。

【译文】

桓公问："四郊的农民贫穷，而城里的商人富裕，我打算削减商人的财富来帮助农民，该怎么办呢？"管子回答说："请下令将洼地的积水，引进两条大道的中间低地。"桓公说："好的。"命令执行不到一年，四郊的农民就渐渐富起来，而城中的商人渐渐穷下去。桓公召见管子问道："这是什么缘故呢？"管子回答说："将洼地的积水引入两条大道的中间低地，街上屠户、酒家的油水都流进水里，蚊母类的大鸟和翡翠、燕类和小鸟都聚集到水边，这里适合黄昏饮酒，成为水上的享乐之地。

商人在这里做买卖，售出和购进都急于速成，买卖做到一半，就扔下货摊，去扔掷蚊母类的大鸟去了。青少年们也都带着弹弓、弹丸在水边游玩，弹射翡翠、燕类的小鸟，直到天黑。因此，商人普遍低价卖出、高价买进，而四郊的农民则低价买进、高价卖出，怎么能不富呢？商人又怎么能不穷呢？"桓公说："对。"

桓公问："五衢之民，衰然多衣弊而屦穿。[1]寡人欲使帛布丝纩之贾贱，为之有道乎？"管子曰："请以令沐途旁之树枝，[2]使无尺寸之阴。"桓公曰："诺。"行令未能一岁，五衢之民皆多衣帛完屦。桓公召管子而问曰："此其何故也？"管子对曰："途旁之树未沐之时，五衢之民，男女相好往来之市者，罢市相睹树下，谈语终日不归。男女当壮，[3]扶辇推舆，相睹树下，戏笑超距，[4]终日不归。父兄相睹树下，论议玄语，[5]终日不归。是以田不发，[6]五谷不播，麻桑不种，茧缕不治。内严一家而三不归，[7]则帛布丝纩之贾安得不贵。"桓公曰："善。"

【注释】

〔1〕衰然：马非百云："衰然，衰耗之貌，犹言穷困也。" 〔2〕沐途旁之树枝：黄震云："沐，去树枝也。沐途旁之树枝以绝游息，农人皆务本业而农以富。" 〔3〕当壮：马非百云：当壮即丁壮。 〔4〕超距：猪饲彦博云："超距，犹跳跃也。" 〔5〕玄语：马非百云：玄谓理之微妙者也。犹言说话不切实际。 〔6〕陶鸿庆云："'田'下当有'草'字。"译文从陶说。 〔7〕严：同"曮"。瞰，视。

【译文】

桓公问："五方的百姓，多是衣旧鞋破的贫困样子。我打算让帛衣丝絮的价格降下来，有办法做到吗？"管子回答说："请下令剪去道旁的树枝,使它不留尺寸的树荫。"桓公说:"好的。"命令执行不到一年,五方的百姓都身着丝帛、脚穿新鞋。桓公召见管子问道:"这是什么缘故呢?"管子回答道:"道旁的树枝没有剪去的时候,五方百姓中男女相好来往集市的,散市后在树下相会,终日谈情说爱不想回家。壮年男女推车过路的,在树下相会,终日戏笑舞蹈不想回家。父子兄弟在树下相会,整天谈天说地不想回家。这样,田草不得开辟,五谷不得播种,桑麻不得栽种,茧丝不得抽治。看看一家之内就有三种人不想回家,帛布丝絮的价格怎么能不贵呢?"桓公说:"对。"

桓公曰:"粜贱,寡人恐五谷之归于诸侯,寡人欲为百姓万民藏之,〔1〕为此有道乎?"管子曰:"今者夷吾过市,有新成囷京者二家。〔2〕君请式璧而聘之。"桓公曰:"诺。"行令半岁,万民闻之,舍其作业而为囷京以藏菽粟五谷者过半。桓公问管子曰:"此其何故也?"管子曰:"成囷京者二家,君式璧而聘之,名显于国中,国中莫不闻。是民上则无功显名于百姓也,功立而名成;下则实其囷京,上以给上为君。一举而名实俱在也,民何为也?"〔3〕

【注释】

〔1〕为:使。 〔2〕囷:圆形粮仓。京:尹知章云:"大囷曰京。" 〔3〕"民何"句:戴望云:"当作'民何不为也',脱'不'字。"译文从戴说。

【译文】

桓公说:"市场卖价低,我怕国内的粮食都流向诸侯各国,我打算使百姓都自己贮藏粮食,有办法做到吗?"管子说:"今天我经过集市,看到有两家新建了粮仓。请君主将石璧送去表示慰问。"桓公说:"好的。"命令执行半年,百姓听说后,有半数以上都放下本业去建造粮仓,贮藏粮食。桓公问管子说:"这是什么缘故呢?"管子说:"两家新建了粮仓,君主将石璧送去表示慰问,使他们扬名国内,国中没有不知道此事的。他们对国家没有功劳却扬名天下成就功名,对自己则充实了粮仓,对国家可用来交纳赋税。名利并收,一举两得,百姓为什么不跟着做呢?"

桓公问管子曰:"请问王数之守终始,[1]可得闻乎?"管子曰:"正月之朝,[2]谷始也;日至百日,黍秫之始也;[3]九月敛实,平麦之始也。"[4]

【注释】
〔1〕王数:马非百云:"王数即帝王之政策……'王数之守终始',即王国守始,之意……" 〔2〕正月之朝:马非百云:谓正月上旬。〔3〕日至、黍秫:马非百云:"日至谓冬至。黍秫即黍稷。" 〔4〕平麦:何如璋云:"'平麦'当作'牟麦'。"即指大麦。

【译文】
桓公问管子说:"请谈谈君主该怎样控制好农事开始的时候,能说来听听吗?"管子说:"正月上旬,是开始种谷的时候;冬至后百天,是开始种黍米、小米的时候;九月秋收后,是开始种大麦的时候。"

管子问于桓公:"敢问齐方于几何里?"[1]桓公曰:"方五百里。"管子曰:"阴雍、长城之地,[2]其于齐国三分之一,非谷之所生也。渒、龙夏,[3]其于齐国四分之一也。[4]朝夕外之,[5]所墆齐地者五分之一,[6]非谷之所生也。然则吾非托食之主耶?"[7]桓公遽然起曰:[8]"然则为之奈何?"管子对曰:"动之以言,溃之以辞,[9]可以为国基。[10]且君币籍而务,则贾人独操国趣。

君谷籍而务，则农人独操国固。[11]君动言操辞，左右之流君独因之。""物之始吾已见之矣，物之终吾已见之矣，物之贾吾已见之矣。"[12]管子曰："长城之阳，鲁也；长城之阴，齐也。三败杀君二重臣定社稷者，[13]吾此皆以孤突之地封者也。[14]故山地者山也，水地者泽也，薪刍之所生者斥也。"公曰："托食之主及吾地亦有道乎？"管子对曰："守其三原。"[15]公曰："何谓三原？"管子对曰："君守布则籍于麻，十倍其贾，[16]布五十倍其贾，此数也。[17]吾以织籍，籍于系，[18]未为系籍系，抚织，再十倍其贾。如此，则云五谷之籍。[19]是故籍于布则抚之系，籍于谷则抚之山，籍于六畜则抚之术。[20]籍于物之终始而善御以言。"[21]公曰："善。"

【注释】

〔1〕方于：郭沫若云："'方于'当读为'方舆'。……天圆地方，故地即称'方舆'。"〔2〕阴雍：马非百云：阴指平阴。雍谓堤防止水者也。长城：长城指齐长城。〔3〕洪颐煊云："此'泙'字本'海庄'二字讹并作一字。"译文从洪说。〔4〕丁士涵云："'也'字上亦当有'非谷之所生也'五字，与上下文一例。"译文从丁说。〔5〕朝夕外之：安井衡云："'朝夕'读为潮汐。'外之'，绕其外也。"〔6〕埘：同"滞"。〔7〕吾：俞樾云："'吾'字乃'君'字之误。"译文从俞说。〔8〕遽然：马非百云："遽然，惶惧之貌。"〔9〕溃：疑作"操"。下文正作"动言操辞"。〔10〕国基：马非百云："国基者，立国之基础也。"〔11〕"且君"四句：郭沫若云："谓如专以征收货币为务，则富商即将操纵金融；如专以征收谷物为务，则地主即将囤积粮食也。"国趣指国人所趋向，即货币。国固指国人所固守，即粮食。〔12〕"物之"四句：尹桐阳云："此均桓公词。"译从。见：马非百云："见者，知也，谓三者吾皆已知之也。"〔13〕郭沫若云："'三败'云云不知何所指，当是齐鲁间之往事为史所阙佚。"〔14〕孤突之地：马

非百云：所谓孤突之地者乃孤立突出之地。此谓齐鲁毗连，不时发生战事。鲁人虽三败于齐，但齐亦折兵损将，结果割地以和。〔15〕三原：马非百云："原者源也，亦始也。三原指下文'丝''山''术'三者而言。"〔16〕马非百云："'十倍其贾'上脱'麻'字。"译文从之。〔17〕此数也：马非百云：即此乃一定之理。〔18〕织、系：马非百云："织即丝织物……系当作系。《说文》：'系，细丝也。'"〔19〕云：刘绩云："'云'疑当作'去'。"译文从"去"。〔20〕"是故"三句：马非百云：术通遂，郊外地也。此言欲籍于布（包括丝织物在内），则当先据其丝（包括麻在内）；欲籍于谷，则当先据之于山；欲籍于六畜，则当先据之以术。盖丝为布之所出，山长茧桑为织之所出，籍丝抚织，则可以去五谷之籍，故又相当于谷之所出。术则为六畜之所出。〔21〕善御以言：马非百云："言，号令也。善御以言，即……'审其号令'之意。"

【译文】

管子问桓公说："请问齐国土地有多少里？"桓公说："方圆五百里。"管子说："修筑平阴堤防和长城，占了齐国土地的三分之一，这是不长五谷之地。海庄、龙夏一带，占了齐国土地的四分之一，也是不长五谷之地。潮汐外绕、海水淹滞的地带，占了齐国土地的五分之一，也是不长五谷之地。这样，你不成了寄食他国的君主了吗？"桓公惶惧地起身说："那么该怎么办呢？"管子回答说："善于发号施令，也可以成为治国的基础。君主如果专门征收货币，富商就会操纵货币；君主如果专门征收粮食，地主就会操纵粮食。君主能用号令来征税，左右四方就都在君主的掌握之中。"桓公说："物资的产生我已经知道了，物资的归属我已经知道了，物资的价格我也知道了。"管子说："长城的南面是鲁国，长城的北面是齐国。齐鲁间历来战事不断，齐国还将一些孤立突出的土地割让鲁国，因而山地还是山，水地还是泽，长满柴草的还是劣等地。"桓公问："解决寄食他国和土地被占有什么办法呢？"管子回答说："要控制三个源头。"桓公问："什么叫三个源头？"管子回答说："君主要控制布匹就要先在原料麻上征税，麻价上涨十倍，布价就可上涨五十倍，这是必然的道理。君主要控制丝织品，就要在丝上征税，甚至未成丝时就要征税，再对丝织品征税，就可取得二十倍的收益。这样，就不必再征粮食税了。因此，对布帛征税就要先征麻丝，对粮食征税就要先征山地，对六畜征税就要先征郊野。都要善于运用号令，在物资的源头上征税。"桓公说:"好。"

管子曰:"以国一籍臣右守布万两而右麻籍四十倍其贾术。[1]布五十倍其贾,公以重布决诸侯贾,[2]如此而有二十齐之故。[3]是故轻轶于贾谷制畜者则物轶于四时之辅。[4]善为国者守其国之财,汤之以高下,[5]注以徐疾,[6]一可以为百。未尝籍求于民,而使用若河海,终则有始。此谓守物而御天下也。"公曰:"然则无可以为有乎?贫可以为富乎?"管子对曰:"物之生未有刑,而王霸立其功焉。[7]是故以人求人,则人重矣;以数求物,[8]则物重矣。"公曰:"此若言何谓也?"管子对曰:"举国而一则无赀,举国而十则有百。[9]然则吾将以徐疾御之,若左之授右,若右之授左,是以外内不蜷,[10]终身无咎。王霸之不求于人而求之终始、四时之高下、令之徐疾而已矣。源泉有竭,鬼神有歇,守物之终始,身不竭。[11]此谓源究。"[12]

【注释】
〔1〕"以国"句:宋本"术"作"衍"。郭沫若云:文意难晓。与上文犯复,故此数语为错简无疑。宋本出"衍"字,可见前人已知此等字句为衍文。故今译不译。 〔2〕"布五"二句:马非百云:"谓以重贾五十倍之布,决去所买诸侯万物之贾。" 〔3〕"如此"句:吴汝纶云:"言视齐之旧日加二十倍也。" 〔4〕"是故"句:郭沫若云:"'轻'下脱'重'字。'则物'当为'财物'。'轻重'与'财物'对文。'轶'与'佚'通,失也。贾谷制畜之道失其权衡。则财物之生聚失其时会。"译文从郭说。 〔5〕"汤之"句:王念孙云:"'汤'读若'荡'。"马非百云:"犹言'使物一高一下,不得常固'也。" 〔6〕注:马非百云:注,引也。 〔7〕"物之"二句:何如璋云:"'刑'读如'形'。物之

生，其形未著，乃物之原也。能守其原，则王霸之功立焉。"　〔8〕数：指轻重之策。　〔9〕马非百云：一，划一也。言物价以变化为宜，若举国一致，皆无高下之分，则无余利可图。反之，若国内物价各地不同，甚至于有十倍之差，则可以从中获得百倍之利。　〔10〕蜷：猪饲彦博云："蜷，屈也。"　〔11〕王念孙云："'身'上当有'终'字。"译文从王说。　〔12〕源：马非百云："源，根源。究，究竟。源究即《易·系辞》'原始要终'之意……"

【译文】

管子说："如果布价上涨了五十倍，君主用涨价的布匹输出他国，除去交换货物的价值，还比齐国过去的收入增加二十倍。因此对物价的控制不用轻重之术，财物的生成就会错失时机。善于治国的君主控制好本国财物，用物价的高低来增值，用号令的缓急来招引，就可以做到一变为百。不向百姓征税索求，而财用如江海水流，终而复始。这就叫控制物资而驾御天下。"桓公问："但是能做到无变为有贫变为富吗？"管子回答说："事物生成之初尚未成形，能控制它的原始，就能成就王霸的功业。因此，派人向百姓直接索求，就都取决于人；用轻重之术间接索求，就可以变无为有，变贫为富。"桓公问："你这话是什么意思？"管子回答说："全国物价整齐划一，就无利可图；全国物价相差十倍，就可获利百倍。这就要运用号令的缓急来驾御它，就像左手交给右手，右手交给左手，做到内外舒展自如，终身没有缺憾。因此，成就王霸之业的君主，不求助于他人，而只要控制好物资生产的开始、四时物价的高低和有关号令的缓急就行了。源泉有枯竭的时候，鬼神有消歇的时候，只要控制物资生产的开始，就会终身取用不尽。这就叫穷究事物的原始。"

轻重戊第八十四

【题解】

　　这是本书专论轻重问题的第五篇专文，题为《轻重戊》。
　　本篇将轻重之术的运用由经济领域扩展到政治、外交等方面，全篇共分为各自独立的七节。第一节阐述三皇五帝各有其轻重之策，当世君王应"并用而毋俱尽"，"弱强继绝"，振兴周王室。第二节至第七节都阐述用各种计谋和轻重之术使邻国归服，使百姓致富。第二节阐述诱导鲁、梁国弃农织绨而最终征服鲁、梁。第三节阐述用剪除道旁树枝的计谋改变"三不归"现象，从而使百姓致富。第四节阐述诱导莱国弃农打柴而最终征服莱、莒。第五节阐述诱导楚国弃农猎取生鹿而最终征服楚国。第六节阐述诱导代国弃农求取狐白之皮而最终征服代国。第七节阐述诱导衡山国弃农制造兵器而最终征服衡山。这类计谋的共同特点是：用高价收购诱导敌国放弃农业，专营特产，然后用轻重之术控制粮食，迫使敌国归服。

　　桓公问于管子曰："轻重安施？"管子对曰："自理国虙戏以来，[1]未有不以轻重而能成其王者也。"公曰："何谓？"管子对曰："虙戏作，造六峜以迎阴阳，[2]作九九之数以合天道，[3]而天下化之。[4]神农作，树五谷淇山之阳，[5]九州之民乃知谷食，而天下化之。黄帝作，[6]钻燧生火，以熟荤臊，民食之无兹䐈之病，[7]而天下化之。黄帝之王，童山竭泽。有虞之王，烧曾薮，[8]斩群害，以为民利，封土为社，置木为闾，始民知礼也。[9]当是其时，民无愠恶不服，而天下化之。夏人之王，外凿二十虻，[10]䃌十七湛，[11]疏三江，凿五湖，道四泾之水，[12]以商九州之高，[13]以治九薮，民乃知城郭、门闾、室屋之筑，而天下化之。殷人之王，立皂牢，[14]服牛马，以为民利，而天下化之。周人之王，循六峜，[15]合阴阳，而天下化之。"公曰："然则当世之王者何行而可？"管子对曰："并用而毋俱尽也。"公曰："何谓？"管子对曰："帝王之道备矣，不可加也，公其行义而已矣。"公曰："其行义奈何？"管子对曰："天子幼弱，诸侯亢强，[16]聘享不上。公其弱强继绝，率诸侯以起周室之祀。"公曰："善。"

【注释】

〔1〕理国：马非百云："'理国'当在'虙戏'下。虙戏即伏羲。译文从之。〔2〕峜：洪颐煊云："'峜'当作'金'，'金'古文'法'字。"闻一多云："八卦古有六法之称。（六爻之义盖本如此。）此曰'虙戏作造六法'，下文曰'周人之王循六法'，谓虙戏始作卦而文王演之耳。"译文从洪说。〔3〕九九：马非百云："九九，算法名。"〔4〕化：归化。〔5〕戴望云："《路史·炎帝纪注》引'树'作'种'，'淇'上有'于'字。"译从。〔6〕黄帝作：张佩纶云："'黄帝作'当作'燧人作'，涉下'黄帝之王'而误。"译文从张说。〔7〕兹胴之病：马非百云："'兹'当作'兹'。"《说文·玄部》云："兹，黑也，从二玄。"马又云："兹训黑，又训浊，则与'毒'义相类。……'兹胴之病'，乃指食物中毒而言。"译文从马说。〔8〕曾薮：安井衡云："曾、层同。层，重也。'重薮'为大薮。"〔9〕吴汝纶云："'始良'当互倒。"译文从之。〔10〕虻：张佩纶云："'虻'当为'沆'。《说文》'沆，水广也'。"译文从之。〔11〕章炳麟云："'䃌'借为'渫'。"《易》注"浚治去泥浊也"。"湛"者，《文选》注引《仓颉篇》

云"湛,水不流也"。译文从章说。 〔12〕四泾:张佩纶云:"'四泾'当作'四渎'。"四渎指江、淮、河、济。遭:同导。 〔13〕商:张佩纶云:"《说文》:'商,从外知内也。'《广雅·释诂》:'商,度也。'商度九州之高以顺其就下之性。" 〔14〕王念孙云:"皂以养马,牢以养牛。" 〔15〕六恷:同"六法"。 〔16〕亢:马非百云:"亢,过也,又极也。强之极者曰亢强。"

【译文】

桓公问管子说:"怎样施行轻重之术呢?"管子回答说:"自从伏羲氏治国以来,没有不用轻重之术而能成就王业的君主。"桓公问:"这话怎么讲?"管子回答说:"伏羲氏兴起,创造了八卦来配合阴阳,创造了九九算法来证明天道,天下因而归化。神农氏兴起,在淇山之南种植了五谷,使九州的百姓知道食用五谷,天下因而归化。燧人氏兴起,钻木取火,烧煮肉食,百姓吃了再不会食物中毒,天下因而归化。黄帝统治天下,伐光山林,抽干水泽。虞舜统治天下,火烧大泽,斩杀野兽,为百姓谋利,并祭封土地神社,建造木质里门,百姓才懂得礼节。那时百姓没有怨怒、憎恨和不服统治的,天下因而归化。夏禹统治天下,对外开凿了二十条大河,疏浚了十七条水道,疏通了三江,开凿了五湖,导引四渎之水入海,测度九州的高度,来治理九片大泽,百姓才懂得修筑城郭、门墙、房屋,天下因而归化。殷商统治天下,树立牢栏,畜养牛马,使百姓得利,天下因而归化。周朝统治天下,推演八卦,配合阴阳,天下因而归化。"桓公问:"那么当今的君王该怎样做呢?"管子回答说:"可以兼收并蓄,但不必全部照搬。"桓公问:"这话怎么讲?"管子回答说:"前代帝王的统治之道已十分完备,不必再增加,您只要实行道义就可以。"桓公问:"怎样实行道义呢?"管子回答说:"当今周天子年幼力弱,诸侯过于强大,都不对天子聘问贡献。您应该削弱过于强大的诸侯,延续濒于灭绝的国家,率领各国诸侯振兴周天子的王室。"桓公说:"好。"

桓公曰:"鲁梁之于齐也,[1]千谷也,[2]蜂螫也,[3]齿之有唇也。今吾欲下鲁梁,何行而可?"管子对曰:"鲁梁之民俗为绨。[4]公服绨,令左右服之,民从而服之。公因令齐勿敢为，必仰于鲁梁，[5]则是鲁梁释其农事而作绨矣。"桓公曰："诺。"即为服于泰山之阳，[6]十日而服之。管子告鲁梁之贾人曰："子为我致绨千匹，赐子金三百斤。什至而金三千斤。"则是鲁梁不赋于民，财用足也。鲁梁之君闻之，则教其民为绨。十三月，而管子令人之鲁梁。鲁梁郭中之民道路扬尘，十步不相见，曳绪而踵相随，[7]车毂齰，骑连伍而行。[8]管子曰："鲁梁可下矣。"公曰："奈何？"管子对曰："公宜服帛，率民去绨。闭关，毋与鲁梁通使。"公曰："诺。"后十月，管子令人之鲁梁，鲁梁之民饿馁相及，[9]应声之正无以给上。[10]鲁梁之君即令其民去绨修农。谷不可以三月而得。鲁梁之人籴十百，齐粜十钱。[11]二十四月，鲁梁之民归齐者十分之六。三年，鲁梁之君请服。

【注释】

〔1〕"鲁梁"句：张佩纶云：鲁、梁二国，地不相接，春秋时梁国近秦，此梁乃汉之梁孝王故国，非春秋梁国。"轻重"诸篇为汉代所作，此为托古之疏舛，不必视为两国。 〔2〕千：朱长春云："'千'即'阡'。阡之谷两畔争食也，比于邻界也。" 〔3〕蜂螫：尹知章云："言鲁梁二国常为齐患也。"此以蜂螫相蜇为喻。 〔4〕绨：尹知章云："缯之厚者谓之绨。" 〔5〕仰：仰仗，依靠。 〔6〕"即为"句：尹知章云："鲁梁二国在秦山之南，故为服于此，近其境也，欲鲁梁人速知之。" 〔7〕"曳绪"句：猪饲彦博云："'曳绪'与'曳屝'同。屝，履也。"马非百云："盖谓鲁梁郭中道路拥挤，行人但能缓步而前，足不举踵也。" 〔8〕"车毂"两句：尹知章云："言其车毂往来相齰，而骑东西连而行，皆趋绨利耳。" 〔9〕相及：尹知章云："相及，犹相继也。" 〔10〕应声之正：马非百云：盖谓平时之正常赋税。 〔11〕"鲁梁"两句：尹知章云："籴十百，谷斗千钱。粜十钱，谷斗十钱。"

【译文】

桓公说:"鲁梁和齐国的关系,就像田路两旁的庄稼相邻,又像蜂螫蜇人般致祸,也像唇齿般相依。现在我打算征服鲁梁,该怎么行事?"管子回答说:"鲁梁地方的民俗以织绨为业。您亲自穿着绨服,下令左右臣子也穿绨服,百姓也就会跟着穿。您再下令齐国不准织绨,绨一定要依靠鲁梁供给,这样,鲁梁百姓就会放弃农事而专门织绨了。"桓公说:"好的。"就在泰山南面缝制绨服,十天后做成穿上。管子告诉鲁梁的商人说:"你们为我送来绨千匹,就给你们金三百斤。送来十次就是金三千斤。"这样,鲁梁靠着织绨,财用充足,不向百姓征税。鲁梁君主听说后,也要求百姓专门织绨。十三个月后,管子派人去鲁梁打听消息,只见鲁梁城里百姓拥挤,道路扬起的灰尘使十步之内相互看不见,行路的足不举踵,坐车的车毂相咬,骑马的列队成行。管子说:"鲁梁可以征服了。"桓公问:"怎么做呢?"管子回答说:"您现在改穿帛衣,引导百姓不再穿绨服,并封闭关卡,不同鲁梁相互往来。"桓公说:"好的。"十个月后,管子再派人去鲁梁打听消息,看到鲁梁的百姓相继闹起饥荒,正常的赋税也无力交给君主。鲁梁的君主马上下令百姓不再织绨而去务农,但粮食不可能三个月就收获。鲁梁的百姓只能用千钱的高价买入粮食,而齐国的粮价才十钱。二十四个月后,鲁梁的百姓归顺齐国的多到十分之六。三年后,鲁梁的君主也请求归服。

桓公问管子曰:"民饥而无食,寒而无衣,应声之正无以给上,室屋漏而不居,[1]墙垣坏而不筑,为之奈何?"管子对曰:"沐涂树之枝也。"[2]桓公曰:"诺。"令谓左右伯沐涂树之枝。[3]左右伯受沐,涂树之枝阔。[4]其年,[5]民被白布,[6]清中而浊,[7]应声之正有以给上,室屋漏者得居,墙垣坏者得筑。公召管子问曰:"此何故也?"管子对曰:"齐者,夷莱之国也。一树而百乘息其下者,[8]以其不捎也。[9]众鸟居其上,丁壮者胡丸操弹居其下,[10]终日不归。父老树枝而论,[11]终日不归。归市亦惰倪,[12]终日不归。今吾沐涂树之枝,日中无尺寸之阴，出入者长时，[13]行者疾走，父老归而治生，丁壮者归而薄业。[14]彼臣归其三不归，[15]此以乡不资也。"[16]

【注释】

〔1〕居：王念孙云："'居'当为'治'。"译文从王说。 〔2〕涂：同"途"。沐：指剪枝。 〔3〕左右伯：马非百谓：指齐国王卒中的官长。〔4〕阔：安井衡云："阔，疏也。枝既沐，故疏。" 〔5〕其：俞樾云："'其'读如'期'。"指一周年。 〔6〕白：戴望云："白，帛假字。"〔7〕清中而浊：张佩纶云："《素问·径脉别论》'食气入胃，浊气归心'，王砯《注》'浊气，谷气也'。"此似指空腹而有食。 〔8〕"一树"句：马非百云："言树木之大，枝叶之多，故所荫者广也。"〔9〕捎：安井衡云："捎，芟也。" 〔10〕胡：戴望云："'胡'乃'怀'字误。"译文从戴说。 〔11〕柎：古本作"拊"。拊，抚也。〔12〕"归市"句：王念孙云："'归市'下当有'者'字。"译文从王说。何如璋云："'倪'当作'睨'，谓惰归坐树下，睨而相视也。"译文从何说。 〔13〕长：郭沫若云："长谓尚也，重也。" 〔14〕薄：安井衡云："薄，勉也。" 〔15〕彼臣：马非百云：彼"义与'夫'字相同，乃语助词。臣，管子自称"。 〔16〕乡：同"向"。不资：指不赡。

【译文】

桓公问管子说："百姓遭饥无食，受冻无衣，正常赋税无力上交，房屋漏雨无力修缮，墙垣坍坏无力重建，该怎么办呢？"管子回答说："请剪除道旁的树枝。"桓公说："好的。"就下令左右伯去剪除道旁的树枝，左右伯受命执行后，道旁树枝稀疏。一年后，百姓穿上了帛衣，吃上了粮食，交上了正常赋税，房屋漏雨的得到修缮，墙垣坍坏的得到重建。桓公召见管子问道："这是什么缘故呢？"管子回答说："齐国是靠近东夷莱人的国家。百乘车马休息在一棵大树下，是因为大树的枝叶浓密。各种鸟雀筑巢在树上，青壮年带着弹弓、弹丸在树下弹鸟，整天不想回家。老年人攀着树枝高谈阔论，整天不想回家。散市返家的人途经树下休息，也整天不想回家。现今我剪除了道旁的树枝，使太阳当头时也没有尺寸的树荫，这样，来往行人爱惜时间了，赶路的快步行走了，老年人回家干活了，青壮年也勉力从事本业了。我所以要使三种不想回家的人都回家去,是因为先前他们衣食不足。"

桓公问于管子曰:"莱、莒与柴田相并,[1]为之奈何?"管子对曰:"莱、莒之山生柴,君其率白徒之卒铸庄山之金以为币,[2]重莱之柴贾。"莱君闻之,告左右曰:"金币者,人之所重也。柴者,吾国之奇出也。[3]以吾国之奇出,尽齐之重宝,则齐可并也。"莱即释其耕农而治柴。管子即令隰朋反农,[4]二年,桓公止柴。[5]莱、莒之籴三百七十,齐粜十钱,莱、莒之民降齐者十分之七。二十八月,莱、莒之君请服。

【注释】

〔1〕"莱、莒"句:安井衡云:"并有柴与田也,言其力强。一说:并,合也。莱多薪,莒多田,以柴田之利相合以防齐,故桓公忧而问之。"〔2〕白徒之卒:未经训练的士兵。〔3〕奇:猪饲彦博云:"奇,余也。"指副产。〔4〕反:同"返"。〔5〕止柴:指停止从莱购柴。

【译文】

桓公问管子说:"莱国和莒国共有柴薪和农耕之利,该怎么办呢?"管子回答说:"莱国、莒国的山上出产柴薪,请君主率领新兵用它来将庄山的铜铸成钱币,这样,必然提高莱国的柴价。"莱国君主听到这个消息,对左右臣子说:"钱币是人们所看重的,柴薪只是我国的副产。用我国的副产换取齐国的钱币,就可以逐渐并吞齐国。"莱国就放弃了农业而专门打柴。管子命令隰朋撤回新兵从事农耕,两年后,桓公停止向莱国购柴。这样,莱国、莒国只能用三百七十钱的高价买入粮食,而齐国的粮价只有十钱,莱国、莒国的百姓投奔齐国的多达十分之七。二十八个月后,莱国、莒国的君主也都请求归服了。

桓公问于管子曰:"楚者,山东之强国也,[1]其人民习战斗之道。举兵伐之，恐力不能过。兵弊于楚，功不成于周，为之奈何？"管子对曰："即以战斗之道与之矣。"[2]公曰："何谓也？"管子对曰："公贵买其鹿。"[3]桓公即为百里之城，[4]使人之楚买生鹿。楚生鹿当一而八万。[5]管子即令桓公与民通轻重，藏谷什之六。[6]令左司马伯公将白徒而铸钱于庄山，[7]令中大夫王邑载钱二千万，求生鹿于楚。楚王闻之，告其相曰："彼金钱，人之所重也，国之所以存，明王之所以赏有功。禽兽者，群害也，明王之所弃逐也。今齐以其重宝贵买吾群害，则是楚之福也。天且以齐私楚也。子告吾民急求生鹿，以尽齐之宝。"楚民即释其耕农而田鹿。[8]管子告楚之贾人曰："子为我致生鹿二十，赐子金百斤。什至而金千斤也。"则是楚不赋于民，而财用足也。楚之男子居外，女子居涂。[9]隰朋教民藏粟五倍，楚以生鹿藏钱五倍。管子曰："楚可下矣。"公曰："奈何？"管子对曰："楚钱五倍，其君且自得而修谷。[10]钱五倍，是楚强也。"桓公曰："诺。"因令人闭关，不与楚通使。楚王果自得而修谷。谷不可三月而得也，楚籴四百。齐因令人载粟处芊之南，楚人降齐者十分之四。三年而楚服。

【注释】

〔1〕山东：马非百云："山东谓函谷关以东，乃秦汉时常用之语，汉人尤喜言之。"〔2〕战斗之道：上文指军事上的争斗，这里指经济上的争斗。与：对付。〔3〕"公贵"句：马非百云：鹿为楚国之特产，故特贵其价而买之。〔4〕城：马非百云："所谓城者当是指筑有围墙之区域

而言，不必作城郭之城讲。" 〔5〕"楚生"句：俞樾云："此本作'楚生鹿一而当八万'，言一鹿直八万泉也。"译文从俞说。 〔6〕"管子"两句：马非百云："谓运用轻重之策，将民间之谷之十分之六敛而藏之以备用也。" 〔7〕伯公：假托的人名，下"王邑"同。 〔8〕田：猎取。 〔9〕"楚之"两句：马非百云："此言楚人无论男女皆为求生鹿而奔走。" 〔10〕马非百云："自得即自鸣得意之意。"郭沫若云："此言'修谷'即彼言'修农'耳。"

【译文】

　　桓公问管子说："楚国是山东的强国，百姓熟习争斗的本领。齐国如发兵攻楚，恐怕实力不如，兵败于楚国，又不能为周天子建功，该怎么办呢？"管子回答说："就用争斗的方法来对付它。"桓公问："这是什么意思？"管子回答说："请君主用高价收买楚国的生鹿。"桓公就划定了方圆百里的苑囿，派人去楚国买鹿，楚国的生鹿一头价八万钱。管子让桓公运用轻重之术，将民间粮食的十分之六收藏备用，令左司马伯公带领民工去庄山铸钱，令中大夫王邑载着二千万钱去楚国购买生鹿。楚王听说了这个消息，对丞相说："金钱是人们所看重的，国家靠它生存，明君靠它赏赐功臣。禽兽是一群祸害，是明主应该驱逐的。如今齐国用它的钱币高价购买我国的祸害，这是楚国的福音，上天将要把齐国赠送给楚国了。你去告诉百姓快去捕捉生鹿，来耗尽齐国的钱币。"于是，楚国百姓放弃了农耕，都去猎取生鹿。管子告诉楚国商人说："你们为我送来生鹿二十头，就给你们金一百斤。送来十次就是金一千斤。"这样，楚国财用充足，不再向百姓征税。楚国的男男女女，都为猎取生鹿而奔走于途。结果，隰朋教齐国百姓贮藏了五倍的粮食，而楚国用生鹿获取了五倍的钱币。管子说："楚国可以征服了。"桓公问："怎么做呢？"管子回答说："楚国的钱币增加了五倍，楚王将自鸣得意地发展农业。钱币增加五倍，这是楚国强大的标志。"桓公说："好的。"于是命令封闭关卡，不同楚国相互往来。楚王果然自鸣得意地发展农业，但粮食不可能三个月就收获，楚国只能用四百钱的高价购入粮食。齐人派人载了粮食到芊地以南去发售，楚国百姓投奔齐国的占十分之四。三年以后，整个楚国都归服了。

　　桓公问于管子曰："代国之出，[1]何有？"管子对曰：“代之出，狐白之皮。"[2]公其贵买之。”管子曰：[3]"狐白应阴阳之变，六月而一见。公贵买之，代人忘其难得，喜其贵买，必相率而求之。则是齐金钱不必出，代民必去其本而居山林之中。离枝闻之，必侵其北。离枝侵其北，代必归于齐。公因令齐载金钱而往。"[4]桓公曰："诺。"即令中大夫王师北将人徒载金钱之代谷之上，[5]求狐白之皮。代王闻之，即告其相曰："代之所以弱于离枝者，以无金钱也。今齐乃以金钱求狐白之皮，是代之福也。子急令民求狐白之皮以致齐之币，寡人将以来离枝之民。"代人果去其本，处山林之中，求狐白之皮，二十四月而不得一。[6]离枝闻之，则侵其北。代王闻之，大恐，则将其士卒葆于代谷之上。[7]离枝遂侵其北，王即将其士卒愿以下齐。齐未亡一钱币，修使三年而代服。

【注释】

〔1〕代国：与下文"离枝"皆为古国名，在今河北。这里亦当是假托。出：出产，特产。 〔2〕狐白之皮：马非百云："谓集狐腋之白毛而成之皮，所以为制裘之用也。其特极贵，故古人多重之。" 〔3〕陶鸿庆云："管子曰上当有桓公问辞，而今本脱之。" 〔4〕公因：王念孙云："'公因'当为'公其'。"译文从之。 〔5〕王师北：假托的人名。 〔6〕一：马非百云："一者谓一狐白之皮也。" 〔7〕葆：马非百云："'葆'与'保'通。"即保守于代谷之上。

【译文】

桓公问管子说："代国有什么特产？"管子回答说："代国的特产是狐白之皮，请您用高价去购买。"管子又说："狐腋下的白毛顺应阴阳变化，六个月才出现一次。您用高价去买，代国人将忽略它的难得，喜欢它的高价,一定纷纷去求取。这样,齐国不用真正耗费金钱,就能使代国百姓放弃本业而钻入山林猎狐。离枝听到,一定会入侵代国北部,一旦离枝入侵,代国必定归服齐国。您就派人载着金钱去代国吧。"桓公说:"好的。"就命令中大夫王师北带领人马载着金钱去代谷地区求取狐白之皮。代王听说了这个消息,就对丞相说:"代之所以比离枝国力弱,是因为缺少金钱。如今齐国用金钱来求购狐白之皮,这是代国的福音。你马上命令百姓去弄到狐白之皮来换取齐国的钱币,我将用这些钱来招引离枝的百姓。"代国百姓果然都放弃本业,钻进山林,猎狐求皮,但过了二十四个月也没弄到一张,离枝听到后,准备入侵代国。代王听说大惊,率领军队据守在代谷地区。离枝侵占了代国北部,代王只得率军自愿归服齐国。这样,齐国没有用去一个钱币,只派使者往来了三年,代国就归服了。

桓公问于管子口:"吾欲制衡山之术,[1]为之奈何?"管子对曰:"公其令人贵买衡山之械器而卖之。[2]燕、代必从公而买之,秦、赵闻之,必与公争之。衡山之械器必倍其贾。天下争之,衡山械器必什倍以上。"公曰:"诺。"因令人之衡山求买械器,不敢辩其贵贾。[3]齐修械器于衡山十月,燕、代闻之,果令人之衡山求买械器。燕、代修三月,秦国闻之,果令人之衡山求买械器。衡山之君告其相曰:"天下争吾械器,令其买再什以上。"[4]衡山之民释其本,修械器之巧。齐即令隰朋漕粟于赵,[5]赵籴十五,[6]隰朋取之石五十。天下闻之,载粟而之齐。齐修械器十七月,修粜五月,即闭关不与衡山通使。燕、代、秦、赵即引其使而归。衡山械器尽,鲁削衡山之南,齐削衡山之北。内自量无械器以应二敌,即奉国而归齐矣。[7]

【注释】

〔1〕衡山：春秋战国时未有衡山国，汉置衡山国于荆州，后灭。此为假托之词。　〔2〕械器：本节专指兵器。　〔3〕"不敢"句：马非百云：辩当为贬。"言价虽贵，亦不敢贬损之。犹言'不敢还价'矣。"译文从马说。　〔4〕"令其"句：古本"买"作"贾"。马非百云："再什以上，谓二十倍以上也。"　〔5〕漕：水运。　〔6〕吴志忠云："此与下文'修粜五月'，籴、粜二字当互易。"译从。　〔7〕马非百云："'内自量'上当有'衡山之君'四字。"译文从马说。

【译文】

桓公问管子说："我打算要控制衡山国，有什么办法吗？"管子回答说："您派人高价收购衡山国出产的兵器再进行倒卖，燕国、代国一定跟随您去购买，秦国、赵国听说了，也一定与您竞争。这样，衡山国兵器的价格必然翻倍，天下都来争购，更会涨价十倍以上。"桓公说："好的。"于是派人去衡山国求购兵器，价格再贵也不还价。齐国去衡山国收购兵器十个月后，燕国、代国听说了，果然也派人去衡山国求购兵器。燕国、代国收购了三个月后，秦国听说了，果然也去争购。衡山国君主对丞相说："天下都来争购我的兵器，可以使价格提高二十倍以上。"衡山国的百姓放弃了本业，专力追求兵器的精巧。齐国又命令隰朋通过水路从赵国购粮，赵国粮价每石十五钱，隰朋用每石五十钱的高价买下。天下各国听说这个消息，纷纷载粮到齐国抛售。齐国收购兵器用了十七个月，收购粮食用了五个月，然后封闭关卡，不同衡山国相互往来。燕国、代国、秦国和赵国也都从衡山国召回了使者。衡山国的兵器已被收尽，鲁国侵占了它的南部，齐国侵占了它的北部。衡山国君主自己估量没有武器来应付两面来攻的敌人，就举国归服了齐国。

轻重己第八十五

【题解】

　　这是全书专论轻重问题的专篇之六,题为《轻重己》。何如璋云:"《轻重己》一篇,专记时令,非轻重也。"又云:"此篇乃上古时政之纪,五家治术中之阴阳家也。……宜列《五行》《四时》之次,附《玄宫》为一类。"而马非百云:"《轻重》诸篇屡言守时之重要,又曰:'王者以时作。'况轻重之对象为万物,而万物生于四时,何得谓时令与轻重无关?"又云:"以前各篇所论,皆以通轻重为主,即专注意于现有财物之再分配,本篇则注意于财物之生产,故即以本篇为全书之结束。"今从马说。

　　本篇主要阐述一年四季天子应推行的政令(包括祭祀、农事等方面),共分为十节。第一节总论四时生万物,君主当"因而理之"。第二节至第九节分别阐述天子的春令、夏令、秋令和冬令。第十节为总结,阐述不守时令的害处。全篇章法严整,与前四篇轻重专论不同。

　　清神生心,[1]心生规,规生矩,矩生方,方生正,正生历,历生四时,四时生万物。圣人因而理之,道遍矣。[2]

【注释】

　　〔1〕清:丁士涵云:"'清','精'假字。"　〔2〕遍:马非百云:"遍,此处有备、尽之义。"

【译文】

精神生成心，心生成圆规，圆规生成矩尺，矩尺生成方形，方形生成平正，平正生成历法，历法生成四时，四时生成万物。圣人顺应四时万物加以调治，治世之道也就可称完备了。

以冬日至始，[1]数四十六日，冬尽而春始。天子东出其国四十六里而坛，服青而绖青，[2]搢玉总，[3]带玉监，[4]朝诸侯卿大夫列士，循于百姓，[5]号曰祭日，牺牲以鱼。发出令曰：[6]"生而勿杀，赏而勿罚，罪狱勿断，以待期年。"[7]教民樵室钻燧，[8]墐灶泄井，[9]所以寿民也。耜、耒、耨、怀、铚、铫、义、櫃、权渠、绳缧，[10]所以御春夏之事也，必具。教民为酒食，所以为孝敬也。民生而无父母谓之孤子，无妻无子谓之老鳏，无夫无子谓之老寡。此三人者，[11]皆就官而众，[12]可事者不可事者，食如言而勿遗。[13]多者为功，寡者为罪，[14]是以路无行乞者也。路有行乞者，则相之罪也。天子之春令也。

【注释】

〔1〕冬日至：指冬至日。〔2〕绖：同"冕"。〔3〕总：古本作"摠"。王念孙云："'总'与'摠'皆'忽'之讹，'忽'即'笏'字也。"搢：插。〔4〕监：猪饲彦博云："监、鉴同。"〔5〕循：石一参云："亦作徇，周示也。"〔6〕王念孙云："'发'下当有'号'字。"译文从王说。〔7〕期年：朱长春云："期年，冬也，汉行刑亦尽冬月止。"〔8〕何如璋云：樵渭以火温之。燧宜作"燧"。〔9〕墐：用泥涂。泄：同"渫"，指掏井除污。〔10〕耜：古本作"耜"。怀：丁士涵云："樞字之误。"铚：镰刀。铫：镰柄。义：同"刈"，镰类。櫃：锄柄。权渠：马非百云：应作获渠，获即护字之误。护渠为护雨用蓑衣。绳缧：当作"绳缧"，缧亦绳类。〔11〕张文虎云："犹言此三等人也。"

〔12〕马非百云："此当作'皆就官而食'。"译文从之。 〔13〕马非百云："谓此三类之人是否尚有服务能力，应听其自言，即以此为其廪食多寡之标准，虽毫无服务能力者亦不当有所遗弃而不予以收容。" 〔14〕"多者"二句：何如璋云："谓以收养三者之多寡定官吏之功罪。"

【译文】

　　从冬至日开始，数满四十六天，就是冬天结束、春天开始之时。这时，天子应该向东离开国都四十六里筑起祭坛，服青衣，戴青冕，插玉笏，带玉鉴，召见诸侯卿大夫列士，并宣示百姓。这称为祭日，用鱼作祭品。天子发布号令说："春季应该重新生而不杀伐，重赏赐而不惩罚，罪案不必判决，等待冬季。"这时，应该教百姓熏温室内，钻木取火，涂饰炉灶，淘洗水井，这都是使百姓健康的措施。教百姓准备好犁、铧、锄、镘、镰、镰柄、锄柄、蓑衣、绳具等，这些都是从事春夏农事必备的农具。教百姓酿酒备食，这是为孝敬父母。百姓生而父母双亡的称为孤儿，没有妻和子的称为鳏夫，没有夫和子的称为寡妇。这三类人都可以依靠官府生活，他们能不能做事，都凭他们自报，官府都应该供给饭食而不得遗弃。官府收养三类人多的有功，少的有罪，这样路上就再也没有乞食为生的了。如果有乞食的人，就是宰相的不尽职。这是天子春天的政令。

　　以冬日至始，数九十二日，谓之春至。[1]天子东出其国九十二里而坛，朝诸侯卿大夫列士，循于百姓，号曰祭星。十日之内，室无处女，路无行人。[2]苟不树艺者，[3]谓之贼人。下作之地，上作之天，[4]谓之不服之民。处里为下陈，处师为下通，[5]谓之役夫。三不树而主使之。[6]天子之春令也。

【注释】

　　〔1〕春至：即春分。 〔2〕"十日"三句：何如璋云："春分前后十日，正及农耕。……夫耕妇馌，故室无处女，路无行人。" 〔3〕不树艺：马非百云："不树艺，谓不事农桑。" 〔4〕作：张佩纶云："'作'

当为'任'。""下则委之地利,上则委之天时。"指树艺不勤勉。
〔5〕里、师:皆为行政组织。下陈:后列。下通:张佩纶云:"'通'当作'甬'。"即《周礼》所谓"臣妾"。译文从张说。 〔6〕三不树:何如璋云:"'三不树'即指上不树艺、不服及役夫。言三者皆惰民,不肯尽力树艺,则主田之官必以法驱使之,令之归农也。"

【译文】
从冬至日开始,数满九十二天,就称为春分。这时,天子应该向东离开国都九十二里筑起祭坛,召见诸侯卿大夫列士,并宣示百姓,这称为祭星。春分前后十天之内,家中不留妇女,路上不见行人,都在忙于耕种。这时,如果有不事耕作的,称为贼人。有耕作不勤勉,只靠天时、地利的,称为不服之民。有在里、师中从事贱役而不事耕作的,称为役夫。这三种惰民都应由主管官吏驱使归农。这也是天子春天的政令。

以春日至始,数四十六日,春尽而夏始。天子服黄而静处,朝诸侯卿大夫列士,循于百姓,发号出令曰:"毋聚大众,毋行大火,毋断大木,诛大臣,[1]毋斩大山,毋戮大衍。[2]灭三大而国有害也。"天子之夏禁也。

【注释】
〔1〕诛大臣:俞樾云:"'诛大臣'三字衍文,此盖以'断大木''斩大山''戮大衍'为'灭三大'。"译从。 〔2〕戮:同"燎",焚烧。大衍:指大泽。

【译文】
从春分开始,数满四十六天,就是春天结束,夏天开始之时。这时,天子应该服黄衣而静居保养,召见诸侯卿大夫列士,并宣示百姓,发布号令说:"不要聚合人众,不要引发火灾,不要砍断大树,不要开伐大山,不要焚烧大泽。毁灭大树、大山、大泽,国家要受损害。"这就是天子夏天的禁令。

以春日至始，数九十二日，谓之夏至，而麦熟。天子祀于太宗，其盛以麦。[1]麦者，谷之始也；[2]宗者，族之始也。同族者入，殊族者处。[3]皆齐。[4]大材出祭王母。[5]天子之所以主始而忌讳也。[6]

【注释】

〔1〕盛：马非百云："黍稷在器中曰盛，所以供祭祀者也。"麦：指新麦。 〔2〕"麦者"二句：尹桐阳云："五谷以麦为早生。" 〔3〕"同族"二句：王念孙云："言同族者则入祭，异族者则止也。" 〔4〕齐：同"斋"。 〔5〕"大材"句：张佩纶云："'大材'当作'大牲'。……《尔雅·释亲》：'父之妣曰王母。'"译文从张说。 〔6〕"天子"句：张佩纶云："主始，《礼·祭义》：'筑为宫室，设为宫祧，以别亲疏远迩，教民反古复始，不忘其所生也。'忌讳，《周礼·小史》：'君有事，则诏王之忌讳。'郑司农云：'先王死日为忌，名为讳。'"主始忌讳指不忘祖先恩德。

【译文】

从春分开始，数满九十二天，就称为夏至，恰好新麦成熟。这时，天子应该祭祀太宗，就用新麦作祭品。因为麦是五谷中最早成熟的，宗是家庭中最初开始的。同族者可以进入祭祀，异族者则需止步。都应该斋戒。用大的牺牲祭祀祖母。这些都是天子用来表示不忘血缘之始和祖先恩德的仪式。

以夏日至始，数四十六日，夏尽而秋始，而黍熟。[1]天子祀于太祖，其盛以黍。黍者，谷之美者也；祖者，国之重者也。[2]大功者太祖，小功者小祖，无功者无祖。[3]无功者皆称其位而立沃，有功者观于外。[4]祖者所以功祭也，非所以戚祭也。[5]天子之所以异贵贱而赏有功也。

【注释】

〔1〕黍：古代主要谷物，俗称黄米。 〔2〕"祖者"二句：石一参云："国祀其初封之祖为太祖，故最重于国。" 〔3〕"大功"三句：张佩纶云："《檀弓》：'君复于小寝大寝，小祖大祖。'《正义》：'小祖，高祖以下庙也。王侯同。大祖，天子始祖，诸侯大祖庙也。'"
〔4〕张佩纶云："'有''无'二字当互易。沃，饫通。"立饫，指站立行宴会礼。 〔5〕功祭：因功入祭。戚祭：因亲入祭。

【译文】

从夏至开始，数满四十六天，就是夏天结束秋天开始之时，恰好黄米成熟。这时，天子应该祭祀太祖，就用黄米作祭品。因为黄米是五谷中最美味的，太祖是国家最重要的。立大功者可入太祖庙，立小功者可入高祖以下庙，无功者不得入庙。有功者都按其职位而站立行宴会礼，无功者只能在庙外观礼。祭祖是凭功绩入祭，而不是凭亲戚身份入祭。这是天子为了区别贵贱和论功行赏而举行的仪式。

以夏日至始，数九十二日，谓之秋至，[1]秋至而禾熟。天子祀于太惢，[2]西出其国百三十八里而坛，服白而绖白，搢玉总，带锡监，吹埙篪之风，[3]凿动金石之音，[4]朝诸侯卿大夫列士，循于百姓。号曰祭月，牺牲以羲。发号出令：[5]"罚而勿赏，夺而勿予，罪狱诛而勿生。终岁之罪，毋有所赦。作衍牛马之实在野者王。"[6]天子之秋计也。

【注释】

〔1〕秋至：即秋分。 〔2〕太惢：王绍兰云："下文云'号曰祭月'，是则'太惢'即月。" 〔3〕埙篪：都是古乐器，一为土制，一为竹制。
〔4〕"凿动"句：何如璋云："'动'与'吹'对，'凿'字衍。"译从。
〔5〕发号出令：戴望云："此句下脱'曰'字。"译文从戴说。
〔6〕"作衍"句：金廷桂云：作，始也。衍，布也。谓始将牛马之实于野

者而散布之。郭沫若云：王读去声，今人以旺字为之。

【译文】

　　从夏至开始，数满九十二天，就称为秋分，秋分恰好禾谷成熟。这时，天子应该祭祀月亮，向西离开国都一百三十八里筑起祭坛，服白衣，戴白冕，插玉笏，带锡鉴，吹奏着埙箎，敲击着金石，召见诸侯卿大夫列士，并宣示百姓。这称为祭月，用猪作祭品。天子发布号令说："秋季应该行刑罚而不行赏，行剥夺而不赐予，判死罪的不能让他生。终年的罪犯也不赦免。这时开始将牛马散布到田野中放牧的，必定兴旺发达。"这就是天子秋天的大计。

　　以秋日至始，数四十六日，秋尽而冬始。天子服黑绕黑而静处，朝诸侯卿大夫列士，循于百姓，发号出令曰："毋行大火，毋斩大山，毋塞大水，毋犯天之隆。"[1]天子之冬禁也。

【注释】

　　[1]隆：马非百云："隆，尊也。……古人称冬为'严冬'，又曰'隆冬'，严、隆皆尊严不可侵犯之意。"

【译文】

　　从秋分开始，数满四十六天，就是秋天结束、冬天开始之时。这时，天子应该服黑衣，戴黑冕，静居保养，召见诸侯卿大夫列士，并宣示百姓，发布号令说："不要引发大火，不要开伐大山，不要阻塞大水，不要冒犯上天的尊严。"这就是天子冬天的禁令。

　　以秋日至始，数九十二日，[1]天子北出九十二里而坛，[2]服黑而绕黑，朝诸侯卿大夫列士，号曰："发繇。[3]趣山人断伐，[4]具械器；趣菹人薪雚苇，[5]足蓄积。"三月之后，皆以其所有易其所无，谓之大通三月之蓄。

【注释】

〔1〕王念孙云："此下当有'谓之冬至'四字。"译文依王说补出。
〔2〕何如璋云："'北出'下当补'其国'二字。"译文依何说补出。
〔3〕郭沫若："'号曰'上当夺'循于百姓'四字，下当夺'祭辰'二字。"译从。又云："日月星辰为类，见《四时篇》。……又'号曰祭辰'下当夺'牺牲以□□。发号出令曰'等字句。"〔4〕马非百云："趣，促也，谓督促之也。山人，山居之人。"〔5〕马非百云："菹人，菹泽之人。……萑苇即萑苇。"

【译文】

从秋分开始，数满九十二天，就称为冬至。这时，天子应该向北离开国都九十二里筑起祭坛，服黑衣，戴黑冕，召见诸侯卿大夫列士，并宣示百姓，这称为祭辰。天子发布号令说："这时应征发徭役，督促山里百姓砍伐木材，准备械器；督促菹泽百姓采伐萑苇，充足储备。"三个月之后，百姓都用自己所有到市场上交换自己所无的物品，这就叫大力流通三个月蓄积的物资。

凡在趣耕而不耕，民以不令，[1]不耕之害也。宜芸而不芸，百草皆存，民以仅存，[2]不芸之害也。宜获而不获，风雨将作，五谷以削，士民零落，[3]不获之害也。宜藏而不藏，雾气阳阳，[4]宜死者生，宜蛰者鸣，不臧之害也。张耕当弩，铫耨当剑戟，[5]获渠当胁斩，[6]蓑笠当铠橹。[7]故耕械具则战械备矣。[8]

【注释】

〔1〕令：安井衡云："令，善也。"〔2〕仅存：指勉强维持生活。

〔3〕零落：马非百云："零落，殒也。……谓战士与百姓皆将饥饿以死也。" 〔4〕"宜藏"二句：何如璋云："冬宜闭藏。闭藏不固，则阳气发泄而不雾。" 〔5〕铫耨：大锄小锄。 〔6〕胁靷：马非百云："胁靷即铠甲之以皮革制成者。" 〔7〕抿櫓：《禁藏篇》作"盾櫓"。《说文》："櫓，大盾也。" 〔8〕戴望云："'张耜'以下数句乃他篇之佚文误缀于此。"

【译文】

凡官府督促春耕而不去耕种，百姓的生活状况不好，这是不耕种的害处。应该夏耘而不去耘草，百草丛生，百姓生活仅勉强维持，这是不耘草的害处。应该秋收而不去收获，风雨大作，粮食减产，士兵百姓饥饿将死，这是不收获的害处。应该冬藏而不去闭藏，雾气氤氲，该冻死的反而复苏，该蛰伏的反而鸣叫，这是不闭藏的害处。应该把务农和练兵结合起来：将耒耜充当弓弩，将锄把充当剑戟，将蓑衣充当皮甲，将斗笠充当盾牌。这样，农具完备了，兵器也齐备了。

附　录

管子叙录

（汉）刘　向

护左都水使者、光禄大夫臣向言：所校雠中管子书三百八十九篇，太中大夫卜圭书二十七篇，臣富参书四十一篇，射声校尉立书十一篇，太史书九十六篇，凡中外书五百六十四。以校除复重四百八十四篇，定著八十六篇，杀青而书，可缮写也。管子者，颍上人也。名夷吾，号仲父。少时尝与鲍叔牙游，鲍叔知其贤。管子贫困，常欺叔牙，叔牙终善之。鲍叔事齐公子小白，管子事公子纠。及小白立为桓公，公子纠死，管仲囚，鲍叔荐管仲。管仲既任政于齐，齐桓公以霸，九合诸侯，一匡天下，管仲之谋也。故管仲曰："吾始困时，与鲍叔分财多自予，鲍叔不以我为贪，知吾贫也。尝为鲍叔谋事，而更穷困，鲍叔不以我为愚，知吾有利有不利也。公子纠败，召忽死之，吾幽囚受辱，鲍叔不以我为无耻，知吾不羞小节，而耻功名不显于天下也。生我者父母，知我者鲍叔。"鲍叔既进管仲，而己下之，子孙世禄于齐，有封邑者十余世，常为名大夫。管子既相，以区区之齐，在海滨通货积财，富国强兵，与俗同好丑。故其书称曰："仓廪实而知礼节，衣食足而知荣辱，上服度则六亲固。""四维不张，国乃灭亡。"下令犹流水之原，令顺人心，故论卑而易行。俗所欲因予之，俗所否因去之。其为政也，善因祸为福，转败为功，贵轻重，慎权衡。桓公怒少姬，南袭蔡，管仲因伐楚，责包茅不入贡于周室。桓公北征山戎，管仲因而令燕修召公之政。柯之会，桓公背曹沫之盟，管仲因而信之，诸侯归之。管仲聘于周，不敢受上卿之命，以让高、国。是时诸侯为管仲城穀以为之乘邑，《春秋》书之，褒贤也。管子富拟公室，有三归、反坫，齐人不以为侈。管子卒，齐国遵其政，常强于诸侯。孔子曰："微管仲，吾其被发左衽矣！"太史公曰："余读管氏《牧民》《山高》《乘马》《轻重》《九府》，详哉言之也。"又曰："将顺其美，匡救其恶，故上下能相亲爱，岂管仲之谓乎！"《九府》书民间无有，《山高》一名《形势》。凡管子书务富国安民，道约言要，可以晓合经义。向谨第录上。

读 管 子

（宋）张 嵲

余读《管子》，然后知庄生、晁错、董生之语，时出于《管子》也。不独此耳，凡《汉书》语之雅驯者，率多本《管子》。《管子》天下之奇文也，所以著见于天下后世者，岂徒其功烈哉！及读《心术》《白心》上下、《内业》诸篇，则未尝不废书而叹，益知其功业之所本，然后知世之知管子者殊浅也。《管子》书多古字，如"专"作"挓"，"忒"作"贷"，"宥"作"侑"，"况"作"兄"，"释"作"泽"，此类甚众。《大匡》载召忽语曰"百岁之后，吾君下世，犯吾命而废吾所立，夺吾纠也，虽得天下吾不生也，兄与我齐国之政也"，而注乃谓"召忽呼管仲为兄"；曰"泽命不渝"，而注乃以为"泽恩之命"，甚陋，不可遍举。书既雅奥难句，而为之注者复缪于训故，益使后人疑惑不能究知。世传房玄龄所注，恐非是。予求《管子》书久矣，绍兴己未乃从人借得之后，而读者累月，始颇窥其义训，然舛脱甚众，其所未解尚十二三，用上下文义及参以经史训故，颇为改正其讹谬疑者，表而发之。其所未解者，置之不敢以意穿凿也。既又取其间奥于理、切于务者，抄而藏于家，将得善本而卒业焉。

管子书序（节录）
（明）赵用贤

《管子》旧书凡三百八十九篇，汉刘向校除其重复，定著为八十六篇，今亡十篇。近世所传，往往淆乱至不可读。余行求古善本，庶几遇之者几二十年，始得之友人秦汝立氏。其大章仅完整，而句字复多纠错，乃为正其脱误者逾三万言，而阙其疑不可考者尚十之二，然后《管子》几为全书……万历壬午春三月，前史官吴郡赵用贤撰。

四库全书总目提要（子部法家类）
《管子》二十四卷

旧本题管仲撰，刘恕《通鉴外纪》引《傅子》曰："管仲之书，过半便是后之好事者所加，乃说管仲死后事。《轻重》篇尤复鄙俗。"叶适《水心集》亦曰："《管子》非一人之笔，亦非一时之书，以其言毛嫱、西施、吴王好剑推之，当是春秋末年。"今考其文。大抵后人附会多于仲之本书。其他姑无论，即仲卒于桓公之前，而篇中处处称桓公，其不出仲手，已无疑义矣。书中称"经言"者九篇，称"外言"者八篇，称"内言"者九篇，称"短语"者十九篇，称"区言"者五篇，称"杂篇"者十一篇，称"管子解"者五篇，称"管子轻重"者十九篇。意其中孰为手撰，孰为记其绪言如语录之类，孰为述其逸事如家传之类，孰为推其义旨如笺疏之类，当时必有分别。观其五篇题"管子解"者，可以类推，必由后人混而一之，致滋疑窦耳。晁公武《读书志》曰："刘向所校本八十六篇，今亡十篇。"考李善注陆机《猛虎行》曰："江邃《文释》引《管子》云：'夫士怀耿介之心，不荫恶木之枝，恶木尚能耻之,况与恶人同处?'今格《管子》,近亡数篇,恐是亡篇之内而邃见之。"则唐初已非完本矣。明梅士享所刊,又复颠倒其篇次,如以《牧民解》附《牧民》篇下,《形势解》附《形势》篇下之类,不一而足,弥为窜乱失真。此本为万历壬午赵用贤所刊,称由宋本翻雕,前有绍兴己未张嵲后跋云:"舛脱甚众,颇为是正。"用贤序又云:"正其脱误者逾三万言。"则屡经点窜,已非刘向所校之旧,然终愈于他氏所妄更者,在近代犹善本也。旧有房玄龄注,晁公武以为尹知章所托,然考《唐书·艺文志》,玄龄注《管子》不著录,而所载有尹知章注《管子》三十卷,则知章本未托名,殆后人以知章人微,玄龄名重,改题之以炫俗耳。案《旧唐书》:知章,绛州翼城人。神龙初,官太常博士。睿宗即位,拜礼部员外郎,转国子博士。有《孝经注》《老子注》,今并不传,惟此注借玄龄之名以存。其文浅陋,颇不足采。然蔡絛《铁围山丛谈》载,苏轼、苏辙同入省试,有一题轼不得其出处,辙以笔一卓而以口吹之,轼因悟出《管子》注,则宋时亦采以命题试士矣。且古来无他注本,明刘绩所补注,亦仅小有纠正,未足相代,故仍旧本录之焉。

管子集校叙录

郭沫若

略。载《郭沫若全集》历史编第五卷页3至页18,人民出版社1984年版。

中国古代名著全本译注丛书

周易译注
尚书译注
诗经译注
周礼译注
仪礼译注
礼记译注
大戴礼记译注
左传译注
春秋公羊传译注
春秋穀梁传译注
论语译注
孟子译注
孝经译注
尔雅译注
考工记译注

国语译注
战国策译注
三国志译注
贞观政要译注
吕氏春秋译注
商君书译注
晏子春秋译注
入蜀记译注·吴船录译注

孔子家语译注

孔丛子译注
荀子译注
中说译注
老子译注
庄子译注
列子译注
孙子译注
鬼谷子译注
六韬·三略译注
管子译注
韩非子译注
墨子译注
尸子译注
淮南子译注
说苑译注
近思录译注
传习录译注
齐民要术译注
金匮要略译注
食疗本草译注
救荒本草译注
饮膳正要译注
洗冤集录译注
周髀算经译注
九章算术译注
茶经译注（外三种）修订本

酒经译注	唐诗三百首译注
天工开物译注	花间集译注
人物志译注	绝妙好词译注
颜氏家训译注	宋词三百首译注
山海经译注	古文观止译注
穆天子传译注·燕丹子译注	文心雕龙译注
博物志译注	文赋诗品译注
搜神记全译	人间词话译注
世说新语译注	唐宋传奇集全译
梦溪笔谈译注	聊斋志异全译
历代名画记译注	子不语全译
	闲情偶寄译注
楚辞译注	阅微草堂笔记全译
文选译注	陶庵梦忆译注
六朝文絜译注	西湖梦寻译注
玉台新咏译注	板桥杂记译注
唐贤三昧集译注	浮生六记译注